上海高校青年教师培养资助计划

项目编号:ZZyyy13027

# 石頭記

## 上海近代石印書業研究 1843—1956

許静湯題

◎许静波 著

苏州大学出版社
Soochow University Press

**图书在版编目(CIP)数据**

石头记:上海近代石印书业研究:1843～1956 / 许静波著. —苏州:苏州大学出版社,2014.12
上海高校青年教师培养资助计划
ISBN 978-7-5672-1149-0

Ⅰ.①石… Ⅱ.①许… Ⅲ.①出版事业—文化史—上海市—1843～1956 Ⅳ.①G239.275.1

中国版本图书馆 CIP 数据核字(2014)第 277941 号

**石头记:上海近代石印书业研究(1843—1956)**
许静波 著
责任编辑 董 炎

苏州大学出版社出版发行
(地址:苏州市十梓街1号 邮编:215006)
苏州恒久印务有限公司印装
(地址:苏州市友新路28号东侧 邮编:215128)

开本 787 mm×960 mm 1/16 印张 19.75 字数 314 千
2014 年 12 月第 1 版 2014 年 12 月第 1 次印刷
ISBN 978-7-5672-1149-0 定价:49.00 元

苏州大学版图书若有印装错误,本社负责调换
苏州大学出版社营销部 电话:0512-65225020
苏州大学出版社网址 http://www.sudapress.com

# 序言

熊月之

与铅印相比，石印在近代出版史上是较被忽视的一部分。盖在人们印象中，石印出版的黄金期较短，出版物质量不高，近代诸多大家之代表作，几乎无一是以石印形式出现的。

各种近代出版印刷史著作，关于石印的研究多集中在1905年废科举之前，涉及的出版机构主要是点石斋、同文、蜚英馆几家专营石印的书局和商务、中华等几家兼营石印的书局。然而，这些研究很难反映上海近代石印之全貌。上海开埠之初，麦都思即于1844年开始石印书籍，其后石印书籍源源不断。以上海为中心的近代石印出版物涵盖古籍、西学、小说、戏曲、日用杂件等各种门类，浩如烟海，佳作精品亦复不少，同文版的《古今图书集成》，商务版的《百衲本二十四史》、《四部丛刊》，中华版的《四部备要》，均为其中佳作。为数众多的石印书局是上海近代中小书局的主体，多具有浓厚的传统书业特色，又浸染着新的时代气息。

这些情况表明，近代上海石印书业有较大研究空间。2008年，许静波考取复旦大学历史系，随我研习上海史。他的硕士论文关注的晚清上海洋场才子，对近代出版业有所涉猎。我遂建议他以近代石印研究作为博士论文课题。静波知识面较宽，思维敏捷，也肯下功夫。他在上海档案馆查阅了大量石印书局和书业公所史料，翻阅了上海图书馆、复旦大学图书馆、苏州大学图书馆等馆藏石印书籍，在香港中文大学访学时亦向诸多海外名家求教。几度寒暑，他编纂了含书数千种的上海近代石印出版物经眼录，发表了多篇相关论文，完成了博士学位论文。本书是这一论文的扩展与完善。

静波认为，石印业的生产成果，虽然物化为书籍，但如不厘清其行业之生产流程、机构沿革、经营模式等背景的话，则很难解释石印书籍为什么会呈现出如此纷繁的形态和内容。所以，本书以文化史为核心，又有浓厚的经济史和传播史色彩。

书中清晰地梳理了百多年间上海石印书业的历史，对废科举后的石印生产着力尤多。静波认为，中国近代化转型模式多种多样，不同行业之间，同一行业间转型的层次、顺序、程度均有所不同，与商务、中华等大型出版企业相比，众多中小石印书局渐进地、反复地进行近代化变革，有其独特的价值。他从技术层面审视石印的兴衰，尽可能地复原了众多出版印刷史著作中语焉不详的石印生产流程，总结出石印生产核心化学反应公式，重视实验室原理和工业化生产之间的区别，并对石印石、主辅机械、油墨、印刷纸等生产设备的海关进口情况，进行了专门的研究，从制版效率的角度审视了铅印与石印的交替兴衰之谜。静波认为，作为一个行业，管理者生产经营模式、营销策略、业间扶助等，都对行业的发展有着重要意义。书中考察了石印书局局东和经理人员构成、混合化经营、局址设置和销售折扣背后的营销理念，探讨了石印书局工人运动情况，分析了上海近代石印书业的行会组织书业公所的历史与作用。这些都是深入探究后的洞见。

尤可称道的是，以往由于资料缺乏，人们对于许多中小石印书局，往往只知其名和若干出版品，但对其历史不甚了了，静波利用书业公所调查资料、报刊告白和书籍版权页资料，阐幽发微，整理出鸿宝斋、校经山房、燮记、章福记、会文堂等书局的历史。

总之，这是一部下了硬功夫、资料翔实、考订细密、富有学术含量的力作，文字亦生动可读。它的出版，对于近代印刷史、出版史乃至社会文化史的研究，都有一定的参考价值。

是为序。

二〇一四年十月二十日

# 目　录

# 引论

## 一、成绩与缺憾：上海近代石印业研究史综述

自光绪三年(1877)英国传教士傅兰雅在《格致汇编》十月号撰文《石板印图法》介绍石印技术以降,57 年后第一部涉及石印史的学术著作才得以出版。民国二十三年(1934),贺圣鼐、赖彦于的《近代印刷术》①一书可谓石印史研究的开山之作。2011 年,学术界第一本系统研究上海近代石印史的专著问世,是为杨丽莹在复旦大学历史地理研究所的博士后出站报告《晚清民初上海石印书籍出版专题研究》,该著系统研究了上海近代石印出版的技术、成本、书局、内容,不过总体来说,这本博士后出站报告除了关于石印出版物内容的讨论,其他部分因循前人研究之处较多,且并未对上海近代石印业的发展谱系进行归纳和总结。除杨著外,近百年的研究多附从于印刷史、西学史,其成果形式又以史料集成及单篇论文为多。国内学界的研究可概分为四类:

第一类,中国出版印刷通史及中国近现代出版印刷通史中关于近代石印技术的部分。《近代印刷术》可谓是该类的代表,该书上编第三章中介绍了石印技术在中国的发轫,石印技术的种类,石印所用的平版印刷机等问题。1989 年,上海人民出版社出版了张秀民的《中国印刷史》,该书原本探讨石印的内容不多,而在 2006 年浙江古籍出版社再版之际,由韩琦增补了不少内容。1999 年张树栋等著的《中华印刷通史》②第十二章第二节“平版印刷术的传入和发展”中“石版印刷术的传入和发展”部分首先探讨了石印技术传入中国当为 19 世纪 30 年代初,接下来以“绘石石印”、“彩色石印”、“照相石印”为纲介绍石印技术在中国的发展。该书第十三章第四节“西方传教士在中国建立的印刷出版机构”、第十四章第一节“印刷出版机构的建立”介绍了土山湾印刷所、点石斋、同文书局、商务印书馆等出版机构,里面部分涉及了这些出版印刷机构石印书籍的内容,但是该书出版机构和印刷

① 贺圣鼐、赖彦于:《近代印刷术》,商务印书馆 1935 年版。该书是商务印书馆“百科小丛书”中的一种,亦被收录“万有文库”。

② 张树栋等:《中华印刷通史》,印刷工业出版社 1999 年版。

技术是分开来谈的,没有体现出具体出版机构在技术演进上的过程,也没有研究石印出版物内容上的特点,所以在深度和广度上都有欠缺。叶再生的《中国近现代出版通史》①对石印技术的发展和石印出版物的内容研究不多,其专注于各石印书局的介绍,在第二卷中关于解放区石印出版机构的研究值得注意,但是总体来说多泛泛之论。元青主编,王建明、王晓霞等著的《中国近代出版史稿》②的第三章第四节"石印术的传入"和第四章第二节"民族出版企业的出现"分别对近代石印技术的发展和早期石印书局如同文书局、蜚英馆、拜石山房的情况做了一点介绍,可惜原始资料和创见较少。

第二类,西学传播研究专著及出版印刷史专著中关于石印史的部分。熊月之先生的《西学东渐与晚清社会》③是一部研究西方科技在晚清中国传播的著作,在第二章"西学从南洋漂来"中对传教士早期在南洋利用石印出版中文书刊做出了研究;第三章"门户洞开以来"亦对上海墨海书馆的石印活动做出了介绍。汪家熔所著《近代出版人的文化追求:张元济、陆费逵、王云五的文化贡献》中的第七章"文化积累千秋功业"以商务印书馆与中华书局为核心对近代上海石印书业进行研究。和其他著作相比,汪著更加重视民国时期上海石印书业的发展,但是由于其落脚点在于两大重量级出版机构,所以忽视了对中小石印书局的研究。

第三类,各种近现代出版印刷史料中所收集的关于石印史的资料。张静庐辑注的《中国近现代出版史料》④中有两篇文章值得注意,一是贺圣鼐的《三十五年来中国之印刷术》,该文是抄录贺圣鼐、赖彦于《近代印刷术》一书相关内容而成;二是《上海石印书业之发展》。张静庐在两篇文章中补充了不少注释,这些注释和第二篇文章部分材料后收于梁长洲《近代各处印刷业情况》一文,梁氏又增补了部分来自于《北华捷报》的史料。汪家熔辑注的《中国出版史料》⑤第三卷近代部分也收录了不少关于石印的史料。徐

① 叶再生:《中国近现代出版通史》,华文出版社 2002 年版。
② 元青主编,王建明、王晓霞等著:《中国近代出版史稿》,南开大学出版社 2011 年版。
③ 熊月之:《西学东渐与晚清社会》(修订版),中国人民大学出版社 2011 版。
④ 张静庐辑注:《中国近现代出版史料》(1—8),世纪出版集团、上海书店出版社 2003 年版。
⑤ 宋原放主编,汪家熔辑注之近代部分第三卷:《中国出版史料》,湖北教育出版社 2004 年版。

蜀、宋安莉编的《中国近代古籍出版发行史料丛刊》①影印了清末至民国时期的古籍出版发行目录、征订样本一百零七种，其中就有千顷堂、古书流通处、申报馆、同文书局、报经堂、振新书社、扫叶山房、章福记、鸿宝斋等重要石印出版机构的书目，但是这些书目中除了"同文书局石印书目"外，并不标明书籍的印刷方式。

第四类，石印史研究相关论文。韩琦、王扬宗的《石印术的传入与兴衰》②据《中国文库》资料研究石印术在中国早期传播情况，据傅兰雅《江南制造总局翻译西书事略》和《格致汇编》研究早期石印知识的引介，并指出两本江南制造总局没有刊印的石印知识介绍书籍：傅兰雅口译、徐建寅笔述的《石板印法》和傅兰雅口译、王德均笔述的《石板印法略》，提出墨海书馆为上海最早石印之出版机构，这些史实的考证是很有见地的。潘建国《晚清上海五彩石印考》③研究的是石印中的一项高端技术五彩石印，他主要根据《申报》上的广告，对各五彩石印书局及其同业组织做了研究，然而没有接触太多五彩石印出版物实物。潘建国另有《铅石印刷术与明清通俗小说的近代传播——以上海（1874—1911）为考察中心》④从图像、印刷、价格等方面的优势审视石印通俗小说在晚清的流行，同时也指出当时的石印小说亦有伪劣盗版的问题。石印是一种工业技术，故有研究者从技术考证的角度对其进行研究。汪海霞、方晓阳的论文《〈格致汇编〉所载石印"流质墨"初探》⑤根据傅兰雅《石板印图法》中对"流质墨"的介绍，分析其化学成分与制作工艺，在今日重新制作出傅兰雅所介绍的这种石印墨。其后汪海霞的硕士论文《石版和铜版印刷术的传入与影响及模拟实验研究》⑥亦根据《石板印图法》进行石印模拟实验，通过对文献中原料成分的分析与石印技术的再现，发现傅兰雅时代的石印工艺流程和后来上海石印书业的基本相同。

在海外学界，20世纪90年代中期，梁元生总结20年来美国的中国史研

---

① 徐蜀、宋安莉：《中国近代古籍出版发行史料丛刊》，北京图书馆出版社2003年版。

② 《中国印刷史料选辑·装订源流和补遗》，中国书籍出版社1993年版，第358—367页。

③ 潘建国：《晚清上海五彩石印考》，《上海师范大学学报（哲学社会科学版）》2001年第1期。

④ 潘建国：《铅石印刷术与明清通俗小说的近代传播——以上海（1874—1911）为考察中心》，《文学遗产》2006年第6期。

⑤ 汪海霞、方晓阳：《〈格致汇编〉所载石印"流质墨"初探》，《中国印刷》2004年第2期。

⑥ 汪海霞：中国科学技术大学2004年硕士论文（未刊稿）。

究时，提出了四个研究取向：（1）“大一统中国”的退隐，地方社会和地方文化的被重视；（2）政治史、制度史及外交史的研究退潮，社会经济及社会文化史则成为学术主流；（3）六十、七十年代流行的农村研究已经降温，八十年代转向都市，尤注目于“市民社会”；（4）以前的研究重点在于描述和解释“变迁”（change），近年的研究则比较重视持续性的发展（continuities）。① 可以说，关于晚期中华帝国时代印刷史的研究比较明显地体现了这些取向的转变，近年来这方面比较重要的研究成果有1996年《晚期中华帝国》（*Late Imperial China*）杂志“晚期中华帝国的出版与印刷文化”（*Publishing and the Print Culture in Late Imperial China*）专号②；2002年包筠雅的《为赚钱的印刷业：11—17世纪福建建阳的商业印刷者》（*Printing for Profit: The Commercial Publishers of Jianyang, Fujian* 〔*11th - 17th Centuries*〕）③；2004年周启荣的《近代早期中国的出版、文化与权力》（*Publishing, Culture and Power in Early China*）④；2005年周启荣和包筠雅合编的《晚期中华帝国的印刷与书籍文化》（*Printing and Book Culture in Late Imperial China*）⑤，这些著作借鉴了新文化史的研究方法，细致地研究了晚明到晚清中国印刷业的方方面面，同时又跨越了印刷史与出版史的界限，切入书籍史、阅读史的研究之中，形成了一套新的研究模式和话语，并进一步影响到了中国台湾学界，王尔敏、潘光哲等学者都有相关的论著问世。⑥ 但是这些研究主要集中在晚清之前，只有美国学者芮哲非（Christopher A. Reed）所著《谷腾堡在上海》（*Gutemberg in*

① 梁元生：《史学的终结与最后的“中国通”——从现代美国思潮谈到近年来的中近史研究》，《学人》第五辑，江苏文艺出版社1994年版，第435页。

② Late Imperial China, Vol. 17, No. 1 (June, 1996), pp. 1 - 200，该专号中有收录了弗里德曼（Friedman, Jill A.）、贾晋珠（Lucille Chia）、包筠雅（Cynthia Joanne Brokaw）、卜正民（Timothy Brook）、周启荣（Kai-wing Chow）、贝尔（Bell, Catherine M.）的六篇文章。

③ Cambridge and London: Harvard University Asia Center, 2002.

④ Stanford: Stanford University Press, 2004.

⑤ Berkeley: University of California Press, 2005.

⑥ 可参看王尔敏在《近代中国史研究通讯》24期发表的《〈酬世锦囊〉之内涵及其适用之人际网络》，第30期发表的《〈营谋小集〉与商贩经理知识》，第31期发表的《清代小商贩稀珍史料五种》，第33期发表的《〈庄农杂字〉所反映的农民生业生活》，第36期发表的《中国民间市井营造工匠日用之〈鲁班经〉》，以及专著《近代文化生态及其变迁》，岳麓书社2002年版。潘光哲的论著有《〈时务报〉和它的读者》，《历史研究》2005年第5期；《开创“世界知识”的公共空间：以〈时务报〉的译稿为例》，《史林》2006年第5期，第1—18页；专著《华盛顿在中国》，台北三民书局2005年版。

*Shanghai*:*Chinese Print Capitalism*,*1876—1937*)①中的第二章"双面拓荒者:上海石印业的黄金时代,1976—1905"(*Janus-Faced Pioneers*:*The Golden Age of Shanghai's Lithographic Printer-Publishers*,*1876—1905*)探讨了上海近代石印史的问题。作者认为石印书籍价格低廉、以缩印技术获得科举考生的喜爱,还能保留书法之优美,这些使得西方印刷技术逐渐被中国人所接受,铅印技术不过是乘石印开辟之东风罢了。该书作者为美国学者,所以在书中较有国际视野,引用了法国、英国石印的情况与上海做比较,后面具体研究了点石斋、同文书局、蜚英馆三个石印出版机构,并将1905年后石印的衰退归结于大众欣赏口味的变化、石印技术机械化程度低、石印出版机构盲目雇工等。凭借这本著作,芮哲非获得了2005年在上海举办的第四届国际亚洲学者大会(The International Convention of Asian Scholars)所颁发的"最佳亚洲人文科学研究奖"(The 2003—2005 Book Prize "Humanities")。②

以上研究成果都丰富了我们对于上海近代石印生产的认识,但是在成绩的背后依然存在诸多问题,概述如下:

(一) 研究方法上,重史实轻史论

由于目前对上海近代石印生产的研究多散见于各印刷通史、西学东渐著作及单篇论文,所以既有成果更加偏重于对具体史实的探讨。如中国石印史的开端问题,贺圣鼐、赖彦于所著的《近代印刷术》认为"土山湾是中国石印技术之发轫"。该说影响很大,净雨的《清代印刷小纪》③、叶再生的《中国近现代出版通史》④和元青主编,王建明、王晓霞等著的《中国近代出版史稿》⑤皆循此论。熊月之先生《西学东渐与晚清社会》根据伟烈亚力(Alexander Wylie)《基督教在华传教士回忆录》(*Memorials of Protestant Missionaries to the Chinese*:*Giving a list of their publications*,*and obituary notices*

① Christopher A. Reed, *Gutemberg in Shanghai*:*Chinese Print Capitalism*,*1876—1937*,The University of British Columbia Press,2004.

② 许静波:《当技术遭遇文化——读芮哲非〈谷腾堡在上海:中国近代资本印刷业,1876—1937〉》,《史林》2011年第1期。

③ 净雨:《六十年来中国之出版业与印刷业》,参见张静庐:《中国近现代出版史料》(近代二编),上海书店出版社2003年版,第357页。

④ 叶再生:《中国近现代出版通史》,华文出版社2002年版,第221页。

⑤ 元青主编,王建明、王晓霞等著:《中国近代出版史稿》,南开大学出版社2011年版,第134页。

*of the deceased*)①中的记载,认为石印技术于道光八年(1828)被麦都思运用于中文书刊的印刷之中,在道光十三年(1833)传入广州。② 至于各单篇论文,更是就石印史上的某些具体问题进行探讨。这些研究有利于我们对于上海近代石印生产细节的认识,但对整体把握来说还是比较模糊的,如上海近代石印业的起讫与分期、近代特点、发展模式、石印业与铅印业的消长关系这些基础的理论问题至今尚未有文章进行探讨。

(二) 研究范围上,重晚清轻民国

目前学界对于上海近代石印生产的研究在时间段上不够均衡。《谷腾堡在上海》着力于晚清,而未涉及民国阶段。张秀民的《中国印刷史》原本探讨石印的内容不多,而在2006年浙江古籍出版社再版之际,由韩琦增补了不少内容,这些内容原载于韩琦、王扬宗的《石印术的传入与兴衰》一文。韩、王认为石印业在清末就已经衰落,故而其研究对民国阶段阙而不论。张树栋等所著的《中华印刷通史(近代篇)》探讨石印亦限于晚清,叶再生的《中国近现代出版通史》(第一册)在民国阶段则只探讨了解放区的石印出版。而在评价上只有汪家熔的《中国印刷通史》对民国石印业的发展给予了有限的肯定。

(三) 研究对象上,重大型轻中小

近代上海出版石印书籍的书局概有三类:太平天国战后迁沪的江浙传统雕版书局,如扫叶山房、文瑞楼、抱芳阁、千顷堂等③;石印书业兴起后新设的石印书局,如同文书局、蜚英馆、鸿文书局等;综合型书局,如商务印书馆、中华书局、世界书局、大东书局、开明书局等出版企业的石印部。目前对于上海近代书局的研究,多集中在如商务印书馆、中华书局、世界书局等一

---

① Christopher A. Reed, *Gutemberg in Shanghai: Chinese Print Capitalism, 1876—1937*, The University of British Columbia Press, 2004。

② 熊月之:《西学东渐与晚清社会》(修订版),中国人民大学出版社2011版,第96—97页。

③ "扫叶山房……太平天国军兴时代,又至上海彩衣街分设一店为总店。……后来又在河南路、南京路间设有扫叶山房北号。……苏州浦氏之绿荫堂亦分设分店文瑞楼来沪,如湖州吴氏之醉六堂、常熟鲍氏之抱芳阁、宁波之文玉山房及黄氏之千顷堂……均随至来沪营业。"参见上海档案馆(以下皆简称为"上档"):叶九如:《书业历史》,上海市书业同业公会档,S313-3-1《行业历史沿革1949—1956.10.9》。

些大型现代化出版企业，以及扫叶山房等传统书局之上[①]，然而近代上海"书局之设立，较粪厕尤多，林立于棋盘街、四马路之两旁"[②]，为数众多的中小出版机构乃是构成上海书业环境不可或缺的坚实基础。只是这些中小书局一没有如张元济、陆费逵、王云五那样留下大量著作、在文化史上赫赫有名的书局经理人，二没有自己培养的诸多编辑人员的回忆录，[③]三没有自己发行的刊物形成的舆论阵地，[④]让后世的学者很难找到足够的史料对这些书局进行研究。几部印刷史著作中所选择的研究对象大体相同，叶再生《中国近现代出版通史》研究的是点石斋、同文书局、解放区石印；《谷腾堡在上海》是点石斋、同文书局、蜚英馆；《中华印刷通史》是土山湾印刷所、点石斋、同文书局、商务印书馆。一些中小石印书局很难进入研究者的法眼。

（四）史料选择上，重因循轻开拓

《近代印刷术》中称点石斋石印书局技术来自于土山湾印书局，"土山湾印刷所之首办石印者，为法人翁相公（即翁寿祺——笔者注）及华人邱子昂二人……点石斋石印书局……开办之初，即聘土山湾印刷所之邱子昂为石印技术师"[⑤]，后人谈石印技术的传播，多循此说。然而，此说除了《近代印刷术》一家之言外，并无旁证。从传教士方面的资料来看，《徐家汇藏书楼明清天主教文献》中有一篇《江南育婴堂记》，中言邱子昂"十余年间，助翁相公管理印刷房，相帮不少"，至 1899 年才赴大德油厂襄助朱子尧，不提点石斋之事。[⑥] 所以邱子昂与点石斋之间的关系究竟如何，需要寻找更有力

① 如李家驹：《商务印书馆与近代知识文化的传播》，商务印书馆 2005 年版；王学哲：《商务印书馆百年经营史：1897—2007》，华中师范大学出版社 2010 年版；周其厚：《中华书局与近代文化》，中华书局 2007 年版；孟令兵：《老上海文化奇葩——上海佛学书局》，上海人民出版社 2003 年版；陈树萍：《北新书局与中国现代文学》，三联书店 2007 年版；刘纳：《创造社与泰东图书局》，广西教育出版社 1999 年版；杨丽莹：《扫叶山房史研究》，复旦大学 2005 年博士论文（未刊稿）等。

② 《新书评骘》，《国民日日报》1903 年 8 月 15 日。

③ 其中最典型的如商务印书馆编：《商务印书馆九十年》（商务印书馆 1987 年版）、《商务印书馆九十五年》（商务印书馆 1992 年版）和《商务印书馆一百年》（商务印书馆 1997 年版）等。

④ 如商务印书馆有《东方杂志》、《教育杂志》、《小说月报》、《自然界》等数十种刊物；而中华书局在开业之初即有《中华教育界》、《中华小说界》、《中华实业界》、《中华童子界》、《中华儿童画报》、《大中华》、《中华妇女界》以及《中华学生界》，号称"八大杂志"。

⑤ 贺圣鼐、赖彦于：《近代印刷术》，商务印书馆 1935 年版，第 18—19 页。

⑥ 钟鸣旦等：《徐家汇藏书楼明清天主教文献》（第五册），方济出版社 1996 年版，第 2511 页。

的资料来佐证。现有研究著作所本之史料，大多见于各史料集成，而缺乏对旧有史料的使用及新觅之史料，如张元济的日记信札中有相当多关于商务印书馆石印部门生产的资料，这些资料就很少被石印史的研究者注意到；再如上海档案馆所藏"书业同业公会档"中有许多石印书局，甚至是民国时代石印书局的史料，这些资料现正在被作为上海书业行会的研究史料逐步出版，但是亦少见于研究著作中。

（五）在研究视野上，重单维轻比较

近代上海印刷业中，凸版、平版、凹版、孔版四大技术门类齐全，雕版、铅印、石印、珂罗版、雕刻凹版、照相凹版、誊写版①等多种工艺互相辉映，但其主流还是铅印与石印之间的相互消长。从根本上说，铅印与石印都属于工业技术，在手工作坊小规模经营阶段，审美、习惯和技术因素共同决定工艺选择，而在进入产业化经营后，则主要是技术因素起着决定性的作用。整部上海近现代印刷史就是以石印、铅印、雕版印刷为主的几大印刷方式在"效率"和"成本"上相互竞争的历程。所以，对石印史的研究，必须参照着铅印技术的进步才能够理解其宠辱之谜。石印技术、石印出版机构、石印出版物内容的研究互相关联，不可偏颇。作为一种印刷方式，石印和整个出版行业息息相关，需要将编辑、印刷、市场三个要素统合起来研究才能理清石印在上海近现代印刷市场沉浮之状。

## 二、研究对象"上海近代石印书业"的考辨

石印是平版印刷的一项工艺，德国人 A. 逊纳菲尔德（1771—1834）根据石材吸墨及油水不相容的原理于 1798 年（嘉庆三年）发明，最初仅有反书绘石法，后逐渐发展出转写落石法、照相石印法、彩色石印法，乃至"擦笔水彩法"这种中国人所独创的石印工艺。

石印是一门印刷工艺，利用这项工艺进行印刷作业可以称为石印生产。石印生产的范围较广，个人性及团体性、实验性及行业性、公益性及经营性的石印作业都可以称为石印生产。而石印业则是一种由企业法人为经营主

① 即油印。

体，以营利为经营目标的生产行业。在光绪四年（1878）点石斋成立之前，无论是麦都思在巴达维亚和上海的石印书刊，还是翁寿祺与邱子昂在土山湾的照相石印，乃至傅兰雅在《格致汇编》中的石印插图都只算是石印生产而非是石印业。点石斋的成立，标志着上海近代石印书业的形成。其后大批私营石印书局，如同文书局、椿荫书局、鸿宝斋书局、上海石印书局等，以及综合性书局的石印部，如商务印书馆、中华书局、世界书局等出版机构的石印部构成了上海近代石印书业的核心和主体，亦是本书研究的主要对象。

毋庸置疑，上海近代石印业的发展受近代政治时局的影响很大，但是其落幕之时并非与政局变迁同步。只有作为上海近代石印书业核心和主体的近代私营石印书局退出历史舞台，上海近代石印书业才算是真正落幕。这些私营石印书局在 1949 年新中国成立后依然存在，甚至因为社会环境稳定，还掀起了一个小高潮，直到 1956 年上海印刷业公私合营之后，这些私营书局国有化，失去了独自经营的地位，上海近代石印书业才告终结。

是故，上海近代石印书业的“近代”二字，着落在清光绪四年（1878）到 1956 年的七十八年间。那么，什么是“石印书业”呢？在近代史料的论述中，有常见石印、五彩石印、墨色石印、石印书籍、石印报刊、石印书画楹联等不同的说法，所以在研究开始之前，需要对石印业的各种概念和说法进行一下辨析，然后才能明确笔者所研究的具体对象。

这些概念可归为三类：

（一）以印刷工艺分：墨色石印、五彩石印

石印最初进入国内，只能使用黑色油墨进行单色印刷，故被称为墨色石印。光绪三十年（1904）文明书局开始使用五彩石印技术，一些原来只能用单色印刷的楹联、图画和月份牌现在也可以印成彩页，比以前精美了许多，由此形成了以印刷书籍为主的墨色石印书业和印刷图像为主的五彩石印书业。上海出现了一大批专业的五彩石印书局以及由其组成的五彩石印工会。

（二）以发行方式分：石印书籍、石印报刊

石印书则指以石印的方式印刷并出版的书籍，在近代上海的语境中，这些书籍一般都采取线装的装订形式。石印报刊指以石印的方式印刷并定期出版的报纸刊物，如同治元年（1862）在沪的伦敦会传教士麦湖嘉（John

Macgowan)自办编译月刊《中外杂志》(*Shanghai Miscellany*),即采用石印印刷。但是石印报刊在装帧形式上一般"报"、"刊"不分,都以线装装订,如《点石斋画报》、《农学报》等。这几种分类并非是绝对的,如上海书业公所所出的《国民快览》,从形式上和内容上,都可称为"石印书",但其编纂为年刊形式,称其"石印报刊"亦无不可。

(三)以内容形式分:石印书报、石印单件、石印图像

石印书报如上所述。石印单件可以是传单、告示等非售卖的印刷品以及商品的包装纸,书籍报刊的封面、插图等不能独自售卖的印刷品,如咸丰七年(1857)墨海书馆创办中文月刊《六合丛谈》,该刊书影是铅活字版,而《小引》(发刊词)是楷书石印。石印图像的内容则稍广,包括楹联、名画、月份牌、明信片、石版画。[①] 钞票以及商品的包装纸属于印刷单件,但是其上也有图像,作为印刷图像也是可以的。

综上所述,上海近代石印书业是指上海近代(1878 年至 1956 年)以墨色石印为主要印刷方式,以书籍为主要出版形式,以私营书局为主要生产单位的石印产业。此故,以《点石斋画报》、《农学报》为代表的石印报刊,以月份牌、香烟牌为代表的石印图像,以及 1956 年公私合营后的上海石印生产都不在本书的研究范围之内。

## 三、研究思路:跳出"新"、"旧"看变革

弹指楼台现,飞来何处峰?为谁刈藜藿?遍地出芙蓉。方丈三神地,诸侯百里封。居然成重镇,高垒矗狼烽。

这首格律严谨、对仗工整的五律出自晚清"诗界革命"的代表人物黄遵宪之手,为《香港感怀十首》[②]之一。虽然写的是富有欧陆气象的殖民地景象,但是该诗并没有像摹写上海租界的《点石斋画报》那样充满着新事物与新词语,与诗界革命以"新名词"入诗的风格相去甚远。

---

① 习惯上,把石印书帖看作是石印书籍的一类。

② [清]黄遵宪著,钱仲联笺注:《人境庐诗草笺注》(上),上海古籍出版社 1981 年版,第 63—64 页。

自有天地初，莽莽灵顽界。既久挺人群。万治孕变怪，圣哲亦何为？扶生掖凋疠。其义弥亭毒，日震聋与聩。吾国奋三古，纲纪匪狡狯。侵寻狃糟粕，滋觉世议隘。天于缚制之，视息偷以惫。卓彼穆勒说，倾海挈众派。砭懦而发蒙，为我斧天械。又无过物忧，绳矩极显戒。萌芽新道德，取足持善败。复也雄于文，百幽竭一嘬。扬为暾日光，吐此大块噫。玄思控孤谊，余痛托绍介。挑灯几摩挲，起死偿夙快。①

此为陈三立所作之《读侯官严氏所译英儒穆勒约翰群己界权论偶题》一诗，诗中“穆勒”、“道德”皆为新名词，题目中的“群己界权”也是舶来的新观念。然散原之诗宗法黄山谷，为清末“同光体”的代表人物，梁启超称“其诗不用新异之语，而境界自与时流异。浓深俊微，吾谓于唐宋人集中，罕见伦比”②。

由此可见，诗界革命的代表人物亦有气象谨严的旧格诗，同光体的执牛耳者不乏新名词之作。若仅仅以“非新即旧”的二元对立原则去审视近代诗史，不啻忽略了水线之下的冰山。同样，在已有的关于中国近代社会转型的叙述话语中，“新旧交替”或者“新陈代谢”依然占有着最主要的话语权。

以“新旧交替”或者“新陈代谢”的观点来审视上海近代书业，必然会形成一条“雕版→石印→铅印”的线性发展逻辑，即随着先进印刷技术的不断进步和引介，石印工艺替代了传统的雕版木刻，铅印技术又战胜了石印。石印技术在晚清被认为是“新技术”，而在民国则成了“旧技术”，和石印有关的一切，诸如石印书籍、石印书局也被认为是老旧、僵化、质量低下、粗制滥造，被时代所抛弃。然而有趣的是，从发明时间来看，铅印起于 15 世纪，石印始于 18 世纪末；从进入华语文化圈、中国内地以及上海的时间来看，石印的时间也晚于铅印。但是在 20 世纪初的语境里，石印却被视为一种旧的技术，与古籍复制紧密联系在一起。

实际上，光绪三十一年（1905）废除科举之后，石印书业虽然失去了科举用书这一稳定而持续的利源，在历次政治动荡中也饱受挫折，但是五十多年的时间里亦有着相当的成就，在上海近代书业中占据了重要的地位。其成

① 陈三立：《散原精舍诗》（上），商务印书馆 1922 年版。

② 梁启超：《饮冰室诗话》（第十则）。

就概谈如下:(1) 技术进步。石印技术作为平版印刷的代表,在清季发展为金属平印,将笨重的石板变为轻巧的铜锌片,1905 年商务印书馆又引进更为先进的平版胶印技术,虽然这些技术在大多数的石印书局中并没有普及,但至少说明了民国时期石印技术的进步与成就。(2) 书局数量和出书量增加。民国期间,石印书业的技术门槛和资金门槛比晚清之际降低许多,书局数量和出书量也随之大增,当然,这也带来了为时人及史家所诟病的书籍质量下降问题。(3) 经营模式进步。晚清大部分书局的经营模式采用的还是个人业主制和合伙制,民国时期则发展为股份制企业,原来的东家发展为局董,掌柜则成为经理。(4) 行会组织建立。光绪三十一年(1905),代表上海旧书业的行会组织书业公所和代表新书业的书业商会相继成立,虽然两会会员多有重合,但在书业公所占据主流,拥有最大话语权的还是石印书局。(5) 与社会风潮相呼应。石印书业虽然以印刷古籍为主,但是并非与时风无涉,晚清之际,书业公所成立了上海最早的商团组织——书业商团,民国时期,石印书局的工人建立了书业最早的工会组织。

综上所述,在贯穿了晚清至民国阶段的中国近代化转型大潮中,上海石印书业并非浪潮冲击下僵固不动的礁石,而是随着整个时代的脉搏一直在不停地跃动。虽然"先进性"没有铅印业表现得那么明显,但是将其归为时代陈旧、落后的一面是不公允的,也是无法反映历史真相与全貌的。

光绪三十一年(1905)废科举之前,石印书业是新技术,可在企业组织、内容装帧等方面又有守旧的一面;废科举之后,石印书业是旧技术,可在经营模式、行会工会等方面又有趋新的一面。那么该如何阐释"徘徊在新旧之间"的上海近代石印书业呢?笔者认为,需要以"文化多样性"而不是价值判断的理念来审视中国社会近代转型中新旧交织、新旧复合的问题。

何为价值判断?学界常以"地区差异性"来探讨中国近代社会转型,比如施坚雅认为中国城市化从沿海地区到中部地区再到内陆地区呈递减趋势,隗瀛涛则进一步称城市化"是一个变传统落后的乡村社会为现代的城市社会的自然历史过程","是一个显示社会生活进步与否和现代文明程度的过程"。[1] 传统为落后,现代为进步,这里的"新"与"旧"带有着明显的价值

① 隗瀛涛:《近代中国区域城市研究的初步构想》,《天津社会科学》1992 年第 1 期。

判断。在其理念中,中国社会只有以一种模式进行全盘城市化才是进步的、现代的,与这种模式相左的就是落后的、陈腐的。

"多样性"理论最早由生物学界所提出。他们认为,现在地球上生长着200万余种生物,这是经过30多亿年生物进化形成的多样化,物种间的相似程度并不一样,这些物种以复杂的相互关系联系着,在各地区组成生物社会。这种相似程度不同的现象称为生物的多样性。另外,多样分化的物种组成复杂的社会结构生活,物种组成的多样性越丰富,该地区的生物社会越稳定。其后,多样性理论从生物学界扩展到更为广泛的领域。2005年10月,第33届联合国教科文组织大会上通过《保护和促进文化表现形式多样性公约》。"文化多样性"被定义为各群体和社会借以表现其文化的多种不同形式,这些表现形式在他们内部及其间传承。文化多样性不仅体现在人类文化遗产通过丰富多彩的文化表现形式来表达、弘扬和传承的多种方式,也体现在借助各种方式和技术进行的艺术创造、生产、传播、销售和消费的多种方式。文化多样性是人类社会的基本特征,也是人类文明进步的重要动力。

以文化多样性的观点,所谓的"新"与"旧"并不构成价值判断的基础,二者都是文化表现的一种形态。很多传统的手工工艺,如硝皮、染织、雕版等,在生产效率上远远落后于现代机器生产,但是却因为独有的文化韵味而被列入"非物质文化遗产"。就算是单从生产效率的角度来讲,也并非是先进的生产技术就适应于所有的生产者。李家驹认为:"洋人开办的印书馆,引进西式的活字印刷技术比传统书业采用的石印方法进步,刺激中国印刷业改进。"①然而,所谓技术进步,需要从两方面进行考量:第一,是在哪个方面进步?和其他方法相比,是不是就在同一个方面上?第二,技术进步是否带来成本提高,而成为低"性价比"的技术?

关于第一点,铅印在印刷速度和耐印力上的确比石印先进,但是终百余年近代史,铅印一直没有石印制版便捷。某一方面的优势不能涵盖所有。而第二点,技术要迎合社会的需求,而需求是多方面的,并非技术进步就包揽一切。小众群体、弱势群体、特殊需要群体都有着自己对技术的要求,而

---

① 李家驹:《商务印书馆与近代知识文化的传播》,商务印书馆2005年版,第119页。

他们要求的技术也许并不怎么进步。这就如高铁带给了我们速度，但是低收入群体却在要求“慢”的权利。整体上来说，铅印的确比石印技术进步，但是投资亦大。很多近代书局的局主没有足够的资金购买铅印设备，铅印对于他们来说是“性价比”太低的屠龙之术。

那么，如果不用“新”与“旧”的话语体系，我们该如何描述上海近代石印书业的发展呢？中国疆域广阔，情况复杂，发展不平衡，在近代国弱民穷的环境下，不可能所有行业都保持一定的步伐走向近代化。资金往往应用在有限的少数地区少数几个行业部门中，往往这些部门从技术和体制上近代化变革也比较深入。而大多数地区大多数的行业最多使用部分近代技术，但是体制上的革新却很难进行。值得注意的是，这里所谓的“成本”不仅仅指资金，还包括了突破传统的动力、人力资源、融资环境以及受众启蒙等一系列因素。

在中国社会的近代变革中，既有像上海铅印书业那样“狂飙突进”式的变革——获得强大的资金支援，社会知识阶层广泛参与，不断进行技术与经营方便的革新，所以一直占据时代鳌头；亦有如上海石印书业一般“身不由己”式的学步——曾经领袖于一时，在时代变迁之后行业利润率下降，但却无法获得社会优势资源青睐的行业，所以只能小修小补。废科举后，上海石印书局投入有限，虽然也在进行着变革，但大多是被时代潮流所推动不得不变。无论采用蒸汽或电力能源、建立行会组织、外埠或海外销售、拓展书籍类型、合伙制变成股份制，都是这种有限投入下的艰难变革。进行这些变革的目的并不是要抢占行业的制高点，而是仅求温饱，只要不被淘汰出局便可将就。除了少数的机器大工业之外，近代中国小手工业的发展状态大多类此。也许这并不是近代化发展的最佳方向，却是财力、智力、物力都极其有限的中国近代社会变革方式的主流。

本书研究所依据的主要史料为：

1. 上海档案馆（简称“上档”）所藏之“上海书业同业公会档”和中国征信所关于石印书局的调查报告书。上海近代私营书局绝大多数规模偏小，没有意识也没有能力为自己留下档案等历史资料，所以我们现在的研究除了近代报刊上石印书局告白和广告之外，基本上都是基于如朱联保《近现代上海出版业印象记》①这一类只能算是二手资料的回忆文章进行研究。幸好，有相当数量的石印书局加入了书业公所、书业商会以及其后两者合并而成的书业同业公会，一部分规章制度、会议记录历劫而余生，可为我们今日研究之用。汪耀华先生一直致力于“上海书业同业公会档”的整理与出版工作，出版了《上海书业公会史料与研究》②和《上海书业名录（1906—2010）》③两部著作，为该史料的使用做出了相当大的贡献。但是汪先生的整理也存在问题：其一，《上海书业公会史料与研究》中的史料基本都是铅印成文较易阅读的，数量更为巨大的手书史料还没有被整理；其二，《上海书业名录（1906—2010）》在整理的过程中，一些相关的信息被裁剪掉了；其三，中国征信所关于上海近代书局的调查报告书没有被整理到。本书试图将这几方面的资料进行深一步的应用。

2. 近代报刊对石印技术的介绍以及刊登的石印书籍广告。从光绪三年（1877）傅兰雅在《格致汇编》上刊登《石板印图法》以来，近代报刊中有不少关于石印技法的介绍，这些文章展现了石印技术在近代中国的发展。此外，晚清上海报刊中刊登了大量的石印书局告白，这些告白中的绝大部分是书目广告，但有些则反映了各书局发展及经营的情况。④

3. 近现代上海出版业从业者的日记、书信、年谱等生平资料中和石印有关内容。如《张元济日记》⑤、《张元济书札》⑥、《忘山庐日记》⑦、《钏影楼回忆录》⑧等。这些资料中，有的被应用得较多，如《张元济书札》被学界用来考证《四库全书》、百衲本《二十四史》等民国时期商务印书馆所翻印的古籍情况；有的则较少，如《张元济日记》中有关于商务印书馆印刷部门石印生

---

① 朱联保编纂，曹予庭校订的《近现代上海出版业印象记》，学林出版社 1993 年版，第 372 页。

② 汪耀华：《上海书业公会史料与研究》，上海交通大学出版社 2010 年版。

③ 汪耀华：《上海书业名录（1906—2010）》，上海书店出版社 2011 年版。

④ 晚清各书局常在《申报》上刊登开业告白，可由此考察部分书局的开业时间；《申报》亦会刊登一些有关书局营业和招聘的广告，如点石斋《招请抄书校书文人启》称“欲请抄手五十人，抄文一篇，酬笔资洋银一角。每人每日以抄四篇为额”，为探究上海近代石印书业早期从业人员薪资水平的重要依据。参见《申报》，光绪八年十二月十六日（1882 年二月初四），20 册，第 137 页。

⑤ 张元济著，张人凤整理：《张元济日记》，河北教育出版社 2001 年版。

⑥ 张元济：《张元济书札》，商务印书馆 1981 年版。

⑦ 孙宝瑄：《忘山庐日记》，上海古籍出版社 1983 年版。

⑧ 包天笑：《钏影楼回忆录》，中国大百科全书出版社 2009 年版。

产的大量资料，却一直少见学者使用。

4. 海关档案中所见出版印刷设备进口情况。2001 年，海关总署办公厅与中国第二历史档案馆合作，由京华出版社影印出版了 170 册的《中国旧海关史料：1859—1948》，这套大型资料汇编汇辑了中国近代海关自 1859 年至 1948 年出版发行的年报和十年报告，以及伪满洲国的外国贸易统计。在该统计报告中，和中国近现代印刷工业设备及材料进口的统计项目概有四项：印刷材料、印刷用纸、印刷机器及印刷油墨，每一项都分为年度统计和分关统计共八项，可以看出石印业和整个印刷出版产业对进口的具体依赖程度。这种研究在贺圣鼐、赖彦于所著的《近代印刷术》中使用过，但是在后来的研究中却一直没有涉及。笔者认为进行印刷出版产业的背景研究，海关进口问题不可忽视。

本书共分为引论、正文五章和结论三部分。引论部分首先分析了以往上海近代石印业研究的成绩，将其归结为四类研究成果，然后指出存在的五种问题。并对研究对象"上海近代石印书业"进行考辨，辨析了五彩石印与墨色石印，石印书与石印报刊，石印书报、石印单件与石印图像等石印产品的区别。从多样化理论提出中国近代化的两条变革之路，并对研究史料进行简述。

第一章《近代社会变迁下的上海石印书业》主要简述 1878—1956 年上海近代石印书业的发展历史。共分四节，第一节"近代早期西学东渐与石印技术引介"介绍了马礼逊、麦都思与伦敦会系统，翁寿祺与薪传晚明的耶稣会系统，圣公会系统的傅兰雅在沪引介石印技术的历程，并指出传教士石印事业的贡献与局限。第二节"太平天国战后江南地区文化恢复与上海石印书业的发端及兴盛"首先介绍太平天国与上海石印书业兴起的社会背景，然后简述点石斋、同文书局和其他晚清石印书局的建立历程，最后评价上海石印书业兴起的意义。第三节"废科举与民国间上海近代石印书业的转型"首先指出"废科举"对上海近代石印书业的影响，然后指出抗战时期与胜利后上海石印书业的困境。第四节"新中国成立后的改造运动与上海近代石印书业的终结"则从专业化分工、社会主义改造、公私合营的角度解说上海近代石印书业终结之因。

第二章《近代上海石印书业的工艺与技术》探讨了上海近代使用的石印

技术。共分为四节,第一节"石印技术的发明与近代文献中的记载"首先从逊纳菲尔德《石印详解》一书的叙述中理清逊纳菲尔德发明石印史略,其次爬梳近代文献中石印技术的记载,最后简述现当代文献中石印技术的记载。第二节"石印原理与工艺探原"对石印原理和石印工序进行简述。第三节"石印书业的设备与原料"分述上海近代石印书业原料石印机器、石印油墨、石印石、石印用纸的生产与销售,并附录中国近现代印刷工业的设备及材料进口状况述论,以图表的形式说明上海印刷工业原材料的进口情况。第四节"竞争百年:从制版效率看石印与铅印之争"试图从制版效率的角度重理铅印与石印在点石斋之前、点石斋到清季、民国间三个阶段的技术发展,并以此为例讨论近代印刷史关于印刷技术的研究方法。

第三章《近代转型中的上海石印书局》研究了上海近代石印书局的管理方式和从业者的情况。共分三节,第一节"来源多元化的石印书局局主"分析五种来源的石印书局局主,并对第五类局主的籍贯、住址、年龄、兼职和总体情况进行研究和总结。第二节"上海石印书局的企业管理"则对石印书局的选址、定价管理、生产管理、营销管理、贷款管理和资产情况进行研究。第三节"石印书局的工人群体"则研究了早期石印工人(1832—1878)、有文人参与的石印工人(1878—1905)和现代石印工人(1905—1949)三个时期的石印工人,并以一个蒲圻小石印书局工人的生活纪实为例展示了石印工人的生活细节,最后探讨为什么石印书局没有编辑人员的设置。

第四章《尴尬的"守门人":近代知识生产与传播中的书业公所》探讨上海近代石印书业的行会组织——上海书业公所对行业的监督与管理。第一节"书业公所的创建与制度"探讨书业公所的创建过程,以"注册"、"审核"、"广告"和"抽捐"四种政策对会内书局的生产与销售进行控制。第二节"书业公所的近代特色"则关注近代社会转型中,书业公所亦与传统书业行会有所不同,采用打击盗版,协同业界与政府博弈,学习新式话语等方式维护行业利益。第三节"书业公所的局限性"则分析书业公所在领导行业前进中面临的困境和尴尬:无力与同业其他行会竞争,不能设置有效的行业门槛,在近代工人运动中进退失据。第四节"书业公所局限性的成因"分析这种尴尬局面的成因:书业公所的创建生不逢时,收入有限,缺乏明星企业的支持。

第五章《上海近代石印书局众生相》进行上海近代石印书局的个案研

究。共分三节，第一节“综合性书局石印部的生产：商务印书馆”研究了大型综合性出版机构商务印书馆石印部的石印设备、工人状况、石印古籍的流程，工人爆发的“民六工潮”以及抗战迁渝时期的石印情况。第二节“中小型石印书局的代表：鸿宝斋书局”则是研究小型石印书局鸿宝斋书局的发展以及其在上海书业公所创建与运作中的作用。第三节“四家石印书局考略”则是对由传统书局转型而来的校经山房、以石印印刷为主的燮记书局、局东出身寒微的章福记书局以及几度易名的会文堂新记书局进行简略的研究。

结论《历史高音下的复调现实》对全书进行总结，并指出石印书业对上海近代社会文化的五点贡献。

本书的创见之处有以下四点：

1. 提出了上海近代石印书业起讫、发展阶段和发展逻辑，着重研究了以往被忽视的民国和新中国成立之初上海石印书业的发展。晚清上海近代石印书业发展尚被学界所关注，但是民国阶段则少有人问津。事实上，上海近代石印书业滥觞于清道光二十三年（1843）麦都思墨海书馆，正式开端于光绪四年（1878）点石斋成立，光绪三十一年（1905）废科举后走向下坡路，于 1956 年“公私合营”中终结。其发展贯穿晚清、民国、共和国三个时代，而内在逻辑联系就是上海石印书业的近代特性：综合性、私营性、盈利性。

2. 在石印、铅印技术进步的对比中审视上海近代石印书业的发展。铅印技术与石印技术基本同时进入中国，在二者的百年竞争中，虽有时风好恶、读者趣味、资金投入等问题的影响，但是在根本上还是技术的因素起着决定性的作用。在印刷速度方面，晚清阶段，铅印机与石印机大体类似，民国时期，铅印机的速度才完全超越石印机。在照相技术应用之前，石印制版只有反书法和转写法，不如铅印便捷。而在引进照相石印技术之后，石印制版效率大幅提高，超过了铅印。20 世纪初，铅印制版引进了先进铸字机、以纸型为代表的复制版技术，增加了大量的中文字模，使得制版效率迎头赶上了石印，并一直保持优势。

3. 考证出部分上海中小近代石印书局的发展情况，并对其行会组织书业公所进行了研究。上海近代石印书业的产业生态是由众多中小石印书局构成的，其组成的上海书业公所是以石印书业为主的旧书业的行会组织，起到了规范竞争、处理纠纷、同业互利的良好作用。书业公所成员组成的书业商团则是上海各业中的第一家商团组织。民国时期,上海石印书业也发生过多次工潮,在书业公所的协调下,大多和平解决。

4. 从成本角度审视上海近代石印书业发展之路。这里的成本并非仅指"资金",而是包括技术的升级换代、与社会思潮的呼应、技术人才的培养、管理模式的嬗变和传统观念的革新等诸多方面。在近代中国,"变革"是社会的主题,资源充沛者如铅印、铁路、采矿、纺织,高投入高产出,迎潮流而上,但是石印书业却是那一类为潮流推动的被迫改革者,在不变则亡的压力下进行有限度的变革,从而形成新旧杂糅、亦新亦旧的复杂态势。在转型中,前者可谓"主动",后者只能是"被动"。在上海近代石印书业身上,我们可以清晰地发现近代化大潮留下的印记。

本书还有诸多的不足之处。首先,上海近代石印书业的资料相对比较零散,而且分布不均匀,晚清石印书局的经营资料基本没有保留下来,民国时期中小石印书局的资料大部分保存在书业同业公会档案中,都是一些零碎的统计报告,很难见到经营情况的细节,所以上海石印书业的经营管理研究只能是浅尝辄止。其次,上海近代石印书业出版发行的石印书籍浩如烟海,笔者所掌握不过沧海一粟,很难对其进行全面的分析。再次,上海石印书局在当时各大报刊上刊登了很多告白,这些告白都是研究石印书业难得的史料,但是笔者尚无余力翻阅如此众多的报刊,所以目前掌握的也仅仅是三千弱水之一瓢。最后,目前关于石印书局局主的资料也是非常的匮乏,由于时间关系,笔者暂时无力去考证。但是未来的研究中,笔者准备撰写一部《朱槐庐、叶九如联谱》,通过对这两个关键人物生平的考证来再现上海近代旧书业的发展。

# 第一章
# 近代社会变迁下的上海石印书业

学界一般以清季为界，将上海石印书业的发展划分为两期。之前是其"黄金时代"①，之后则是其衰落期。但是，这些划分较为粗略，且未对一些重要的时间节点进行明确。作为一个行业，石印书业同其他上海近代出现过又消亡过的行业，如赛狗业、回力球业一样具有起讫时间和不同的发展阶段。所以明确石印书业的历史分期及一些关键的时间节点，是开展我们研究的首要任务。由于以往的学者们简单地将石印与复制古籍等同起来，故而忽视了民国及新中国成立后的社会变迁对石印书业发展及分期的影响。实际上，印刷内容只不过是印刷行业各要素中的一项，印刷技术、管理方式、同业公会、工人运动、社会监管乃至政治动荡都在影响着这个行业的发展。所谓行业史的研究，其发展演进应该从该行业从业者的角度来进行划分。观之于近代上海石印书业，则应以石印书局为核心审视其分期与演变，由此方可寻拣出一条首尾清晰、阶段分明的发展脉络。

以上海近代社会变迁为据，可将石印书业的发展划分为四个阶段：(1) 滥觞阶段(1843—1878)：石印技术进入上海，传教士石印实践及石印技术的文字介绍；(2) 发展阶段(1878—1905)：石印技术的商业运营，中国民间资本进入石印书业；(3) 转型阶段(1905—1949)：废科举严重影响了石印书业的核心业务，面对中国社会近代化大潮，石印书局步履蹒跚；(4) 衰落阶段(1949—1956)：公私合营，近代石印书局的时代结束。在滥觞阶段和发展阶段，石印书业是上海书业革新的引导者和先行者，而在转型阶段和衰落阶段，虽已退出历史舞台的中央，但依然和上海社会发生着持续的共振，孑立台边，终未隐于幕后。

## 第一节　近代早期西学东渐与石印技术引介

清嘉庆三年(1798)，A. 逊纳菲尔德(Aloys Senefelder，又译作施内费尔德、塞内费尔德等，1771—1834，生于布拉格)发明石印技术。1798 年申请

① Christopher A. Reed, *Gutemberg in Shanghai: Chinese Print Capitalism, 1876—1937*, The University of British Columbia Press, 2004, Chapter2.

专利成功,1800 年又同时在法国和英国获得专利权。[1] 随着大量的石印书籍及报刊出版,石印出版社迅速成了欧美印刷界中新兴的势力。19 世纪初,正是西方资本主义世界蓬勃兴起的年代,以英国为首的欧美列强在开拓市场攫取利润的野心推动下,把目光投向了遥远的东方。西方宗教世界亦在经济进步与社会发展的双重刺激下野心勃勃,誓将阳光下的每一寸土地纳入上帝的怀抱,于是一批又一批的传教士被派到远东,由南洋而华夏,自从耶稣会解散和康熙禁教之后断绝的西学东渐之路复又重新开辟。石印技术正是在此时代大背景下,通过传教士之手从欧洲传至南洋,从南洋传至广州,再由广州来到上海,由此开启了延续近百年的近代上海石印书业。据考证,传播石印技术的传教士盖有三个系统:伦敦会系统、耶稣会系统以及圣公会系统。三个系统在石印技术东传方面各有特色:伦敦会是近代早期西学东渐中出版领域的领头羊,在南洋和广州的石印实践较多,但是在上海则相对较少;耶稣会承明清西学东渐之余绪,率先引进了照相石印技术;圣公会的傅兰雅因江南制造总局的译介工作而名垂青史,并最早介绍石印技术的方法与原理给中国人。三者对石印技术在上海的传播都做出了不同的贡献。

### ◈ 马礼逊、麦都思与伦敦会系统[2]

作为拉开晚清西学东渐大幕的第一人,马礼逊(Robert Morrison,1782—1834)的名字和近代中西文化交流的许多领域紧密相连。他是伦敦会选定的第一个到中国开辟教区的传教士;他是《圣经》最早的中译者之一[3];他创设了恒河外方传道会,并提出对南洋传教具有指导意义的十条建议;他建立了传教士在南洋的第一个出版基地——马六甲印刷所;他策划筹办了基督

---

① 参见 Aloys Senefelder, *Senefelder on Lithography*: *The Classic 1819 Treatise*, New York: Dover Publications, INC, 2005, pp1 -40.

② 伟烈亚力(Alexander Wylie)《基督教在华传教士回忆录》一书中记录了 19 世纪初到中期,伦敦会系统传教士在南洋和内地的印刷事业及出版书目。此书资料详细,人物众多,较好地保留了伦敦会系统传教士在中文、英文和马来文出版印刷方面的贡献。相对来说,其他差会,如耶稣会、圣公会、浸信会等缺少这样的一部书目,所以我们还无法得窥其印刷出版事业的全豹。参见 Alexander Wylie: *Memorials of Protestant Missionaries to the Chinese*: *Giving a list of their publications, and obituary notices of the deceased*, original edition published by Shanghai: American Presbyterian Mission Press, 1867, reprinted by Taipei: Ch'eng-wen Publishing Company, 1967.

③ 马希曼、沙拉在印度翻译及出版的《圣经》中译本和马礼逊大体同时,唯影响略逊。参见马敏:《马希曼、拉沙与早期的〈圣经〉中译》,《历史研究》1998 年第 4 期。

教传教士开办的第一所中英双语学校——英华书院；等等。同样，他也是第一个将石印技术传入中国的人。

从19世纪初叶开始，在传教士的推动下，西方印刷术开始了大规模的东进之旅。上海开埠之前，传教士们主要在南洋和广州经营着自己的印刷事业。马希曼（Joshua Marshman）、马礼逊、汤姆森（Peter Perring Thoms）、戴尔（Samuel Dyer）、谷立（Richard Cole）和姜别利（William Gamble）等人不断改进中文活字的熔铸技术，取得了一系列的成果，铅活字印刷也成为最主要的西式印刷中文著作的方式，其中最重要的著作就是1823年马礼逊和米怜印行的中文本《圣经》——《神天圣书》。

石印进入华语文化圈比铅印晚了十多年，1826年5月1日，马礼逊从英国返回广州的时候带来了一部石印机，是为史籍所载进入国内的第一部石印机。但是他最早将其用于复制绘画的实验，而非印刷中文书籍，他在私人日记中写道：

> 我们正在尝试石印。木匠耽误了我们很多时间；不过几天内，我希望可以告诉你我们尝试成功。儒汉是负责人，阿佐绘画。我本想用来试印重要的文章，但我有点害怕，因此我们先试山水画。①

马礼逊的石印中文作品史籍失载。他曾出版过12部中文著作，31部英文著作②，但这些著作都是铅印本。1814年的一张印刷单页③采用的是铅印，但是在1826年之后则没有单页铅印的存在。笔者推测1826年之后的单页印刷由石印来承担。不晚于1832年，马礼逊将石印技术教给了一个名为“屈亚昂”（Kew A-Gang）的中国人。屈亚昂的石印作品都是一些单页的宗教读物，文字内容从《圣经》中摘录，背面则印有图画。④ 被戈公振称为“我国第一基督教新教教士亦即正式服务报业之第一人也”的梁发略长于屈

---

① 末亡人编，邓启明译：《马礼逊回忆录——他的生平与事工》（全集），基督教文艺出版社2008年版，第471页。

② Alexander Wylie：*Memorials of Protestant Missionaries to the Chinese*：*Giving a list of their publications*，*and obituary notices of the deceased*，original edition published by Shanghai：American Presbyterian Mission Press，1867，reprinted by Taipei：Ch'eng-wen Publishing Company，1967，pp3－9.

③ *Alexander Wylie*：*Memorials of Protestant Missionaries to the Chinese*，p3.

④ *Alexander Wylie*：*Memorials of Protestant Missionaries to the Chinese*，pp11－12.

亚昂,其又名梁亚发,为传教士米怜(William Milne, 1785—1822)所收之教徒①,虽然没有梁发学习石印的史料,但参考他和马礼逊以及屈亚昂的关系,他对石印技术也应该不陌生。②

1816 年,马礼逊和米怜创建了马六甲印刷所,但是该印刷所在 1822 年米怜去世后陷入沉寂。此时,由麦都思③(Walter Henry Medhurst, 1796—1857)建立的巴达维亚印刷所则开始大放异彩。1828 年,麦都思在这里印刷了最早的一部中文石印著作,题名为 *Chinese School Book* 的中文课本④。其石印作品英文和马来文都有,但以中文石印著作为多,已知的有《东西史记和合》、《问答浅注耶稣教法》、《神理总论》、《福音调和》、《新遗诏书》、《论语新纂》、《偶像书编》、《养心神诗》等。⑤ 道光十二年(1832),麦都思又在广州设立了一个石印所,石印了部分中文书籍。⑥

道光二十三年(1843),上海开埠,麦都思在沪建墨海书馆,主要使用牛作动力的铅活字印刷机,亦将石印机带到了上海,但印刷品并不多,已知的仅有 1844 年的《祈祷式文》、1846 年的《耶稣降世传》和《马太福音注》。⑦

**表 1.1.1 伦敦会系统教士部分石印著作书目**

| 印刷者 | 语种 | 书名 | 印刷时间 | 印刷地点 | 页数 |
|---|---|---|---|---|---|
| 麦都思 Walter Henry Medhurst | 中文 | *Chinese School Book* | 1828 年 | 巴达维亚 | 16 |
| | | 《东西史和合》 | 1829 年 | 巴达维亚 | 40 |
| | | 《问答浅注耶稣教法》 | 1832 年 | 巴达维亚 | 20 |
| | | 《神理总论》第一卷 | 1833 年 | 巴达维亚 | 100 |
| | | 《神理总论》第二卷 | 1834 年 | 巴达维亚 | 108 |

① 戈公振:《中国报学史》,上海古籍出版社 2003 年版,第 75 页。

② 戈公振:《中国报学史》,第 75—76 页。

③ 麦都思,英国传教士,自号墨海老人,汉学家,1796 年生于英国伦敦。

④ *Alexander Wylie: Memorials of Protestant Missionaries to the Chinese: Giving a list of their publications, and obituary notices of the deceased*, original edition published by Shanghai: American Presbyterian Mission Press, 1867, reprinted by Taipei: Ch'eng-wen Publishing Company, 1967, p30.

⑤ *Alexander Wylie: Memorials of Protestant Missionaries to the Chinese*, pp30 – 33.

⑥ *Chinese Repository*, 1833.

⑦ *Alexander Wylie Memorials of Protestant Missionaries to the Chinese*, p34.

续表

| 印刷者 | 语种 | 书名 | 印刷时间 | 印刷地点 | 页数 |
|---|---|---|---|---|---|
| 麦都思<br>Walter Henry Medhurst | 中文 | 《神理总论》第一卷精缩版 | 1836 年 | 巴达维亚 | |
| | | 《踏火之事论》 | 1833 年 | 巴达维亚 | 5 |
| | | 《福音调和》 | 1834 年 | 巴达维亚 | 200 |
| | | 《新遗诏书》 | 1837 年 | 巴达维亚 | 325 |
| | | 《论语新纂》 | 1840 年 | 巴达维亚 | 82 |
| | | 《祈祷式文》 | 1844 年 | 上海 | 26 |
| | | 《马太福音传》 | 1846 年 | 上海 | |
| | | 《耶稣降世传》 | 1846 年 | 上海 | 191 |
| | | 《偶像书编》 | | 巴达维亚 | 30 |
| | | 《养心神诗》 | | 巴达维亚 | 46 |
| | 马来文 | *Catechism of Nature* | 1832 年 | 巴达维亚 | 112 |
| | | *Introduction to the Scriptures* | 1833 年 | 巴达维亚 | 32 |
| | | *Scheme of Christian Doctrine* | 1833 年 | 巴达维亚 | 76 |
| | | *Malay Primer* | 1834 年 | 巴达维亚 | 48 |
| | | *Discussion with Mohammedans* | 1834 年 | 巴达维亚 | 186 |
| | | *Search for Sin* | 1835 年 | 巴达维亚 | 42 |
| | 英文 | *An English and Japanese and Japanese and English Vocabulary* | 1830 年 | 巴达维亚 | 8 册,共 244 页 |
| | | *Translation of a Comparative Vocabulary of the Chinese, Corean, and Japanese languages* | 1835 年 | 巴达维亚 | 8 册,共 166 页 |
| | | *Chinese and English Dictionary* | 1842—1843 年 | 巴达维亚 | 8 册,共 1485 页 |

续表

| 印刷者 | 语种 | 书名 | 印刷时间 | 印刷地点 | 页数 |
|---|---|---|---|---|---|
| 麦都思夫人 Mrs. Medhurst | 马来文 | *Lloyds Scripture Catechism* | 1832 年 | 巴达维亚 | 208 |
| 郭实腊 Karl Friedrich August Gutzlaff | 英文 | *Notices on Chinese Grammar. Part 1. Orthography and Etymology* | 1842 年 | 巴达维亚 | 148 |
| 杨 Young | 中文 | 《约翰传福音书》 | | 巴达维亚 | 118 |
| 合信 Benjamin Hobson | 中文 | 《全体新论》(其中 7 页石印) | 1851 年 | 广州 | 99 |
| | | 《圣地不驭贪骨论》 | | 广州 | 单页 |
| | | 《圣主耶稣启示圣差保罗复活之理》 | | 广州 | 单页 |
| | | 《诗篇》 | | 广州 | 单页 |
| | | 《论仁爱之要》 | | 广州 | 单页 |
| | 英文 | *Dialogues in the Canton Vernacular* | 1850 年 | 广州 | 44 |
| 哥伯播义 Robert Henry Cobbold | 英文 | *Pictures of the Chinese* | 1860 年 | 伦敦 | 220 |

资料来源：Alexander Wylie：*Memorials of Protestant Missionaries to the Chinese：Giving a list of their publications，and obituary notices of the deceased*，original edition published by Shanghai：American Presbyterian Mission Press，1867，reprinted by Taipei：Ch'eng-wen Publishing Company，1967.

## ◈ 翁寿祺与薪传晚明的耶稣会系统①

耶稣会系统参与西学东渐的历史比伦敦会要悠久得多。早在明末清初，耶稣会的传教士就来到了华夏大地。他们惊奇地发现，中国有着让他们都为之惊叹的悠久历史、独特而成熟的文明体系，西方的冒险家当初在美洲用几颗玻璃球就可以换得曼哈顿岛的"美事"在此地变成了天方夜谭。三棱镜、自鸣钟，可以让中国人为之惊叹，但是却无法换来他们对天主的信仰。

① 土山湾印书馆的史料主要见于钟鸣旦等编的《徐家汇藏书楼明清天主教文献》(第五册，方济出版社 1996 年版)中的《江南育婴堂记》一文。

经过了长期的接触、磨合与思考，传教士们发现了中国人对于新知的渴望，于是以“西学传教”成为利玛窦、汤若望、南怀仁以降诸多的耶稣会教士的宗旨。

在明清两代，虽然经历了南京教案、康熙禁教、耶稣会在欧洲的解散等诸多波折，但是天主教信仰和一定量的西学知识在中国依然延续。所以，耶稣会在晚清阶段的西学东渐与传教事宜，不像伦敦会那样是在一张白纸上书写新篇，而是薪传晚明，有着自己的历史积淀和信众群体，而这一切则和上海的徐家汇息息相关。

作为晚明西学东渐的文化先驱，上海县人徐光启不仅仅自己受洗入教，精通西学，译著等身①，而且也影响到了自己的故乡。徐氏一族聚居于上海城西，该地被称为徐家汇。有清二百多年，徐家汇一直有着良好的天主教信仰基础。19 世纪初，耶稣会在欧洲重建，再次派出传教士东来，上海的徐家汇是他们开拓教务的重要基地。道光二十年（1840），上海开埠之前，他们就在徐家汇修建天主堂、修道院、天文台等建筑，形成了天主教社区。传教士们在传教的同时，还积极投身于当地社会的医疗、卫生和慈善等事业。耶稣会原在沪城小南门蔡家湾租屋开办江南育婴堂收养孤儿，后因房屋逼仄，故于清同治三年（1864），迁至西门外徐家汇大教堂南二百步的土山湾，于是成立土山湾孤儿院。

土山湾孤儿院试图教会孤儿们一些谋生的技能，包括绘画、建筑以及印刷等，分立各馆，任命神父专理其事。土山湾印书馆的建立经历了一系列的准备工作：同治九年（1870）或十年（1871）的时候，苏神父购来铅字若干，开始时存放于洋泾浜之大堂洋楼内，同治十二年（1873）搬至土山湾。并委派出身于蔡家湾的土山湾孤儿院学生陈克昌、钱斐利、顾朗如、陈鹿门至葡商所开之虹口望益纸馆印书房学习排铅字。除铅印外，土山湾也寻来一套石印设备。这些印石与石印架子为徐汇堂比利时娄良材修士（Leopaoldus Deleuze，1818—1865，字葆德，1846 年来华）所办。娄良材死后，石印架子无人使用，遂搬入土山湾，存于印书馆西面司务房。同治十三年（1874），法国严

① 徐光启的西学译著有《几何原本》、《勾股义》、《泰兴水法》、《测量法义》、《测量异同》、《简平仪说》、《灵言蠡勺》和《崇祯历书》等。

思愠神父(Stanislaus Bernier,1839—1903,字慎斋,1866 年来华)任土山湾管账,兼理铅版和印书事务,土山湾印书馆由是成立。同年,法国翁寿祺修士(Casimirus Hersant,1830—1895)[①],从徐汇堂调至土山湾,帮助严思愠神父司职印书馆事务,并于光绪二年(1876)接掌印书馆。

土山湾印书馆的石印业务主要分为两个部分:一方面是石印报刊,内容即江南传教事务、新闻等,专供各位神父阅读,以满足江南传教之需,所以并非中文石印刊物,也没有正式的报名。华人以负责的神父中文名字的首字来代称该报,从 1874 年到 1911 年由八位神父负责,于是也就有了《柏报》、《费报》、《富报》、《廖报》、《万报》、《孔报》、《那报》、《翟报》等说法;另一方面则是石印的"中西圣学、文学之书"[②]以及宗教宣传画,而这些作品应是通过照相石印法印刷的。

照相石印的业务主要由翁神父来负责,他最初并不太通晓印刷之道,刚到印书馆的时候要"自己学习排字"[③],土山湾孤儿院将其调来是看中了他精通摄影之术。摄影在当时草创不久,技法复杂,照片、药水等材料皆须自己配制,拍照过程又极为费时,一般人难以掌握。有着摄影功底的翁神父在开展照相石印方面也就比别人有着先天的优势。

翁神父有一华人助手,名曰邱子昂。邱氏之所以在近代上海印刷史上留名,乃是因为《申报》老板美查开办点石斋石印书局时曾邀请其到该局指导。此事最早见于贺圣鼐、赖彦于所著的《近代印刷术》一书[④],后来论著多循其说。但是邱氏在点石斋工作的时间并不长,因《江南育婴堂记》中言邱"十余年间,助翁相公管理印刷房,相帮不少"[⑤],至光绪二十五年(1899)才赴大德油厂襄助朱子尧,所以他在点石斋应该只是一位借调的技术指导。

自上海华商石印书局兴起之后,土山湾印书馆的石印业务坚持自己的宗教本位,同时也在不断地更新技术和设备,一直持续到 20 世纪中期,成为

---

① 翁寿祺修士,1830—1895,字锡眉,1859 来华,精于修理钟表,兼晓医理。

② 钟鸣旦等:《徐家汇藏书楼明清天主教文献》(第五册),方济出版社 1996 年版,第 2509—2511 页。

③ 钟鸣旦等:《徐家汇藏书楼明清天主教文献》(第五册),第 2509 页。

④ 贺圣鼐、赖彦于:《近代印刷术》,商务印书馆 1934 年版,第 18 页。

⑤ 钟鸣旦等:《徐家汇藏书楼明清天主教文献》(第五册),第 2511 页。

三个系统中坚持石印出版最久的一家。

### ◈ 圣公会系统的傅兰雅

伦敦会和耶稣会在上海的石印活动是由一个团体来完成，而圣公会则几乎是傅兰雅的一人之力。事情要从傅兰雅早年译书之事说起。同治七年（1868），傅兰雅进入江南制造总局翻译馆译书，与徐建寅合作译有《石板印法》一书，惜未出版。① 后傅兰雅创办中国近代第一份科普性杂志《格致汇编》。该刊创刊于光绪二年（1876），终刊于光绪十八年（1892），前后历 16 个年头，共出 60 卷。

《格致汇编》是一本图文兼备的百科全书性质的西学知识普及期刊。其文字部分采用铅活字进行印刷，而图片部分则采用金属印技术印刷。② 但光绪三年（1877）正月逐渐开始采用石印技术来制图，该卷告白中傅兰雅称："本馆已购觅印图之板三百余块，俱为西国新式之物，而刻工亦极细致，拟于本年印入编中。"③其石印所制图片主要作为期刊中的插页，采用比文字和文字中穿插的图片更加厚实的纸张，既有单色的，也有彩色的。单色石印中还有一类是采用的是和正文一致的纸张进行印刷，这些图片在制版上略嫌粗糙。

傅兰雅虽进口了三百多块石印石，但是却没有掌握比较高端的照相石印技术，所以不少插图是送至英国制版而成，如李鸿章、李善兰像在英国照相石印制成的，徐寿像则是在英国制成钢板画像后再石印而制成的。同样，国人掌握五彩石印技术并商业化应用要到光绪三十年（1904）的文明书局，不过这并不妨碍傅兰雅在英国定制五彩石印插页。

另有一类石印图片穿插在正文之中，与文字和其他印刷方式印刷的图片具有同样的纸张载体，此种图片与铜版镂刻的图片不同之处在于其线条略显粗细不一，笔触更加凌乱，不像后者笔触整齐划一。

---

① 此说法见韩琦、王扬宗的《石印术的传入与兴衰》，见《中国印刷史料选辑 · 装订源流和补遗》，中国书籍出版社 1993 年版，第 358—367 页。

② 《格致汇编》光绪七年四月（1881 年 5 月）《格致汇编告白》称："汇编内所列图幅，多办自西国，俱为铜板镂镌，精细无论，器具花草山水人物，一见如真，以便阅者观图，易明其理，不必凭虚想象。"见正文第一页。结合刊中图像特点可以判定，《格致汇编》的图片是采用铜版凸印技术印刷而成。

③ 《格致汇编》清光绪三年正月（1877 年 3 月）卷首告白。

早期《申报》中也有类似的图片，如广告部分的商标是采用雕版木刻而成，然后和正文的铅版拼作一版后印刷。《格致汇编》早期应该也是采用这种办法，但是《申报》后来采用石版和铅版拼接，不用雕版，《格致汇编》此类插图似乎也是如此制成。从《格致汇编》文字部分找《申报》馆印刷①，而石印图片则自己进口石板印刷看，《申报》后来开展石印很可能是受了《格致汇编》的启发。

《格致汇编》在华影响颇大，各地求购者甚多，供不应求，所以傅兰雅将前所出之《格致汇编》再版印刷，采取的方式就是将原书照相石印。

《格致汇编》以石印法制作刊内插图一事在近代上海石印书业史上的意义颇为重大，通过该刊，石印技术正式进入图书市场的商业化运营体系之中。可以说，傅兰雅的《格致汇编》是此前传教士宗教与文化等非商业化石印印刷品②与此后点石斋、同文书局、蜚英馆等私营石印书局商业化运营之间的过渡桥梁。然而，《格致汇编》本身却无法作为上海石印书业史的开端，盖因：其一，《格致汇编》早期只是用石印法印制刊内插图，文字部分还是托《申报》馆用铅印的方式来完成，后来该刊石印再版的时候，上海私营石印书局早就遍地开花了；其二，《格致汇编》虽然装订形式类书，但其本身却是一部不折不扣的期刊；其三，傅兰雅并没有将其作为赚取利润的工具，"按月编印，工资取诸自备，收回售价，庶能补不甚亏。奈同事之供给膏火，时有所需，图版之购于外国，价值甚昂，日计月核，常有入不敷出之虞"③。我们钦佩傅兰雅不求利润献身中西文化交流的义举，但是作为一个行业来说，没有经济利益的推动是无法建立起来的，所以傅兰雅和《格致汇编》只能是一个过渡者，却不是开创者。

### ◈ 传教士石印事业的贡献与局限

在近代早期的西学东渐历程中，传教士搭建起了贯穿中西的文化桥梁。

---

① 申报馆告白"续辑《格致汇编》出售"："西儒傅兰雅向辑《格致汇编》二十四卷，久已风行海内。嗣因家事回国，遂致停刊。现已由英法德各国游历回华，在法国大博物馆购新样格致图说，重交本馆陆续付印。计自本年正月起，每月仍出一卷。每卷取钱百文……至前所刊之二十四卷，亦有出售。"见《申报》光绪六年一月十七日（1880 年 2 月 26 日），第 16 册第 201 页。

② 傅兰雅称"《汇编》与教事不关"（《格致汇编》第二年第五卷，第 16 页）。

③ 《格致汇编》第二年第五卷，第 16 页。

石印技术1798年才在欧洲获得专利，不到三十年就已经传到了中国及华语文化圈。这种技术传播的速度在近代之前是难以想象的。从马礼逊到傅兰雅，传教士已经在设备、技术、范本、人才等各方面为近代上海石印书业的兴起做好了准备，其贡献分述于下：

1. 开拓时的坚韧不拔。石印技术的东传建立在近代早期西学东渐的大背景之下，西来的传教士在东方要融入一个完全相异的文化体系十分艰难，官方和民间都对其有着一定的敌视和排挤。作为石印技术来讲，其印刷机械、印石、油墨、纸张都需要自西方运来。而这些传教士至多受过一些铅印的训练，对于石印则需要通过自我摸索来掌握。因为鸦片战争之前清政府的禁教政策，马礼逊、米怜、麦都思等人无法进入中国大陆传教，所以只好在南洋从事他们的宗教及文化事业。三人中，只有麦都思等到了上海开埠的那一天，将石印技术带到沪上。早期石印出版物主要为宗教宣传品，不被中国自身的图书流通体系所接纳，屈亚昂和梁发只能将其携带到广东举子科考之处散发，其间艰辛及受人白眼之处，虽不见于史，然想象可知。

2. 实践与理论的双重贡献。傅兰雅的《格致汇编》是一部科普期刊，对印刷技术的发展一直非常关注，刊中多次介绍西方印刷技术的最新进展①，也刊登了很多印刷机械的广告②。《格致汇编》除采用石印法印制刊中插图外，也发专文介绍石印技术的原理。光绪三年初《格致汇编》连续刊发李鸿章和李善兰的石印像插页，石印这种前所未见的印刷形式引起了国人的兴趣。七月号的“互相问答”③中就有平湖陆君发信来问印刷方法的问题，傅兰雅答之以石印图像的原理及价格等言。可能是发觉中国人对于石印技术很感兴趣，于是在光绪三年十月的《格致汇编》中，他又译述了长达五千多字的专文《石板印图法》介绍石印技术④。该文分“石板印图源流”、“石板应用墨料”、“辨各种石板并解石板法”、“印书图纸料”、“脱墨纸过石板法”、

① 如光绪二年三月(1876年4月)“印书机器图说”及插图、光绪六年四月(1880年5月)“胶版印刷”介绍、光绪十八年秋(1892年秋)印字便法(按，应该是网纹印法)。

② 如《格致汇编》光绪二年六月(1876年7月)卷伦敦印字机器行广告、光绪二年十月富雷明墨厂告白、光绪十六年夏季刊(1890年夏)代造铜模广告。

③ 清光绪三年七月(1877年9月)中的“互相问答”中第一百五十九条。

④ 笔者推断，此文应来自傅兰雅和徐建寅在江南制造总局翻译馆译而未版的《石板印法》一书。

"石面绘法"、"石面刻图法"、"印图法"、"铜板印图法"、"煎油法"、"印图法后卷"11个部分,翔实地介绍了石印技术的发明及操作全过程。内容完整而富有操作性,让读者可以自我操作。后辽东李君问照相石印法①,傅兰雅亦答以千字长文讲述其法。一年后,傅兰雅又再述专篇长文,更加详细地介绍照相石印的原理与技术。②

3. 坚持不懈的技术革新。石印技术主要包括制版与印刷两个方面,从技术演进的历程来看,19世纪中叶之前主要是制版技术的东传,如从绘石到落石,反书制版到照相制版③,这一些技术的进步主要都是传教士完成的,他们为国人的私营石印书局建立起了一个拿来就能直接使用的技术范本。也正因为他们提前做好了相应的技术储备,才使得上海的石印业发展并没有落后于世界,上海石印业的黄金时代和英国石印业的时间大体相当④。当然,由于传教士印刷的非营利性,他们并没有扩大再生产的动力,所以不太关注石印机印速的问题。真正重视石印机速度,将各种新型动力资源,如蒸汽、电力引进石印生产的,还是上海的诸家私营石印书局。

4. 培养了一批懂石印和照相的中国技工。传教士将石印技术带到中国以后,并没有敝帚自珍,而是将其传授给了和他们一起合作的中国技工。马礼逊教授了梁发、屈亚昂绘石石印技术,梁发在广州散发的石印宗教读物给了落魄士子洪秀全创立"拜上帝教"最初的灵感,在一定程度上影响了中国社会;翁寿祺教授了邱子昂摄影技术和照相石印技术,邱子昂再把该技术传给点石斋的技工,直接促进了上海石印书业的兴起。

然而,传教士参与石印的目的或是宣传宗教,或是促进文化交流,或是普及新知,但毕竟不是专职的印刷业从业者,诸多的局限使他们无法建立起上海近代石印书业,这些局限有:

1. 没有扩大再生产的要求,满足于小手工作坊的规模,无法形成"行

---

① 《格致汇编》光绪十七年春季刊(1891年春季)"互相问答"304条。

② 《格致汇编》光绪十八年秋季刊(1892年秋季)《石印新法》。

③ 20世纪上海印刷界将采用铜锌版的平版印刷也叫作石印,这只是对平版印刷称呼的习惯性延续而已,事实上属于金属平版印刷,不算是真正的石印,所以这里不作为20世纪石印在制版上的突破。

④ Christopher A. Reed, *Gutemberg in Shanghai*: *Chinese Print Capitalism*, *1876—1937*, The University of British Columbia Press, 2004, p93.

业”。传教士石印实践的规模都比较小，墨海书馆和土山湾印书馆都只有一台老式的平压平式的木制石印架，印刷数量也不大，南洋和广州的石印以小册子为主，土山湾印书馆中的石印报刊主要是传教士之间交流教务所用的内部刊物，傅兰雅采用石印也只是为了印刷《格致汇编》中的插图和原书再版。

2. 缺乏资金，技术革新也是低水平上的革新。传教士在华传教的资金主要是由其所属的差会所提供，这些资金数量有限，也不稳定，比如墨海书馆在进行《圣经》中译本出版项目的时候，能从伦敦会获得较大的资金支持，但等到项目结束，支持力度下降之后，墨海书馆连正常的运营也困难起来。在这种情况下，传教士即使进行技术革新，也是低水平的革新，最多将摄影技术引入石印制版，但却无法革新石印的动力系统。

3. 缺少或没有市场意识，无法对中国社会产生重大影响。一个行业为求发展，必然以市场为导向，首先进入市场，其次再引领市场发展的方向。传教士石印书籍多以免费发放为主，无法通过市场销售赢回成本，获得利润。而西学方面的书籍，因为当时思想未开，只有少数人才有兴趣，所以也无法开拓为新的市场。后来点石斋通过印刷传统小说来赢得购买者的兴趣，才逐渐让国人接受石印这一新事物，并初步培育出石印书籍的读者市场。

4. 传教士身具外籍与宗教身份，无法对中国的主体知识分子产生足够的吸引力。墨海书馆的管嗣复曾因为“教中书籍大悖儒教，素不愿译，竟辞不往”，不想去助译《圣经》。王韬劝他说：“教授西馆，已非自守之道，譬如赁舂负贩，只为衣食计，但求心之所安，勿问其所操何业。”①王韬此语不过夫子自道罢了，道光二十九年(1849)9月，王韬接受麦都思的邀请，离家至沪上。临行前，赋诗一首：

痒叶悲陨树，病鸟怆离巢，岂余非人情，甘作秋蓬飘。少小惯为客，里居多无聊，今兹远乡县，独处耐寂寥。顾念白头母，忧子心悄悄，更怜小弱弟，久已诗书抛。吾躬事丛集，此举敢惮劳，日卜一廛宅，涂茨为诛茅。

① 王韬：《王韬日记》，方行、汤志钧整理，中华书局1987年版，第92页。

昊天胡不吊，鞠凶丁我躬，蓦帔走风雪。忍饥敢言穷。一朝落海上，夫岂由余衷，根本讵弗重，饘粥何由充。嗟予事大舛，磨蝎在命宫，动如金跃冶，嘲诮从吴蒙。岂有伯通庑，令我安赁舂，因之决行计，仰视寥天鸿。

我家居里中，及今阅三世，即我住此庐，亦已逾十岁。先人立门户，辛苦心力敝，前年遭大水，研田绌生计。含凄急出门，仓卒麻鞋系，门祚感衰微，骨肉惊飘逝。庭树色依依，对之屡挥涕，再拜从此去，衔哀告家祭。①

是诗何其之悲凉。顾其所视，叶乃"瘁叶"，树为"陨树"，自比"离巢"之"病鸟"，完全是一副中国古代"行役"诗的口气。后面声泪俱下地回忆所遇天灾之惨，"前年遭大水，研田绌生计。含凄急出门，仓卒麻鞋系，门祚感衰微，骨肉惊飘逝"，极言自己是在万般无奈之下才行此大悖礼教之事的。所以虽然寓居海上，与西人之间也颇为相得，可王韬总有一种身在梦中的感觉，曾有诗和管嗣复，言此种情绪，即《和管小异两绝句》：

其一

历览乾坤溷主宾，早怜两脚插红尘。梦中证得前生果，本是清凉山下人。

其二

劳劳送客复迎宾，已分微生坠劫尘。明月一窗钟一杵，惺然梦醒别无人。②

石印要在上海形成一种产业，就必然需要和上海本地的文化需要相切合，否则就会出现生产与消费的水土不服。上海书业的消费主体是传统士人，他们也最了解自己这个群体的消费需求。过于宗教化的出版内容让士人不愿进入这个行业，也不愿消费这些书籍。如果仅仅作为传教的工具，石印书籍是无法成为一个行业的，只有"在商言商"才能真正推动其全面发展。点石斋的老板美查就很聪明，他虽然是外国人，但却依靠石印传统读物来吸引读者，再以《华英初阶》等工具书开拓市场，非宗教性质的出版内容让他这样一个外国人在上海捞足了利润，也让石印真正为中国人所认可。

---

① 王韬：《蘅华馆诗录》，弢园书局光绪十六年版，卷二。

② 王韬：《蘅华馆诗录》，弢园书局光绪十六年版，卷二。

## 第二节　太平天国战后江南地区文化恢复与上海石印书业的发端及兴盛

上海元代建县，明代筑城，属松江府，设江海关。开埠之前，偏居海边，经济在江南诸道县中泯然于众，和苏州、杭州等地无法相比，文化地位也不高，今日所谈及的上海古代文化名人，除徐光启之外，如华亭的董其昌、陈子龙，嘉定的钱大昕和所谓的上海县其实没有任何关系。文化世家少有，文化风气也不浓厚，开埠以前的上海书业经营惨淡，书籍均从苏州贩来，少刊刻梓行，“书店寥寥三四家，如四牌楼、大东门等淞韵堂、文政堂。销者私塾用四书五经及《三字经》、《千字文》、《百家姓》、《神童诗》、《描红簿》，其外则医卜星相等书”①。

第一次鸦片战争后，据道光二十二年（1842）所签署之中英《南京条约》，上海县列五大通商口岸之一，翌年正式开埠。跟随着英国人的脚步，法国人、美国人、俄国人、德国人接踵而来；商人、官员、传教士、士兵、水手，形形色色的洋人踏上了黄浦江的岸边。浦江之西异域风格的高楼大厦让国人惊叹，“浦滨一带，率皆西人舍宇，楼阁峥嵘，缥缈云外，飞甍画栋，碧槛珠帘。然几如海上三仙山，可望而不可即也”②，但是这些巍峨的建筑和连绵的帆影却并没有提升上海县在江南的文化地位。

当时的江南的书业中心是苏州，“其时书业之盛，以苏州为甲，阊门一带如扫叶山房、绿荫堂等自刻木板批发”③，西方传教士虽然将近代印刷设备与技术引入了上海，但是参观这些科学设备的中国学人仅仅将其视为“奇技玩好”，没有意识，也没有动力将其用于传统行业升级改造。他们看到了摄影技术，“同往法人李关郎舍，关郎善照影，每人需五金，顷刻可成。益斋照得一影，眉目毕肖。其法以圆镜极厚者嵌于方匣上，人坐于日光中，将影摄

---

① 上档：叶九如《书业历史》，上海书业同业公会档，S313-1-177《会办理会员贷款与中央银行、上海市商行的往来文书以及有关贷款问题的会员来函、会议记录、通告，新闻报道等文件》。

② 王韬：《与友人书》，见《弢园尺牍》，光绪六年铅印本，卷一。

③ 上档：叶九如《书业历史》，上海书业同业公会档，S313-1-177《会办理会员贷款与中央银行、上海市商行的往来文书以及有关贷款问题的会员来函、会议记录、通告，新闻报道等文件》。

入圆镜，而另以药制玻璃合上，即成一影。其药有百余种，大约为磺强水之类”①，却没有想到这种技术可以让印刷制版更易；他们“观印书房中印书车，叹其机轮巧妙”，作诗以记之：“车翻墨海转轮圆，百种奇编宇内传。怔煞老牛浑不解，不耕禾陇种书田”②，但却不会思考其取代传统雕版的可能性；他们看到了蒸汽机“水沸气涌，行转甚速……轮激行甚疾，有一马之力，织布轧棉，随其所施”③，却没有想到此其用来牵引印刷机可胜过人力多多。说到底，他们只是一些消费欲望得到满足的书籍购买者，而不是书籍产品的生产者。当时江南地区的传统雕版印刷能够满足这些读者的需求，生产与消费之间形成了一种微妙的平衡，在没有新的需求产生的情况下，技术的升级也就没有了动力。如果没有一个合适的契机的话，江南历经明清两代形成的书籍出版格局不会发生太大的变化。但是在上海开埠十年之后，这个契机借助于绵延清廷东南半壁的战火终于来临。

### ◈ 太平天国与上海石印书业兴起的社会背景

咸丰元年（1851），太平天国自广西金田起事，一路势如破竹，仅两年的时间就从边陲小邑深入中国大陆的腹地。咸丰三年（1853），攻克武汉后，水陆兼程，挥师东下，豪取南京，改名“天京”，虎视江浙，大有投鞭断流、席卷天下之势。清廷震动，八旗、绿营迭相征伐，建江南、江北大营以狙之，后遣汉官兴办地方团练，遂有湘军、淮军之属。至同治三年（1864），天京被淮军攻克，十年间，江南一带战火漫天，文化设施破坏严重，产生了大批的战争难民。战火对于江南来说自然是一种创伤，但是对上海书业来说，却是一个难得的机会。机会表现在内外两个方面。

在外，江南藏书被大量破坏。为重建文化及在后来的洋务运动中体现“中体西用”的“中体”，清政府除大量建设官书局，亦鼓励民间书局的出版活动。

太平天国不但在政治和军事上给清政府以沉重打击，也在文化上严重挑战了清政府的合法性和权威性。其所到之处，大肆焚烧篡改儒家典籍，宣

① 王韬：《王韬日记》，方行、汤志钧整理，中华书局1987年版，第23页。

② 王韬：《王韬日记》，第47页。

③ 王韬：《王韬日记》，第131、134页。

扬拜上帝教理念,“学校中旧藏书籍荡然无存。藩属旧有恭刊钦定经史诸书,版片亦均毁灭,民间藏书之家,卷帙悉成灰烬”①。原来的文化中心和书业中心江南地区惨遭浩劫。梁启超说:“因为文化中心在江、皖、浙,而江、皖、浙糜烂最甚。公私藏书,荡然无存;未刻的著述稿本,散亡的更不少;许多耆宿学者,遭难凋落。”②为重建文化,清政府大量建设官书局。叶德辉曾谈道:“湘乡曾文正督师戡乱,不废弦歌。每克一名城,即补秋闱,创书局,礼名士。”③其后,李鸿章、左宗棠、张之洞、丁日昌等各地官员都倡导和大力推动官书局的建立。太平天国的焚书毁典打击了上海书业的竞争对手,战后的文化重建则又提供了巨大的市场需求,官方的政策支持提供了国家层面的宽松环境,于是上海书业腾飞的外部环境已然形成。

在内,太平天国战乱迫使江南各地书局和文化人才进入上海。

太平天国势力的逼近,让江左一代,人心惶惶,富户贫家,竞相奔逃,“举世若狂……一旦闻数百里外之警,公然卷载而逃”④。那些在上海从事丝茶出口贸易的商人“听到南京、镇江为太平军所占领,就尽力设法向洋商收取账款,甚至愿意取得实物以代替现款。他们拿了现金或实物后就逃跑了”⑤。作为上海知县的姚辉第借误漕被劾亦“驾一叶舟,飘然而去,不知去向”⑥。此时,让他们感到最安全距离也最近的地方就是外国殖民者所控制下的上海租界,但是据道光二十五年(1845)11 月 29 日上海道台宫慕久、英国首任领事巴富尔签订的《上海土地章程》“华洋分居”的精神⑦,中国人是

---

① 鲍源深:《请购刊经史疏》,见宋原放:《中国出版史料·近代部分》(第一卷),湖北教育出版社 2004 年版,第 406 页。

② 梁启超:《中国近三百年学术史》,中国书店 1985 年版,第 25 页。

③ 叶德辉:《书林清话》,转引自顾承甫:《清末官书局二三事》,《出版史料》1989 年第 3、4 期。

④ 《袁祖德告示》,见金毓黻、田余庆等:《太平天国史料》,中华书局 1959 年版,第 296 页。

⑤ 高龙倍勒:《江南传教史》,见上海社会科学院历史研究所:《上海小刀会起义史料汇编》,上海人民出版社 1980 年版,第 876 页。

⑥ 毛祥麟:《三略汇编》,见上海社会科学院历史研究所:《上海小刀会起义史料汇编》,上海人民出版社 1980 年版,第 983 页。

⑦ 《上海土地章程》言“界内土地,华人之间,不得租让;亦不得架造房舍租与华商”(第 15 条),“在洋泾浜以北境内,商人得建一市场,以便华人将日用品运至该地售卖……惟商人不得为私益而设此种市场,亦不得建筑房舍租与华人,或供华人之用”(第 16 条),由此条款看,虽然没有出现“华洋分居”的字样,但是精神如是。

不能在租界里租赁房屋居住的。然而自大量的江浙难民涌入租界，特别是咸丰三年(1853)12月7日上海道台吴建彰为了向小刀会进攻烧毁了东门外十六铺一带二千多间民房造成大量本地难民后，精明的洋商们发现，这些逃难的中国人为了求得暂时的安全丝毫不吝惜钱财，一进入租界，“不管什么地方，只要有一块空地可以得到，他们就把它租到手，或者买下来，起造房屋”，以致租界内的地价迅速涨到“难以置信的地步”①，于是金钱的诱惑让洋商们对这些逃难的人群由拒绝转向了欢迎，咸丰四年(1854)7月5日《上海英美法租界地皮章程》(通称1854年《土地章程》)取消了“华洋分居”的规定，默认“华洋杂居”的既成事实，于是大量国人以及规避战乱风险的传统行业由此进入上海。

这些涌入上海的江南人士和传统行业像一条鲶鱼，激活了原本死气沉沉的上海书业。在这种大变革、大洗牌的过程中，新兴出版业的市场需求、人才储备、资金来源都一一成立，只待和传教士带来的石印技术相结合，就会诞生出上海近代石印书业的灿烂之花。要之，太平天国战争带来的上海与江南的人口流动为上海石印书业的诞生带来了以下三点好处：

1. 石印本为泰西之法，在国人传统的意识中，被认为是“奇技淫巧”，不值得学习。而国人看西方人，又因其不同于己的体貌特征，有意无意地带有一种排斥和偏见。不仅仅不愿学习西方的技术，就算是和西方人见面交往都被认为是“大悖礼教”的事情，必须冒着蒙受“用夷变夏”恶名的风险。19世纪50年代初，李善兰尝自述：

> 昔年同艾约瑟至杭，乘舆往游天竺，为将军所见。时西人无至杭者，闾阎皆为惊诧。将军特谕仁和知县往询，县令希上意，力逐艾君回沪，而将壬叔发回本州。②

仅仅是与洋人一同游玩，就会让外人“惊诧”不已以至于用“逐”、“发”

① 阿礼国：《大君之都》，见上海社会科学院历史研究所：《上海小刀会起义史料汇编》，上海人民出版社1980年版，第583页。

② 王韬：《王韬日记》，方行、汤志钧整理，中华书局1987年版，第57页。在《王韬日记》上文的后面，有以下文字：“壬叔因献诗州守，曰：‘游山不合约波臣，奉谴还乡判牍新。刺史风流公案雅，递回湖上一诗人。’州守见之大喜，立赠以金遣之。”玩味其言，自夸的成分似乎多了些，实际当没有这样的诗意结局，恐怕是州守不敢得罪洋人所致。

这样的行为让他们归去。即使是到了19世纪70年代,郭嵩焘奉朝廷钦命,出使欧洲,亦被人视为不光彩之事,同僚、朋友纷纷劝阻,京师更有人赠联讥之:

出乎其类,拔乎其萃,不容于尧舜之世;

未能事人,焉能事鬼,何必去父母之邦。①

因太平天国战事躲入上海本来是件无奈的事情,但是却让江南的国人有机会和西方人近距离接触,知晓泰西有着自己成熟而发达的文明,高鼻黄发却有着"绅士"的礼节。更加重要的是,西方无形的科技化作黄埔江畔可见的楼宇和帆影,所谓泰西之法是值得重视,并且拿来可用的获利之源。正是有了接触和沟通,文化上的隔膜才会消除。

2. 大量的富有传统学养的中国文人进入上海,形成新的读者群。太平天国战事让大量的江南文人云集上海,蒋敦复,传言他曾参与响应太平天国的上海小刀会起事,值其失败,避祸王韬家中。② 因其有史才,由王韬介绍进入墨海书馆。管嗣复在太平军攻克南京后,被迫从事文书工作。一年之后,伺机逃出,"避难邓尉,艾约瑟至吴遇之,与之谈禅,极相契合"③,于是把他带到了上海。在王韬的《瀛壖杂志》中,这一类人还有:

何梅屋咏(即何咏,引者注),上元人……金陵既为贼窟,避居吴门……旋刘松岩大令聘之至沪上。

叶调生廷琯(即叶廷琯,引者注),吴县人……吴门沦陷,避地沪上。

冯景亭中允桂芬,字林一(即冯桂芬,引者注),吴县人……避兵至沪。

汪燕山,金陵人……庚申之春,苏垣陷贼,燕山避迹沪上。

---

① 见王闿运:《湘绮楼日记》(第5册),商务印书馆1930年版,第6页。

② 蒋敦复曾有专门记述这段经历的《草土余生记》,收在王韬的《淞滨琐话》中。虽然言辞中颇有不自愿之意,但正如某些论者所言,王韬在《弢园老民自传》中关于自己与太平天国人物交往和上书目的的记载是事后的避祸之词一样,《草土余生记》里的不自愿只能算作一种掩饰。《近代名人小传》言蒋敦复"尝以策干杨秀清,不能用",又有传言曰此事乃与王韬共谋,但王韬化名"黄畹"上书太平天国事史实较清,而关于蒋敦复却没有相关有力的证据,况1862年2月王韬上太平天国书为清军所获,清军指其为通贼,大加逮捕之,而蒋敦复却仅仅避祸为僧就可安然无恙。所以这里不主此论。

③ 王韬:《王韬日记》,方行、汤志钧整理,中华书局1987年版,第6页。

左孟辛，名枢，其弟仲敏，名树，湘乡人……乱后挈家避兵沪上。

赵君惠甫……惠甫一字能静，名烈文（即赵烈文，引者注），阳湖人。庚申春间避乱来沪。

张啸山茂才名文虎（即张文虎，引者注），南汇人……乱后避兵来沪。

……①

此外还有蛟川姚燮、华亭张广文、秀水于源、曲阜孔继镕、海盐黄韵珊、金匮华笛秋②、兴国万斛泉、上元何咏、孙文川、浦城祝桐君、苏州江湜、杨引传、余姚周白山、任竹君、吴县贝青乔、兴化刘熙载、全椒薛时雨、婺源齐学裘、台湾林谦③、阳湖周腾虎、吴兴凌霞、云间胡公寿、太仓宋小坡、归安张福禧、仁和龚橙④、邵阳魏彦⑤、慈溪舒高第、新阳赵元益⑥等人。因兵祸和时政变迁避居上海的文人其后亦有，如光绪二十六年（1900）五月严复因庚子事变而仓皇至沪，群籍俱散失⑦；辛亥革命后，陈三立等清遗老至沪长住。这些来沪的文人有的待战事稍靖，时局平稳之后即离开上海，但更多的人留了下来，成为沪上文化环境的一部分。他们一方面作为读者，增加上海书籍市场的消费，而另一方面则从传统知识分子转型为近代出版印刷业的从业人员。

3. 传统雕版印刷老字号也进入上海。避难来到上海的国人，其中大部分在兵祸平息之后离沪回乡，但是那些书业局主却凭借着敏锐的商业嗅觉发现了上海存在的商机，同时也带动了其他更多的出版业者会聚于此，“同治甲子，苏城归复。时正上海海舶初通，商业蒸蒸日上，我同业初作避地计者，至是而竟久居焉。自后各省之业我业者，亦贩运来上海。于是上海书业遂独盛”⑧。这些代表性的商号，除了来自苏州的扫叶山房南北号之外，还有“厥苏州浦氏之绿荫堂亦分设分店文瑞楼来沪，如湖州吴氏之醉六堂、常

① 王韬：《瀛壖杂志》，光绪元年刻本，第四卷至第五卷。
② 华蘅芳父。
③ 王韬继室怀蘅之父。
④ 龚自珍子。
⑤ 魏源侄。
⑥ 王韬：《瀛壖杂志》，光绪元年刻本，第三卷至第四卷。
⑦ 严复：《群己权界论·译凡例》，商务印书馆 1930 年版，第 5 页。
⑧ 上档：《上海书业公所落成全体大会开会词》，上海书业同业公会档，S313-1-2。

熟鲍氏之挹芳阁、宁波之文玉山房及黄氏之千顷堂。该堂自光绪初年开盘，归宁波鲍氏楼下开设。均随至来沪营业。从前之法租马路，李氏开设还读楼，凌氏开设万选楼，黄氏开设读味楼。邑庙内，卫氏开的翼化堂善书佛经书店”①。

技术、市场、读者、从业者，一起都已经准备好了，上帝之手已经放在历史巨轮上，等待的就是第一次推动。上海石印书业万事俱备，只需要第一个有眼光的企业家，将在技术上已经完全成熟的石印商业化运营，上海近代石印书业的历史大幕即将拉开。

有趣的是，在上海最终完成石印书业技术准备的是土山湾印书馆的法国传教士，在上海最早开展石印商业化运营的是《申报》馆的英国商人。

传教士与商人，西方世界东进的最狂热支持者；英国人与法国人，打开中国国门的最早异域来客。

他们，携手开创了上海近代石印书业的时代。

### ◈ 点石斋、同文书局和其他晚清石印书局的建立

摄影技术发明于1839年，二十年后由奥司旁(John W. Osborne)成功应用于石印。法国传教士翁寿祺咸丰九年(1859)来华，同治十三年(1874)调至土山湾，为当时上海少数精通照相技术之人，光绪二年(1876)接掌印书馆之后，利用其长，开展照相石印印刷，华人邱子昂为助手。该馆印刷品的内容主要是“江南本省传教之事务，或新闻专为神父们阅者……中西圣学、文学之书”②，可见其目的是传播宗教而非商业获利。光绪四年(1878)，隶属于《申报》馆系统的点石斋书局成立，曾短期邀请邱子昂为技术指导，看重的就是他既通照相又知石印的本领。《申报》光绪四年(1878)十二月初七日：

本馆近从外洋购取照印字画新式机器一付于点石斋中。延请明师监印，凡字之波折，画之皴染，皆与原本不爽毫厘。兹先取古今名家法书楹联，用电气照于石上，然后以墨水印入各笺。视之与濡毫染翰者无二。计中国白纸楹联隶书行书或七言或八言者，每付楹联价洋二角，其用外国笺纸者，

① 上档：叶九如《书业历史》，上海书业同业公会档，S313-3-1。

② 钟鸣旦等：《徐家汇藏书楼明清天主教文献》(第五册)，方济出版社1996年版，第2509—2511页。

亦相同。朱砂笺隶书金字四言对可作新岁门联者，每付价洋一角五分。描金笺琴条，每堂四张，价洋四角。皆装裱齐全，笺纸工整。诸君欲广眼界者，请即向本馆账房或向送申报人购取均可，此布。①

点石斋初创时主要业务为楹联、碑帖及名画等传统书画作品的翻印，自光绪五年(1879)初石印《鸿雪因缘图记》大卖之后，才开始真正走向了石印书籍出版的道路，并在光绪八年(1882)因《康熙字典》而获利甚巨。姚公鹤说："闻点石斋印第一获利之书为《康熙字典》，第一批印四万部，不数月而售罄；第二批印六万部，适逢科举子北上会试，道出沪上，率购五六部，以作自用及赠友之需，故又不数月即罄。"②

点石斋的书籍一方面自售，一方面售与其他书局转卖，如点石斋在光绪八年五月十三日(1882.6.28)《申报》告白称："本斋所印之多宝船时文现已尽数售与六合堂主人，每部定价若干，现在上海及各外埠，出售处另开在后，此布。"③数日后，六合堂在光绪八年五月十六日(1882.7.3)《申报》刊登启事称"新印缩本增选多宝船时文出售"④。

光绪五年二月初八日(1879.2.28)《申报》发布告白称"可代客排印书籍"，已有可能代客石印书籍⑤，光绪六年二月二十九日(1880.4.8)《申报》上的"廉价石印家谱杂作等"告白则明确说明代客石印的业务⑥。醉经堂在光绪八年四月六日(1882.5.22)《申报》发布"照印砖塔铭出售"告白一则：

本坊现有三块本初拓砖塔铭一帖，系用照相法照出，较原本缩小三分之二。此帖外间绝少，定实价五元，惟照印不多，远近诸君如蒙赐顾，请早至维扬辕门桥大街醉经堂书坊面议可也，此布。⑦

从其文理观之，醉经堂即使是委托点石斋石印《砖塔铭》之后再行贩卖，也至少实现了编辑与发行石印书籍的职能，更何况醉经堂也有引进石印机

---

① 《申报》光绪四年十二月初七日(1878年12月30日)，13册，第625页。
② 姚公鹤：《上海闲话》，上海古籍出版社1989年版，第12页。
③ 《申报》光绪八年五月十三日(1882年6月28日)，20册，第897页。
④ 《申报》光绪八年五月十六日(1882年7月3日)，20册，第783页。
⑤ 《申报》光绪五年二月初八日(1879年2月28日)，14册，第181页。
⑥ 《申报》光绪六年二月二十九日(1880年4月8日)，16册，第369页。
⑦ 《申报》光绪八年四月六日(1882年5月22日)，20册，第676页。

自行印刷的可能。虽然醉经堂有可能不是纯粹的石印书局,但我们至少可以认定其比同文书局更早进入到石印书籍的领域。何况恒泰钟表号在光绪八年四月二十九日(1882.6.14)《申报》上的"照相并石印书画报名"的告白已表明其已开始石印生产及教学,其词曰:

专照书画并石上印字等法,精工无比。倘有贵商欲做此业,请来面谈可也。兼授照相镀金精法,约期包成。修金格外相宜,代镀大小金银首饰物件。寓四马路中盘记栈对门恒泰钟表号便是。①

也就是说,国人投资石印出版和石印印刷的时间,都比徐润开设的同文书局要早一些。徐润所著《徐愚斋自叙年谱》述同文书局开设于光绪八年(1882):"光绪八年,从弟秋畦,宏甫集股创办同文书局,余立赞成,并附股焉。"目下详言之:

查石印书籍,始于英商点石斋,用机器将原书摄影上石,字迹清晰,与原书无毫发爽,缩小放大,悉如人意。心窃慕之,乃集股创办同文书局,建厂购机,搜罗书籍,以为样本,旋于京师宝文斋觅得殿版白纸《二十四史》全部,《图书集成》全部,陆续印出《资治通鉴》、《通鉴纲目》、《通鉴辑览》、《佩文韵府》、《佩文斋书画谱》、《渊鉴类函》、《骈字类编》、《全唐诗》、《康熙字典》等不下数十万本,各种法帖、大小题《文府》等数十万部,莫不惟妙惟肖,精美绝伦,咸推为石印之冠。迨光绪十七年辛卯,内廷传办石印《图书集成》一百部,即由同文书局承印,壬辰(光绪十八年)开办,甲午年(二十年)全集告竣进呈,以此声誉益隆。唯十余年后,印书既多,压本愈重,知难而退,遂于光绪二十四年戊戌停办。②

同文书局刊登在《申报》上最早一期告白是在光绪九年一月二十八日(1883.3.7)③,在光绪九年五月二十三日(1883.6.27)刊登"上海同文书局石印书画图轴价目"告白随附小启,完成正式的开业告白。④ 徐润是当时著

① 《申报》光绪八年四月二十九日(1882年6月14日),20册,第814页。
② 徐润:《徐愚斋自叙年谱》,民国十六年版。
③ 《申报》光绪九年一月二十八日(1883年3月7日),22册,第299页。
④ 《申报》光绪九年五月二十三日(1883年6月27日),22册,第945页。

名的买办商人，其在光绪九年时以股票形式在各家近代公司企业中的投资总额已高达白银120余万两。①《民国上海县志》记徐润有关贡献："以欧西石印法于文化事业裨益颇多，创同文书局，影印《图书集成》，及广百宋斋铅版书局，印刷书籍，艺林诧为创举。凡所规划，皆为中国所未见，而事事足与欧美竞争。"按理说，徐润的加入应该给国人一个强烈的示范作用，但是其后的四五年时间里，《申报》上只见有书局转售同文书局的石印书籍，却不见有新的华人石印书局开张，如下表：

表1.2.1 《申报》所见光绪九年至十二年间各书局分销同文书局书籍情况

| 时　间 | 书局名称 | 告白内容 |
| --- | --- | --- |
| 《申报》光绪九年七月六日(1883.8.8) | 抱芳阁 | 经售同文书局股票书籍 |
| 《申报》光绪十年二月六日(1884.3.3) | 文海堂 | 复开文海堂书局：去岁已开，书版损毁，今复开，雕版为主，兼售同文石印书。 |
| 《申报》光绪十一年六月十九日(1885.7.30) | 长顺晋 | 石印大题文府经义宏括出售(销售同文书局的书) |
| 《申报》光绪十二年九月十日(1886.10.7) | 抱芳阁 | 各省分售同文书局石印 |

资料来源：《申报》，上海：中国书店影印本，1983年版。

那么，这四五年的沉寂期由何而来呢？笔者认为，在这四五年内，华人资本没有投入到石印书业的主要原因在于其上游企业，即石印机械设备的制造与销售行业，还没有完成在华经营的准备。最初，石印机械的生产效率较差，也不容易购买，如传教士在上海开展石印时所使用的印刷机是木制石印架和手摇石印机，人力操作，速度极慢。点石斋石印局更以转轮石印机，每机8人，分作两班，轮流摇机，一人续纸，二人接纸，虽然效率提高不少，但仍旧是人力操作。直到光绪十二年(1886)英资麦利洋行引进英"许士耿博"厂制石印书画机器，"可装置煤气火力，一日能印七千余张"，蒸汽动力从此逐步代替人力成了石印的主要能源。该厂石印机亦售予同文等石印

① 张忠民：《艰难的变迁：近代中国公司制度研究》，上海社会科学院出版社2002年版，第151页。

局，除印机外，尚有“印书油墨、照相药水”，一切应需之物，皆可随时定寄委托上海外洋泾桥北堍大英医院内麦利洋行在华经销。① 由于该机先进，麦利洋行“深恐有人仿冒，并杜鱼目混珠，禀请国家颁给凭照，准做五十年期内，如有仿作者，随时控请重罚”，然有上海当地“某铁匠等，兜值仿造，希图乱真”，洋行在“呈请本国领事府照会华官，查禁停制外，特再声明，如有前项情事，定当指名控究罚办”②。国人除试图仿制石印机械之外，亦曾研制石印墨料，如福州船政学堂肄业之游某，研成机造石印上墨，每磅价洋五元，由泰隆洋行代售。③ 技术的进步，新动力的应用，较易获得的设备与原材料使得华人能够更加便捷地投资石印书业。由此到了光绪十三年（1887），扫叶山房、文瑞楼、醉六堂、抱芳阁、文玉山房、千顷堂等传统雕版书局增开石印业务，蜚英馆④、鸿文书局⑤、石仓书局⑥、清华书局⑦、龙文石印书局⑧等石印书局相继开设，方才“迨戊子年（1888），石印大盛”⑨。即如《申报》光绪十三年一月十二日（1887.2.4）《秘探石室》文中所言：

石印书籍肇自泰西，自英商美查就沪上开点石斋，见者悉惊奇赞叹。既而宁、粤各商仿效其法，争相开设。而所印各书，无不钩心斗角，各炫所长，大都字迹虽细若蚕丝，无不明同犀理。其装潢之古雅，校对之精良，更不待言。诚书城之奇观，文林之盛事也。⑩

与雕版印刷相比，石印书籍具有以下特点：

1. 价格低廉。汪家熔说：“雕版书字不能太小，而字大，书就贵。照相石印可以将字缩得很小，书价就便宜，读书人买得起。”⑪石印的缩印功能很

① 《申报》光绪十二年十二月初五日（1886 年 12 月 29 日），29 册，第 1118 页。
② 《申报》光绪十三年三月廿七日（1887 年 4 月 20 日），30 册，第 642 页。
③ 《申报》光绪十三年八月二十七日（1887 年 10 月 13 日），31 册，第 664 页。
④ 《申报》光绪十三年三月初四日（1887 年 3 月 28 日），30 册，第 486 页。
⑤ 《申报》光绪十三年三月初四日（1887 年 3 月 28 日），30 册，第 488 页。
⑥ 《申报》光绪十三年七月初八日（1887 年 8 月 26 日），31 册，第 350 页。
⑦ 《申报》光绪十三年八月二十四日（1887 年 10 月 10 日），31 册，第 642 页。
⑧ 《申报》光绪十三年九月初四日（1887 年 10 月 20 日），31 册，第 710 页。
⑨ 上档：《上海书业公所落成全体大会开会词》，上海市书业同业公会档，S313-1-2。
⑩ 《申报》光绪十三年一月十二日（1887 年 2 月 4 日），30 册，第 164 页。
⑪ 汪家熔：《近代出版人的文化追求》，广西教育出版社 2003 年版，第 241 页。

早就被时人关注,《申报》的编辑黄式权在《淞南梦影录》中就说石印之文字“细若牛毛,明如犀角”①。缩印本第一是形制具有新奇感,很多字迹可以缩小到0.1厘米,是前人所未见的;第二是降低成本,售价更廉;第三是精巧可爱,方便携带。除了缩印之外,石印省去了刻工,用机器代替了人力,规模生产降低了成本。

2. 制版容易。传统雕版制版耗时甚多,如明嘉靖三十四年(1555)无锡县顾氏“奇字斋”家刻《类笺王右丞诗集》不过五六百页,但“自嘉靖三十四年十二月望授锓,至三十五年六月朔完局”②。前后花了六个多月的时间。但是雕版和活字比起来,也有便于翻印的好处,清末江南制造局聘请了以傅兰雅为首的诸多传教士为其译书,而傅兰雅等人早已掌握铅活字印刷,但是江南制造总局出版翻译西书,仍然使用雕版印刷,就是因为雕版便于重印。③ 石版印刷不需要雕刻木版,也不需要熔铸铅字,只是在照相落石之后需要进行修版。《张元济书札》中就保留了很多他和石印部负责人讨论百衲本《二十四史》修版的信件。但如果是一些责任心不强的书局,把修版一部省去的话,石印的制版就更加迅速了。《益闻录》曾比较石印、铅印、刻本的制版问题:

大抵刻版粗笨,成书不易,而刻工嘉者殊鲜。坊间刻本字迹类多模糊,且一书之版多至叠床架屋。读者,藏版者往往苦之。然有(石)版则可随时刷印,不计多寡,非其利欤?活版则排印甚速,字迹清明,价值又廉,流传甚广。第不能随时随印,印成一次,版已拆去,未免美中不足。④

此文成于1890年,铅印的纸型技术还未引进,虽然《申报》馆在1872年印刷报纸的时候就使用泥版技术了,但是泥版毕竟易碎,不易保存。

3. 石印本通过照相落石技术能够保持书法之美。传统刻本大部分字体为宋体或仿宋,边缘转折为平直,这是受雕刻技术限制而成的。书法,特

① 黄式权:《淞南梦影录》。

② 魏隐儒:《古书雕印发展简史》(后改名《中国古籍印刷史》),转引自吴承明、许涤新:《中国资本主义发展史》卷一“中国资本主义的萌芽”,谷风出版社1987年版,第538页。

③ 见傅兰雅:《江南制造总局翻译西书事略》。

④ 《益闻录》,1890年第1007期。

别是行草书，边缘过渡极为圆润，甚至还有飞白，这些刻本中虽然也能模仿，但是成本就大大增加。石印本就不存在这样的问题，可以在不增加成本的基础上保留书法之美，这为书画作品、名人信札的印刷提供了机会。同时，请名人为书籍写的序言也可以直接上版。如1893年同文书局石印的《皇朝五经汇解》①，俞樾为之隶书序言，归安杨砚为之行楷序言，书法甚佳。

石印在晚清上海风行一时，几十年间大大小小的石印书局和兼营石印的书局数量极多。张仲民《晚清上海书局名录》②中载有421家书局，但是一方面，这些书局包括铅印书局和石印书局，不能够反映出晚清石印业的面貌；另一方面，该名录是从刊登于晚清报刊上的售书广告中搜集的，但是有很多小石印书局并没有能力在报刊上刊登广告，他们的宣传方式就如今天的街头小广告一般，甚至是当街售卖。笔者通过整理部分晚清民国石印书籍，从中发现至少有下面39家晚清书局未列入张氏目录中：

宝善书局、宝文书局、宝贞堂、璧园会社、崇善堂、崇实书局、崇义堂、萃文斋、大同书局、富文书局、耕石书局、贯吾斋、华美书局、会文书社、教育世界社、经香阁、乐群图书馆、黎光社、茂记书局、脉望仙馆、南洋官书局、奇书小说馆、三乐堂、改良小说社、上海书局、上海石印书局、上海印书工会、尚友山房（属宝山县）、慎记书庄、史学会社、天章书局、文澜书局、文美书局、文谊书局、袖海山房、益吾斋、裕记书庄、支那新书局、珍艺书局。

而实际上所存在的石印书局数量可能更多，当然这些书局中的大部分都是家庭小作坊式的生产。《照相石印法》一文曾计算过民国初年的石印企业投资成本：

落石架上小印刷而言。每日不过印六百张而已。摇架兼打湿布一人，擂墨兼付纸一人。月约工食洋二十余元，殊不合算。但资本甚微，不过二百元已足。若用大架则一日可印三千，用引擎发动则一日可印六千。资本约三千元已足，此等规模较大，自可雇用管车工头。应毋庸述。其不用照相石印者，资本可减一半。③

① 《皇朝五经汇解》二百七十卷，题［清］扶经心室主人辑，同文书局1893年版，三十二册。
② 张仲民：《出版与文化政治：晚晴的"卫生"书籍研究》，上海书店出版社2009年版，附录三。
③ 《家庭知识》1918年第3期，第67页。

二百元不过十倍于两名工人月薪与饭费，可见投资之低。点石斋的老板是英国人，同文书局的老板是广东人，扫叶山房由苏州迁来，而蜚英馆则是江西人的产业。可以说，上海石印业的繁荣一定程度上是吸收了中、外各处资本所致。反之，上海石印业的影响也遍及全国，哪怕是古籍翻印，也因为印刷方式的现代化而代表着新学的传播。

光绪十六年(1890)，户部侍郎张荫桓时任总理各国通商事务衙门大臣，奏准石印《古今图书集成》百部，同文书局承印，于光绪二十年(1894)告成，增入《考证》二十卷，凡五千四十四册，照殿本原式，印刷甚精，与原本无异。考张荫桓《甲午日记》中虽不载《古今图书集成》印成事，及其与徐润之关系，但是光绪十六年之前出使各国的《三洲日记》中常载其翻阅《申报》之事，所以张应该对上海的石印业是有一定了解的。点石斋是外国人的产业，同文书局属于中国人，而张荫桓当时被称为"洋务干才"，与同属洋务一系的徐润就有了天然的亲近感。所以才在光绪十六年刚一回国担任总理衙门的官职就推荐同文书局以西式石印来印刷《古今图书集成》。《徐愚斋自叙年谱》"光绪八年"条言石印《古今图书集成》百部送京，不过《光绪实录》上仅有两条，共三十一部的记录："清光绪二十年十一月"，"石印图书集成解京。请旨进呈。得旨图书集成十一部。著于本年十二月初三日。由福华门一律交进。由懋勤殿首领太监接收"。与"清光绪二十七年十月"，"谕军机大臣等、刘坤一等奏、石印图书集成。存储尚多。请旨办理等语。著即进呈二十部。派员解京。并赏给每省一部。发交学堂。以资观览。其余解交外务部收存。候旨颁发"。据此推测，很可能清廷在原有基础上又加要了部分《古今图书集成》。同文版石印《古今图书集成》不是全部收藏大内，而是不时作为礼品赠送外国，也作为赏赐之物给各省及新办学堂。《光绪实录》中记载的就有十一次：

(1) 光绪二十七年十月，每省一部。

(2) 光绪二十九年七月，顺天学堂、京师工艺局各一部。

(3) 光绪二十九年七月，五城学堂一部。

(4) 光绪三十年四月，大学堂等处各一部。

(5) 光绪三十年十月，实业学堂一部，南洋槟榔屿中华学校一部。

(6) 光绪三十二年九月，京师法律学堂一部。

（7）光绪三十二年九月，高等巡警学堂一部。

（8）光绪三十三年九月，宪政编查馆一部。

（9）光绪三十四年二月，英国某学会一部。

（10）光绪三十四年三月，外务部、储才馆各一部。

（11）光绪三十四年三月，大理院一部。

赏赐的地方既有京城部衙，又有地方各省，还有海外学会。国人既借助于同文版的《古今图书集成》见识到了来自泰西的石印技术，外人也可感受中国典籍之优雅。

上海石印书业兴起的意义：

其一，作为最早形成的近代行业之一，以技术打破中国人的“天下观”。中国近代工业的建立，在一开始就有着满足国家需要的强烈功利性目的，所以遵循着枪炮、造船、开矿等重工业优先，纺织、缫丝、面粉等轻工业在后的发展思路，但石印书业却成为一个特例，在沪上商人及买办还在骎骎于进出口贸易的时候就已经成为国人投资最早的实业部类。此外，上海的租界俗称为“洋场”。但实际上，其最早的别称不是“洋场”而是“夷场”。这是中国古代“天下”观念的反映，认为在这个世界上，中国处于世界的中心，其他的都是未开化的蛮夷之地。但是随着中西文明交流的深入，中国人的“天下”观开始动摇，轮船、蒸汽机、高楼大厦这些西方文明的象征物虽然犀利，但是书籍出版更能打动国人的心，这一点广学会看得很明白，“很早以来中国人最大的特征就是注重学问以及他们对之所树立的荣誉。他们的英雄人物不是武士，甚至也不是政治家，而是学者。……每一个观察家一踏上他们的国土就会感触到这些特征，并且导致凡欲影响这个帝国的人必定要利用出版物”①。

其二，石印书业体现了传统行业的近代转型。上海近代石印书业脱胎于传统雕版书业，扫叶山房、文瑞楼、醉六堂、抱芳阁、文玉山房、千顷堂等书局在开展石印业务之前就已经是名声显赫的雕版印局和书肆，其最初进入石印书业时更像是印刷设备进行技术升级改造，而在书籍内容、管理组织方

① 1887年《同文书会章程、职员名单、发起书和司库报告》，转引自顾长声：《传教士与近代中国》，上海人民出版社1981年版，第157页。

面和以前没有太大的差别，但是，随着社会近代化转型程度的加深，以及一批近代大型出版机构的建立，石印书局也在进行着西学书籍出版、股份制管理等近代化变革。石印书籍生产只是一个契机，当其离开传统书局母体之后，近代化大潮推动着这些书局离着雕版书业越行越远。雕版印刷，"几乎尽归淘汰矣"，在上海则只有"好古之士"还在经营和阅读。①

其三，促进其上下游行业的形成。作为印刷行业，上海近代石印书业需要纸张、油墨、摄像、印刷机械生产及维修等上游行业以及书籍销售网络等下游行业的支持。传教士石印书籍所需要的设备与原材料全需进口，因为上海没有这些原材料的经销商，所以传教士们只能以私人关系去联系供货问题，这在一定程度上限制了石印书业的发展。后来，麦利洋行在沪经销石印机械，方才解决购买设备的问题。虽然国人一开始难以仿制石印机，不过纸张、油墨等原材料较好解决。石印书局选用国产纸张进行印刷，民国初年之后，国产油墨成了进口油墨的重要补充，20 世纪 20 年代以后，商务印书馆、中华书局和瑞昌等华资机械厂也可以修理及仿制一部分的印刷机械，这都体现了石印书局对上游行业的刺激作用。另一方面，石印书局也在大力铺开销售网络，如同文书局"开设上海虹口，又设新局于二摆渡，专办石印古今书画图帖。另设分局于二马路抛球场，仕商有印件赐顾，请至本局及新局面订。如门市交易，统由抛球场分局发兑"②。这些书局的发行部门逐渐聚集在一起，形成了被称为"书店街"、"报馆街"的四马路，20 世纪 30 年代达到鼎盛。

其四，传统文人近代转型的一条新路。作为"士农工商"四民中地位最高的文人，在传统社会中唯一被认可的发展途径就是通过科举考试进入官僚体制之中，然而近代社会的巨变，却给了他们一条充满荆棘却越走越宽的新路，那就是随着社会近代化而产生的诸多新兴职业。墨海书馆中"秉笔华士"是他们的第一站，王韬、蒋敦复、李善兰是他们的先行前辈。然而无论墨海书馆或者江南制造总局中的"笔述"人员并不是常设的岗位，没有办法形成一个新的职业群体。而石印书局由于需要大量具有一定学识素养的抄书

① 闻野鹤：《上海游览指南》，第 3 页。

② 《申报》光绪十三年五月十二日（1887 年 7 月 2 日），31 册，第 10 页。

校书人员，就给了大批不得志的传统文人以谋生之道，虽然石印书局的校书人、抄书人没有最终发展为近代出版机构的编辑人员，但毕竟为传统文人的近代转型开拓了一条前所未有的新路。

上海石印书业发端期即存在的问题：

1. 石印书局受传统印刷业影响，没有清晰的版权意识。在复制古籍方面易形成低水平重复竞争；在出版今籍方面又有着浓厚的“选家”思维，不付稿费，无法以经济利益调动作者积极性，从而提升自己出版物的品质。

2. “述”重于“作”，局主的角色类似于传统的藏书家，考校的是其搜集书的眼光和能力，没有意识到编辑的重要性。所招收的文人不是校书者就是抄书者，唯一和创作有关系的只有并未形成主流的石印画报的画家，如吴友如、张志瀛、周权香等《点石斋画报》画家群。

3. 在点石斋采用照相石印后的几十年内，除了印刷动力方面有了一定的进步，在其他技术方面并没有取得多少进步。逆水行舟，不进则退。民国初年，铅印技术飞速发展，在效率上、产能上远超石印技术，石印书局自然也就退至历史舞台的边缘。

4. 企业组织形式以小企业、小作坊为满足，局限于传统书坊的规模，没有整合行业的要求和动力。即使如同文书局在经营不顺的情况，也只是考虑关停书局，把资金投向铅印业，成立广百宋斋，而并非走向产业的升级换代。

## 第三节　废科举与民国间上海近代石印书业的转型

光绪三十一年(1905)废科举之后，上海近代石印书业走出黄金时代。民国时期，上海石印书业可分为两个阶段，前者为民国成立到抗战前的二十五六年的时间，石印书业虽然叠经风浪，但是尚未动摇根基，虽然不能像铅印那样成为中国社会近代化的弄潮儿，然尚可随波逐流；后者为抗战到新中国成立的十年左右的时间，“孤岛时期”上海的石印书局丧失了大部分的内地市场，濒临倒闭，抗战胜利后国内政局依然没有好转，行业发展奄奄一息。

### ◈ “废科举”对上海近代石印书业的影响

在中国历史上，人才选拔制度叠经变易。西周之前，学在官府，不需要在民间寻觅人才。春秋战国，诸子之学出于王宫，“士”阶层兴起，统治者以“养士”而“得士”。汉更以荐举制，虽有“举秀才，不知书；举孝廉，父别居”之讥，但的确是将民间风评的力量纳入到人才选拔的机制之中。魏文帝的“九品中正制”则进一步将选士的标准细化。唐宋以后，庶族势力兴起，本能地要求提高在政治上的地位，形式完备严密且规模庞大远超前代的科举制度即应运而生。一千三百多年后，历经唐、宋、元、明、清五代的科举制度在中国社会近代化大潮面前已经不堪培养人才的重负，而直接为它敲响丧钟的却是那些依靠科举平步青云的读书人。

改变科举的呼声至少在光绪初年就已经出现在官方的议论话语之中，如下表：

**表 1.3.1 “废科举”前清官方关于改变科举的舆情表**

| 时　间 | 发议者 | 内　容 | 备　注 |
|---|---|---|---|
| 光绪元年（1875）二月 | 礼部 | 奏请考试算学 | |
| 光绪十年（1884）五月 | 潘衍桐 | 奏请开艺学科 | |
| 光绪二十四年（1898）一月 | 严修 | 奏请设经济专科 | |
| 光绪二十四年（1898）四月 | 康有为 | 废八股试帖楷法试士改用策论 | |
| 光绪二十四年（1898）五月 | 梁启超等 | 请变通科举 | |
| 戊戌变法时期 | 清廷 | 以废八股取士，更易时务策论，兴办学堂为核心的一系列改革 | 政变之后部分改革措施获得保存 |
| 光绪二十七年（1901）五月 | 张之洞、刘坤一 | 变通政治人才为先 | 应“新政”之召，属“江楚会奏”内容 |
| 光绪二十九年（1903）十一月 | 张百熙、荣庆、张之洞 | 奏请递减科举注重学堂 | 相当于废除科举的模拟演练 |

资料来源：本表据舒新城：《中国近代教育史料》（上），人民教育出版社 1981 年版，第 27—66 页编制。

光绪三十一年（1905）清廷应直隶总督袁世凯、盛京将军赵尔巽、两湖总督张之洞、两江总督周馥、两广总督岑春煊、湖南巡抚端方等联名之请，"著即自丙午(1906)科为始，所有乡会试一律停止，各省岁科考试亦即停止"①。这便是中国近代史上非常重要的"废科举"事件。

科举用书本为上海近代石印书业最为稳定的利润来源，陆费逵回忆说："因为科举时代携带便利的缘故，各种经书及《大题文府》、《小题十万选》一类的书，都缩成极小的版本。后来科举改革，要考史监策论，于是《廿四史》、《九通》、《纲监》，以及各种论说，又复盛行一时。一方为供参考玩赏起见，所以文学书画任何书籍，如《佩文韵府》、《骈字类编》、《佩文斋书画谱》……各种诗文碑帖等，均翻石印；一方为投一般民众的嗜好，所以旧小说如《三国演义》、《水浒传》、《红楼梦》等书，也都以石印印行。"②"废科举"一事意义重大，对当时的中国社会方方面面产生了深远的影响，原本迅猛发展的上海近代石印书业因此发生转折，走出了自己的黄金时代，石印书局科举用书大量积压，失去销路。然而，除了石印书籍滞销外，废科举对上海石印书业还有更加深远的影响。

一方面，清政府官方承认西学的价值，从此"西学"成为中国社会政治、经济、文化、价值等体系的主流，以印刷古籍为主的石印书局市场萎缩。

印刷方式和印刷内容本没有必然的联系，铅印可以印行古籍，石印当然也可以印行西学著作，比如晚清西学兴起之后，上海石印书局也曾经争夺过这个市场，石印了大量的西学著作，如《富强斋丛书》、《农学丛书》、《西政丛书》、《西学大全》、《军政丛书》、《格致丛书》、《古今算学丛书》、《中西算学丛书》等，但是在竞争中最终还是败给了铅印书局和综合性书局，整体退出了西学书籍印刷市场。

石印书局的失败既有内因也有外因。在内，由于石印书局没有明确的版权意识，出版以翻印为主，不付稿酬。这一点在传教士为西学书籍主要作者的时期问题不大，因为其著作的主要目的不是利润而是传教，传教士们反而很欢迎自己的著作被人翻印，但是当留学生成为翻译的主力后，救国新民

① 舒新城：《中国近代教育史料》(上)，人民教育出版社1981年版，第65页。

② 陆费逵：《六十年来中国之出版业与印刷业》，载张静庐：《中国近现代出版史料》(补编)，上海书店出版社2003年版，第275页。

之外，稿酬的重要性大幅提高，石印书局缺乏版权意识在很大程度上把西学著作的作者推向了自己的竞争对手；在外，19世纪末以来，国人以“新”为美，求新、趋新的意识强烈，石印书局以传统线装书籍的形式出版西学书籍逐渐不被读者所认可。而在出版古籍尚可以维持营业的情况下，石印书局没有动力和魄力进行装订工艺的升级改造。最终，石印书局退出了西学书籍出版市场，上海出版界在20世纪初形成了铅印独霸西学、石印退守古籍的格局。只是，逆水行舟，不进则退，石印的古籍印刷市场也在一步步被铅印所蚕食。当印刷方式和印刷内容形成联系之后，阅读取向的变化也就影响了印刷方式地位的消长。

晚清官方学习西学的思路大概经历了三个阶段：第一个阶段，以林则徐为代表的“师夷长技以制夷”，在这个阶段，官方个别的有识之士研究学习西学，尚未形成一个潮流；第二个阶段，以张之洞为代表的“中体西用”，清廷官方部分派系进行“洋务运动”，以开办学堂和翻译书籍为学习西学的主要形式；第三个阶段，就是以“废科举”为代表的“晚清新政”，官方在整体上承认西学或者说“新学”的主流地位。上海的石印书局主要是在第二个阶段中成立的，那个时候西学虽然风潮渐起，但是在绝对数量上还是无法和传统书籍相对比，特别是科举制度保证了全国大多数的读书人购买和阅读的书籍还是偏于旧学，所谓“新学”，更多是那时一部分人的兴趣而已，尚无专力于此者。依靠科举用书，抱紧了“考试经济”的大腿，石印书局的利润尚能得到保证，西学书籍对其来说是一块诱人的餐后甜点，即使吃不到，也饿不了肚子。然而，在第三个阶段，科举制度被废除，与其相关的“考试经济”烟消云散，一大批衍生的相关利益行业，就如科举用书的出版，顷刻之间失去了利润的来源。在第二个阶段，很多人在购买科举用书的同时，不介意再采购几本西学著作，或许真心研读，或许仅仅是为了装点门面附庸风雅；但是在第三个阶段，读者购买西学著作的时候，却不会再去买上几本科举用书，因为科举考试一旦不在，这些书籍也就没有了价值，于是“千百万资本之老书，半多呆搁”①。由于石印已经打上了“复制古籍”的烙印，在西学成为社会主流的年代，石印书局的利润一再降低，很快就把上海印刷界的领军地位拱手让给了铅印业。

---

① 上档：《中国书业有限公司章程·忠告同业》，上海市书业同业公会档，S313-1-132。

另一方面，原本被科举限制住的文人可以去追寻新的职业出路，进入出版业的人才资源绝大部分被铅印业所吸收。

清康乾以降，在“滋生人口，永不价赋”、“摊丁入地”等赋税政策的刺激下，中国人口大量增长，而读书人的数量也相应增加。“仕进”是读书人天然的职业取向，但是相对于读书人数量的增长，清政府的官员数量和科举名额却没有较大的增长，于是科举登第越来越艰难，而无法获得功名的读书人也越来越多，这便造成了读书人“生产过剩”的现象。但是在这种“过剩”面前，“教育制度是专为培养公职人员的”，其“价值体系往往禁阻有文化的干才从事其他事业”，而“行政机构阻止它自身扩展或重新组成新形式，以适应周围正在变动的社会”①，传统的官僚体制和教育制度选择了不作为，在这种情况下，“有些善于权变的文人”自主来进行突破，在“幕客”、“塾师”等原有职业外选择新的行业来作为自己的职业目标，他们在包税人、讼师、买办、职业报人、职业作家、律师、会计师、医师、画师等行业寻找新的出路。

传统的中国社会，其社会精英被国家通过科举进行网罗，其形成的社会，可谓是“国家精英型社会”，而包税人、讼师、买办、职业报人、职业作家、律师、会计师、医师、画师这些职业都是国家政治之外的社会诸业，由此形成的社会可谓是“社会精英型社会”。中国社会的近代转型，在一个方面也是社会精英就业方向的转型。废科举之前，也许前路狭窄，但是总归有路可循；而在之后，独木桥没了，千军万马要自己逢山开路、遇水架桥。他们之中，也许有一些人知道历史赋予自己的使命，在时代大潮前踏浪而行，但是更多的人则在转型之际人心惶惶如丧家之犬，看不清未来的前途，没有甚至无力认识到自身的价值。这些过剩的读书人，从前的理想是“庙堂之高”的朝廷政府，而现在却被迫在“江湖之远”的民间社会中和自己以前不屑为伍的“农工商”一起打拼，国家又没有对这种职业转向进行引导和鼓励，于是一种失落感和疏离感就会很自然地产生。但实际上，这些百无一用的书生却是“十有九人堪白眼”②的智识资源，转型中的近代行业得之者则昌，也许他

---

① 费正清：《剑桥中国晚清史（1800—1911）》，中国社会科学院历史研究所编译室译，中国社会科学出版社 1985 年版，第 117—119 页。

② 清乾隆诗人黄景仁诗句，可叹世人只知道此句的对句“百无一用是书生”，却忘了这一句“十有九人堪白眼”，悲愤之中，有多少的傲气与风骨。

们并不是真正的近代知识分子,但是一方面他们和后来的近代知识分子有诸多的关系,或学缘或地缘,可为引介;而另一方面则是给近代知识分子一个示范——“此处虚位以待”。

在晚清社会,无论是石印业还是铅印业,他们的编辑水准都差不太多。石印书局的局主对传统文献学都有一定造诣,有的东主甚至就是藏书家,如蜚英馆的东主李盛铎、蟫隐庐的罗子经;铅印书局中的传教士虽然有着一定的西学功底,但是水准并不太高,仅仅是一些常识,很难称得上学术。人才在二者的竞争中并没有起太大的作用,但是废科举之后,华资铅印书局和综合性书局利用科举解放出来的人才资源,普遍组建了自己的编辑部门或相对固定的编辑群体,使其出版的著作更加能够适应时代的要求。而石印书局没有在这场人才争夺战中获得利益,也造成了其后竞争中越来越力不从心。

“废科举”是上海近代石印书业发展过程中的转折点。从那时到辛亥革命前,大清王朝的最后几年里,铅印业以抢占新兴教科书市场为契机,一步步占据了上海书业市场大部分的份额,石印书局在业界影响力则不断减低。

同文书局早在光绪二十四年(1898)就已停业,徐润专力经营广百宋斋。同文是石印书局,而广百宋斋则属铅排,徐润的经营转向在一定程度上显示了两者在投资回报率上的改变。① 废科举之后,再也没有像徐润那样的著名商人、像李盛铎那样的政学名流投资石印书业。点石斋、同文书局、蜚英馆、扫叶山房、拜石山房、鸿宝斋……这些在晚清十分显赫的名字在民国话语中慢慢沉寂下去。取而代之的是,商务印书馆、中华书局、世界书局、文明书局这些出版界的新星。商务印书馆在光绪二十八年(1902)创建编译所,张元济同年入主,不仅仅显示了由官场走向职场的文人新选择,也彰显了石印书局在业界影响力的下降。

### ◈ 抗战前上海石印书业的平稳发展

民元之后,以铅印为主力的综合性书局成为上海出版界的主流,商务印书馆、中华书局、世界书局、大东书局、开明书店(简称“商中世大开”)集编

---

① 当然,广百宋斋也不是不用石印技术,如光绪年间广百宋斋《绘图增像西游记》一百回十二册中有两百五十二幅插图,都是用石印的方法进行印刷的。

辑、出版、发行于一体，成为上海乃至全国最大规模的出版企业。然而，上海民国出版业的繁兴不仅仅依靠这些大型出版企业，中小书局也为整个书业生态做出了不可或缺的贡献。民国间，上海石印书局之中没有出现什么大型出版企业，但却平稳发展，丰富了上海书籍市场，并在一定程度也适应了时代发展的潮流，进行了一定的近代化改革。

这段时期石印技术门槛继续降低，小型石印书局大量出现，据笔者经眼，至少有195家出版机构在民国时期成立过石印书局①，这些书局中，有商务印书馆、中华书局等综合性书局，但是其中的绝大部分都是一些专业的石印书局。此外，一些非出版机构也利用石印来制作自己的书籍，如圣苍明智大学、圆明法师会、国群铸一通俗讲演社、上海清真西寺理事会、上海爱俪园广仓学窘、上海全球华侨总公会秘书处、襄社等。

但是，整个上海的社会环境却朝着不利于石印书业的方向发展。民国间上海石印书业面临的困境如下：

---

① 宝彝堂、宝蕴楼、碧梧山庄、彪蒙书室、才记书栈、昌文书局、昌明书局、椿荫书庄、春花秋月社、崇文书局、萃文书局、大成书局、大德书局、大东书局、大观书局、大声图书馆、大同书局、大通书局、大声图书局、大文书局、大业印刷局、大一统图书局、大中书局、东陆社、斐章书局、佛学书局、福禄寿字帖纸品社、福文盛印书局、富文书局、耕石书局、古今书室、古今图书局、国华书局、国民日盛书社、国学书局、国学昌明社、国学扶轮社、共和书局、光霁书局、广益书局、广文书局、汉文渊书肆、合众图书馆、海左书局、宏大善书局、宏华居庐、鸿大印刷社、鸿宝斋书局、鸿文斋、鸿文书局、宏文图书馆、华璋书局、槐荫山房、焕文书局、会文堂书局、集古斋书社、交通书馆、简青斋、蒋春记书局、金佳石好楼、锦文书局、锦文堂、锦章书局、进步书局、进化书局、文通图书馆、成记书局、经世文社、竞智图书馆、江东书局、茂记书庄、江左书林、校经山房、久敬斋、开文书局、科学仪器馆、来青阁、炼石斋、联合出版公司、刘德记书坊、六艺书局、美术书局、美利石印书馆、民和书局、民权画报馆、明善书局、墨缘堂、木石居、木石山房、南社、农学报馆、平民书局、普益书局、启新书局、千顷堂书局、潜乐社、清华书局、全球书局、然藜阁、仁和翔书庄、扫叶山房、三益美术公司、三友实业社、上海书业公所、上海古瓷研究会、上海图书馆、上海书局、上海第一书局、上海银行周报社、上海印书工会、上海印务局、上海战事写真馆、上艺斋、商务印书馆、尚古山房、尚友山房、神州国光社、沈鹤记书局、石竹山房、师竹山房、时还书局、适其适斋、世界书局、受古书店、泰东书局、陶明记书局、蟫隐庐、天宝书局、天南书局、同文图书馆、同兴书局、通运公司、文宝书局、文宝公司、文德书局、文昌书局、文化书局、文明书局、文瑞楼、文盛书局、文兴书局、文宜书局、文益书局、文友社、文元书局、筱花园古书流通处、小校经阁、新教育社、新新书局、新学会社、兴业书局、协记书局、燮记书庄、逍遥斋、惜阴书局、亚东图书馆、姚文海书局、义隆书局、益新书局、益友（社）山房、翼化堂、医学书局、有正书局、育文书局、元昌书局、沅记书局、渊明书庄、云记书庄、朝记书庄、章福记书局、振始堂、振寰书局、铸记书局、真美书社、震亚图书局、振声译书社、正文书局、政新书局、政学社、中国书店、中国图书公司和记、中国晚报馆、中华法政学社、中华国术研究社、中华民国社、中华书局、中华石印馆、中华图书馆、上海中华新教育社、中社、中西书局、中央书局、中原书局、铸记书局、著易堂。

1. 社会知识体系与读者阅读习惯的进一步西化，古籍研究成为少数学人的专业领域，石印小说的泛滥造成石印书籍品味的下降。废科举之后，近代学堂在各地普遍建立，近代学术体系也随之确立。传统中国学术研究也被纳入这个体系之中，且被拆分为国文、历史、哲学等不同的门类。古籍研究成为少数学人的职业，其阅读面大大地变窄了。在铅印也在争夺古籍出版市场的同时，石印书局仅仅依靠复制古籍已经不能够维持生计，所以读者面更广的小说，特别是传统小说、民间曲艺唱本、善书成了石印书局的一个重要的印刷方向。这些书籍印量不大，篇幅不长，专为娱乐或存档，铅印对其而言成本太高，标准也太高，不需要拣字排版、印费又低廉的石印正好合用，这些书籍成为石印书局新的利润增长点。虽然这些石印书籍也曾出现过一些精品，但是总的来看档次还是不高。大量印刷这些低端书籍反过来又影响了石印在时人心中的形象。

2. 伴随着出版机构近代化和著作人职业化的进步，出版界对于"版权"的认识也逐渐加深，石印书局更加难以出版新籍。晚清之际，职业著作人，包括职业作家、职业翻译家数量很少，书籍的作者一般都有其他的目的，比如传播自己的学说，或彰显名声，很少出于经济上的考虑，随着出版业的近代转型，"写作"开始成为一种职业。当写作和经济利益挂钩之后，作家开始逐渐重视起"版权"的意义。戊戌变法时期的梁启超对于有人翻印他的书籍可谓是沾沾自喜，而流亡日本时期却是深恶痛绝，其原因就在于"经济"二字。① 没有版权保护，就没有对"职业作家"生活的基本保障，邹弢出版于民

① 在戊戌变法之前和期间，梁启超先后担任《时务报》和大同译书局的负责人，《时务报》与译书局所出之书公开进入市场售卖。表面上看，梁启超参与到了现代出版产业中了，似乎是做了职业出版家。但是与别的商人不同，任公先生毫不考虑自己产品的销路，这并不是说他的书报供不应求十分抢手，而是他根本就不需要管是否好卖，因为不久《时务报》和译书局都改为"官办"，那时的他就成了一个花皇帝钱的"官商"，从事的是进行维新宣传的出版事业，只需要对自己文字负责任而不用管销路的问题。所以，站在他的立场上，恐怕是欢迎盗版为多，盗版越多证明他的学说影响越大。戊戌政变之后，亡命日本的梁启超在失去大限内阁照顾之后，生活变得艰难起来。为了改变窘境，梁启超采用股份制进行办报（虽然《时务报》和大同译书局一开始也是采用股份制的形式，但不久改为官办，所以并没有按照公司制运作），大获其利，生活过得有滋有味，能够游历澳大利亚、美国、加拿大等国，并在檀香山久住，这时的梁启超就变成了"梁老板"，成了一个真正的职业出版家和职业作家。然而好景不长，1906 年梁启超控下负责经销其所出版报刊的广智书局因为盗版问题严重没有足够资金进行分红，被迫向诸股东"派股不派息"，焦头烂额的梁启超作文解释原因以期平息众怒。

国三年（1914）的《三借庐诗剩》在其尾页就明显地印有“版权邹有”的字样。1928年10月，鲁迅介绍柔石的长篇小说《旧时代之死》由上海北新书局出版，合同约定版税20%，当月25日柔石至其兄长信中说：

福现已将文章三本，交周先生转给书局，如福愿意，可即卖得八百元之数目。惟周先生及诸朋友，多劝我不要卖了版权，云以抽版税为上算。彼辈云，吾们文人生活，永无发财之希望。抽版税，运命好，前途可得平安过活，否则一旦没人要你教书，你就只好挨饿了。抽版税是如此的：就是书局卖了你的一百元的书，分给你二十元。如福之三本书，实价共二元，假如每年每种能卖出二千本，则福每年可得八百元，这岂非比一时得到八百元要好？因此，福近来很想将此三部书来抽版税，以为永久之计了。①

“抽版税”的方式起于光绪二十七年（1901）东亚益智书局广告索求外著译稿，其后被越来越多的书局所认同。但是付给作者稿酬，被抽取版税，无形中增大了书局的运营成本。资产规模较小的石印书局不愿意付出这笔钱，更加偏向于不需要付版费的古籍出版了。反过来，职业著作人们的算盘打得越来越精，去石印书局做校书抄书人不过是卖力气吃饭，看似比搬运石版的工人尊贵些，但本质还是一样的，不若将作品卖给铅印书局，享受版税。不少文人依靠版税，生活水准相当不错，自然更加远离石印书局。无法出版新籍的石印书局离时代的轴心越来越远。

除了出版社和著作人，近代以来在国家层面上，“版权”也逐渐被重视起来。清末新政之际，政府拟预备立宪，委任沈家本、伍廷芳为修订法律大臣，引进西方法律体系与原则，制定了一系列的专门法律。光绪三十二年（1906），商部、巡警部、学部会定《大清印刷物专律》，设定印刷总局管理出版印刷业，明文规定“所有关涉一切印刷及新闻记载，均须在本局注册”，“凡印刷人须将所印刷之物件，不论文书记载图画等，均须详细纪册，以备检查”，“凡印刷人不论印刷何种物件，务须于印刷物体上，明白印明印刷人姓名及印刷所在”。宣统二年（1910），《大清著作权律》分为“通例、权利期限、呈报义务、权利限制、附则”5章，共55条。对于版权的概念、作品的范围、

① 转引自陈明远：《文化人的经济生活》，文汇出版社2005年版，第52页。

作者的权利、取得版权的程序、版权的期限和版权的限制等问题，均做了相应的规定。虽然这部法律颁布不久清朝即灭亡了，但其后，1915 年北洋政府颁布的《著作权法》，1928 年南京政府颁布的《著作权施行细则》，则在实际意义上对职业作家以及更广泛意义上的著作人的合法权益进行保护。

当然，虽说国家与社会对"版权保护"认识的深入在一定程度上限制了石印书局的发展，但是石印书局本身早在晚清就已经认识到了版权的重要性。上文所述，点石斋等书局在自己出版书籍的扉页中加衬上海县关于保护其版权的谕令就是一例。因为，哪怕是古籍翻印，也有底本质量的问题，翻印其他书局以善本石印的书籍也是一种盗版和无序竞争，上海书业公所的一项重要职能就是查处盗版以安定业内经营秩序。

3. 沪上与内地时局动荡加重石印书籍市场的萎缩。上海是近代中国出版行业的中心，所出版的书籍不仅仅满足沪上一地之需求，同时也销往全国乃至海外。鸿宝斋依靠铁路和邮传系统，行销书籍"北至奉吉，南迄闽广，西则滇黔边徼，东则鲁皖浙各省，远而至于东西洋诸名国。邮筒往来，日必数十起。轮轨交驰，寄运灵捷"①。对于那些小石印局来说，内地市场尤为重要，因为京沪等大城市的书籍消费市场为铅印新书所把持，而内地风气开放较迟，对石印旧学书籍仍有较为旺盛的需求。故而鸿宝斋"出版之旧文化书籍，行销颇广。营业最盛时，每年可作十余万生意"②。1931 年之后，内地市场逐渐萎缩，一方面由于内战与时局动荡的缘故，农村破产，销路减少；一方面东三省为日人所占，各局不但损失了一大消费市场，而且以前所放账款，皆成泡影，如"大成书局以前营业尚好，但自九・一八沈案发生以后，因东省所放账款，未能收清，为此亦受减损"③。鸿宝斋因此"营业日渐减少，去年（1933——引者）营业额仅有五六万元，今年市面，仍无起色。印刷所营业，以前亦佳，每年有十余万元左右生意，近年以旧书市场不振，印刷所亦受

---

① 《上海鸿宝斋书局各种书目一览表》，载徐蜀、宋安莉：《中国近代古籍出版发行史料丛刊》（第 25 册），北京图书馆出版社 2003 年版，第 602—668 页。

② 上档：1934 年《中国征信所调查报告・鸿宝斋书局》第 6405 号，中国征信所调查报告书档，S320-1-1303。

③ 上档：1934 年《中国征信所调查报告书・大成书局》第 359 号，中国征信所调查报告书档，S320-1-902。

连带影响，该号去年印刷生意，亦仅五六万元”①。

相比较他处而言，沪上战乱相对较少。但是“一·二八”、“八·一三”等事变也给上海的书业造成了重大的影响，比如“一·二八”之际，商务印书馆涵芬楼被日军炸弹焚毁，无数善本珍藏化为灰烬。张才良在1921年所创之“元昌印书馆”，“民国二十四年于闸北中山路1215弄1号自置土地，建厂屋住房二十五间”，成为上海颇有实力的石印书局。1938年，遭遇“淞沪会战”之后，“房屋损毁尚可修理，但场内机器材料家具各物等全部均被敌盗走，只有损毁之石片破纸而已”，所受损失各项如下：

住屋损毁一间；厂屋稍有损毁；工屋损毁三间；铝皮印刷车一架；石印印刷车十架；全张落石架一部；大号落石架一部；三号落石架六部；扎墨机一架；36寸切纸机三架；切纸刀片十把；马达十匹一只，五匹一只；地轴三副；铝皮三千余磅；23×33寸印石一百余块；23×27、18×24、10×12印石一千余块；10×14、8×12寸玻璃二十万余张；油墨五千余磅；书籍二十余箱；白报纸二百余令；各种襍纸数十令；木架十余副；木箱四十只；红木客堂家具一堂；红木房间家具两堂；机油汽油各种印刷材料及衣李器物用品未能详列（以上各种损失在民国二十六年价值法币十万元左右）。②

4. 有组织的工人运动使得石印书局运营成本增加。1919年7月29日，五彩落石工人成立“印刷职工联合会五彩制版分会”，有300多人参加，此为上海最早的石印工人组织。同年10月10日，又成立“印刷职工联合会五彩石印部”，也有数百人参加。其后接连有上海印刷工会（1920）、上海印刷工人会（1922）、上海印刷工人联合会（1924）、上海印刷总工会（1925）等工会组织成立，石印工人一直是这些组织中的重要成员，并在其后的书业罢工运动中发挥了巨大的作用。

抗战之前，上海石印书局总的来说还是平稳发展，但是平稳之中下滑的趋势也是比较明显的，可为佐证的是，1930年，书业公所、商民协会书业分

---

① 上档：1934年《中国征信所调查报告·鸿宝斋书局》第6405号，中国征信所调查报告书档，S320-1-1303。

② 上档：S313-1-180“本会为‘八·一三’淞沪战役商务印书馆被毁向行政院外交部要求抗议，以及会员填报‘八·一三’抗战损失调查表的报批文书1932.2.10-1948.2.1”。

会和新书业公会合并成为上海市书业同业公会。代表石印书业利益的书业公所关停，而在新成立的书业同业公会中，占据话语权的则是新书业，也就是铅印业的书局。1937 年，原书业公所领袖叶九如拟将公所"器具、款项、基屋、契据、账目"等交付同业公会，然因战事受阻。直到 1947 年，乌仁甫、王松亮、魏炳荣、周仲麟、叶九如、席念曾等人才最终完成移交手续。①

### ◈ 抗战时期与胜利后上海石印书业的困境

1937 年 11 月 12 日，"淞沪会战"失败，中国守军全线撤离上海，日军开始大举进驻，到 1941 年"太平洋战争"爆发的三年多时间，被美英法等国控制的上海租界孤悬于沦陷区之间，因此被称为"孤岛"。孤岛时期，借助于租界这个保护伞，上海出版界一度十分繁荣，先后出版的各种文艺刊物有 150 多种，其中文艺期刊 90 余种，文艺丛刊近 20 种，文艺副刊 40 余种。但是这些成就基本上都是铅印新书业所取得的，以复制古籍为主的石印业受创甚重：一者，石印书局散布在上海各处，有的发行所在租界，印刷厂却在其外，只有很少的石印书局印刷发行所有机关都在租界之中，受到保护，战火让石印书局损失甚重；二者，石印书局的外地市场因日军占领而断绝；三者，时势限额，人心惶惶，古书的销量自然惨淡。1941 年，"太平洋战争"爆发，日军进入租界，孤岛时期上海出版界的繁荣也就随之而去。在汪伪的胁迫下，"中国联合出版公司 1943 年 6 月 1 日成立，主要出资人是商务、中华、世界、大东、开明五家书局，另外也凑募一些其他同业的股份"②，成为汪伪在出版界的代言人，侵占了不少其他书局的业务，上海石印书局的经营更为惨淡，这一点在雇工人数上反映得非常清楚，如 1944 年 6 月 30 日至 10 月 25 日，上海市书业同业公会所作的《本会会员概况调查表》中有 39 家书局有石印业务，其雇工人数如下：

---

① 上档：《书业公所移交书业公会函》，上海书业同业公会档，S313-1-43。

② 上档：曹冰岩《抗日战争期间日本帝国主义在上海统治中国出版事业的企图和暴行》，见《行业历史沿革 1949—1956.10.9》，上海市书业同业公会档，S313-3-1。

表 1.3.2　1944 年上海书业同业公会会员雇工人数表

| 序号 | 书局名称 | 男员工 | 女员工 | 学徒 | 工人 | 其他人员 | 总计 |
|---|---|---|---|---|---|---|---|
| 1 | 抱经堂书局 | 3 | | | | | 3 |
| 2 | 北新书局 | 9 | | | | | 9 |
| 3 | 大东书局 | 29 | 2 | 4 | 5 | 1 | 41 |
| 4 | 佛学书局 | 14 | | 2 | 4 | | 20 |
| 5 | 广益书局 | 25 | | 7 | | 5 | 37 |
| 6 | 国华书局 | 2 | | | | | 2 |
| 7 | 汉文渊书局 | 3 | | | | | 3 |
| 8 | 宏大善书局 | 9 | | 3 | 8 | | 20 |
| 9 | 鸿宝斋书局 | 1 | | | | | 1 |
| 10 | 鸿文书局 | 6 | | 1 | | | 7 |
| 11 | 槐荫山房 | 2 | | 1 | | 1 | 4 |
| 12 | 会文堂书局 | 6 | | 1 | | 1 | 8 |
| 13 | 锦章图书局 | 14 | | 1 | | 2 | 17 |
| 14 | 开明书店 | 19 | 3 | | 3 | | 25 |
| 15 | 刘德记书庄 | 2 | 1 | 1 | | | 4 |
| 16 | 来青阁书坊 | 3 | 3 | | | | 6 |
| 17 | 明善书局 | 5 | | 1 | 1 | | 7 |
| 18 | 启新图书局 | 13 | | 4 | | | 17 |
| 19 | 求古斋 | | | 2 | | | 2 |
| 20 | 群学社 | 1 | | | | | 1 |
| 21 | 扫叶山房 | 12 | | | | | 12 |
| 22 | 商务印书馆 | 172 | | | 80 | 3 | 255 |
| 23 | 上海书店 | 3 | | | | | 3 |
| 24 | 尚古山房 | 5 | | 1 | | | 6 |
| 25 | 神州国光社 | 1 | | | | | 1 |
| 26 | 沈鹤记书局 | 3 | | | | | 3 |
| 27 | 世界书局 | 59 | | 18 | 67 | | 144 |
| 28 | 时还书局 | | | 1 | | | 1 |
| 29 | 受古书店 | 2 | | 3 | | 2 | 7 |
| 30 | 文富楼 | 2 | | | | | 2 |

续表

| 序号 | 书局名称 | 男员工 | 女员工 | 学徒 | 工人 | 其他人员 | 总计 |
|---|---|---|---|---|---|---|---|
| 31 | 文益书局 | 2 | | 1 | | | 3 |
| 32 | 文元书局 | 3 | | | | | 3 |
| 33 | 新学会社 | 20 | | | | | 20 |
| 34 | 有正书局 | 6 | 1 | | 2 | | 9 |
| 35 | 有正书局印刷所 | 1 | | | | | 1 |
| 36 | 沅记书庄 | 3 | | | | 1 | 4 |
| 37 | 中华书局 | 131 | | | 81 | 33 | 245 |
| 38 | 中西书局 | | | 4 | | | 4 |
| 39 | 铸记书局 | 6 | | 2 | | 1 | 9 |
| 总计 | 39 家 | 597 | 10 | 58 | 251 | 50 | 966 |

资料来源：上档:《上海市书业同业公会——本会会员概况调查表(1944 年 6 月 30 日至10 月 25 日)》,上海书业同业公会档,S313-1-66。

其中,雇工人数稍多者,都是一些综合性书局,如商务印书馆、中华书局、开明书店等,70%的石印书局雇工人数不超过十人,学徒成为重要劳动力,如求古斋、时还书局、中西书局完全依靠学徒维持经营。石印书局在窘迫的经济条件下纷纷改组,如广益书局“创业于前清光绪二十九年,民国三十二年改组为股份有限公司”,原来的“合伙人无意继续经营,改组股份有限公司”。鸿宝斋书局“民国廿六年改组”,1944 年“暂停营业”。大东书局亦是“营业暂停,职员全无”。①

1945 年 8 月 15 日,日本宣布无条件投降,抗战取得了最后的胜利。中国出版界的中心由西到东,再次返回上海。然而不久之后,内战爆发,上海出版界再次陷入困顿,如陈东林所描述:“胜利后怀着满腔的热望复员归来的出版者,只经过不到半年的和平期,全国又陷入战乱之中。书籍虽称精神食粮,但是它不比其他日用品,在动荡不定之生活中,它的需求就越益退减。因此战争给予出版业者的打击也更其重大”,战争和通货膨胀造成原料人工成本上升,“出版的成本一共涨了 206 倍”,而同时期书籍的价格仅上涨不到

① 上档:上海市书业同业公会——本会会员概况调查表(1944 年 6 月 30 日至 10 月 25 日),上海书业同业公会档:S313-1-66。

70 倍，“这与成本上涨比较起来，真如小巫见大巫了”①。在这种情况下，连商务印书馆都处于依靠贩卖纸型和善本书度日的境地，亏损甚重，众多的石印书局更是气若游丝，奄奄一息了。

## 第四节　新中国成立后的改造运动与上海近代石印书业的终结

（1）书报贩卖事业即书店、书刊出版社及印刷业，这三者应该分工，总原则应以国营事业处领导地位，民营出版社及印刷业应在党的领导之下。

（2）三联应改为国营最大书店，控制全国文化商业，在城市、乡村普遍设立分店、分销处，在学校工厂设立书报合作社，但自己不出版任何书刊。政府控制了全国发行事业则进步书刊可大量行销而反动书刊不待命令禁止，自可限制其流行。

（3）出版社除国营党营以外，应按照出版自由原则准许私人自由经营，对人民有害之出版物，只要国营书店不替他推销，自然无法行销。

（4）印刷业照普通工业办理，大印刷厂由国营，小印刷厂由私营而受国营管理。

（5）以上办法的好处可使出版自由得到保障，反动书刊受到限制，书刊出版业趋向计划化，书刊成本降低，著作人报酬可以大大提高，书业及出版社干部可统筹分配不至成为无政府状态。②

这是胡愈之关于新中国出版事业的设想，1949 年 3 月 7 日经周扬电报中共中央及负责宣传工作的陆定一。新中国成立后，胡愈之出任出版总署署长，这五条设想也最终成为领导全国出版事业的指导思想。在第二年于北京举行的全国出版会议上通过的五项重要决议③，以及其后实行出版、印刷、发行分工，对私营出版机构进行社会主义改造等措施都是来源于这五条

---

① 陈东林：《战后两年来的中国出版界》，《中华教育界》复刊第 2 卷第 2 期，1948 年 2 月 15 日。

② 中国社会科学研究所、中央档案馆：《中华人民共和国出版史料》（第 1 卷），中国书籍出版社 2009 年版，第 48—49 页。

③ 这五项决议是《关于发展人民出版事业的基本方针的决议》、《关于改进和发展出版工作的决议》、《关于改进和发展书刊发行工作的决议》、《关于改进期刊工作的决议》、《关于改进书刊印刷业的决议》，在 1950 年 9 月 15—25 日北京举行的全国出版工作会议上通过。

设想。

毋庸置疑,上海近代石印业的发展受近代政治时局的影响很大,但是也并非与政局变迁完全同步。近代私营石印书局在 1949 年依然存在,甚至因为社会环境稳定,还掀起了一个小高潮,据统计,从 1949 年 12 月至 1950 年 9 月,由政府介绍向银行贷款的私营出版单位有 73 家,贷款余额近亿元(旧币);1950 年上半年,新华书店共代销私营出版社出版书刊 266 万册,相当于新华书店本版书销售的 80%。① 然而好景不长,在出版总署和上海出版行政机关的领导下,上海书业很快就面临着新时代带来的三次冲击。

第一次冲击,起自 1951 年 1 月,私营出版社出版、印刷、发行专业化分工。近代书局一般是编、印、发一体化的综合性出版机构,抗战之后到新中国成立之初上海中小书局基本上都处于奄奄一息的状态,相对来说"船小好调头",专业化比较适合其发展。但是商务印书馆、中华书局那样的大型综合性书局,却很难转向某个具体的专业。

第二次冲击,起自 1952 年 7 月,按照政务院通过的《管理书刊出版业印刷业发行业暂行条例》要求,对私营出版社的整顿工作正式开始,总的要求是健全组织、改善经营、提高质量。按照专业分工的原则,走向计划化。一些不符合条例的私营出版社被取缔,也有一些规模较小、专业相近的出版社合并谋存,即所谓的"私私合营"。②

第三次冲击,起自 1952 年,私营出版社展开公私合营。1951 年 6 月,群

① 陈伯海:《上海文化通史》,上海文艺出版社 2001 年版,第 598 页。

② 如 52 家组成的联营书店,89 家组成的通联书店,89 家组成的连通书店,35 家组成的童联书店,8 家组成的群联出版社,15 家组成的上海影印西书联合营业处,13 家组成的中国科举图书联合发行所,15 家组成的地图联合出版社。另外古城出版社、今日出版社、火花出版社组成了火花出版社,大方书店;青峰书店、新星出版社、金荣书局、大达书局组成了长征出版社;广益书局(出版部分)、大中国图书局(一部)、北新书店、人世间社组成了四联出版社;建新出版社、大明书店、新文化书社、革新书店组成了群联出版社;上稚出版社、文化工作社、文光书店、长风书店、国际文化服务社组成了上海文艺联合出版社;亚光舆地学社、大中国图书局(一部分)、大陆舆地社、大众地学社、康健书局、新中兴地学社、环球舆地学社、东方舆地社组成了地图出版社;中国文化事业社、长城图书出版社、作者书社、无线电科学社、实用无线电社、萧微尘委员会组成了上海机电图书出版社;教育书店、上海音乐出版社、苏东书店组成了新音乐出版社;上海交通书局、医学世界出版社、癸未医药出版社组成了上海医学出版社。上档:《上海市书业同业公会所属会员已办、未办公司登记情况调查表及名单》,上海书业同业公会档,S313-4-20-1。

艺出版社、海燕书店、大孚图书公司开始彻底合并，后来又加上新群出版社，1952年成立了上海第一家公私合营的出版社——新文艺出版社。1954年，对资本主义工商业的社会主义改造在全市各条战线上广泛开展，上海对私营出版业也在整顿的基础上进入社会主义改造阶段。在社会主义改造中，到1954年年底，上海共有172家私营出版社陆续被改造，其中商务印书馆、中华书局等5家奉命迁京，改组为中央级公私合营单位。

这三次冲击，你中有我，我中有你，比如专业分工始终是上海对私营出版社改造的一个重要指导思想；社会主义改造的最终结果是实现私营出版社的公私合营，到1956年全市大合营高潮，上海出版部门管理范围以内已经没有私营出版社了。

在这三次冲击中，上海石印书局逐渐失去了经营的自主权。首先，石印书局并无定价权，书籍价格还是由上海市书业同业公会决定，1952年1月8日《上海影印西书联合出版业业务公约》所附录之《影印西书定价计算办法》，规定价格为：

**表1.4.1　1952年影印西书定价计算办法**

| | | 西报纸 | 国产纸 | 道林纸 |
|---|---|---|---|---|
| 普通印 | 每石 | 750—800元 | 650—700元 | 1 000元 |
| 照相印 | 每石 | 1 050—1 120元 | 910—980元 | 1 400元 |

资料来源：上档：《上海市书业同业公会业务公约和编排印定成本核算定价基本方案及分类图书销数统计与古旧书售价的意见》，上海市书业同业公会档，S313-4-75。

其中，40石以上的装订费用：纸面皮腰为8 000元，冲皮为10 000元；40石以下的装订费用：纸面皮腰为10 000元，冲皮为18 000元；插图及烫金另加。每种书之成本约在定价之四折半到五折之间，大部书之成本约在定价之四折至四折半之间。

其次，石印书局的发行逐步由新华书店来包揽。在改组初期，由于中共所属的书籍发行机构新华书店尚没有能力支撑起整个的销售网络，除了出版、印刷之外，在发行领域还是保留了相当一部分的私营发行部门。在此之前，私营出版机构可以自销书籍，或经销新华书店的书籍，如千顷堂书局每月自销书籍六千元，包销新华书店医学类书籍一千元。[1] 而广益书局经销"实用"、"商务"、"中华"等旧存图书，由新华书店批发科负责指导和维护，得以稍具成绩。劳资双方经屡次协商研讨，申请接受改造并希望在新华书店领导之下做一个经销店。营业范围拟请求以连环画、字典、辞书、各种挂图为主。所有经销图书的发售价格当按照新华书店规定出售。[2] 再如东新洽记书局开始时专营学校教科及参考用书等发行工作，近几年学校用书完全由新华书店有计划地供应，因此该局书业务逐步下降。经劳资协商，在1952、1953、1954年曾出版劳美教材及图画等书。在1954年8月，其出版条件不够，自动停止出版。为了搞好业务，在1955年7月份经劳资双方协商，决定做好书刊发行工作，将店中情况转告新华书店第十门市部，经协助后书刊营业比重逐步上升。[3]

直到1953年12月12日出版总署决定将第一届全国出版会议后成立的三联书店、联营书店与商务、中华和开明合组的公私合营的中国图书发行公司并入新华书店，从此新华书店成为全国唯一的书刊发行网，私营图书发行业则迅速萎缩乃至消失。从此石印书局的书籍只能由新华书店经销。

在这种情况下，不少近代上海有名的石印书局经营不善，只能走向了转业之路，如广记书局致上海书业公会的信中称：

自从去年六月份奉新闻出版处令，停止出版以来，已经一年有余。在当时尚有资产约四千余元，经多方寻觅转业机会，结果毫无妥善对象，从此却拖延下来。不料我店资方何广楠已在今年去世，代理人又在广州工作，现在就是我们劳方二人和一个临时会计。在这个过程中资金消耗甚巨，如再不得到安排，势必资金消耗尽净。我们体会到今年度是国家第一个五年建设计划，具有决定意义的一年，建设资金极为宝贵。我们决不能把有用的资金

① 上档：《上海市书业同业公会关于会员要求公私合营或安排为经销店的来函及本会代为转报的文书》，上海书业同业公会档，S313-4-58。

② 上档：《上海市书业同业公会组织新书发行业会员学习关于社会主义改造问题分组讨论的记录及要求安排改造的来信和本会转报市出版局的文书》，上海书业同业公会档，S313-4-63。

③ 上档：《上海市书业同业公会组织新书发行业会员学习关于社会主义改造问题分组讨论的记录及要求安排改造的来信和本会转报市出版局的文书》，上海书业同业公会档，S313-4-63。

作无谓的消耗。上次发给我们之表格，早已换上，但是消息全无，因此再次致信请我会速速向有关部门反映我店情况，速予安排，以免继续将资金消耗。①

有的书局虽然业已找到了转业的方向，如 1954 年的时候，尚古山房已经停业，从其人员构成来看，除经理、佣工之外，主要为书店店员，早已只是专业的发行机构。

**表 1.4.2　尚古山房 1954 年人员构成**

| 姓名 | 性别 | 年龄 | 籍贯 | 职别 | 文化程度 | 备注 |
|---|---|---|---|---|---|---|
| 丁浩 | 男 | 28 | 江苏无锡 | 经理 | 大学 | |
| 章彦彬 | 男 | 56 | 江苏常州 | 代理人 | 初中 | |
| 苏锡钊 | 男 | 36 | 江苏江宁 | 会计 | 初中 | |
| 许文瑜 | 男 | 33 | 江苏镇江 | 店员 | 初中 | |
| 夏开华 | 男 | 21 | 江苏江都 | 店员 | 高小 | |
| 张长富 | 男 | 26 | 江苏江都 | 店员 | 高小 | |
| 田启章 | 男 | 40 | 江苏江都 | 店员 | 高小 | |
| 胡长生 | 男 | 32 | 江苏江阴 | 临时会计 | 初中 | 过去钢笔厂老板 |
| 王素卿 | 女 | 56 | 上海 | 佣工 | 不识字 | 未参加工会 |

资料来源：上档：《上海市书业同业公会关于会员要求公私合营或安排为经销店的来函及本会代为转报的文书》，上海书业同业公会档，S313-4-58。

尚古山房一直在各方面找寻转业对象。虽然尽了很大努力，接洽过许多行业，但是都没有获得成功。1954 年五六月间，在新成区工商联的介绍下，准备加入美纶医疗电器工业社，专门制造 X 光底片，在 8 月间向新成区工商科提出申请，但因政府大规模开展对私营工商业社会主义改造，进行全行业公私合营，尚古山房的申请被驳回。②

① 上档：《上海市书业同业公会关于会员要求公私合营或安排为经销店的来函及本会代为转报的文书》，上海书业同业公会档，S313-4-58。

② 上档：《上海市书业同业公会关于会员要求公私合营或安排为经销店的来函及本会代为转报的文书》，上海书业同业公会档，S313-4-58。

除了转业，更多的石印书局还是在争取能够进行公私合营。锦章书局，又称为“锦章图书局”，最初开办于清光绪年间，为上海近代著名石印书局。自1954年第一季度起，以原有的中医参考书为基础，逐步淘汰和停止再版其他各类的出版物，将“医学卫生”为专业出版方向，来准备从个体走向集体的条件，并愿在“过渡时期总路线”的领导下，接受社会主义改造。①

锦章书局在1954年第一、第二季度中新出版书籍如下：《体育疗法》、《湿疹》、《伤风》、《生命的刺激素》、《最新实用药物学（增订本）》、《微生物世界的斗争》、《生命瓶》共计七种，每种印数在两三千册上下，总印数19 000册，印张102 306张。从书目上看，锦章书局出版的新书以现代医学为方向，以铅印为主。

重版的书籍大部分是石印的中医古籍，②共计37种，印数158 500册，665 460印张。其中《练修园七十二种》18 000本，其次《医宗金鉴》16 000本，少的如《神农百科》、《医学三字经》等，印数为1 500本。锦章书局石印重版中医参考书的时候，没有刊出版权页。虽早有书业公会通知，但在1954年1月重版的几种书还是未将版权刊出，直至上海出版管理机构指出错误，方才纠正，并将新中国成立前的出版物也加上了定价。

待印的七本书也是新书铅印③，值得注意的是，锦章书局也印刷了“古典四大名著”丛书，其印刷数量是医学书籍的十倍，说明石印的传统小说古籍在其利润中占了很重要的比重。

---

① 上档：《上海市书业同业公会四联出版社等会员关于争取公私合营的申请书及企业情况的汇报》，上海书业同业公会档，S313-4-55。

② 《叶天敏女科》、《牛马经》、《牛经大全》、《医宗说约》、《医林改错》、《寿世绿元》、《小儿推拿广义》、《幼科三种》、《医方一盘珠》、《医学三字经》、《济阴纲目》、《妇女卫生》、《医宗金鉴》、《男女科》、《笔花医镜》、《万痴回春》、《难经脉决》、《外科金鉴》、《幼科集成》、《外科正宗》、《喉科秘书》、《伤寒论》、《新镌处方》、《温病系办》、《针灸易学》、《眼科百问》、《医方捷径》、《伤寒古经》、《外科备说》、《濒湖脉学》、《时病论》、《喉科指掌》、《外科金方集》、《练修园七十二种》、《神农百科》、《眼科大全》、《医学三字经》。

③ 《苏联封闭疗法》、《长寿问题》、《维生素》、《争取时间》、《向心脏进军》、《恢复术》、《心电图学》。

表 1.4.3　锦章书局 1954 年“四大名著”印刷数量

| 书　籍 | 印数(册) | 书　籍 | 印数(册) |
| --- | --- | --- | --- |
| 《红楼梦》(一部四册) | 40 000 | 《西游记》(一部四册) | 24 000 |
| 《水浒演义》(一部四册) | 24 000 | 《三国演义》(一部四册) | 48 000 |

资料来源:上档:《上海市书业同业公会四联出版社等会员关于争取公私合营的申请书及企业情况的汇报》,上海书业同业公会档,S313-4-55。

共计四种,印数 136 000 册,印张 664 252 张。在此之前 1953 年 10 月份到 12 月份接连石印了多种旧小说,结果被认为是“未经整理和含有毒素”,锦章书局“一味地追求利润”,后来经过读者严正的批评,立即停止再版和销毁,锦章书局承认“对读者已发生了无可补偿的损失”,认为“自解放以来,我们不知经过多少运动和政治上的学习。但是在思想上还存在着这种严重的错误,这是绝对不应该的”,决定“含有毒素的旧小说,除接受各地读者、同业退货外,并将所退来之货也停止出售(另有少数《三国演义》、《西游记》、《红楼梦》三种售完为止)”。

当时,华东行政委员会新闻出版处发文“上海市各公私营彩印、石印印刷厂”,通知“关于翻印苏联书籍必须取得中央人民政府出版总署之同意影印批准书,始得进行影印”①。锦章书局在 1953 年出版了五种不健全的苏联改写小说,有关部门要求“停止发行,售完为止”,但是锦章书局“觉得为了彻底解决和不愿再使蒙受意外之损失,并将全部存书撕毁,并以废纸称出”。

在致新闻出版处和书业公会要求公私合营的信中,锦章书局迫切请求参加“公私合营”:

自从我们学习了张春桥局长和陈雯孙副局长的报告后,我们在思想上已经很明确出版工作是怎样一种神圣的工作,绝不是和普通一般商业来比对。读者的要求这么高,而不能将出版物的质量提高,由于私营出版社的资金、人力、政治觉悟一般都不够条件,所以在过去的一年中,我们积极地参加私私同业合并经营,准备集中人力、资金,认真地搞好出版工作,然而一年多

① 上档:《上海市出版局(原华东新闻出版处)关于出版翻译书籍和出版物不得进行预订收款等各种规定及上海市书业同业公会执行情况报告》,上海书业同业公会档,S313-4-76 。

来的合并，因种种原因，不能实现，总从总路线、总任务宣布后，最近学习了先发草案后，更明确私营出版社应走的道路，我们在领导上级有明确的指示前，只能尽力创造条件，寻求合并的道路，来真心诚意地争取和接受社会主义的改造。①

从1951年启动之后，到1956年的五年之间，公私合营不断推进，大量书局被合并，如华东书局、大众美术出版社、教育出版社、群育出版社、兄弟图书公司、一迅出版社、文德书局、雨花出版社、灯塔出版社、建文出版社、一知书店、群力出版社、晨光出版公司、火花出版社、泰兴书局、长江书店、长征出版社、立化出版社、三一美术出版社、中心出版社、群生书店、兴华书店、通力出版社、三民图书公司、华商书局（投资）、周家书局（投资）、全球书局（投资）、福记书局（投资）、上海连环书店（投资）合并成为新美术出版社；启明书局、春秋书社、基本书局、华光书局合并成为少年儿童出版社；海燕书店、群益出版社、新群出版社、文化生活出版社、光明书局、平明出版社、潮锋出版社新文艺出版社；四联出版社、国光书店、文娱出版社合并成为上海文化出版社；中国科学图书仪器公司、大东书局、大中国图片出版社、新亚书局合并成为上海科学技术出版社②；神州国光社、作家书屋1955年12月15日并入新知识出版社③。在这其中，启明书局、神州国光社、大东书局、新亚书局、文德书局都是石印书局。1956年年初，上海书业公私合营进入最后的攻坚阶段。1月27日，上海市第三次“公私合营”工作委员会通过了《上海市书业合营工作计划》，对135家申请合营的私营出版社“清产核资”、“业务规划”、“组织机构及人事安排”等。在该文件的指导下，上海的出版企业

① 上档：《上海市书业同业公会四联出版社等会员关于争取公私合营的申请书及企业情况的汇报》，上海书业同业公会档，S313-4-55。

② 上档：《上海市书业同业公会研究会员归口安排问题所搜集的企业情况与人事材料》，上海书业同业公会档，S313-4-62。

③ 上海市出版事业管理处6月1日（1955年）沪出四字第0752号公函内开：“本市四川中路220号316室私营神州国光社已于1955年3月底，自愿将全部资金、人员并入公私合营新知识出版社，自即日起停止出版业务。我处除同意神州国光社歇业，并撤销其前向我处所领取的出024号书刊出版业营业许可证外，并已函请上海市黄浦区人民政府洽办该社的歇业手续，为此函知，请查照。”

改组合并成十家大型国营出版社①以及若干公私合营出版社，这些参与公私合营的出版社被划定的营业方向和经营状态参见上海《书业公私合营户名单》。

**表 1.4.4　1956 年上海书业公私合营户名单**

| 区　划 | 新　书 | 古　旧 |
|---|---|---|
| 黄浦区 | 百新书店□、广益书局□、中美图书局□、戏学书局√、中医书局×、大康书局×、中国农业书局×、新星书局×、沪新书局√※、中外书局×、国民书局×※、倡明书局×※、新农出版社×、广记书局× | 传薪书局○、合记旧书商店△、泉记旧书店△※、华记旧书商店△、艺苑真赏社△ |
| 老闸区 | 陈正泰画片号□、新文化西书社×※、环球画片社□ | 忠厚书社○、来青阁书店○、来薰阁书店○、富晋书社○、文海书店○、汉文渊书肆○※、欧罗巴书局△※、积学书社○、抱经堂书局※、益生书局△※、寅和印社△、墨林碑帖社△※、清心书社△※、温知书店○ |
| 常熟区 | 汇文书店□、惠工书社□※、东南书局□ | 二友书店△※、合记旧书商店分店△、进德书店△※、江骏书店△※诚实书店△※ |
| 新成区 | 五定医药书报社□、沈鹤记书局□、协和合记书店□※、联益书社□、宏义书局×、新中国联合出版社×、新人出版社×、益民书局×※、普及书店×※、尚古山房×、易进出版社×、求古斋书局×※ | 铁华书店△※、文菁书苑△、孔山书店△※、汪明书店△、长江书社△※、勤文书店△※、环球书店△※、上海书社△※、爱文书社△※、新记旧书店△※、大明书社△、春江书店△※、大卫书店△※ |
| 嵩山区 | 东亚书局□※、古今书店□、协记书店□※、大众图书文具社□、上海书局√※、锦章书局× | 修文堂书店○、春秋旧书社△※、星期书店△※、后记书社△※、协盛书社△※、协丰竹记书社△、海南书社△※、广华书店△※ |

① 这十家是上海人民出版社、上海人民美术出版社、新文艺出版社、新知识出版社、上海画片出版社、上海文化出版社、上海科学技术出版社、上海卫生出版社、教育图书出版社、影印图书出版社。

续表

| 区 划 | 新 书 | 古 旧 |
| --- | --- | --- |
| 卢湾区 | 吴文书亭□※、民昌书社□、中外科学书社× | 百乐旧书店△ |
| 邑庙区 | 中国图书社□ | |
| 静安区 | 大众书局□、西新书局□※、大民书局□、惠民书局□※、亚东书局□※、新科学书店□、沪西书店√、西南医药书社× | 秀州鼎记书店○、萃古斋书店○、上海旧书商店△、文友书店△※、康乐书店△※、大同旧书商店△、祥兴西书社△、大华书店△、静安书店△※ |
| 徐汇区 | 仁民书店□、洪盛书店□、交通书店×、荣庆书店√※ | |
| 江宁区 | 文元书店□※、新中书社√※ | 明华旧书商店△※ |
| 长宁区 | 文工书店□ | |
| 普陀区 | 隆兴书店□ | |
| 蓬莱区 | 力成书社√ | |
| 北四川区 | 读者书店□、自由出版社门市部□、光华书店□※ | 溧阳旧书店△※ |
| 虹口区 | 群众书店□ | |
| 北站区 | 北站书店□ | |
| 闸北区 | 大达书店□ | |
| 提篮区 | 长治书店□ | |
| 榆林区 | 新建书店□、天下书店□、云雄书社□※ | |
| 杨浦区 | 欧美书店□、世界书报社□ | |
| 江湾区 | 新文化服务社□ | |

符号说明：□—经代销(43家)；○—古书(13家)；△—旧书(44家)；√—批销；×—停止出版转业发行单位；※—无职工。资料来源：上档：《上海市书业同业公会研究会员归口安排问题所搜集的企业情况与人事材料》，上海书业同业公会档，S313-4-61。

石印书局在新中国成立后上海出版机构专业化分工、社会主义改造和公私合营的三次冲击中处于弱势地位。首先，在行业划分上，石印书局一般被归为旧书类，在当时的社会条件下，旧书处于不被重视的地位，如上述锦章书局出版旧书，却被读者认为是含有毒素，只能销毁；其次，近代史上曾经出版过大量书籍的石印书局在新中国成立后大多不再经营出版印刷业务，只剩下发行部分，甚至发行都不能直接从出版机构进货，而是作为新华书店的二级分销商；再次，在私私合营和公私合营的过程中，石印书局一般是处于被合并的从属地位；最后，众多的石印书局在此过程中转业或停业。

然而，这三次冲击在上海近代石印书业发展史上还有着更为重要的意义。如前所述，业务范围的综合性、经营的独立自主性和所有权的私有属性是上海近代石印书业的近代特性。专业化分工让石印书局失去了经营范围的综合性，社会主义改造让石印书局经营上受到了限制，公私合营又让私营书局不再具有私有属性。1956 年上海书业完成了公私合营之后，这些私营书局国有化，失去了独自经营的地位。虽然，1956 年标志着上海近代石印业的结束，但是石印生产依然在不少印刷企业中继续进行，由于时处新中国，以及其国有制及集体所有制的身份，此时的上海石印业可称为上海当代石印业。直到 20 世纪 80 年代以后，石印技术才最终退出了上海印刷市场，上海石印业的历史才真正结束。① 但是即便如此，上海石印实践却仍在进行，不过是从印刷市场走向了艺术创作领域，成为版画的一脉分支。②

---

① 20 世纪 80 年代以后，上海虽已不再使用石印技术，但是内地省市依然多有用石印印书者，盖因技术的革新总是渐进式的，区域之间并不平衡，聊举几例：(1)《(光绪)浦江县志》十五卷，首一卷，附《殉难录》二卷，[清]善广修、张景青纂，黄志璠增补，1983 年浦江县志编纂委员会办公室据 1916 年(民国五年)铅字排印本照相石印，十六册；(2)《江西近现代地方文献资料汇编初编》三十一种，不分卷，江西省图书馆地方文献编辑组辑，1984 年该馆石印本，二十三册；(3)《(民国新修)武胜县志》十三卷首一卷，[民国]庞鑫溶修，孙国藩、张汝翼纂，1983 年武胜县志编纂委员会石印本，八册；(4)《杭州史地丛书》四种四十一卷，杭州图书馆辑，1983 年 9 月杭州图书馆石印本，十六册；(5)《泉州回族谱牒资料选编》不分卷，泉州市泉州历史研究会编，1981 年该会石印本，一册；(6)《(重修)浙江通志稿》不分卷，余绍宋等纂修，1983 年浙江图书馆石印本，一百十四册。这只是出版书籍方面的例证，还不包括可能为数更多的非出版物的小册子、张贴物等。

② 其作品被称为“石版画”，超现实主义绘画的代表人物西班牙画家萨尔瓦多·达利就有很多石版画作品，其《毕加索肖像》曾亮相于 2002 年上海艺博会。关于中国当代石版画的发展情况可参看李帆：《中国当代石版画》，重庆出版社 2004 年版。

# 第二章
# 近代上海石印书业的工艺与技术

从技术上讲，石印是平版印刷技术的鼻祖，其后的铜锌版（即民国所谓“铅皮版”）、胶印都是承石印技术发展而来。虽然相对于现代印刷技术，石印较为简易，但是作为工业生产，石印亦有一套技术原理、生产流程和原材料配备的体系。而本章则从文献和实务两个角度复原近代石印的记载传播与生产技术。

## 第一节　石印技术的发明与近代文献中的记载

### ◈《石印详解》中所述逊纳菲尔德发明石印事

伴随着蒸汽机悠长的鸣笛，历史的车轮进入了第一次工业革命的时代。18 世纪的欧洲，到处是迅速繁荣的工商业、不断被发明的新式机器以及充满创意和活力的人们。欧洲的印刷业，不管是传统的木刻技术，还是 18 世纪德国人谷腾堡的铅活字印刷，都无法满足这时代对于“速度”和“效率”的追求。清嘉庆元年（1796），德国人 A. 逊纳菲尔德发明石印技术，以其便捷的制版和低廉的成本获得时人的青睐，同时也为印刷业开启了平版印刷的时代。

1918 年，逊纳菲尔德出版了《石印详解》（*Senefelder on Lithography*）一书，在其中详述了石印技术的全部细节，第二年该书的英文版和法文版相继出版。逊纳菲尔德在该书的第一章回顾了自己发明石印的经历。

逊纳菲尔德，18 世纪末德国人，生于布拉格，居巴伐利亚。尝学法律，其父既故，继承乃父事业，为旅行剧团负责人。1792 年始创作剧本，时声名不显，作品少有出版社问津。尝谋自印，然木版、铜版价甚昂，乃作罢。思以新法印行。巴伐利亚索伦霍芬地区（旧译克里赫姆）特产石灰岩板，质密色浅细腻。先是，用于营造构建，逊纳菲尔德以其制版。1796 年，将其母洗衣房订货单，随手以蜡笔书于石版，以备查索。后以硝酸溶液清洗，字迹成浮雕状。再施以油墨，纤毫毕现。后不断进易其法，改以油性蜡笔书反书于石上，再用硝酸混合阿拉伯树胶液覆盖，清洗后润水辊墨印刷。因油水相拒，油墨只吸附于蜡笔部分，再转印于纸上。据希腊语“石上描绘”一词，此法被名为“Lithograph”，即石印。1817 年逊纳菲尔德在 1805 年所发明的木制石印机基础上研制成功铁质石印机，并于同年研究成功锌锡版替代石版的技术,而转写纸落石法的研制成功则解决了反书不便的问题。落石转写和金属版的应用为后来平版胶印的出现奠定了基础。

1799年,逊纳菲尔德取得巴伐利亚政府石印专利,15年内不许有竞争者。1800年,在德国奥芬巴赫、逊纳菲尔德创办了第一个石印工坊,出版商安约翰·安多莱以200盾的价格买下专利,并经营工坊,由逊纳菲尔德主持训练两人操作。1808年逊纳菲尔德出色完成巴伐利亚皇家图书馆①所藏丢勒《马克西米连祈祷书》的彩色石印出版工作,被任命为皇家印刷所监督官。②

1834年2月26日,逊纳菲尔德在慕尼黑去世,享年63岁。在其生前,石印技术已经传播到了整个欧洲,石印书籍、石印报刊、石印版画等石印印刷品成为出版业的新兴力量。在他去世前的8年,即清道光六年(1826),新教伦敦会传教士马礼逊把一部石印机从英国带回广州;在他去世前6年,即清道光八年(1828),同为新教伦敦会传教士的麦都思在巴达维亚出版最早的中文石印著作,题名为"*Chinese School Book*"的一部中文课本;甚至在他去世前一年,即清道光十三年(1833),麦都思在广州已经正式开展石印业务了。

### ◈ 近代文献中石印技术的记载

与自鸣钟、三棱镜等早期西学东渐中传入我国的新事物一样,石印进入华语文化圈及中国本土的步调,也是遵循着"实物"领先"技术"的逻辑,即石印出版物先出现于某地,其后才有关于石印原理的介绍。早在道光八年(1828),麦都思就已经在南洋巴达维亚出版了华语文化圈中已知最早的一部中文石印著作,题名为"*Chinese School Book*"的中文课本③;至少在1846年前,麦都思一直进行着石印工作。然而,他却没有一部书,甚或一篇文章为中国人解说石印的原理。马礼逊培训出了屈亚昂,翁寿祺培训出了邱子

---

① 巴伐利亚在1804年独立。

② Aloys Senefelder, *Senefelder on Lithography: The Classic 1819 Treatise*, Dover Publications, INC, 2005, pp1-40.

③ Alexander Wylie: *Memorials of Protestant Missionaries to the Chinese: Giving a list of their publications, and obituary notices of the deceased*, original edition published by Shanghai: American Presbyterian Mission Press, 1867, reprinted by Taipei: Ch'eng-wen Publishing Company, 1967, p30.

昂,但是他们似乎也没有想过让更多的中国人掌握这门技术。伟烈亚力的《基督教在华传教士回忆录》①虽然记录了新教传教士的石印书目,但是对石印技术则不置一词。直到"*Chinese School Book*"出版49年,上海第一部石印中文书籍《祈祷式文》出版33年后②,傅兰雅才在《格致汇编》上发表介绍石印技术的第一篇文章,那个时候已经是清光绪三年(1877)的十月了。③

石印在华先"实物"后"技术"的传播逻辑,反映了近代早期西学东渐的传播特点:其一,近代早期西学传播的内容偏重于天文、历算、史地、物理、化学、医学等基础学科,研习之辈为学者,所求的是格物致知的"义理"。石印是印刷技术的一种,操作之人为匠人,所求的是淫巧的"奇技";其二,同为实用学科,蒸汽动力、枪炮技术因为敲开大清国门的坚船利炮而广为人所知,石印没有那么大的影响力,也不是国人急需的技术;其三,从五代开始,中国有着千年的雕版印书传统,近代早期石印技术并不成熟,没有显示出明显技高一筹的特点。这些原因都决定了石印技术在整个西学东渐的浪潮中处在一个边缘的位置。

除了引介较晚外,整个近代关于石印技术的记载和传播的文本也是比较少的,这和近代海量的石印出版物形成了一个鲜明的对比。记载和传播石印技术的文本大概有三类:(1) 印刷史及印刷学著作;(2) 书刊告白之类的公共话语以及日记、笔记等私人记述;(3) 近代报刊中有关石印技术的科普文。

印刷史与印刷学所研究的重点有所不同,印刷史主要是理清历史上印刷技术和印刷行业的发展,重点在于脉络;而印刷学则主要阐述当代印刷技术的程序和细节,重点在于操作。近代石印技术本应体现在印刷学著作中,但是近代史上并没有专门的印刷学著作。虽然,石印技术的教学早在马礼逊与屈亚昂、翁寿祺与邱子昂、邱子昂与点石斋诸技工之间、商务印书馆技

---

① Alexander Wylie: *Memorials of Protestant Missionaries to the Chinese: Giving a list of their publications, and obituary notices of the deceased*, original edition published by Shanghai: American Presbyterian Mission Press, 1867, reprinted by Taipei: Ch'eng-wen Publishing Company, 1967.

② 两部书皆为麦都思石印。

③ 然而,就连傅兰雅也是首先在《格致汇编》上使用石印制图引起读者兴趣之后,才发文阐释原理的。

师与学徒中已经存在,但是教学的过程主要是言传身教,目前尚未发现有相关的“操作守则”之类的文本存世,更不用谈公开出版的印刷学著作。发行于30年代中后期至40年代初期的印刷专业期刊《艺文印刷月刊》是一本综合性的印刷学术杂志,在其中有部分的文章谈到石印,但是也仅仅是大略而已。相对来说,1934年贺圣鼐、赖彦于的《近代印刷术》虽然是印刷史著作,但是在行文之中亦对墨色石印、五彩石印技术有简单的叙述。

第二类的记载一般较为零散,大部分谈及石印技术都很简单,重点突出石印的三项特点:以石印刷、完美复制和可大可小,如光绪四年十二月初七日(1878.12.30),点石斋在《申报》刊登题为《楹联出售》的告白:

> 本馆近从外洋购取照印字画新式机器一付于点石斋中。延请明师监印,凡字之波折,画之皴染,皆与原本不爽毫厘。兹先取古今名家法书楹联,用电气照于石上,然后以墨水印入各笺。视之与濡毫染翰者无二。①

曾经在《申报》馆担任过主笔的黄式权亦在《淞南梦影录》中写道:“石印书籍,用西国石板,磨平如镜,以电镜映像之法,摄字迹于石上,然后付以胶水,刷以油墨,千百万页之书不难竟日而就,细若牛毛,明如犀角。”点石斋发售的《申江胜景图》第三十图“点石斋”上题诗云:

> 古时经文皆勒石,孟蜀始以木版易。
> 兹乃翻新更出奇,又从石上创新格。
> 不用切磋与琢磨,不用雕镂与刻画。
> 赤文青简顷刻成,神工鬼斧泯无迹。
> 机轧轧,石鄰鄰,搜罗简策付贞珉。
> 点石成金何足算,将以嘉惠百千万亿之后人。②

石印也被诗人看作是洋场新事物,写进了《洋场竹枝词》:

> 石印年来更出尘,古今书画恍疑真。

---

① 《申报》光绪四年十二月初七日(1878年12月30日),13册,第625页。
② 吴友如绘制:《申江胜景图》,点石斋,1884年。

朵云有正皆陈列，争看前人手笔新。①

蝇头细字看分明，万卷图书立印成。

若使始皇今复出，欲烧顽石亦经营。②

然而，这些记载相对来说都比较简略，即使是描述相对完整的《淞南梦影录》，我们也只是知道石印的大体流程，而不知道具体的步骤和细节。而在另一些日记记载中，甚至只见观看石印出版物或接触石印书业人员的记载，亦言之不详。如《张荫桓日记》称其出访时候“所观之埃及碑文为石印本”③，赴上海，“商局总办郑陶斋、沈子梅来迎，遂搭子梅车至同文书局。聂仲芳来久谈”④。近人日记中提及石印技术最多的是《张元济日记》。

近代文献中，描述石印技术最为详尽的文本是探讨西学的报刊，晚清的代表文章是傅兰雅在光绪三年（1877）十月《格致汇编》上刊登的《石板印图法》一文；民国时期的代表文章则是天虚我生陈栩发表在1918年第3期《家庭知识》上的《照相石印法》。

早在1877年3月，傅兰雅主编的近代著名科普杂志《格致汇编》开始采用石印技术来制图，该卷告白中傅兰雅称：“本馆已购觅印图之板三百余块，俱为西国新式之物，而刻工亦极细致，拟于本年印入编中。”⑤《格致汇编》清光绪三年七月（1877.9）中的“互相问答”中第一百五十九条称：

平湖陆君来信问：《汇编》第二卷有李中堂画像，第五卷有李壬叔先生画像，其刻工最为细密，请问何法所成，而其价略为若干？

答曰：此像为石板所印，其法之大略，以笔用含油之墨，画于石板之面，用水令石板着湿，以墨辊辊于石板之面，则有水之处不收墨，有墨之处能收其墨，将纸铺在石上，用架压之，逮将纸揭起，则已印成。依法为之，可任印若干张。此两图原在中国照相，送至伦敦，托大名声行家画于石上而印之，其价每张二十文至三十文，须印数千张则画之功夫不另算。倘刻木板为极

① 朱文炳：《海上光复竹枝词》，见顾炳权编：《上海洋场竹枝词》，上海书店出版社1996年版，第240页。

② 辰桥：《申江百咏》，见顾炳权编：《上海洋场竹枝词》，上海书店出版社1996年版，第82页

③ 张荫桓：《张荫桓日记》，上海书店出版社2004年版，光绪十五年五月二十一。

④ 张荫桓：《张荫桓日记》，光绪二十年十二月初八。

⑤ 《格致汇编》清光绪三年正月（1877年3月）卷首告白。

细之功，略洋银五十元，如刻钢板则价略洋银一百元。钢板之功最细，其画最好看。以上为上等工料之价，中等次等自然更便宜，所寄至外国之照相，务必最明显者，否则刻出亦不清楚。①

傅兰雅可能是发觉中国人对于石印技术很感兴趣，于是在光绪三年十月的《格致汇编》中译述专文《石板印图法》介绍石印技术。该文分石板印图源流、石板应用墨料、辨各种石板并解石板法、印书图纸料、脱墨纸过石板法、石面绘法、石面刻图法、印图法、铜板印图法、煎油法印铅字用、印图法后卷等部分。从傅兰雅讲述的整个流程来看，此文非常全面地介绍了石印技术的整个流程，这个流程是小手工式的个人制作，即整个过程完全可由单人操作，小作坊式的个人实验生产不可能向国外定购生产的原材料，所以在《格致汇编》的介绍中详细地说明了定制墨、流质墨两种石印墨的制作方法，并且除了最简单的刷子、辊子之外不需要其他多余的工具。这是因为，第一，《格致汇编》所面向的读者群大体上是那些喜爱西学的个人，他们如果按照《格致汇编》上的程序进行石印，也基本上是基于兴趣的个人实验，第二，石印技术基本上可以分为两类，一类叫绘石，即直接写在石板上或者用转写纸转到石板上；另一类叫落石，也就是我们通常所说的照相石印。《格致汇编》上所介绍的就是最简单的绘石技术，本身所需要的工具较少，虽然投资成本较低，但是机械化程度也低，无法适应大生产的要求，在落石技术引进后很快衰退。但是由于绘石制版比较简单，所以在制作一些海报、传单的时候，还是会使用绘石技术的，《艺文印刷月刊》1937 年 1 月 1 日出版的第 1 卷第 1 期中列举了 19 世纪 40 年代初上海印刷原料市场中常见的各种纸料，绘石所用的转写纸即汽水纸（transfer paper）就在其中。

点石斋于光绪四年（1878）购入一台石印机，并聘请土山湾的技师邱子昂前来掌管石印业务，直到光绪八年（1882）才开始石印自己的第一部书籍——小说《三国演义》。而这种大规模的工业化生产所采用的技术是照相石印术，也就是所谓的“落石”，从此石印开始了在上海的繁兴时代。不过从技术的角度来讲，到 1904 年文明书局引进五彩石印之前，这 20 年的照相石

① 该期正文第 14 页。

印技术变化不大。

那么照相石印技术究竟怎样进行，并且需要怎样的设备和原材料支持呢？《格致汇编》虽然在光绪十七年(1891)春季刊“互相问答”304条和光绪十八年(1892)秋季刊《石印新法》文中都谈到了照相石印的技术，但是过于简略，无法让人窥见其详细流程。在近现代各种著作期刊中，介绍落石技术最为详细的就是1918年第3期《家庭知识》上的《照相石印法》一文了。该文列在“集益录”一栏。该栏目为读者来函提问，然后面向社会征集答案，编者加以补充。该期的第三十七问为：

世界文明愈进步，印刷愈发达。近来摇架石印，到处风行。惟内地印品，往往成绩不佳，甚至模糊不能成字。业此者不思研究，每归咎于机器石板不良。考其究竟，学而不精者。实居多数，印机搁置，殊属可惜。海内印刷家及学堂教员不乏精于此者。敢请登报征求由药墨、写字、落石以至刷印。其中经过手续及所需材料，冬夏气候不同，其药水成分如何配置。种种奥妙，并缩小、影印、湿片、照相、晒片、落石诸法，完全披露，嘉惠印刷界。事关工业，勿却是祷。(丹徒老柏)①

来自古鳌蔡毅和编辑陈栩的回答将整个照相石印的过程详细地展现了出来，这些过程包括“书底”、“湿片照相”、“冲湿片”、“晒胶纸”、“拖胶”、“晒纸”、“圈墨”、“戳胶纸”、“磨石”、“落石”、“上墨”、“上黄粉”、“修石”、“汰石”。后附“小架印法”和“汽水纸落石法”。而在下一期中对制作“哥罗弟恩”②又有极为详细的介绍。值得注意的是，在他们的回答中非常详细地把石印过程中所需的机械、辅料以及辅料的配置方法开列了出来。

所用机器有：暗房、摄像具(俗名皮老虎，有照相镜等物)、毛片(俗名沙玻璃)、巴筒③、拖胶盆、磨石槽(系木制，如马槽状，中贮水，装横木于上，足以承石)、落石架。

所用辅料有：

---

① 《家庭知识》1918年第3期，第149页。
② 即火棉胶。
③ 即巴斯德试管。

（一）制湿片所需之药水：

湿片之制药法：一、银水，以硝酸银，又名银粉溶汽水内（水一两用银粉一钱）；二、绿水，以绿化第一钱、火酒、冰醋酸、清水和合而成（水八两、绿二钱、酒一钱、醋半钱）；三、黄水，以钾衰，又名强度青酸加里（俗名山奶）和清水（水四用〔两〕用钾衰一钱）；四、白水，以绿化第二汞和水（水三两，用汞半钱）；五、黑水，以钾衰少许入绿水中，以化尽银粉为度（银水五两，入钾衰一钱，若化不尽，再加钾衰少许，总以银水化作清水为度）；六、胶水，以茄姆（译音）亦名树胶和水（水四两用胶一钱）；七、哥罗弟恩，软哥罗弟恩（红色者）四两和哥罗弟恩（白色者）十二两（以上各药凡经售照相材料之西药房俱有出售，译音写法各处皆同）。①

（二）拖胶之胶水：

用白铁皮制二重之槽，如冲盘状。大如半张报纸（称为托胶盆），内重与外重，当悬虚一二寸许。注水于夹层中，置鸡丝胶（译称真辣的尼）溶解于适量之温水中。胶与水之量，视天时寒暖而定。天寒宜略加白糖，用炭火，隔水炖融，使成流质。加红矾（即重铬酸钾）少许（取其受日光时，焦而变色，易于辨视）。②

（三）上黄粉时之老松香、浓树胶。③

（四）修石之汽水墨。④

（五）汽水纸、汽水墨：

上海润宝斋均有售。笔名占高飞。他处虽亦有之，而笔毛殊劣，墨质尤粗。此墨系松香粉和煤烟制成，无胶，极易粘手。故外包锡箔，用时宜撕去一头……（汽水纸）系用最洁薄之纸拖鸡丝胶而成。每两纸张对合为一对，五十对为一筒。各仪器馆及商务书馆、中华书馆均有售。⑤

---

① 《家庭知识》1918年第3期，第61页。

② 《家庭知识》1918年第3期，第63页。

③ 《家庭知识》1918年第3期，第66页。

④ 《家庭知识》1918年第3期，第67页。

⑤ 《家庭知识》1918年第3期，第67—68页。

从上面的论述中我们可以看出,开办一家石印局并不是仅仅拥有了石印的技术就可以了,更重要的是当技术获得之后,如何在生产上成为一种可能,也就是技术转化为生产力的过程。这个过程远比单纯的技术引进要复杂得多,需要更复杂的工艺流程和更多样的原料设备。该研究也更能展现那个时代印刷企业的生存状况和企业所面对的市场状况。

**表 2.1.1 近代报刊对有关石印的报道知见录**

| 时间 | 篇名 | 刊名 | 卷册 |
|---|---|---|---|
| 1877 年 | 《石板印图法》 | 《格致汇编》 | 十月号 |
| 1890 年 | 《论石印书籍》 | 《益闻录》 | 1007 号 |
| 1891 年 | "互相问答"304 条(问照相石印事) | 《格致汇编》 | 春季刊 |
| 1892 年 | 《石印新法》 | 《格致汇编》 | 第 7 年第 3 卷 |
| 1898 年 | 《格致:论铝质可代石印》 | 《知新报》 | 第 61 册 |
| 1899 年 | 《格致新义:石印原始》 | 《格致新报》 | 第 79 册 |
| 1899 年 | 《工事:石印脱影法》 | 《知新报》 | 第 79 册 |
| 1901 年 | 《商务:石印畅销》 | 《集成报》 | 第 2 期 |
| 1902 年 | 《石印精致图画一幅》 | 《女报》(上海) | 第 2 期 |
| 1908 年 | 《奏议:吏部奏请领石印图书集成片》 | 《四川教育报》 | 戊申第 4 册 |
| 1908 年 | 《工业:石印应用之墨料》 | 《农工商报》 | 第 52 期 |
| 1909 年 | 《证书:外务部事类:外务部奏恭呈石印大清会典并请颁赏析(并单)》 | 《观世史》 | 第 17 号(己酉年第 3 期) |
| 1912 年 | 《小制造厂(文具类):各色印墨,铜板印墨、石印墨》 | 《南社》 | 第 5 集 |
| 1914 年 | 《图绘:彩色石印画　彼美人兮西方之美人兮》 | 《神州丛报》 | 第 1 卷第 2 册 |
| 1915 年 | 《杂俎:本省纪闻　自制油墨》 | 《直隶实业杂志》 | 第 4 年第 6 期 |
| 1915 年 | 《插图:岳庐子石印五彩年景写生画四幅》 | 《娱闲录》 | 第 12 期(元旦纪念号) |
| 1915 年 | 《光山石印石之批发》 | 《农商公报》 | 第 14 期(第 2 卷第 2 册) |

续表

| 时　间 | 篇　名 | 刊　名 | 卷册 |
|---|---|---|---|
| 1916 年 | 《陈荣山所制石印药墨准予专利五年填发执照清饬具(农商部咨山东巡按使五月十八日)》 | 《中华全国商会联合会会报》 | 第 3 年第 7 号 |
| 1918 年 | 《石印法》 | 《家庭常识》 | 第 3 号 |
| 1919 年 | 《增补照相石印法》 | 《家庭常识》 | 第 8 号 |
| 1920 年 | 《石印的工作》 | 《工学(北京)》 | 1(3) |
| 1920 年 | 《代用石印石之发明》 | 《中国商业月报》 | 7(12) |
| 1920 年 | 《实业门:石印之粉》 | 《新民报》 | 7(12) |
| 1921 年 | 《青年须知:石印法说明并序(未完)》 | 《青年友》 | 1(1) |
| 1921 年 | 《青年须知:石印法的说明(续)》 | 《青年友》 | 1(2) |
| 1921 年 | 《石印浅说》 | 《江苏实业月志》 | 第 28 号 |
| 1924 年 | 《照相石印术》 | 《进德季刊》 | 2(4)、3(1) |
| 1924 年 | 《彩色石印厂:专印十几套彩色精美的字画》 | 《中华书局月报》 | 第 24 号 |
| 1926 年 | 《满洲石印石之发见》 | 《科学》 | 11(10) |
| 1930 年 | 《简易石印法:常识拾零》 | 《民间旬刊》 | 第 8 号 |
| 1930 年 | 《上海市政府批第 1007 号:为石印业劳资条件批饬遵照局批勉为现状由》 | 《上海市政府公报》 | 第 69 号 |
| 1931 年 | 《安国真福院消肖一束:石印部设分部于束鹿旧城　扩充营业,石印设分部,广扬圣教》 | 《益世主日报》 | 20(3) |
| 1932 年 | 《周明懿君助捐石印机》 | 《海光》(上海) | 4(7) |
| 1933 年 | 《由石印的发明到脱(胶)版印刷术》 | 《江苏学生》 | 2(4/5) |
| 1934 年 | 《业余石印术》 | 《科学画报》 | 2(2) |
| 1934 年 | 《宜宾铅石印刷工业概况》 | 《四川月报》 | 5(3) |
| 1935 年 | 《泸县永康石印社私印江安辅币卷》 | 《四川月报》 | 7(1) |
| 1935 年 | 《生活纪录:石印工人》 | 《民众先锋》 | 2(2) |
| 1935 年 | 《湖北市职业学校石印实习情况》 | 《湖北教育月刊》 | 2(4) |

续表

| 时　间 | 篇　名 | 刊　名 | 卷册 |
|---|---|---|---|
| 1935 年 | 《广州石印业》 | 《国际劳工通讯》 | 第 6 号 |
| 1935 年 | 《广州市修正石印业劳资协约》 | 《劳工月刊》 | 4(9) |
| 1935 年 | 《广州市党部修正石印劳资协约》 | 《国际劳工通讯》 | 第 9 号 |
| 1936 年 | 《石印法:常识拾零》 | 《民众之友》 | 2(8) |
| 1936 年 | 《长沙石印公会取缔学徒》 | 《国际劳工通讯》 | 3(11) |
| 1937 年 | 《栖霞乡师提倡劳作代替运动(三):石印比赛》 | 《教与学》 | 3(2) |
| 1937 年 | 《小常识:石印是谁发明的》 | 《小朋友》 | 6(2) |
| 1939 年 | 《关于石印材料的见闻》 | 《地质评论》 | 4(3/4) |
| 1939 年 | 《广州市石印业务劳资协约》 | 《国际劳工通讯》 | 6(10) |
| 1939 年 | 《长沙市印刷业同业公会:石印业职业工会协约》 | 《国际劳工通讯》 | 6(10) |
| 1936 年 | 《宏大善书局停歇石印部案》 | 《国际劳工通讯》 | 6(10) |
| 1940 年 | 《汪仲钧研究石印转写墨成功》 | 《西南实业通讯》 | 1(6) |
| 1941 年 | 《石印用药墨及药墨之制法》(附表) | 《造纸印刷季刊》 | 1(1) |
| 1941 年 | 《国产石印版:黔人彭子良新发明》 | 《造纸印刷季刊》 | 1(2) |
| 1941 年 | 《熊思敬发明轻便石印机》 | 《西南实业通讯》 | 4(5/6) |
| 1941 年 | 《彭子良发明国产石印版》 | 《西南实业通讯》 | 3(6) |
| 1944 年 | 《杨月然发明桐油石印墨》 | 《西南实业通讯》 | 9(6) |
| 1947 年 | 《石印老板走红运　技工学徒倒了霉》 | 《活路》 | 1(6) |
| 1948 年 | 《石印术与复制画本》 | 《世说》(南京) | 2(2/3) |

## ◈ 现当代文献中石印技术的记载

1. 印刷学著作文献。新中国成立后,印刷成为国民职业教育体系中的一个专门的学科。1958 年,文化部建立文华学院印刷工艺系,后发展成为今天的北京印刷学院。而在上海,1952 年上海华东军政委员会新闻出版局开始筹建上海印刷学校,第二年开始向全国招生,并成为后来的上海出版印刷高等专科学校,划归上海理工大学管理。专业化的印刷学教育需要专门的教材,《平版印刷的化学和物理》、《平版印刷工艺学》、《平版印刷机结构》、《印刷行业工人技术培训教材·平版印刷工艺》(中级修订本)等印刷学著作应运而生。而在中国台湾,印刷也成了专业的学科目类,亦有相关的教材中含石印技术的章节,如史梅岑《印刷学》第五章《平版制版及印刷》的第一节"石版"和第三节"平版印刷"就详细介绍了石印技术的操作流程。①

2. 科技史论文文献。由于石印技术在近代书局之中以"师傅带徒弟"言传身教的形式进行传承,近代文献中的记载多语焉不详,且更多是从个人实验而不是工业化大生产的角度上探讨。科技史的研究者多从技术考证的角度对其进行复原和研究。汪海霞、方晓阳的论文《〈格致汇编〉所载石印"流质墨"初探》根据《石板印图法》中的"流质墨"的制作工艺,重新制作出傅兰雅所介绍的这种石印墨,其后汪海霞的硕士学位论文《石版和铜版印刷术的传入与影响及模拟实验研究》亦根据《石板印图法》进行石印模拟实验。通过对文献中的原料成分与石印技术的研究,发现该流程被后世沿用。

3. 石版画技术操作。20 世纪 80 年代以后,石印技术最终退出了上海印刷市场。上海石印业的历史才真正结束。但是即便如此,上海石印实践却依然进行,不过是从印刷市场走向了艺术创作领域,成为版画的一脉,其作品被称为"石版画",成为美术院校版画系教育体系中的一个组成部分。一些相关的教程也应运而生,但是与近代石印书业不同的是,这些石版画的教程基于绘石石印技术,不用照相制版。因为属于艺术创作,教程并不考虑生产效率问题,基本都是个人化的操作。

## 第二节　石印原理与工艺探原

上海近代石印业主要分为墨色石印和五彩石印两类,墨色石印主营书报印刷,而五彩石印则专攻图像制作。本书以上海近代石印书业为主要研究对象,所以在此节中介绍与探讨的石印工艺仅限于墨色石印。

① (台北)"国立"台湾艺术专科学校美术印刷科、中国文化学院印刷工业研究所 1970 年版。

## ◈ 石印原理①

任何一种印刷工艺都可分为制版与印刷两大流程。从印刷的原理上讲,可以分为物理印刷与化学印刷两类。中国传统雕版印刷,以及西式铅印,其原理都属物理印刷。印版的图文部分比非图文部分要凸起少许,印刷之际,凸起部分沾染墨料,在一定压力下和纸张接触即将图文转印于纸上。因为压力的原理,以手触摸铅印的成品,会稍有凹凸感。而石印属于化学印刷,其图文部分和非图文部分基本在一个平面上②,以油水互斥的原理进行印刷。为了在石版石上形成亲水与亲油的两个不同部分,制版的时候需要进行一系列的化学反应。

石印时所使用的底版,也就是石印石,是一种密布微小孔洞的石灰石,其主要成分是碳酸钙,化学式 $CaCO_3$。制版所用之墨称为解墨,主要成为为肥皂、蜜蜡、油墨等,其有效成分主要为脂肪酸,化学式 R—COOH。两者遇合后发生化学反应,其公式为:

$$2R\text{—}COOH + CaCO_3 = (R\text{—}COO)_2Ca + H_2O + CO_2$$

在制版时,石印石需要预先加热,而解墨亦须加水研开。石印石加热是为了增快反应速度,而解墨加水,一是为了写版的方便流利,二是以水作为分散剂,让脂肪酸与碳酸钙充分反应,由此形成脂肪酸钙,即 $(R\text{—}COO)_2Ca$。该物质构成了印版的图文部分,因其有脂肪酸根 R—COO,所以亲油拒水。

剩余未反应的解墨中含脂肪酸,脂肪酸的羧基 COOH 亲水,所以这时需要涂上一层阿拉伯胶,阿拉伯胶含有阿拉伯酸(X—COOH),这种酸可以作为清除版面油腻的清洁剂,脂肪酸钙的 R 和阿拉伯酸的 X 都是亲油端,因为分子间相互吸引的作用力把亲水端 COOH 暴露在外面,可以用水洗去,以此把印版上多余的解墨洗去,并堵塞石板上的小孔。且阿拉伯胶干后可形成硬膜,保护版面。

在印刷之前,需以百分之一的硝酸溶液浸洗,阿拉伯胶被硝酸酸化以后,与石板中的碳酸钙反应,化学式为:

---

① 本段研究受张鼎宸、范祖鹏两位学者教益良多,在此表示感谢。

② 石印的版面并非是真正的纯平,图文部分是由脂肪性的汽水墨形成的微凸部分,但因与空白部分差别十分微小,故称之为平版。

$$CaCO_3 + 2HNO_3 = Ca(NO_3)_2 + CO_2 + H_2O$$

硝酸钙[$Ca(NO_3)_2$]和阿拉伯胶形成高分子亲水性拒油膜,构成了印版的非图文部分。

印刷时,先在印版上刷一层水膜,因图文部分拒水,则集中在非图文部分;然后上石印墨,因其为油性物质,所以集中在图文部分。上敷纸张压印,则图文部分的油墨转移到纸张之上,由此完成印刷工序。

### ◈ 石印工序①

中国传统雕版印刷工艺较为简单,所用的工具与设备不多,起决定作用的是技师的素质与能力。雕版印刷的工艺运作,无非是固定程序的反复加倍而已,只能称其为"手工业",而非"工业"。近代印刷业技术设备与工艺流程之复杂远超传统印刷生产。参与到生产过程中的除了我们熟知的纸、墨、印刷机等核心设备外,还有大量的辅助设备,这些设备和其背后所包含技术的意义在一次印刷过程中难以体现,它们的舞台是不间断的企业规模化生产。各种印刷工艺的竞争,不仅仅在于印刷机印速这种硬性的指标,还在于其辅助设备能否简化生产流程、提高效率、降低成本。相对来说,石印的工艺比铅印要简单一些,但是在操作过程中亦需要多种设备工具和化学药物的参与,所以比中国传统雕版工艺要复杂许多。

#### (一) 印版准备

石印石是制作印版的基础材料,在使用之前需要进行研磨操作。其目的为(1) 光滑版面;(2) 清除附着在版面上的污物;(3) 去除已有图文备制新版。所以,"石版之第一要工,即在于磨石" ②。

磨石有三种方法:手工研磨、机器研磨以及化学研磨。机器研磨一般是书局自制,并无定型;化学研磨则主要用于修版,所以下面主要介绍手工研磨。手工研磨主要使用三种器具:(1) 研磨槽,木制,其状如马槽状,中可贮水,装有承石的横木以及防止金刚砂流出的出水孔;(2) 砥石,又称浮石,研

---

① 本节资料主要来源于傅兰雅:《石板印图法》,载《格致汇编》光绪三年十月刊;傅兰雅:《石印新法》,载《格致汇编》光绪十八年秋季刊;陈栩:《照相石印法》,载《家庭知识》,1918 年第 3 期;史梅岑:《印刷学》,(台北)"国立"台湾艺术专科学校美术印刷科、中国文化学院印刷工业研究所 1970 年版。

② 《家庭知识》1918 年第 3 期。

磨用;(3)金刚砂,粗磨用60到80节目,细磨用100到120节目。

磨石的工序可分为两步。第一步,粗磨。将石版放于研磨槽之上,撒布60到80节目的金刚砂,加水,将砥石放于磨板框内,进行研磨;亦可取两块石印石对磨,“将两方石版对合。撒少许细金刚砂于石面,并注水其上,乃将二石对合。推动其上压之石,使周遭移转自如,频频以手掬水注于下石之面。使磨出之水,腻滑如浆,听之无声,而推动光滑且轻。则石面已平”①;第二步,细磨。在粗磨过的石板上,撒布100到120节目的金刚砂,仔细进行圆弧状的研磨作业,随时扫去石粉,直到版面平滑。

(二)制版

石印制版有两种方式:绘石与落石,而落石中又分为转写纸落石和照相晒版落石两类。所谓的“照相石印”指的就是采用照相晒版落石进行制版的石版印刷,这种方法是上海近代石印业的绝对主流工艺。

绘石法又称“反书法”,是逊纳菲尔德发明石印时就开始使用的工艺。其特点是在石印石上直接绘制图文,由于印刷时会在纸张上留下反相图案,为了印出正相的字迹来,需要在制版的时候,反向绘制图文,所以被称为“反书法”。

反书法所使用的制版墨为解墨。解墨是石印专用制版墨,可购买使用,亦可自制。② 有定制墨和流质墨两种,定制墨形如炭精棒,可直接往石版上

---

① 傅兰雅:《石板印图法》,载《格致汇编》光绪三年十月刊。

② 傅兰雅曾言及该墨的制法,可分为两种,一为流质墨,即书写时加水研开,以毛笔蘸之而写,其法为:“书绘墨料方取牛油,或者羊油二两,净蜜蜡二两,入铁锅内盖密加热至能自燃,次取上等洋皂二两,切成小块,俟一块已熔,陆续加入,频以杆调和不止,及加完后俟燃至如前未加洋皂时之油蜡体积相等为度。但能自燃勿定过猛,如见燃过高,即取离火。少顷,再置火上,将(此处应为某物,作者无法翻译,故未列名,但应为蜜蜡——引者)未详,据云系虫类与树上作为巢穴,其色黄明如胶二两加入,随后令锅内火熄。俟全融合,即不可令其再燃,复取澳熟胡麻子油、黑炭调匀,并入锅内,熬成浓膏,约至减少一半,即成墨料。至应添炭若干,以黑色深浅为主,用炭愈多,愈易研匀,但过多亦不合用,凡墨料已成,倾入纸模,冷之成条,或取平面大理石,先用洋皂拭匀,然后于石面及将冷时,另取大理石一块,以洋皂拭匀,覆压墨上冷定,切成长条,即如墨锭。凡作墨料,必经意于锅内自燃之时,如锅内火燃不旺,锅下必复加热,如锅内火燃过猛,见锅内四周全燃,间有爆裂之声,必立取锅离火,设锅内火仍太猛,以墨覆之少停再加热,否则墨料全烧坏矣。试墨料成功与否,取墨料研之,见有墨痕不与水和匀,即知尚未熬成,必再入锅内,如法熬之,如终不与水化融和匀,必再入锅熬融,稍加洋皂,若见油质几尽,墨无结力,又知火候过度,必再入锅内添洋皂与蜜蜡。”二为定制墨,“取上等洋皂一两半或牛油二两,净蜜蜡二两,半舍拉克一两,墨炭四分两之一,制法同前,所成墨条可削尖同铅笔以备用。”(傅兰雅:《石板印图法》,载《格致汇编》光绪三年十月刊)。

书写，流制墨则需要借助于绘图笔。反书制版所用的笔为白圭笔，这是一种笔尖细小的小毛笔。有时版笔和钢笔也可用到。此外，为了标记位置，清除错误和污迹，亦能用到针类，有削针、圆针、刺针等，落石打样修版时亦用。四角形或圆形的磨石棒亦可用来修版。

反书法在绘图方面尚可，但是书写文字时则多有不便，而且也很难做到快速美观，所以就有了落石法的出现。落石分为两种：一为转写纸落石；二为照相晒版落石。

1. 转写纸落石。在转写纸上使用转写墨正相描绘图文，然后落版于石印石上的工艺被称为转写纸落石法。转写纸落石有两种情况，其一为手绘于转写纸上，然后落石；其二为将平凹版等涂以转写墨或感光材料写刻画线填以转写墨然后落石，这种方法可以起到异版式组版的作用。本处主要探讨的是第一种情况。

转写纸，亦称汽水纸，系在宣纸、连史纸等轻薄纸张上，涂以淀粉、白明胶、阿拉伯胶等混合溶液干燥而成。国产的转写纸一般涂以玉米粉、甘油、面粉等物，易潮，有薄、中、厚之分。民国年间上海的转写纸“系用最洁薄之纸拖鸡丝胶而成。每两纸张对合为一对，五十对为一筒。各仪器馆及商务书馆、中华书局均有售”①。

转写墨，亦称汽水墨，是感脂性和耐腐蚀性较强的解墨。民国年间上海的转写墨“上海润宝斋有售。笔名占高飞。他处虽亦有之，而笔毛殊劣，墨质尤粗。此墨系松香粉和煤烟制成，无胶，极易粘手。故外包锡箔，用时宜撕去一头”②。

以转写墨在转写纸上完成图文绘制之后，即可落石，落石须用专用的落石架。首先在落石架上放置石印石，版面保持水平，并调节刮版压力；其次，将转写纸粘贴于较厚的基纸上，略加水，附于石印石，机械加压；再次，经过二三次加压之后，附以略湿之白纸，机械加压；最后，略湿润转写纸，然后从石版石上揭开，洗去石面糊质，涂以阿拉伯胶保护版面，干燥保存。印刷时以硝酸洗去多余的阿拉伯胶即可。

---

① 《家庭知识》1918 年第 3 期，第 67—68 页。

② 《家庭知识》1918 年第 3 期，第 67—68 页。

2. 照相晒版落石。照相晒版落石是上海近代石印书业的主流制版技术,特点是快捷、精确、方便,并可随意放大或缩小。其工艺分为照相、晒版和落石三个环节:

(1) 照相。近代上海石印书业所采用的摄影技术,被称为湿片照相术,是在玻璃片上利用物理与化学的原理留住影像的一种方法,英国人阿切尔(Archer)发明于1851年。从摄影师在玻璃片上涂上火棉胶药膜到感光、曝光、显影、定影及水洗这一系列流程,玻璃片一直处于湿润状态之中,因此人们简称为"湿版摄影"或全称"湿版火棉胶术摄影"(wet plate collodion processing)。在拍摄冲洗过程中使用多种药水①,其中最重要的一种是吸附感光药水的火棉胶(collodion),民国时期翻译作"哥罗弟恩"。

在照相之前,需要制作书底,虽然照相所用书底不拘大小,但是一般来说为了其后缩放的方便与清晰,书底最好要抄写得大一些。在复制古籍时,为保存原貌或工序简便,也有不抄书底,直接将原书进行拍摄的。当然,亦有将古籍裁剪之后拼接成为新书底的。书底制作好之后,将其定在木墙之上。同时,准备好涂布火棉胶的玻璃片,将其沉入银盐溶液(即所谓"银水")中两分钟,使其可感光。将玻璃片放于照相机(俗名皮老虎,有照相镜等物)内,让片子曝光,捕捉影像,拍摄时可调整焦距,改变图文大小。值得注意的是,当时的拍摄时间较长,要视天之晴雨、光之强弱、气候之寒暑而定,大约至少一分半钟,至多十五分钟。

其后即进入暗房冲洗阶段。进入暗房后取出玻璃片,"用绿水冲之。字即显现。再以银水和少许绿水浇之使厚。用清水洗净。浸黄水中。消去哥罗弟恩。再用水洗后,浸白水内。以白为度。水洗。入黑水盘中染黑,用水

① 所应用的药水有"一、银水,以硝酸银,又名银粉溶汽水内(水一两用银粉一钱);二、绿水,以绿化第一钱、火酒、冰醋酸、清水和合而成(水八两、绿二钱、酒一钱、醋半钱);三、黄水,以钾衰,又名强度青酸加里(俗名山奶)和清水(水四用〔两〕用钾衰一钱);四、白水,以绿化第二汞和水(水三两,用汞半钱);五、黑水,以钾衰少许入绿水中,以化尽银粉为度(银水五两,入钾衰一钱,若化不尽,再加钾衰少许,总以银水化作清水为度);六、胶水,以茄姆(译音)亦名树胶和水(水四两用胶一钱);七、哥罗弟恩,软哥罗弟恩(即火棉胶——引者)(红色者)四两和哥罗弟恩(白色者)十二两(以上各药凡经售照相材料之西药房俱有出售,译音写法各处皆同)"。载《家庭知识》1918年第3期,第61页。

洗尽。上以胶水待干，则湿片成矣”①。冲洗时要借助巴筒②，即巴斯德试管，扁阔而直长之玻璃筒，冲湿片时多余药水注入其中。

（2）晒版。暗房冲洗所制之底片载体为玻璃片，晒版时需要先将玻璃片上的图文晒至胶纸上，然后再由胶纸落于石上。因为此过程须经阳光照晒，所以称为“晒版”。晒版之前的底片为反相色彩，经过晒版则在胶片上呈现出正相的颜色。

晒版之前，须以拖胶法制作胶片。首先，取用拖胶盆，该盆为白铁皮制二重之槽，大如半张报纸，内重与外重有一二寸间隙。注水于夹层中，将鸡丝胶溶解于适量之温水中。胶与水之量，视天时寒暖而定。天寒宜略加白糖，用炭火隔水炖融，使成流质，加红矾（重铬酸钾）少许。提前一天将白色厚洋纸（以一百磅道林纸为宜）用水打湿。俟略干，在暗房中如蛋纸托银水法，托取薄胶一层。挂细竹竿上阴干，下承以胶盆省料。当然，胶纸亦可在外购买。

当胶纸制作完成以后，需要将胶纸裁成玻璃底片一样大，将其放在晒盆之中，在日光下晒之。当底片透明的地方露出的胶纸颜色变黄了以后，就晒制完成。③ 此时胶面有字迹处已融，无字迹处则仍如故，于是用圈墨法上墨。

圈墨法是为了将胶纸上有图文之处涂布解墨（亦称胶纸墨）以供落石之需。首先将稍加松香油之解墨在石板上调浓如浆，以少许覆于皮辊。在石上推辊使匀，则石版面为全墨面。然后将所晒胶纸正面向下平覆于石版面，蘸取适量黑墨。取起以水洗之法将过墨之纸背面浮于九十度热水之上约五分钟。取出置瓷板上或玻璃片上。正面向上，以软海绒蘸水揩之，则空地之墨能自揩去。如法揩净为度，有字之处，墨自清晰，再水净数次。晾之待干，然后落石。

（3）落石。将墨稿正面向下，铺于石上。加纸数层，入架压之。压过之后，揭去上面之纸，以海绵蘸水轻揩纸背面，墨自脱下。乃将稿逐渐揭起，若

① 《家庭知识》1918 年第 3 期，第 62 页。

② 《家庭知识》1918 年第 3 期，第 62 页。

③ 通常晒片由白变黑，乃银水之作用。此则由白变黄，乃红矾之作用。

手法精巧,能让墨迹几乎尽留于版面,毫发不爽。次以清水轻揩石面,使各处匀湿,用皮辊上石印墨一层,则有字处益显清明。俟干再上阿拉伯胶水一层保护版面。干后可细观各无字处。

(三)版面处理

落石之后须进行版面处理,一方面落石之后图文部分并不十分牢固,须增强其耐酸性和感脂性;另一方面非图文部分也需要进行一定的酸化,才能形成良好的亲水斥油性。

首先,进行图文部分的处理,以小刀刻去多余墨污,再用清水洗净。刷以1%的硝酸溶液,则非图文部分为硝酸溶液侵蚀发泡。片刻后,以清水洗净,则字迹更加清楚。以水复辊墨一层,即以细松香粉匀撒之,洗以水,再上阿拉伯胶一层。待干,以松香油揩除不净之处。则字迹堆高,再以清水洗净。墨辊一层,撒松香一层。洗净再辊墨,而后撒以滑石粉护之即成。其字已堆高略数层白纸之厚,欲再堆高亦可。但字迹太高,易模糊不清。

其次,进行非图文部分的处理。先以阿拉伯胶清除版面油腻,堵塞石版上的小孔,再以1%的硝酸溶液浸洗,和阿拉伯胶形成高分子亲水性拒油膜,完成非图文部分的不感脂化,构成了印版的非图文部分。若不是当即印刷,亦可再涂上一层阿拉伯胶,其干后可形成硬膜,保护版面,需要印刷时,以硝酸溶液浸洗即可。

(四)打样修版

在上机印刷之前,须将所落成之石板打样送审。打样所使用的纸张、油墨与正式印刷时基本相同,以期取得相同效果。编辑可对打样所送之样稿进行审核,如有修改处标注其上,返于技工修改,然后再次打样送审。编辑审稿完毕之后,须送交客户处,待获得客户确认后方可上机大量印刷。打样可在印刷机上进行,也可使用专门的打样机,以节约能源。

送审修版的过程在很大程度上体现了书局中编辑、印刷人员的业务素养和责任心。一方面,编辑人员需要对样件细致审稿,因为在落石初修时技工可能将拍摄时模糊的字迹修错;另一方面,技工修版时需要将所修之字图与整体版面形成浑然天成之感。

(五)上机印刷

按照印版装置和压印装置的形状,印刷机可以分为三类:平压平型、圆

(压辊)压平(印版)型和圆压圆型。从印刷速度上看,平压平型最慢,圆压圆型最快,圆压平型居中。石印所用印版为石质,无法弯曲,所以只能应用圆压平型印刷机。

石印印刷所用之墨为石印墨。石印墨不同于解墨,成分较为复杂,除印墨之外还有舒展剂、干燥剂、稀释剂、填料等。

首先,将印版固定于版台之上,调解压筒压力。其次,通过包裹水胶绒的水辊及给湿辊,依此吸收水分送至版面,使得非图文部分形成一层水膜,以墨辊使版面图文部分着墨。再次,纸辊送入纸张,附着于印版,压筒施加压力,完成印刷。最后,虽然石印墨中含干燥剂,可快速凝墨,但毕竟曾接触附有水膜之版面,所以有干燥过程。早期石印采取自然晾干的方法,后来石印机则专门有烘干设备。

(六) 裁切、装订

一印版可落多页之内容,在印刷完毕之后,需进行裁切,然后装订。在近代上海,亦有专门从事装订的企业。

## 第三节　石印书业的设备与原料

传统时代的手工艺术总是有一种浪漫的气质。雕版印刷的技师也许并不识字,虽然他们仅仅是描刻反贴在木版上的底稿,但是一斧一凿之间自有其韵致风度,犹如木上之篆刻,刀下之工笔。雕版印刷的工艺简单,工具也简单,于刻工起决定作用的是技师的素质与能力。19 世纪中叶,对中西印刷业都有一定了解的传教士米怜曾评论说:

中国式印刷……不需要铸字工厂,印刷和装订时不需要复杂的机器,不需要为印刷所租昂贵的房子。在小规模印刷中文书籍时,整个印刷过程中需要的每件工具(除了桌子和椅子)都能由一块大手帕卷起,由工人随手携带,所有的工作都能在地下室或阁楼的一个角落,由一个人独自安静地来完成。在大规模印刷书籍时,如果摆放整齐,一个普通的 4 英尺长、2.5 英尺宽的箱子就能装下全部必需的工具。中国式印刷机(从他们印刷的方法而称其为印刷机实在不恰当)无法印刷大面积印版的缺点,在某种程度上被其工具的简易和低廉所抵销。①

然而，在传统时代，培养出一个好的雕版技师需要花费相当长的时间。机械复制时代的印刷业，虽然失去了艺术的灵魂，但是大量使用的机械设备与复杂的工艺流程却赢得了规模生产时的效率。这个效率包括两方面：一方面，新式设备与工具的使用让生产与再生产的速度加快；另一方面，复杂的设备和工具将原有工艺流程进一步拆解和固化，压缩了个人表现的空间，在表面上操作近代印刷机械设备需要比雕版印刷更新而丰富的知识，但实际上对个人技能的要求大大地降低了。

经营一家近代印刷企业，开展生产和销售产品自然是其运作的主题，但是采购设备和原材料则是开展生产的前提。传统时代的雕版印刷工艺简单，设备与原材料也不复杂，而近代印刷业则需要全新的动力设备、精密的印刷机械、复杂的辅助材料以及制造经销这些设备与原材料的厂商。创刊于1937年1月1日的《艺文印刷月刊》是中国近代唯一的一种印刷专业期刊。该年2月1日出版的第二期即刊登了部分印刷业上游支持行业的广告，如下表：

**表2.3.1　1937年1月1日的《艺文印刷月刊》刊登印刷工业用品广告**

| 企业名称 | 经营范围 | 类　别 |
| --- | --- | --- |
| 瑞泰机器厂 | 模范自动铸字机、橡皮滚筒打样机 | 印刷机械 |
| 写生制版社 | 照相铜版、网线锌版、三色铜版、无网铜版 | 技术支持 |
| 协盛昌纸号 | 直接向欧美名厂订购纸张 | 印刷原材料 |
| 公裕外国纸行 | 各国名厂纸料、精美文房用具、上等绉布冲皮、各种印刷材料 | 印刷原材料 |
| 夏昌记木作 | 中文字盘及字盘架子、西文字盘机字盘架子、铜模箱、画线架、存版盘、铁盘、装订用木绞、刀架子木条、爱姆数木条、木头紧塞 | 印刷机械零配件 |

① ［英］米怜：《新教在华传教前十年回顾》（中文版），大象出版社2008年版，第113页。

续表

| 企业名称 | 经营范围 | 类　别 |
| --- | --- | --- |
| 永泰生记水电材料行 | 电料、引擎、马达磨、冷气、暖气、灯箱等 | 印刷厂辅助设施 |
| 义昌机器磨刀厂 | 专磨切纸切书轧闸等刀 | 技术支持 |
| 怡昶油墨材料行 | 印刷机器、铜模、铅字、印石、薄型纸、油墨 | 印刷机械、印刷原材料 |
| 大生厚纸版厂 | 黄纸版、提花纸版、灰纸版、日历底版、书薄面纸版、广告招贴等纸版 | 印刷原材料 |
| 鼎元兴五金铜号 | 点锡、青铅、紫铜、白铅、紫铜管、黄铜管、硬锡、硬铅、字铅、焊锡、纯锑、钢精、副管、铜皮、铜丝、大小五金 | 印刷原材料 |
| 竹天新宋铜模铸字所 | 铜模 | 印刷原材料 |
| 华发纸行 | 欧美各国纸料、印刷材料 | 印刷原材料 |
| 鑫记纸号 | 白报纸、道林纸、二号纸、模造纸、牛皮纸、打字纸、有光纸 | 印花原材料 |
| 耀昌凹版印刷图章社 | 凹版印刷及各种图章 | 印刷业务 |
| 上海聿成公司 | 德国名厂白报纸 | 印刷原材料 |
| 仪昌兴记机器号 | 铸字机、铸字盒、打洞架、纸版架、刨字床、铜盘、铁盘、铜手盘、脚踏架、落石架 | 印刷机械及零配件 |
| 协昌丰信封所 | 信封、纸袋、书套,装订簿册 | 技术支持 |
| 永泰铅锡号 | 花旗青铅、各号白铅皮、华南青铅、纯锑土青铅、点铜锡、焊锡 | 印刷原材料 |
| 新泰玉记机器厂 | 九开架、美式脚踏架、大小德式脚踏架、四开平面架、凹凸版架、大小落石架、烫金架、橡皮图章架、轧信壳架、手扳打样架、脚踏打洞架、押书架、大小切纸机、单面铸字机、双面铸字机、纸版机、浇铅条架、低脚刨床、高脚刨床、大铡刀、斗角刀、铅线铡刀、铜手盘、大小铁盘 | 印刷机械 |

续表

| 企业名称 | 经营范围 | 类　别 |
| --- | --- | --- |
| 上海志达洋纸行 | 欧美各国名厂粗细纸料 | 印刷原材料 |
| 东方美术制版社 | 铜版、锌版、三色版、雕刻铜版、玻璃版、七色铅皮凹凸版等 | 技术支持 |
| 董瑞昶机器厂 | 铅印机器、大小脚踏架、切纸刀、铸字摇炉、铸字钢盒,中西铜模、铜盘、铁盘、手盘 | 印刷机械 |
| 同盛油墨厂 | 各色油墨 | 印刷原材料 |
| 义文印务局 | 专印车票 | 印刷业务 |
| 义昌中西纸号 | 欧美国产纸料、中西信封、油墨金粉,染纸 | 印刷原材料、技术支持 |

资料来源:《艺文印刷月刊》,1937 年第 1 期。

这些厂商有经营机械设备者 6 家,贩卖纸张者 9 家,销售油墨者 2 家,五金辅料者 3 家,制版社与特种印刷各 2 家,生产辅助 1 家。这些厂商售卖印刷机械工具 58 种,纸张 24 种,五金辅料 23 种。数量虽然不少,但远远不是上海近代印刷业所需的设备与原材料的全部。显而易见,印刷机、石印机、铸字机之类的核心机械只占其中的一小部分,绝大部分都是一些辅助的生产设备与材料。马礼逊 1826 年为中国带来的第一套石印设备,麦都思 1843 年为上海带来的第一套印刷设备,其核心只是一架石印机,几块石印石和若干油墨而已。因为一方面,一些技术如摄影还没有应用到石印工艺里面;而另一方面则是无论马礼逊还是麦都思的石印作业都带有一定的实验性质,不像后来工业生产那么讲求效率。可以说,在上海近代石印书局中,如果弃用除了石印机、照相机之外大部分设备和工具,石印生产依然能继续,但是其效率则大幅下降,而操作难度直线上升。那么近代上海石印书业所用到的设备、工具和辅料有哪些呢? 参看下表。

**表 2.3.2　石印工艺流程所涉设备、工具、辅料**

<table>
<tr><th colspan="3">工艺流程</th><th>机　械</th><th>工　具</th><th>辅　料</th></tr>
<tr><td colspan="3">印版准备</td><td>研磨槽</td><td>砥　石</td><td>金刚砂</td></tr>
<tr><td rowspan="5">制版</td><td>绘石</td><td></td><td></td><td>绘图笔、针类、磨石棒</td><td>解墨</td></tr>
<tr><td>转写纸落石</td><td></td><td>落石架</td><td>转写纸、基纸、针类、磨石棒、三角板、直尺等</td><td>转写墨、水</td></tr>
<tr><td rowspan="3">照相晒版落石（含组版）</td><td>照相</td><td>照相机、暗房</td><td>落影之玻璃片、巴（氏）筒</td><td>火棉胶、阿拉伯胶、硝酸、碘化银等药水</td></tr>
<tr><td>晒版</td><td>拖胶盆、晒盆</td><td>胶片纸、海绵、纸张、戳胶纸针</td><td>松节油、胶纸墨、水、红矾、重铬酸钾</td></tr>
<tr><td>落石</td><td>落石</td><td>架皮辊、瓷板或玻璃片、海绵</td><td>胶纸墨、水</td></tr>
<tr><td colspan="3">版面处理</td><td></td><td>皮辊</td><td>阿拉伯胶、硝酸、松香粉、滑石粉、水</td></tr>
<tr><td colspan="3">打样</td><td>打样机或手扳打样架、</td><td>印书纸</td><td>石印墨、水</td></tr>
<tr><td colspan="3">修版</td><td></td><td>白圭笔、针类、磨石棒、针类、磨石棒、三角板、直尺等</td><td>解墨、阿拉伯胶、硝酸、松香、水</td></tr>
<tr><td colspan="3">印刷</td><td>印刷机、马达</td><td></td><td>石印墨、水</td></tr>
<tr><td colspan="3">裁切装订</td><td>裁纸机、装订机、脚踏打洞架</td><td>铡刀、切纸刀、针类、钉类</td><td>胶水、线</td></tr>
</table>

资料来源：据傅兰雅：《石板印图法》，见《格致汇编》光绪三年十月刊；傅兰雅：《石印新法》，见《格致汇编》光绪十八年秋季刊；陈栩：《照相石印法》，见《家庭知识》，1918年第3期；史梅岑：《印刷学》，（台北）"国立"台湾艺术专科学校美术印刷科、中国文化学院印刷工业研究所1970年版等资料制作。

石印书局的运营分为采购、生产、营销三个环节，其中采购值得特别关注。这是因为：第一，与生产和营销相比，采购更能反映出石印书业所面临市场的整体状况，其他两项虽然也能反映外部环境的影响，但更多是作为企业内部的决策与运作。第二,采购本身就反映了技术的引介。技术、和技术配套的原材料、机器及人才都是采购的目标。第三,在近现代印刷业技术差别不是特别大的情况下,原材料的采购意味着成本的控制,而原材料的质量直接影响着生产和营销的效果。第四,与最有技术性的生产环节和在近年来消费史、阅读史中受宠的营销环节相比,采购这个环节受到的关注最少,也最有发展的空间。而采购所要买入的设备与材料其实是由技术决定的,技术越复杂,需要采购的项目就越多。

重视采购环节,其实就是重视整个企业的资本流通过程和生产过程。之前印刷史研究的思维似乎陷入一个固定的模式,即印刷术的应用直接导向印刷书的繁荣。物化技术,组织生产是一个相当复杂的过程。技术和生产力之间还是有着一条比较大的鸿沟需要跨越的。值得一提的是,法国年鉴学派的代表著作之一,费夫贺与马尔坦所撰写的《印刷书的诞生》①一书其实就已经关注到了印刷生产的采购问题,该书不仅仅谈了谷腾堡印刷术的诞生,更为关键的是他们非常重视铅字的冶炼、造纸原料的收集、字体的确定等问题。但可惜的是,他们并没有将原材料问题放入机械化大生产的背景下讨论,也没有将这个过程抽象为大生产的必备环节——采购来进行讨论,故此未能给后来的研究形成一个理论的范式。

那么在近代上海石印业所面临的采购市场又是怎样的呢?石印所需要的主要设备与原材料大概可以分为下面四类:石印机器、印刷油墨、石印石、石印用纸。

### ◈ 石印机器

上海早期使用石印机的是 A. 逊纳菲尔德自己研制的木质石印架,这是一种平压平式的印刷机。将石版置于架上,覆纸加压印刷。翁寿祺和邱子昂 1874 年在土山湾印刷所使用的就是这一种。木质石印架,形如旧式凹版印刷机,重达三吨,靠人力扳转,劳动强度很大。随后又出现了铁制手摇石印机。再后是英商美查开办的点石斋印书局曾使用过的轮转石印机,在吴友如《春江胜景图》上所展示的就是这种印刷机。轮转石印机仍用人力手工摇动,因劳动强度大,需每机 8 人,分作两班,轮流摇机。一人续纸,两人接

① [法]费夫贺、马尔坦:《印刷术的诞生》,李鸿志译,广西师范大学出版社 2006 年版。

纸，效率很低，每小时只能印数百张。

光绪十二年(1886 年)英资麦利洋行引进英“许士耿博”厂制石印书画机器，“可装置煤气火力，一日能印七千余张”，蒸汽动力从此逐步代替人力成了石印的主要能源。该厂石印机亦售予同文等石印局，除印机外，尚有“印书油墨照相药水”，一切应需之物，皆可随时定寄委托上海外洋泾桥北堍大英医院内麦利洋行在华经销。① 由于该机先进，麦利洋行“深恐有人仿冒，并杜鱼目混珠，禀请国家颁给凭照，准做五十年期内，如有仿作者，随时控请重罚”，然有上海当地“某铁匠等，兜值仿造，希图乱真”，洋行在“呈请本国领事府照会华官，查禁停制外，特再声明，如有前项情事，定当指名控究罚办”②。民国后，电力进入了石印领域，圆压平式电动石版印刷机，用电力带动版台做平面运动，在圆筒形压印滚筒下通过，完成印刷过程。印速可达1000 张每小时。

## ◈ 石印油墨

上海开埠以来，印刷油墨主要依靠进口，虽然光绪十二年(1886)，国人除试图仿制石印机械之外，亦曾研制石印墨料，如福州船政学堂肄业之游某，研成机造石印上墨，每磅价洋五元，由泰隆洋行代售③，但终究没有成为石印油墨的主要来源。民国初期，占据上海油墨市场的主要是德日两国的油墨品牌。一战之后，欧洲油墨来源窘迫。美国油墨商家趁机进入上海市场，恒丰洋行、利达洋行开始在沪销售印刷油墨。除日本外，外商欧战后在上海每年营业总额平均约一百五十万两，其中美商占 70%，价值一百余万两，利达洋行占九成；德商占 25%，值四十余万两，其中礼和洋行每年营业总数约占二十万两至三十万两。英商、法商为数极微，仅占 5%，共值四五万两。

1921 年，上海商务印书馆聘用德国制墨技师勃罗门氏(H. Blume)，特辟专部，从事制造各种胶版、石印、凹版、三色版、铅版等油墨。仅两年，成绩卓然，不亚于舶来品。此外，尚有灵生油墨公司、通文油墨社、中原绍记油墨

---

① 《申报》光绪十二年十二月初五日(1886 年 12 月 29 日)，29 册，第 1118 页。

② 《申报》光绪十三年三月廿七日(1887 年 4 月 20 日)，30 册，第 642 页。

③ 《申报》光绪十三年八月二十七日(1887 年 10 月 13 日)，31 册，第 664 页。

厂、永和实业公司、骏大油墨制造厂、恒成油墨厂、益华油墨厂、志大油墨公司、华强油墨厂、文华油墨厂、四达油墨厂、公盛油墨厂、赫水油墨厂、利丰油墨厂、志丰油墨厂、美丰油墨厂、宝泰油墨厂、振华油墨厂、中华油墨厂等。

较为普通的油墨原料，主要由颜色粉与凡立水混合而成，颜色粉中以墨灰为主。民国时期，我国虽有出品，但因为制造不得法，以致成本高于进口墨灰数倍。各书局故而多采用美货。而凡立水则多用张家口胡麻子油煎熬而成。此外，还需要桐油、矿油、松香、碳酸镁等材料。

1934 年，石印油墨墨色每磅自五角至一元不等；各种红墨（甲、乙及普通三种）自八角至一元五角不等；唯上等金红墨每磅三元；各种黄墨，每磅一元左右；各种蓝墨，每磅九角至一元六角不等；唯宝蓝墨值最昂；各种绿墨，自八角至一元五角不等；彩绿墨每磅近二元；青莲墨每磅二元二角左右。

油墨销路，以上海为最旺，占总数十分之六七。其余则分销国内各埠。计上海一埠，除洋货油墨输入不计，上海各厂出品，每年约占百万磅。其中，除百分之二三运往通商口岸外，余均系上海吸收，如 1931 年上海铅印石印材料（内大部分为油墨）运往通商口岸者，不过七万余两。至于南洋方面，30 年代之前每年亦有运去，然因南洋批发商信用不佳，往往到期不付货款，使上海各厂视南洋销路为畏途。且南洋一带，日货倾销颇烈，市场均为英日所垄断。

### ◈ 石印石

石印石，《艺文印刷月刊》1937 年第 2 期上有一篇文章专门谈论石印所用的石版，名为《谈石版石》，内容如下：

平版印刷（panographic printing）所用的版面，不外乎锌版铝版和石版。其中石版是比较的普遍，我国石印业所用的版面，差不多也都是石版。

石印石以化学为基础，这是任何人都晓得的。石印的制造原理，是基于油类和水互相抗拒的事实，这也是任何人所晓得的。但是石版石（就是石印所用的石版）却往往为人们所忽略，现在作者把他略述于下：

石版石（lithographic stone）是一种细粒的石灰石，断口呈介谷状，灰色而微黄，质地非常细致。它的化学成分如下：

（一）碳酸钙（calcium carbonate）百分之九十七

（二）碳酸镁（magnesium carbonate）（二到六项占百分之三）

（三）二氧化铁（iron salts）

（四）矽酸铝（silicates of alumini）

（五）氯化钠（sodium chloride）

（六）氯化钾（potassium chloride）

碳酸钙是一种白色结晶性的沉淀物。石类多包含碳酸钙，像石灰石、大理石、方解石等，都是其例，所以石版石也不能例外。碳酸镁是一种天然产生的矿石，色白而作疏松状。石版石和其他石类不同之点，就在于后者没有这种原素。石版石所含色的碳酸镁，虽然数量极少，似乎不能引人注意。但我们若分解一块重约一百三十磅的石版石，我们能够发现其中的碳酸镁竟有四磅之多，这个数量已经足以堆积整块石版石的粉状厚层了。矽酸铝是一种常常混杂在矿石里的原素。氯化钠就是食盐，作块状或砂状，色白而味咸。氯化钾是一种没有颜色而透明的块状原素，碰到热则变成白色，能够吸收水气，使物体干燥。

石版石所以适宜于石印，最大的原因是它的质地细致。世界上最精良的石版石，是出产在德国的巴威略（Bavaria）地方。美国所出产的也非常精美，但比德国出产的稍逊一筹，我国河南省南阳县花石山所出产的石版石据印刷专家试验的结果，也很优良。①

这篇文章仔细分析了石版石的成分，并提及其产地的问题。但是值得关注的有两点。第一点，“我国石印业所用的版面，差不多也都是石版”。为什么说“差不多”呢？1916 年商务印书馆“本馆彩印石印版凡五种，23×33，24×18，27×39，23×27.5，20×30，前两种最通用”②。1918 年，其墨色石印的版面规格为“最大者 27×40，其次 23×33，小者 18×23。又铅皮版 32×45，均以英尺计。图画四周应留尺寸”③。但早在光绪三十四年（1908），商务印书馆就曾采用以金属薄版代替石版进行直接印刷的轮转铅版印刷机，

① 《艺文印刷月刊》1937 年第 1 卷第 2 期，第 12－13 页。

② 张元济著，张人凤整理：《张元济日记》，河北教育出版社 2001 年版，第 24 页。

③ 张元济著，张人凤整理：《张元济日记》，第 562 页。

此机印速每小时可达1500张，俗称“铅皮、铅皮版”，实为锌版或铅版，这种机器就是《张元济日记》中所称的“电镀锌版机”①。但是由于该机采用的是和石印同样印刷方式，仅仅换了制版的承载物，所以在一定时间内也被称之为“石印”。但是由于1918年商务就引进了间接印刷的胶印机，所以电镀铅版机造成的影响不大，反而是价格极低廉还可以进行彩色印刷的石印一直存在。1918年9月12日的《张元济日记》云：

午后约三时，因印《百衲通鉴》修版难得人，特约鲍咸昌到编译所一号客室，与谢燕堂晤商。余言，嗣后本馆不能不注意旧书，旧书不能排印，石印不能必得精印之本，故修版之事不能不早为预备。应请招集高等小学毕业生一二十人，开班教授。鲍谓，须力能搬动石版。余谓有大力之人，难于执笔，作此等精细之事。恐工钱亦不能不视常人有加。②

从所谓“搬动石板”、“有大力之人”可以看出，《百衲通鉴》的石印所用的是石版石而非铅锌版。

需要注意的第二点是石印石的出产地，“德国的巴威略（Bavaria）地方”，今称“巴伐利亚”，具体为索伦霍芬（Solnhofen）河谷地区，那里是一片巨大的白垩纪沉积层，曾发现过始祖鸟的化石，直至今天依然向我国出口建材用的大理石板。晚清时期的石印石主要是从海外进口的，但是从民国开始，一方面是海外进口的渠道更多，美国、日本所产占据了德国的一部分市场份额，另一方面国内也一直在寻找石印石的产地，如河南南阳内乡、新乡③，四川江油④及东北。当时书局订购石印石的单位为箱，“定石板存京三

① 张元济著，张人凤整理：《张元济日记》，河北教育出版社2001年版，第358页。

② 《张元济日记》，第591页。

③ 《张元济日记》，1917年5月9日 星期三条：“纸件：胡石青言，南阳可作印石之石版，出在南阳内乡县，由戴君发现。曾在南阳筹有公款四千余，开采有年，并在汉口开有小石印局，自行印刷。既与本馆订约后，戴君拟往开采，而内乡县人以其为镇平县人，不允开办。遂将戴君排挤，令其不得开。现戴已至焦作福中公司办事，而石矿亦停办矣。余即托石青函托南阳嘱议员，现充省议员者往为开导，俾得开采，我愿任销售之役。石青允之，又言戴君现在新乡县又发现此石，但未知石层厚薄耳。”《张元济日记》，第291页。

④ 《地质评论》之《地质新知》云：“四川省地质调查所侯德封、杨敬之二君，于今春在江油县西北之通门附近，见有开采二叠纪石灰岩者，质洁白，微结晶。据云运往成都作石印之用，每方尺售价二十元，应用成绩不详。”

百箱，美国亦定三百箱。但尺度小者京廉于美、大者美廉于京，各就廉者多定。”①

### ◈ 石印用纸

虽然傅兰雅在《石板印图法》一文中特地专列一节《印书图纸料》探讨石印用纸的问题。在他的心目中，中国刻本所用的印书纸过于薄脆，实在不适合作为石印的用纸。所以傅兰雅开始时使用一种极为厚实的进口纸张印刷《格致汇编》中的石印照片，但因为成本的问题，很快就在印制一般插图时将就用中国纸了，而《〈格致汇编〉第一年》则全部使用中国纸印刷了。

由于进口印刷纸价格较贵，所以在晚清不管是铅印还是石印，印刷用纸第一选择都是传统刻本的连史纸和毛边纸。光绪三十年（1904）之后，新学之书多用洋装铅印，新型出版机构也比从前的书局拥有较强的资金规模，所以大量使用进口的有光纸进行印刷，并施以洋装。而石印古籍依然主要使用毛边纸。所以在《张元济日记》中我们可以看到，商务一边极力向国外订购印书纸，一边也在国内订购大量的毛边纸进行石印业务。

印刷史的研究者认为很多近现代石印书籍质量不高，部分原因是某些书局求省成本，使用劣质毛边，并且缩印过甚。其实现代铅印书籍中也有部分纸张并不佳，摸如厕纸。而在石印业中，有一些线装书籍所采用的纸张却相当好。如许景澄撰，光绪十一年（1885）石印的八册《外国师船图表》十二卷，书极宽大，长 28.6 厘米，宽 18 厘米，每字宽高皆 2 厘米左右，所用纸张为进口印书纸，甚厚实，图片众多，甚精美，故被“法公董局李氏图书馆”收藏。在《艺文印刷月刊》第一期中，就附录了 19 世纪 40 年代初上海印刷原料市场中常见的各种纸料，即：

夫士纸（foolscap paper）、蓝夫士纸（bule foolscap paper）、白二号纸（white bond paper）、各色二号纸（coloured bond paper）、布纹二号纸（linen bond paper）、粒纹二号纸（ripple bond paper）、冲二号纸（unglazed printing paper）、小道林纸［glazed printing paper（small size）］、大道林纸［glazed printing paper（large size）］、毛道林纸（unglazed printing paper）、米色道林纸

① 张元济著，张人凤整理：《张元济日记》，河北教育出版社 2001 年版，第 780 页。

(buff unglazed printing paper)、各色道林纸(coloured printing paper)、模造纸(simile paper)、白报纸(news printing paper)、各色报纸(coloured news printing paper)、瑞典纸(swiss printing paper)、各色彩纸(coloured printing paper)、白打字纸(white manifold paper)、各色打字纸(coloured manifold paper)、铜版纸(art printing paper)、各色铜版纸(coloured art printing paper)、冲铜版纸(unglazed art printing paper)、白卡纸(white cards)、各色卡纸(coloured cards)、铜版卡纸(chromoboard)、各色牛皮卡(coloured manila cards)、国货宣纸卡(国货)、各色书面纸(coloured cover paper)、布纹书面纸(linen cover paper)、皮纹书面纸(morocco cover paper)、皮质书面纸(leatherette cover paper)、磁青书面纸(国货)、牛皮纸(kraft paper)、鸡皮纸(parchmyn paper)、招贴纸(poster paper)、次招贴纸(sulphite paper)、黄表古(M. C. Buff cover paper)、各色有光纸(coloured M. G. cap paper)、拷贝纸(copying paper)、初音纱纸(tissue)、东洋纱纸(japanese copying paper)、玻璃纸[glass paper(celluloid paper)]、透明纸(transparent paper)、汽水纸(transfer paper)、月份牌纸(calendar paper)、毛月份牌纸(unglazed calendar paper)、白生纸(white blotting paper)、各色生纸(coloured blotting paper)、色腊光花纸(coloured wax paper)、各色绉纸(coloured crease paper)、报花纸(news flower paper)、彩花纸(coloured flower paper)、画图纸(drawing paper)、钞票纸(bank-note paper)、白凡纸(thin news printing paper)、包纱纸(cotton packing paper)、洋烛纸(blue candle paper)、香烟纸(cigarettes paper)、厚油纸[grease paper(oiled paper)]、薄型纸(国货)、厚型纸(国货)、毛边纸(国货)、海月纸(分洋海月,本海月)、各色槟榔笺(国货宣纸制)、各色虎皮笺(国货宣纸制)、美白/黄棉纸(hammermill ledger paper)、蓝棉纸[ledger paper(conqueror, dorling, maxima, D. C. O., E. R. C. O. etc.)]、黄纸板(straw cardboard)

上列纸张种类虽多,但是依然无法涵盖所有印刷业所用之纸张。1937年,即《艺文印刷月刊》创刊之年的中国海关记录《中国对外贸易:进口货物类编》(*Foreign Trade of China: Analysis of Imports*)第二十五组"书籍、地图、纸及木造纸质"一类中,亦详分了各种进口纸类,其大部分主要是印刷用纸,可为《艺文印刷月刊》纸类表补充的有：债券纸（bond paper）、蜡光纸［glazed（flint，friction，or plated）paper］、薄面花纹纸（marbled paper）、贴盒纸（labels paper）、包皮纸及洋表古纸（packing and wrapping paper）、羊皮纸（parchment paper）、格拉新纸（glascine paper）、百加明纸（pergamyn paper）、圣经纸（bible-print paper）、柏乐纸（pelure paper）等。①

上述详细的纸张分类至少说明三点：第一，一直被学术界所重视的普通书籍的印刷并不能代表近现代印刷业的全部，除了书籍，名片、图画、债券、钞票、烟纸、扑克牌都是印刷的对象；第二，特种纸张的加入，使得印刷业的产品越来越精美；第三，不同的纸种对应不同的印刷产品，这使得印刷业的技术更加的细化，每一种印刷品其排版方式、印刷压力与装订形式都有不同的要求，这要求我们对印刷技术的研究不能仅仅停留在现在“凸版”、“平版”、“凹版”这种简单的分类上。

在近现代印刷业中，纸张的采购行为在印刷企业的经营中占有重要的地位。《张元济日记》中记载了商务印书馆 1916 年至 1919 年购买纸张情况，共计 51 次，而在记载相对全面的 1916 年的二三月份，几乎就是每日都有记载。其所购买的纸张有从洋行订购外国纸张，有直接从外国制纸公司订货，和国内商会订购国产纸张，也有请人改造国产纸张等，同是外国纸张，又详细比较美国纸、日本纸、瑞典纸、挪威纸的质量用途，并且在纸张的价格上反复谈判。

这些被记载的和商务印书馆有过交易的纸张经销商远远不是整个上海市场的全部。商务印书馆曾经在 1918 年、1921 年、1925 年、1928 年、1931 年、1947 年编印过《上海商业目录》，在目录中的这些年中所统计的上海经销纸张的厂家与商铺分别为 96、178、171、152、163、34 家之多。②

出售印刷纸张是商务印书馆的常规业务，但是张元济在“五四”运动这个特殊时期几乎可以说是唯一的一次在自己的日记中记录下的纸张销售其实还有更深的含义，即与有着两个月充分缓冲期的 1905 年抵制美货相比，

① 《中国旧海关史料：1859—1948》，京华出版社 2001 年版，第 126 册 651 页—127 册 20 页。

② 见《上海商业名录》，商务印书馆 1918 年版、1921 年版、1925 年版、1928 年版、1931 年版、1947 年版。

1919 年这次的抵制日货,禁用日本印书纸的行动让上海的印刷界更加措手不及。同时也显示了日本印书纸在民国初年的上海已经占据了极为重要的地位,抵制日货,几乎造成上海的印刷界无纸可用。这些交易大部分都在五百令以下,最低达三十令,时间集中在 1919 年 6 月到 8 月,交易数量高达 40 家次,其中广益书局与鸿宝斋各占 5 次交易,这一切在说明这次的商务的销售和其他书局的采购是在救急。由此我们可以看出采购所展示的市场变化与政治风云对于印刷企业的影响。

**表 2.3.3 《张元济日记》中所记载"五四"运动时期商务出售纸张情况**

| 时　间 | 纸　种 | 买　家 | 数　量 |
|---|---|---|---|
| 1919.6.3 | 有光纸 | 德记洋行 | 五件 |
| 1919.6.14<br>1919.6.25 | 有光纸 | 鸿宝斋、阙念乔,共十二家 | 二千一百令 |
| | 有光纸 | 广益书局 | 五百十令 |
| 1919.6.27 | 有光纸 | 阙念乔等共三家 | (内共和书局三百令),九百令 |
| 1919.6.30 | 新闻纸 | | 五千令 |
| 1919.7.2 | 新闻纸 | 恒丰洋行 | 五十六令 |
| 1919.7.7 | 有光纸 | 广益书局 | 五百令 |
| 1919.7.11 | 新闻纸 | 时兆月报 | 九十八令 |
| 1919.7.16 | 有光纸 | 广益书局 | 五百令 |
| 1919.7.17 | 新闻纸 | 和康洋行 | 四九九八令 |
| 1919.7.19 | 有光纸 | 鸿宝斋 | 九十令 |
| 1919.7.19 | 有光纸 | 鸿宝斋 | 九十令 |
| 1919.7.24 | 新闻纸 | 恒丰洋行 | 九十八令 |
| 1919.7.31 | 有光纸 | 鸿宾斋 | 八百令 |
| 1919.7.31 | 有光纸 | 民友社 | 三十令 |
| 1919.8.4 | | 鸿文书局 | 三百令 |
| | | 鸿宝斋 | 五百令 |
| | | 中新书局 | 三百令 |
| | | 广益书局 | 五百令 |

续表

| 时间 | 纸种 | 买家 | 数量 |
| --- | --- | --- | --- |
| 1919.8.6 | | 鸿宝斋 | 一百五十令 |
| 1919.8.7<br>1919.8.8 | | 广益书局 | 五百令 |
| | | 锦章书局 | 五百十五令 |
| | | 文明书局 | 百五十令 |
| | | 燮记书庄 | 八十令 |
| 1919.8.25 | | 中华图书馆 | 一百令 |
| | 有光纸 | 李庚记 | 三十令 |

资料来源：张元济著，张人凤整理：《张元济日记》，河北教育出版社2001年版。

## 附：中国近现代印刷工业的设备及材料进口状况述论

2001年，海关总署办公厅与中国第二历史档案馆合作，由京华出版社影印出版了170册的《中国旧海关史料：1859—1948》，这套大型资料汇编汇辑了中国近代海关自1859年至1948年出版发行的年报和十年报告，以及伪满洲国的外国贸易统计。在该统计报告中，有关中国近现代印刷工业设备及材料进口的统计项目概有四项：印刷材料、印刷用纸、印刷机器及印刷油墨，每一项都分为年度统计和分关统计共八项。石印设备与原材料的进口情况含在这些类目中，并没有单独列目，所以无法提炼出来作为独立的章节来进行研究。本节将印刷业作为一个整体，考察近代上海的进口情况，并将可以确认完全属于石印的部分加以说明与研究。

**表2.f.1 《中国旧海关史料：1859—1948》中所见中国近现代印刷出版设备材料词汇**

| 海关档案中的英文名称 | 始见时间 | 海关档案中译文1 | 海关档案中译文2 | 《英汉汉英印刷词典》中译名 |
| --- | --- | --- | --- | --- |
| Machinery, Printing (Purpose) | 1903天津 | 印字机器/印书机器 | | 印刷机 |
| Paper, Printing, Calendered and Sized | 1904上海 | 磨过印字纸/ | 有光印书纸/光道林纸 | 亚光印刷纸，非日本进口 |

续表

| 海关档案中的英文名称 | 始见时间 | 海关档案中译文1 | 海关档案中译文2 | 《英汉汉英印刷词典》中译名 |
| --- | --- | --- | --- | --- |
| Paper, Printing, Calendered and Sized, Japanese | 1904 上海 | 日本磨过印字纸 | 日本光道林纸 | 亚光印刷纸,日本进口 |
| Paper, Printing, Uncalendered and Unsized | 1904 上海 | 未磨过印字纸 | 毛道林纸 | 非亚光印刷纸,非日本进口 |
| Paper, Printing, Uncalendered and Unsized, Japanese | 1904 上海 | 日本未磨过印字纸 | 日本毛道林纸 | 非亚光印刷纸,日本进口 |
| Paper, Printing | 1896 上海 | 非日本进口 | | |
| Paper, Printing, Japanese | 1896 上海 | 日本进口 | | |
| Paper, Printing | 1880 上海 | 印字纸/印书纸 | | 印刷纸 |
| Printing and Lithographic Material | 1884 上海 | 1891 石印材料 | 铅印材料 | 铅印石印材料 |
| Printing and Lithographic Material, n. o. p. f | | 未列名印刷及石印材料 | | |
| Ink, Printing | 1903 上海 | 印字墨 | 印书墨 | 印刷油墨 |
| Lithographic Stones | | 石印石 | | 石印石 |
| Type | | 铅字 | | 铅字 |
| Paper, Coloured, Printing | 1912 上海 | 印字色纸 | 印书彩纸 | 彩色印刷纸 |
| Paper, Printing, Comon, Calendered or Uncalendered, Sized or Unsized, White or Coloured | | 白光道林纸,毛道林纸,彩纸 | | |
| Paper, Printing, Comon, Calendered or Uncalendered, Sized or Unsized, White or Coloured, Japanese | | 日本白光道林纸,毛道林纸,彩纸 | | |
| Carbon, Black | | 炭精 | | |
| Paper, Simile | | 模造纸 | | 模造纸 |

资料来源:海关总署办公厅、中国第二历史档案馆编著:《中国旧海关史料:1859—1948》,京华出版社2001年版。

### ◈ 全国

1893 年之前的列表中没有“香港”印刷用纸进转口的贸易统计。① 1894 年开始,香港的数据合计到了外国的数据中了。1896 年之前都是进口非日货的印刷用纸,1896 年开始进口日货。全国统计总表中 1903 年开始出现“Paper”一项,但是没有单列“Paper Print”一项。1905 年的“Analysis of Foreign Trade: Imports”统计中“Paper, Printing”合到“Paper”一项中②,“Machinery, Print”合到“Machinery and Fitting”一项中③,“Ink, Print”一项则未统计。

《中国旧海关史料:1859—1948》中所载印刷材料全国进口目录是从 1902 年开始的,一开始是没有中文名称,只有英文名称“Printing and Lithographic Materials”,到 1904 年方有中文名称,1904 年“Foreign Goods: Imports form and Re-exports to Foreign Countries”中为“Printing and Lithographic Materials”④;而在其中文本“货物花色专款”第一款“通商各关洋货由外洋迳运进口除转运出洋外花色总数”⑤和第三款“通商各关洋货转运出洋花色总数”⑥中为“石印材料”。值得注意的是 1904 年的英文名称和 1902 年的是一样的,汉语直译应为“铅印石印材料”,但是到 1911 年都译为“石印材料”,这说明至少在 1911 年以前,石印材料的进口所占据的比重还是比较大的。从 1912 年到“印刷材料”单独列项的最后一年统计记录中,除 1929 年到 1931 年暂时的分列外,都是“铅印石印材料”的名目,这说明石印材料在民国阶段一直占有着一定的比重,细目如下:

1902—1903 年:Printing and Lithographic Materials

1904—1910 年:Printing and Lithographic Materials 石印材料

1911 年:PLM(not including Machinery)石印铅印材料(机械不在内)

1912—1913 年:PLM(not including Machinery)铅印石印材料(除机器及纸)

---

① 《中国旧海关史料:1859—1948》,京华出版社 2001 年版,20 册,第 272 页。

② 《中国旧海关史料:1859—1948》,42 册,第 188—189 页。

③ 《中国旧海关史料:1859—1948》,42 册,第 176 页。

④ 《中国旧海关史料:1859—1948》,39 册,第 28 页。

⑤ 《中国旧海关史料:1859—1948》,40 册,第 96 页。

⑥ 《中国旧海关史料:1859—1948》,40 册,第 114 页。

1914—1916 年:铅印石印材料(除机器及纸)

1917—1928 年:铅印石印材料

1929—1931 年:印刷墨、其他未列名者

1932—1934 年:未列名印刷及石印材料

### ◈ 分关

《中国旧海关史料:1859—1948》中涉及关口共42 处:瑷珲(AIGUN)、三姓(SANSING)、安东(AUTUNG)、大东湾(TATUNGKOW)、大连(DAIREN)、满洲里(MANCHOULI)、哈尔滨(HARRIN DISTRICT)、绥芬河(SUIFENHO)、牛庄(NEWCHWANG,今营口)、秦王岛(CHINWANGTAO,今秦皇岛)、天津(TIENTSIN)、芝罘(CHEFOO,今烟台)、胶州(KIAOCHOW,后改为TSINGTAO,今青岛)、重庆(CHUNGKING)、宜昌(ICHANG)、沙市(SHASI)、长沙(CHANGSHA)、岳州(YOCHOW)、汉口(HANKOW)、九江(KIUKIANG)、芜湖(WUHU)、南京(NANKING)、镇江(CHINKIANG)、上海(SHANGHAI)、苏州(SOOCHOW)、杭州(HANGCHOW)、宁波(NINGPO)、温州(WENCHOW)、三都澳(SANTUAO)、福州(FOOCHOW)、厦门(AMOY)、汕头(SWATO)、广州(CANTON)、江门(KONGMOON)、三水(SAMSHUI)、梧州(WUCHOW)、琼州(KIUNGCHOW)、北海(PAKHOI)、龙州(LUNGCHOW)、蒙自(MENGTSZ)、思茅(SZEMAO)、腾越(TENGYUEH)。其中28 个关口有印刷工业设备和材料进口的记录,其始见时间如下:

**表 2. f. 2 《中国旧海关史料:1859—1949》中各通商口岸进口印刷材料设备始见时间及名称**

| 口岸 | 印刷机器 | 印刷材料 | 名称及名称变更 | 印刷墨 | 印字纸 | 名称及名称变更 |
|---|---|---|---|---|---|---|
| 安东 | | 1907 年 | | | | |
| 大连 | | 1907 年 | | | 1913 年 | 见注① |
| 满洲里 | | 1908 年 | | | 1908 年 | |
| 绥芬河 | | | | | 1908 年 | |
| 牛庄 | | 1906 年 | | | 1902 年 | 日本进口印字纸 |

① 1913 年分为“有光、无光”两种印字纸,1917 年加入“无光,日本进口”一项。

续表

| 口岸 | 印刷机器 | 印刷材料 | 名称及名称变更 | 印刷墨 | 印字纸 | 名称及名称变更 |
|---|---|---|---|---|---|---|
| 秦王岛 | | 1902 年 | PL | | 1902 年 | |
| 天津 | 1903 年 | 1902 年 | PL | | 1902 年 | 见注① |
| 芝罘 | | 1903 年 | PLM | | 1903 年 | |
| 胶州 | | 1907 年 | | | 1904 年 | |
| 重庆 | | 1902 年 | PL | | | |
| 宜昌 | | | | | 1904 年 | |
| 沙市 | | 1906 年 | | | 1901 年 | |
| 长沙 | | | | | 1904 年 | |
| 岳州 | | 1904 年 | PLM | | 1904 年 | |
| 汉口 | | 1900 年 | PLM, 1914 年 PLM 分为"印刷油墨、铅字、其他(除机器)"三项 | 1905 年 | 1901 年 | 见注② |
| 九江 | | 1904 年 | PLM | | 1904 年 | 分为"无光"、"无光,日本进口"两种 |
| 芜湖 | | | | | 1903 年 | |
| 南京 | | 1904 年 | PLM | | 1904 年 | 分为"非日本进口"、"日本进口"两项 |
| 镇江 | | 1906 年 | PLM | | 1904 年 | |
| 上海 | 1912 年 | 1884 年 | 分为 PM 和 LM 两种,1891 年两者合并为 PLM,1912 年分为 Ink Printing、Lithographic Stone、Type、Uncalssed 四项。 | 1903 年 | 1880 年 | 见注③ |

① 1907 年分成"有光,非日本进口"、"有光,日本进口"、"无光,非日本进口"、"无光,日本进口",1919 年分成光道林纸、日本光道林纸、毛道林纸、日本毛道林纸。

② 1904 年分为日本进口和非日本进口两项,1905 年分为"有光,非日本进口"、"有光,日本进口"、"无光、非日本进口"、"无光,日本进口",1914 年加入"印字色纸"一项,1915 加入"他类",1919 年分为光道林纸、日本光道林纸、毛道林纸、日本毛道林纸、印书彩纸、他类。

③ 1896 年分为"非日本进口、日本进口"两项,1904 年分为"有光,非日本进口"、"有光,日本进口"、"无光,非日本进口"、"无光,日本进口",1912 年加入"印字色纸、他类",1919 年则分为印书彩纸、光道林纸、日本光道林纸、毛道林纸、日本毛道林纸、他类。

续表

| 口岸 | 印刷机器 | 印刷材料 | 名称及名称变更 | 印刷墨 | 印字纸 | 名称及名称变更 |
|---|---|---|---|---|---|---|
| 苏州 | | 1906 年 | | | | |
| 杭州 | | 1907 年 | | | | |
| 福州 | | 1907 年 | | | 1903 年 | |
| 厦门 | | 1907 年 | | | 1903 年 | |
| 汕头 | | | | | 1903 年 | 分为“有光、无光”两项 |
| 广州 | | 1904 年 | 1904 年有 PLM 进口记录。1917 年变为“Ink Printing、Type、Uncalssed”进口记录。 | 1898 年 | 1884 年 | 见注① |
| 梧州 | | 1908 年 | | | | |
| 北海 | | | | | 1903 年 | |

资料来源:海关总署办公厅、中国第二历史档案馆编著:《中国旧海关史料:1859—1948》,京华出版社 2001 年版。

### ◈ 上海进口情况

晚清阶段,上海近代印刷业所需要的设备和原材料依靠进口才能满足生产所需。开始时没有固定的经销商销售相关的产品,传教士进行近代印刷所需要的设备与原材料主要是其自己在欧美购买并携带来华。② 这在一定程度上限制了国人进入近代印刷业。直到光绪十二年(1886)英资麦利洋行引进英“许士耿博”厂制石印书画机器,才有了固定进口印刷原材料的中间商,中国商人能以较为便捷的方式获得印刷设备与原材料,投资印刷业有利可图,华人资本持续投入上海印刷出版业中,并最终助推上海成为中国近代印刷出版业的中心。《中国旧海关史料:1859—1948》所载的上海印刷业设备和材料进口目类有四项,由于其记录方式多次变更,在 1919 年之前分为印刷机器、印刷材料、印刷油墨和印刷纸四项,而之后合为印刷材料一目,

① 1905 年分为“有光、无光”,1915 年分为“有光,非日本进口”、“有光,日本进口”、“无光,非日本进口”、“无光,日本进口”,1913 年加入“他类”,1919 年分为“光道林纸”、“日本光道林纸”、“毛道林纸”、“日本毛道林纸”、“白光道林纸、毛道林纸、彩纸”、“日本白光道林纸、毛道林纸、彩纸”、“他类”。

② 姜别利电镀铜模的铅字是最早在华生产的近代印刷业设备,但是印刷机之类的大型机械直到民国时期才能国产。

所以下面的研究主要集中在1919年之前。

（一）上海印刷机器进口情况

《中国旧海关史料:1859—1948》内所含的每一城市下每一进口项目都分为四小项:从国外及香港进口（外洋进口〔含中国香港〕）、从国内其他各口进口（国内通商口岸进口）;从上海关发至国外及中国香港（复出口往外洋）、从上海关发至国内其他各口（复出口往通商口岸）、纯进口量（进口净值）,其计量单位为海关两。民元以后,印刷机器进口数量才在上海关单独立项。从图表上看,“从国内其他各口进口”、“从上海关发至国外及中国香港”、“从上海关发至国内其他各口”在这七年的数额基本变化不大;而“从国外及中国香港进口”、“纯进口量”在1913年有一个井喷式的增长,大体变化趋势还是稳中有升,但是在数量上除了比印刷油墨多一些,比起印刷材料和印刷纸都差了许多。

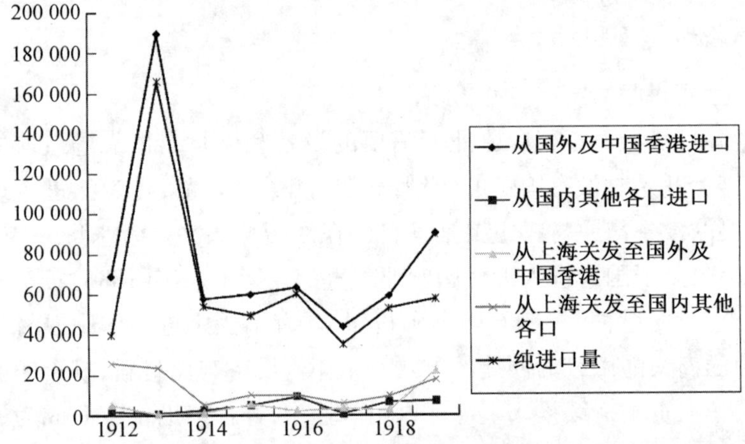


**图2.f.1　1912—1919年上海印刷机器进口情况**

（二）上海印刷材料进口情况

从1884年开始,上海关开始有印刷材料的记录,而1886年到1890年间记录失载。和全国列项相比,上海关印刷材料的目类也经过了多次的变化,1884年分为“印刷材料”（PM）①、“石印材料”（LM）两项。从1885到

① 主要是铅印材料。

1911 年,合并为"印刷材料"(PM)一项。从 1912 到 1919 年则分为四项:"印书墨"、"石印石"、"铅字"、"其他"。对比下面的印刷油墨进口情况,我们可以发现,印刷材料和印刷油墨之间的数值有一定的重合。这 36 年间的印刷材料进口数量虽然有一定的波动,但总体上一直呈上升趋势。

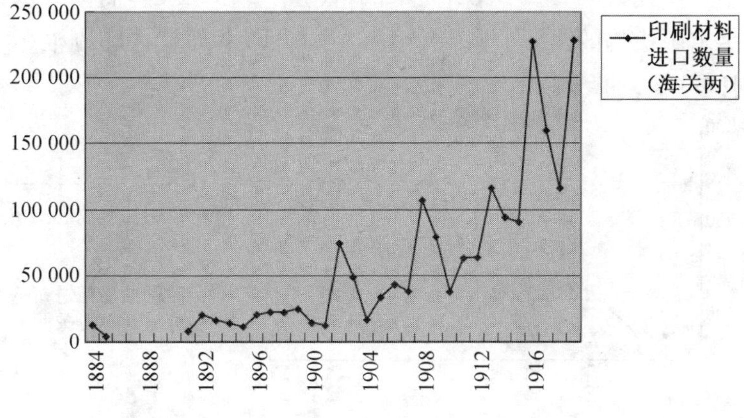


**图 2.f.2　1884—1919 年上海印刷材料进口情况**

从 1912 年到 1919 年,石印石在上海进口类项中列目。在这几年中,除了在 1913 年和印刷机器进口量(如图 2.f.1 所示)有过一次井喷似的增高以外,与其他印刷设备和材料进口数量呈上升趋势相比,石印石的进口量一直下降。其进口量在印刷材料中所占的比例很低,基本上都在十分之一以下,而比例的数值也呈下降的趋势。

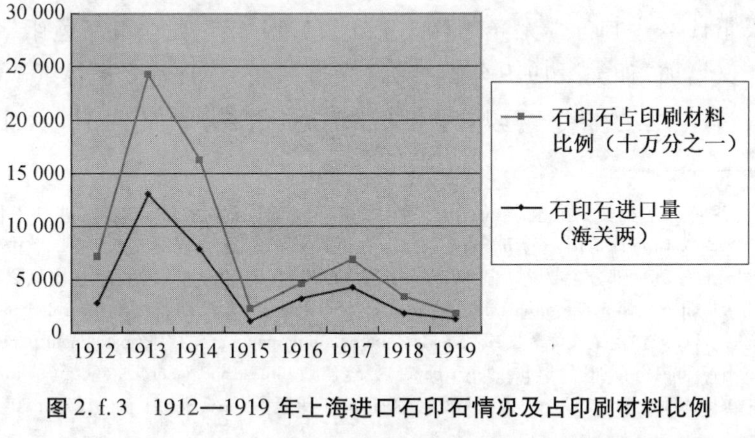


**图 2.f.3　1912—1919 年上海进口石印石情况及占印刷材料比例**

（三）上海印刷油墨进口情况

从1903年开始，上海进口的印刷油墨才单独在海关立项。从图2.f.4中可以发现，近代晚期上海所进口的印刷油墨（当然，这些油墨中的一部分要应用在铅字印刷上），进口的数量没有太多的增长，而价值虽有波动，却一直向上攀升。这说明，进口印刷油墨的价值一直在增长。而国产的油墨却不能满足出版机构的需要，所以有很多小的石印书局就在印刷油墨中掺入火油，时间一长，油色渗出，就使得纸张变黄，墨色也易污。

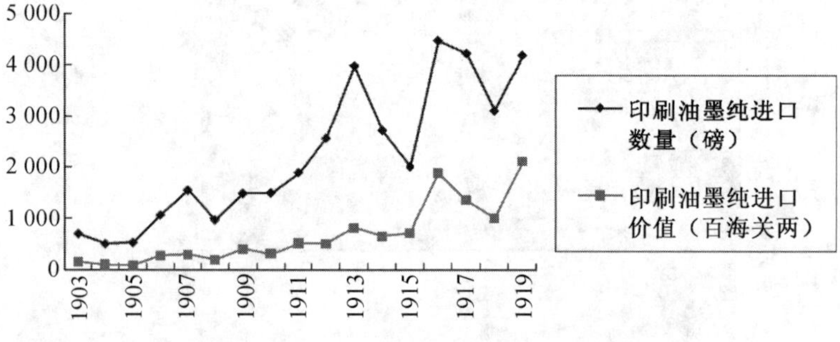


**图2.f.4　1903—1919年上海印刷油墨进口情况**

（四）上海印刷纸进口情况

1901年，印刷纸在上海关列目，其项目的变更是四项之中最为频繁的。从1901年到1903年，都合并为印刷纸一项。1904年，开始分为“非日本进口”和“日本进口”两项，前者为7982海关两，后者为7917海关两，说明该年之后，从日本进口的印刷纸的数量大增，基本上已经快赶上了其他各国的总和。1905年到1913年，分成四项：“有光，非日本进口”、“有光，日本进口”、“无光、非日本进口”、“无光，日本进口”，1914年增加“印字色纸”一项，1915年又增加“他类”，1919年则变为“光道林纸”、“日本光道林纸”、“毛道林纸”、“日本毛道林纸”、“印书彩纸”、“他类”六项。① 如下图所示，民国初

① 其后纸张的种类更加复杂，如1937年，中国海关记录《中国对外贸易：进口货物类编》（*Foreign Trade of China*：*Analysis of Imports*）第二十五组“书籍、地图、纸及木造纸质”一类中，亦相分了各种进口纸类，其大部分主要是印刷用纸，除了基本的磨过或未磨过的道林纸、连史纸之外，还有债券纸（bond paper）、蜡光纸[glazed（flint，friction，or plated）paper]、薄面花纹纸（marbled paper）、贴盒纸（labels paper）、包皮纸及洋表古纸（packing and wrapping paper）、羊皮纸（parchment paper）、格拉新纸（glascine paper）、百加明纸（pergamyn paper）、圣经纸（bible-print paper）、柏乐纸（pelure paper）等。（《中国旧海关史料：1859—1948》，京华出版社2001年版，第126册651页—127册20页。）

年，上海印刷用纸的进口数量一直在增长，显示了上海近代印刷业的蓬勃发展。但是在增长之间，也多有波动，似欧战对印刷纸的进口产生了一定的影响。

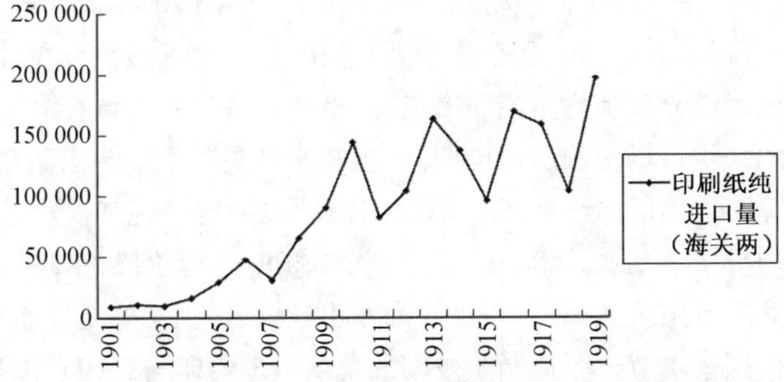


**图 2.f.5　1901—1919 年上海印刷纸进口情况**

要之，从晚清到民国上海关印刷机器、印刷材料、印刷油墨、印刷纸四项印刷设备与材料进口情况图上，我们可以发现：(1) 四项设备与材料在本阶段的进口数量一直呈上升趋势，进口的活跃在一定程度上反映了上海印刷业的勃兴；(2) 作为唯一确定和石印书业完全相关的类目，石印石的进口量和在印刷材料中所占的比例都一直呈下降趋势，说明石印机器已经在一定程度上可以实现国产化，石印石在国内也找到了矿产资源；(3) 随着印刷业的发展和印刷材料进口数量的增加，材料目类的划分也逐渐细致化，显示了在进口商品中地位的提高；(4) 日本成为上海印刷材料的重要进口源地，以至于印刷纸把是否日本进口当成了分类的标准。

## 第四节　竞争百年：从制版效率看石印与铅印之争

近代上海印刷业中，凸版、平版、凹版、孔版四大技术门类齐全，雕版、铅印、石印、珂罗版、雕刻凹版、照相凹版、誊写版①等多种工艺互相辉映，但其

① 即油印。

主流还是铅印与石印之间的相互消长。其间可分为三个阶段①:一、铅印优势阶段,从道光二十三年(1843)上海开埠墨海书局入驻到光绪三年(1877)点石斋书局开业前;二、石印优势阶段,从点石斋书局开业到清季;三、铅印优势阶段,从清季到整个民国阶段。光绪初年,石印借助于民间商业化印刷成为上海主流的印刷方式,而在清季则丧失了自己这种龙头地位,除古籍复制之外的绝大部分出版物由铅印完成,甚至在古籍出版领域,铅活字排印本也有很大的一块市场份额。民国期间,铅印几乎垄断了书刊出版市场,石印仅在一些算不上出版的小册子传单的印刷中有一定的优势。从根本上说,铅印与石印都属于工业技术,在手工作坊小规模经营阶段,审美、习惯和技术因素共同决定工艺选择,而在进入产业化经营后,则主要是技术因素起着决定性的作用。本节试图从制版效率的角度重理铅印与石印在上述三个阶段的技术发展,并以此为例讨论近代印刷史关于印刷技术的研究方法。②

### ◈ 照相石印应用之前铅印与石印制版的技术比较

从19世纪初叶开始,在传教士的推动下,西方印刷术开始了大规模的东进之旅。上海开埠之前,传教士们主要在南洋和广州经营着自己的印刷事业。马希曼、马礼逊、汤姆森、戴尔、谷立和姜别利等人不断改进中文活字的熔铸技术,取得了一系列的成果,铅活字印刷也成为最主要的西式印刷中文著作的方式,其中最重要的著作就是1823年马礼逊和米怜印行的中文本《圣经》。

石印进入华语文化圈比铅印晚了十多年,1826年5月1日,马礼逊从英国返回广州的时候带来了一部石印机,但是他最早将其试验于绘画的复制,

① 关于近代上海印刷业铅石之争的起点,学术界一般是从1878年点石斋成立开始算起,由此分成以清季为分界点的前后两个阶段,但是笔者认为,上海开埠之初,墨海书馆已有铅印与石印的印刷实践,虽然已知墨海书馆的石印书籍只有两部,到土山湾印书馆再次开展石印也有30年的空缺,但是毕竟已经有了实践的案例,只能说石印在1843年到1878年间的竞争失败得很惨,而不能说没有这种竞争。

② 需要指出:(1)铅印技术的进步是一个整体上的进步,每一项技术的演进和从业人才技能的传承与积累都起了重要的作用。而我们所要谈论的进步只是其中解决关键问题的几个突破,这些突破和其他方面的进步共同成就了铅印的跨越发展。(2)所谓和铅印对举的石印是从狭义上探讨的,即以石版作为印版的印刷技术。民国,照相石印可以复制到铜锌版上,以圆压圆式印刷机行胶印,其速甚至超过圆压圆式的铅印机。开始时这也被称为石印,然非我们讨论之石印。

而非印刷中文书籍。[①] 最早的中文著作是题名为“*Chinese School Book*”的一部中文课本，1828 年麦都思在巴达维亚出版。[②] 上海开埠之前，传教士的石印中文书籍虽然不多，但是也有几部，主要都是麦都思所印的宗教、历史著作，如《东西史记和合》、《问答浅注耶稣教法》、《神理总论》、《福音调和》、《新遗诏书》、《论语新纂》、《偶像书编》、《养心神诗》等[③]。十多年后，上海开埠，麦都思在沪建墨海书馆，其主要使用牛作动力的铅活字印刷机，几乎不再出版石印的中文书籍，已知的仅有 1844 年的《祈祷式文》、1846 年的《耶稣降世传》和《马太福音注》。[④]

光绪四年（1878）点石斋书局开业之前，中文新式印书业中铅印技术的应用远广于石印。一方面，石印技术刚刚兴起，需要一个让人熟悉学习的过程。谷腾堡的铅活字印刷术发明于 15 世纪，而石印则是 1798 年才刚刚申请了专利，铅印无疑是当时欧洲印刷业的主流技术。大部分的传教士都没有受到过石印技术的训练，也没有认识到该技术的巨大潜力。另一方面，当时的石印技术在制版上和铅印相比还有着诸多不足之处，所以效率较为低下。

铅印与石印在制版上的根本区别并不在于印版的材质，而是二者走向了两种完全不同的技术解决道路：前者通过活字组版，后者整体制版；前者为“文字”，后者为“图像”；前者制版的方式是“组合”，后者则是“描画”。因此，铅印更加具有近代工业标准化的特点，技术门槛较低，受过一定训练的学徒排出的印版就已经和从业已久老工人所排的相差不大了；而石印则对个人文化素质要求较高，易学难精，书法优秀誊写者的作品和粗劣者相比有天壤之别。所以，铅印只能是工厂中的一门技术，而石印如今依然活跃在版画家的创作舞台上。石印制版分绘石与落石两类。绘石指以特制汽水墨（lithographic drawing ink）直接反书于石上，而落石则是正书于汽水纸，

---

① 未亡人：《马礼逊回忆录——他的生平与事工》（全集），邓启明译，基督教文艺出版社（香港）2008 年版，第 471 页。

② Alexander Wylie: *Memorials of Protestant Missionaries to the Chinese: Giving a list of their publications, and obituary notices of the deceased*, original edition published by Shanghai: American Presbyterian Mission Press, 1867, reprinted by Taipei: Ch'eng-wen Publishing Company, p30.

③ *Alenander Wglie*: *Memorials of Protestant Missionaries to the Chinese*, pp30 – 33.

④ *Alenander Wglie*: *Memorials of Protestant Missionaries to the Chinese*, p34.

(transfer paper)再复制于石上或通过摄影、晒版将原图转移到石上。上海商业化应用照相石印要等到点石斋书局的成立,此前石印制版基本上都是采用绘石法与转写法。

此二法在制版上都有不便之处。反书法的劣势为:一、书写不便,字体不够美观。晚清之人习用软笔书写,没有硬笔写字的训练,而石印所用之笔为整块墨条,如今日美术界素描所用之炭精条一般,极易染手,还要"削尖同铅笔以备用"①,而反书与正常写字习惯不同,哪怕"石面绘图法,先用红铅笔绘成粗稿,嗣用前墨细绘之。若先用黑铅笔则蒙混不清",也只能保证书写间架较为规整,并不能减少书写的不便,且硬笔粗细一致的笔画很难符合时人的审美习惯。二、绘石之墨与印刷之墨不同,前者在工艺上和配方上要更加复杂,需"书绘墨料方取牛油,或者羊油二两,净蜜蜡二两,入铁锅内盖密加热至能自燃,次取上等洋皂二两,切成小块,俟一块已熔,陆续加入,频以杆调和不止,及加完后俟燃至如前未加洋皂时之油蜡体积相等为度。但能自燃勿定过猛,如见燃过高,即取离火。少顷,再置火上,将(此处应为某物,作者无法翻译,故未列名,笔者推测应为蜜蜡)未详,据云系虫类与树上作为巢穴,其色黄明如胶二两加入,随后令锅内火熄。俟全融合,即不可令其再燃,复取澳熟胡麻子油、黑炭调匀,并入锅内,熬成浓膏,约至减少一半,即成墨料"。而印刷之墨则较为简单,"用黑炭与熬熟之胡麻子油或核桃油调匀,油墨多寡相配,须视乎天时寒暑。尝有取作成之墨,每二十分添入洋靛一分,又有添蜜蜡或牛羊油于内者"。三、需要有一定文化和书法素养的誊写者抄写。

汽水纸转印法的劣势为:一、需用专门的汽水墨(即绘石之墨)和汽水笔。汽水墨比反书所用之墨要多添加蜜蜡,且这种墨的黏度比较大,油性重。传统书写所用之中国笔因用水墨的缘故多采用兔毛、黄鼠狼毛,笔毛韧性不足以支持油墨,故须毛质坚挺如猪鬃的专用汽水笔。二、书写也不够美观。虽然好的汽水墨要"不滞笔端,并无化散墨迹之弊",但毕竟是油质墨,再加上坚韧如刷的汽水笔,运笔易滞,很难让誊写者书写如传统笔墨般顺畅美观。三、制墨与用墨都较繁。所用之绘石墨比反书所用的固体墨条要多

① 《石板印图法》,载《格致汇编》光绪三年十月刊(1877年12月)。

添加蜜蜡，制成墨锭状，用时需“用蒸馏水（或冷茶卤）研汽水墨于瓦砚（或瓷盘）中。研时手势宜轻，重则墨易起滓，水分宜少。研之勿过浓”。四、如反书法一致，需要有一定文化和书法素养的誊写者抄写。

而绘石在书毕，转写在落石之后，又有圈墨、上松香、上淡硝镪水、洗松节油等工序，如暂不开印，还要上浓树胶液一层，存放保护。

相对于这两种石印技术在制版上的不便，铅印的优势有：一、字体标准化，字形较为美观。早期的铅活字基本上是将雕版分割成单字，然后由木字翻制字模，浇铸铅活字，最后的成字和雕版原字差别不大，比较符合中国人传统的审美观念。二、对制版者文化素质要求较低。铅印的制版只需排列，不需书写，所以只要识字即可，不必要有多高的书法能力，特别适合西方传教士的使用。三、只需要印刷墨，且由于早实现工业化生产，墨料的供应有保障，而傅兰雅 1877 年称石印墨是“近有造成出售者，购之甚易”，也就是说在此之前，石印墨并没有专业的供应商。

早期的石印技术限制了中国文人的参与，墨海书馆的“秉笔华士”可以帮助传教士译书，誊清书稿，但是绝不会亲自坐在石板前绘石。点石斋之前参与中文石印的中国技工，如协助马礼逊的屈亚昂，土山湾的邱子昂，都不是文人出身。所以早期的石印制版，无论是从便捷程度还是观感审美，都不太符合中国人，特别是中国文人的标准。此时从事中文印刷的主要都是外国传教士，其目的以宣传宗教为主，传播西学为辅，皆非商业印刷。没有利润的要求，也就没有革新技术提高生产效率的动力。相较之下，传教士更为熟悉的铅印技术已经能够满足其大部分印刷的需求，除了很少的小册子之外，没有必要印刷在中国人眼中看起来笔触甚“劣”的石印书籍。

### ◈ 照相石印应用之后铅印与石印制版的技术比较

摄影技术发明于 1839 年，二十年后由奥司旁（John W. Osborne）成功应用于石印。法国传教士翁寿祺 1859 年来华，1874 年调至土山湾，为当时上海少数精通照相技术之人，1876 年接掌印书馆之后，利用其长，开展照相石印印刷，华人邱子昂为助手。该馆印刷品的内容主要是“江南本省传教之事务，或新闻专为神父们阅者……中西圣学、文学之书”[1]，可见其目的是传播宗教而非商业获利。1878 年，隶属于《申报》馆系统的点石斋书局成立，曾短期邀请邱子昂为技术指导，看重的就是他既通照相又知石印的本领。点石斋初创时主要业务为楹联、碑帖及名画等传统书画作品的翻制，后来才逐渐走向书籍印刷，获利甚巨。[2] 受其影响，大量民间资本投入了石印书业之中，随着同文书局、蜚英馆、拜石山房、扫叶山房、鸿宝斋、鸿文书局、鸿章书局、槐荫山房、积山书局、会文堂、上海书局等书局的成立和在石印业务上的开展，上海印刷业进入了石印时代，其辉煌一直延续到清季才重新被铅印所超越。

照相石印是一种制版技术，以相机拍摄底稿，晒于石版后上机印刷。与照相技术的联姻让文人在从业者和消费者两个环节进入了石印业，从而迎来了自己在上海的黄金时代。

从从业者的角度，照相石印能够让文人更体面地进入印刷业。按照中国古代的职业分类，文人属“士”，印刷业者属“工”，两者并非一个阶层，“匠气”是对一个文人作品的极低评价。所以在手工绘石的时代，很难找到文人能够像工匠一样在石版上作业。而在照相技术引进之后，文人只需在纸上作业即可，这和雕版时代誊清底稿付梓没有任何区别，能够满足他们对自己“文人”身份的虚荣心。从消费者的角度，照相石印比铅印更加美观，更符合时人对“善本”的观感。清人刻书习用字体有软硬两类，即宋体与写体，写体中又分为标准楷体上版和名书家手书上版两类，其中以后者最为珍贵，如清前期之林佶手书的《渔洋山人精华录》、《古夫于亭稿》，王士慎自书的《巢林集》，郑燮自书的《板桥诗集》；中期余集手写的《志雅堂杂钞》、《续夷坚志》；晚期吴熙载手写的《心向往斋和陶诗》、《受辛词》皆为佳品。写体的工费是宋体的一到两倍；而对于照相石印来说，两者无甚区别。成品观感对于石印

[1] 钟鸣旦等：《徐家汇藏书楼明清天主教文献》（第五册），方济出版社 1996 年版，第 2509—2511 页。

[2] 参见点石斋分别于光绪四年（1878）十二月八日《申报》所载“楹联出售”、光绪五年（1879）九月二日《申报》所载“续印楹联立轴出售”、光绪五年（1879）十月十三日《申报》所载“新印名画出售”等广告。自光绪五年（1879）初石印《鸿雪因缘图记》大卖之后，才开始真正走向了石印书籍出版的道路，并在光绪八年（1882）因《康熙字典》而获利甚巨。徐润等华商亦因此投资于石印书业。

业的发展来说极为重要，因为只有在质量上赶上或者超过了铅印才可以真正谈效率的问题。

从单次印刷的角度来讲，照相石印与铅印的制版效率其实差别不大。除了照相石印复制古籍之外，铅石印刷都需要誊清稿。石印制版，分拍照、晒版、拖胶、上墨、水洗等工序，其时耗从点石斋开创商业石印时代到清季没有多大变化，铅印制版，分检字、校正、改样等工序，效率一直受到检字速度和字模数量的影响。

铅印组版，需检字工在检字架前将所要字粒寻拣出来，寻拣的速度决定了组版的速度。除了检字工的熟练程度之外，检字架方便与否也是决定检字速度的重要因素。所以，检字架的设计一直是印刷从业者改进的重点，如姜别利的"元宝字架"、张元济改革的商务印书馆排字架、贺圣鼐的"引力排字架"等。19 世纪 50 年代末，台湾检字工的速度"平均每小时可排一千至一千二百个字，最快的甚至可排一千八百至两千个字"①，但是检字毕竟是人手工操作，可挖掘的潜力并不太大。

铅印只能印刷已有字模的文字，如果遇到没有相应活字的罕用字，就只能现刻字模，翻制活字了。在古书中，异体字的数量非常大，如果要给这些异体字刻制字模的话，整个的制版速度会降低很多，成本也会提高不少，并且也容易错漏。石印通过照相制版，不会因罕用字而影响制版速度，也不易出错。② 图书集成印书局光绪十年(1884)版的"扁字本"《古今图书集成》错漏较多，被时人认为远下于同文书局光绪十六年(1890)版的石印本，除了校勘不精之外，其老板美查没有预先考虑到该书中庞大的异体字和罕用字数量也是重要的原因。有鉴于此，进入 20 世纪之后，商务印书馆印刷《二十四史》、《四库全书》的时候选择石印，也未必没有担心铅印难以处理异体字的考虑。直到影印版，即照相铜锌版技术的引进，才真正为凸版印刷解决了这个难题。所以在晚清前期，铅印更多适用于西学著作，因为西学皆为新译，较少罕用字。而甲午战前，时人不重西学，铅印也自然少用武之地了。

---

① 杨晖：《照相制版与平板印刷的原理和实用》(上)，台湾商务印书馆 1959 年初版，1965 年增订，第 27 页。

② 石印制图极为简便，但是铅印却无法解决图像问题，只能和其他印刷方式进行组版，如《申报》在创刊之初，曾用雕版制图与铅活字组版，《格致汇编》中也曾使用铅印和石印组版。

企业要保证利润的稳定获得，必须组织不间断的生产行为。在单次生产中，一次性消耗原材料与多次性消耗原材料都按照前者的方式参与生产，但是在再生产过程中，就有一个合理安排多次性消耗原材料的问题。对于印刷企业来说，水、电、传统雕版印刷所用的木版都属于一次性消耗原材料，而铅字、石板则属于多次性消耗原材料。石板的重复利用比较简单，放置于研磨水槽中以金刚砂磨平即可。但是铅字的重复利用就涉及一个拆版的问题。铅印企业的再生产不能仅仅计算单独一块版的组版时间，因为印刷完毕的铅版需要拆版，以便于下次组版作业，所以拆版的时间一定要计算在内。

常见的拆版方法有两种：第一种，将印版拆成单个的活字，然后回填到检字架上。这种方法甚至比检字还要耗时耗力。经过印刷的铅字会有一定程度的磨损，进过几轮印刷之后便失去作用，由于照相石印在每次印刷前都会重新晒版，所以单次印刷时其耐印力比不上铅印，但是随着再生产次数的增加，石印的耐印力在不断靠近甚至超过以拆版回填铅字组成的铅印版。第二种，将印版整体作为铅料投入铸字机中，铸成统一的几种铅字，如原来印版一页上有三百个不同的活字，如要回填，加上重复的字，至少需要在字架上寻找三百个不同的位置，但是采用第二种方法则可以铸成某几个字，回填的工作量立刻就减少了，至于其他消耗未补的活字可以在下次熔铸的时候补充。第二种方法的关键在于铸字机的效率问题，清末一直应用的手拍铸字炉每小时铸字速度仅为数十，不断改进之后才达到数百，远远不能满足要求，且出字之后还需要技工对铅字进行修正才可应用，加工的工序多达四次：

> （一）用手将浇字脚底喷出之部折断，（二）用手将脚部磨平，（三）修饰字体之前后各面，（四）将铅字印面悬出之部……修饰整洁。①

可见，这两种方法无论哪一种耗费的时间都相当大，在实际上增加了铅印企业的生产成本，降低了制版效率。

晚清上海三十年间，铅印所使用的凸版印刷机的印速和石印的平版机

---

① 贺圣鼐、赖彦于：《近代印刷术》，商务印书馆 1935 年版，第 50—51 页。

大体相当①,铅印只在耐印力上有较大优势②,但这种优势在印件较少的时候根本体现不出来。制版效率上铅印远低于石印,解决罕用字及异体字又不如石印那样方便。相反,这个阶段的石印业具有一定的技术与资金门槛,其质量得到保证,不会像清末民初大量涌现的那些小石印作坊一般偷工减料,所以在图书商业出版领域,铅印被石印一直压制,仅仅局限于需要大量发行的报刊,以及由传教士负责的非营利性的研究机构与译书机构。

### ◈ 清末铅印制版对石印制版优势的形成

甲午战败,国人愤而知耻,西学成为商业印刷主流题材。铅石印刷都曾试图占据这片高地,但最终结果是从甲午到清季的十多年间,石印一步步丧失了自己在印刷工艺中的主流地位,铅印逐渐获得了绝对的主导权,在民国开启了属于自己的黄金时代,由此迎来了铅石之争的第三个阶段。学界一直从科举制度废除、铅印技术发展、洋装书流行以及石印企业内部经营不善等方面寻找石印业衰退的原因。③ 然论述较为简单,缺乏深入的分析。其实,和众多外在因素相比,印刷技术的发展才是更加根本的原因。从制版效率的角度来看,点石斋到清季的三十年间,石印制版并没有取得除照相制版之外的突破性技术进步。而与此同时,铅印制版则攻克了一个个的技术难关,从而赶上并超越了石印的制版能力。这技术进步有以下几点。

第一,中文字模的增加。铅印技术属于金属活字印刷,该技术在中国传统印刷业中也有应用,其典型代表为清雍正铜活字版的《古今图书集成》。

---

① 西方传教士早期使用手扳架进行铅印,日印刷不过数百张。同治十一年(1872),上海《申报》馆开始使用手摇轮转机,颇费人力,印速也只达每小时数百,后引入蒸汽和自来火为动力,速度翻倍。光绪三十二年(1906),英国产电动华府台单滚筒印刷机,即"大英机",引进后,铅印速度方达小时千张。石印方面,光绪二年(1876),土山湾印书馆的翁寿祺和邱子昂以木质石印架开展上海早期的石印生产,后点石斋印书局更之以轮转石印机,人力手工摇动,虽劳动强度大,需每机 8 人,但每小时也能印数百张,此速并不输当时《申报》馆的凸版印刷机多少。光绪中叶,石印亦如铅印那样改用蒸汽引擎代替人力,印速大增。后来更有以电力驱动的圆压平式电动石版印刷机投入生产,时速达千。

② 石印的版面并非是真正的纯平,其采用油水不相容原理来区别图文和空白,图文部分是由脂肪性的汽水墨形成的微凸部分,因与空白部分差别十分微小,故称之为平版。在印刷过程中,一旦这层脂肪印纹被磨平,该印版即无法使用。同样,铅印也是依靠活字表面的凸出部分进行印刷。不过,一般来说,铅印的耐印力比石印还是要强很多。

③ 参看张秀民著,韩琦增订:《中国印刷史》,第 471 页;Christopher A. Reed, *Gutenberg in Shanghai: Chinese print capitalism*,1876—1937,pp124—127 等。

但是中西金属活字技术最大的区别在于字模的应用。欧洲自谷腾堡以降的铅活字技术是先制作字模，然后用字模来翻制活字；而中国金属活字则是随用随刻，不过是胶泥活字换了一种材质而已。字模技术的领先之处在于，同一字可以不必重复刻制，减少工作量；中式活字磨损之后即不能再用，而欧式活字磨损后可以作为铅料熔铸再次使用。正是因为中式金属活字在活字制作问题上走入了歧途，所以晚清之前，金属活字一直都罕有使用。[①] 在19世纪初叶，西方传教士将谷腾堡印刷术引入华语文化圈时，他们遇到的最大问题就是中文字模的合作，可以说在同治十一年(1872)《申报》馆产业化应用铅印技术之前，马礼逊[②]、汤姆森、戴尔、谷立和姜别利等人所进行的将近一个甲子的各种实验和努力，其根本都在于制作足够数量和各种字体以及字号的铅活字铜模。

1833年，德人郭实腊雕刻过4 000个字模。1836年，法人葛兰德的"叠积字"曾卖出3000个给美国长老会。1838年到1843年，戴尔曾镌刻1845个字模。而1858—1860年间，姜别利在发明电镀铜模的同时也设计了"元宝式"的检字架，共安排有6 000个汉字。也就是说姜别利当时所制作的中文铜模也是6 000左右。清末中文字模的数量没有直接的资料，但是我们可以通过间接资料来估计。1915年中华书局出版《中华大字典》共收录48 200多个汉字，该书采用铅活字印刷，所以当时中华所拥有的字模也不会少于这个数字。虽然并非所有书局都拥有这么多的中文字模，不过清末字模数量比19世纪中下叶有极大的增加却是可以成论的。19世纪中叶，很多书局没有自己的字模，需要到印刷机构去购买活字。美华书局、商务印书馆都曾出售过活字。而购买活字也在一定程度上限制了铅印排版的效率，许多较大的书局在清季都拥有了自己的字模，于是排版的限制也相应减少。

第二，先进铸字机的应用。1913年商务印书馆引进"汤姆生自动铸字

① 中国传统金属活字技术中也有字模，不过一般是用木活字翻制的泥范，再用泥范来浇铸金属活字，泥范一经浇铸即损毁，起不到西式铅印字模可随用随铸的功效。同时，也正因为金属活字的边缘化，中国印刷用墨也都是适合雕版印刷的水墨，而非金属活字用的油墨，直到1918年上海中国油墨厂才开始生产国产油墨。

② 不过马礼逊1815年《中国语文字典》(*A Dictionary of the Chinese Language*)所采用并非字模技术，其10万枚活字，都是刀刻而成。

炉”,该项设备有三个好处:首先,铸字速度极快。早期浇铸铅字用的是手拍铸字炉,每小时仅能铸字数十枚。后来改用脚踏铸字炉和手摇铸字炉,速度增至每小时铸字七八百枚。而汤姆生自动铸字炉不仅铸字已日造 15 000 余枚,且铸出铅字不必加工即可直接使用。即使遇到字架上所无的罕用字,也可以现刻现铸,效率甚高。其次,让铅印出版物更加美观。印刷总会有磨损,以前由于铸字机效率不高,出版业者只好尽量延长铅字的使用寿命,这使得被磨损的铅字不能够得到及时地更换,于是影响了印刷品的质量,容易出现字迹模糊漫漶的问题。而先进铸字机的出现,使得铅字在完成一次印刷过程之后,可以直接当作铅料熔铸,从而产生全新未磨损的铅字,提高了下一件印品的质量。最后,解决了拆版的麻烦。拆版最耗时之处,在于拆完之后的字粒回填,一版上有多少个字,就需要多少次的回填工作,而高效铸字机完全可以将其铸成统一的几个字,方便回填。虽然低端铸字机也可以完成这个工作,但是由于效率低下,并不比拆版有速度优势,所以在其升级以前,还是不能免除拆版的工作。

第三,以纸型技术为代表的铅印复制版技术的成熟。印刷机需要印版才能工作,一个印版对应一台印刷机。如果想多台印刷机印制同样的内容,就需要复制版技术。除了多机工作提高印速以外,复制版也能加速铅字的周转速度,原版制成复制版后可立即拆版,或回填字架,或熔铸新活字,不耽误下一个组版任务。麦都思创墨海书馆之初,就曾自伦敦引入泥版技术,而《申报》馆创刊时即将泥版应用在了报刊印刷中。泥版实际上不是泥,而是石膏制成的复制版,可以用来浇铸铅版。1890 年(光绪十六年),上海修文书局首先采用“纸型”浇铸铅版印书。1921 年,商务印书馆采用新式制纸型机。并发展出“湿纸法”、“干纸法”等多种纸型技术。较之泥版,纸型的最大优势在于可以浇铸出圆弧形的印版以供转轮圆压圆式印刷机使用,而泥版只能浇铸平面印版。且一副泥版只能浇铸一副印版,而一副纸型却可以浇铸十余次。此外,在运输和保存上,纸型也比泥型更有优势。当然,石印也有复制版技术,在落石校对修改完成之后,可通过翻稿(pulling tranfers)、戳稿(patching)和再落石制作复制版。但是即使制成复制版,由于石质无法如金属一样有延展性,所以无法通过最快的圆压圆式印刷机来使用。民国元年,《申报》馆购进亚尔化公司的双轮转印刷机,印速达到每小时 2 000

张，从此铅印的印速远远地超越石印。

在晚清的最后十几年中，铅印制版取得了一系列的技术突破，从而抓住了三千年未有之变局中的大机遇，一跃成为上海最重要的印刷方式。石印虽然失去了业界的龙头地位，但是在民国时期依然是上海主流的印刷方式。近百年的铅石之争，并非是此消彼长的死局，而是齐头并进、共同发展的良性竞争。正是在这种竞争之中，上海才始终傲立于中国印刷业的巅峰。

# 第三章

# 近代转型中的上海石印书局

中国传统书业可分为官刻、私刻与坊刻三大系统。官刻者,无论是中央政府还是地方政府主持,其目的不外于传播文教,风化天下;私刻者,或示学问之雅博,或彰地望之不凡,或为晋身之阶梯。虽然官刻中的监本、内府本管理严格,私刻中也不乏品质远胜大多数的坊刻本的精品,但是两者皆不以获利为主要目的,并且在编辑和生产过程之中,不像坊刻本那样把经营管理的理念渗透到书业生产销售的每一个环节之中。肖东发谈及民间坊刻的经营之道,认为其特点有四:编、刻、印、售合一,经营自主灵活;广泛联系,打开销路;扩大稿源,不顾版权;广告书目,注重宣传。①

近代以来,传统书坊发展为近代书局以及出版企业,在纷繁复杂的社会大转型中,主动或者被动地迎合社会和读者的需要,在企业经营管理方面比传统社会丰富与深化了许多。近代社会在知识转型的同时,新职业也在不断地涌现,"士农工商"的传统四民分类不断被打破重组,书局的经营者和从业人员的来源和执业状况也发生了很大的改变。石印书局脱胎于民间书坊,其经营之道上有传统社会的影子,但同时又展现出了时代的新风,本章主要探讨上海近代石印书局的经营管理模式和人员结构,试图展现转型时代石印书局的近代特性。

## 第一节　来源多元化的石印书局局主

在组织结构上,上海近代石印书局具有浓郁的传统书坊风格:构架简单,少有职责明确的部门分工;职务重叠,局主身兼编辑、管理、发行等多项工作;印重于编,一线印刷工人占据书局人力资源的绝大部分。在石印书局中,很难见到一个文人群体来形成合力,更多情况下则是局主一人的眼光、才学决定了整个石印书局的出版质量。总体上来看,上海近代石印书局的局主来源较为复杂,主要有五类:

第一类是离任官员担任书局的管理者,此类的代表人物是商务印书馆的张元济。张元济(1867—1959),号菊生,浙江海盐人。出身于官宦世家,光绪十八年(1892)中进士,入翰林院授庶吉士。后因参与维新,"戊戌政

① 肖东发:《中国图书出版印刷史论》,北京大学出版社 2001 年版,第 162—166 页。

变"之后被革职，永不叙用，赴上海主持南洋公学译书院。光绪二十八年(1902)进入商务印书馆，创办编译所。虽说商务印书馆是一家综合性书局，石印业务只占其中很小的一部分，但是我们可以发现，民国时期商务出版几种影印古籍①，都是采用照相石印技术以保持原书风貌，而在策划实行的过程之中，张元济起到了关键性的作用。

第二类是藏书家担任书局局主，此类的代表人物是蜚英馆的李盛铎。李盛铎(1859—1935)，江西德化县人，字义樵，又字椒微，号木斋。② 少嗜书，十一二岁遍读经籍。其父祖皆好藏书，李盛铎深受其影响。20岁至上海，与日书局兼药店乐善堂的老板岸吟香相识，李盛铎从岸吟香那边收购了大量的日本古籍，并对近代印刷业有了一定的了解。光绪十二年(1886)，其父李明墀任湖南巡抚，李盛铎随父至湘。湘潭著名藏书楼袁氏卧雪斋书籍散出，李盛铎与叶德辉竞争，最终获得了袁氏的大部分藏书。时上海石印技术兴起，李盛铎就有了将藏书影印销售的念头，于是光绪十三年(1887)在沪上创办蜚英馆石印局。③ 然而，李盛铎参与石印更像富家公子在"玩票"，不类传统坊刻，而属私刻性质。所以在光绪十五年(1889)李盛铎中进士入京为官之后，蜚英馆也很快关门歇业。

第三类是其他产业的商人投资石印行业，此类的代表人物是同文书局的徐润。徐润(1838—1911)，广东香山人，又名以璋，字润立，号雨之，别号愚斋。15岁时，少年徐润随叔父徐荣村到上海，进入英商宝顺洋行当学徒，后升为买办。不久自开茶栈，并投资房地产、保险、航运、矿业诸业。到光绪九年(1883)时，徐润以股票形式在各家近代公司企业中的投资总额已高达白银120余万两，分散在19家企业中。④ 徐润之所以创办同文书局，一方面是发现新兴石印产业的价值，另一方面则是利用文化产业提升自己的声誉。该书局搜罗善本，陆续影印了《二十四史》、《古今图书集成》、《资治通鉴》、

---

① 择其要者，如《涵芬楼秘笈》、《四部丛刊》、《四部丛刊初编》、《缩本四部丛刊初编》、《四部丛刊续编》、《四部丛刊续编》、《四部丛刊三编》、《四库全书珍本初集》、《影印四库全书四种》、《选印宛委别藏四十种》、《丛书集成初编》、《续古逸丛书》、《影印元明善本丛书》、《百衲本二十四史》。

② 李盛铎：《麐嘉居士年谱》稿本，北京大学图书馆善本室藏。

③ 《申报》光绪十三年三月初四日(1887年3月28日)，30册，第486页。

④ 张忠民：《艰难的变迁：近代中国公司制度研究》，上海社会科学院出版社2002年版，第151页。

《佩文韵府》、《全唐诗》、《康熙字典》等中国典籍，19 世纪末同文书局因经营不善，大量书籍积压，导致关闭，而徐润则专力经营广百宋斋。

第四类是来到上海开拓业务的外地书局局主，此类的代表是太平天国运动后迁沪的江浙传统雕版书局，如扫叶山房、文瑞楼、抱芳阁、千顷堂等。① 太平天国运动中，扫叶山房之主席元章殉于兵祸，嘉庆至道光间所刻书版大部毁坏。同治元年（1862），席元章之子席威在上海重开扫叶山房，先后在高子良、朱槐庐等人的帮助下，业务蒸蒸日上，随之恢复了苏州阊门的扫叶山房，但是降格为分号。到光绪八年（1882）扫叶山房拥有上海彩衣街南号、棋盘街北号和苏号三处局店。② 这些书局局主有多年的书籍出版发行经验，海上初设分局，还是销售外地总局印行的雕版书籍或兼售部分铅印书籍，石印书业兴起之后，则转售点石斋、同文书局的石印书，后来发现其利甚大，也购进石印机从事印刷业务，甚至还起到了后起石印书局“孵化器”的作用。③

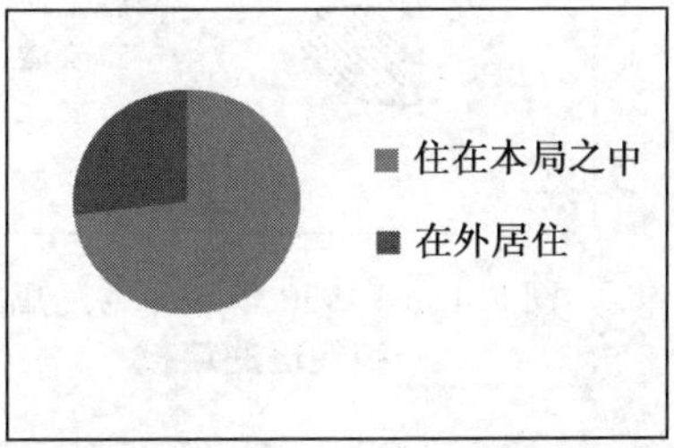


**图 3.1.1　1935 年石印书局局主和经理住所**

第五类是上海石印书业兴起之后新开设书局的局主。这些局主是上海近代石印书业管理群的主流。他们的社会地位普遍不高，事迹史籍失载，多数人的名字仅仅存在于档案之中。这些石印书局的规模多数偏小，基本上就是租房居住，有的分成发行所和印刷所，有的则是“前店后厂”的模式。这些局主大部分都是居住在本局之中，只有少部分略有财力的局主才可以在外有房居住。如图 3.1.1 所示，1935 年的石印书局局主和经理中，只有四分之一略多的人在外居住。

---

① “扫叶山房……太平天国军兴时代，又至上海彩衣街分设一店为总店。……后来又在河南路、南京路间设有扫叶山房北号。……苏州浦氏之绿荫堂亦分设分店文瑞楼来沪，如湖州吴氏之醉六堂、常熟鲍氏之抱芳阁、宁波之文玉山房及黄氏之千顷堂……均随至来沪营业。”参见上档：叶九如：《书业历史》，上海市书业同业公会档，S313-3-1，《行业历史沿革 1949—1956.10.9》。

② 杨丽莹：《扫叶山房研究》，复旦大学 2005 年博士论文，未刊稿，第 58 页。

③ 如校经山房的主人朱槐庐原出于扫叶山房，江左书林的书籍最早由扫叶山房督造。亦见于杨丽莹：《扫叶山房研究》第三章第一节“扫叶山房与校经山房、江左书林”。

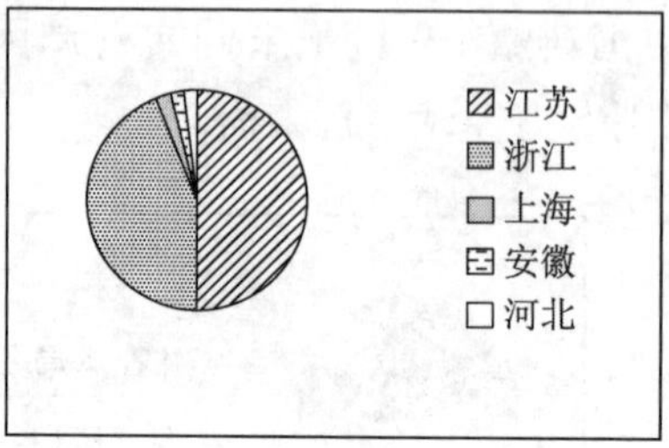


图 3.1.2　1930 年石印书局局主和经理的籍贯

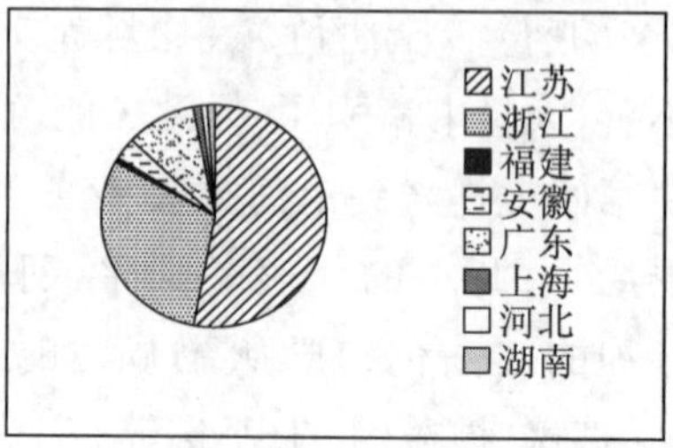


图 3.1.3　1935 年石印书局局主和经理的籍贯

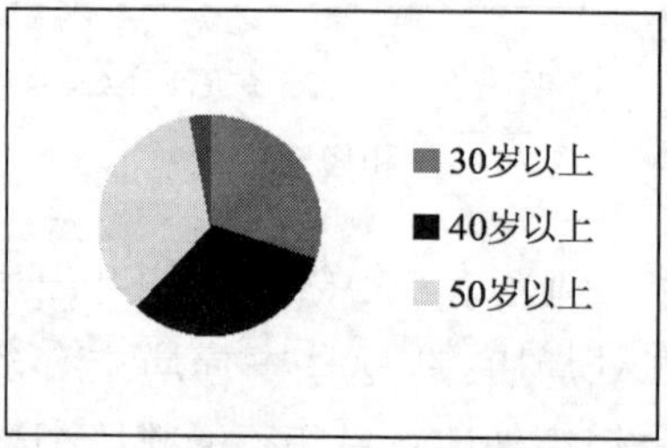


图 3.1.4　1930 年各石印书局局主和经理年龄

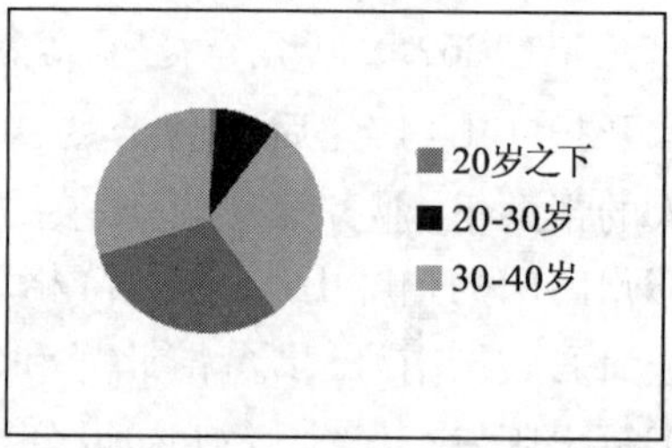


图 3.1.5　1935 年石印书局局主和经理的年龄

从籍贯上看,石印书局的局主主要来源于江苏和浙江两地,江苏籍的局主大概能占据二分之一强的份额。若以南北来区分,除江浙之外的南方地区,如广东、福建籍贯的局主也是多于华北地区来沪之人。另外值得注意的是,上海本地籍的石印书局局主开始增多,在石印书业中拥有了发言权。

民国时期石印书局的数量比晚清时期多了不少,而局主的年龄则更加多样化。1930 年,上海石印书局局主和经理的年龄大概在 30 岁到 60 岁之间,1935 年则出现了 20 岁之下的局主。但是,这并不是年轻人开始投资石印书业的表现,因为石印书局的管理还是偏向于传统书局,传承以子承父业为主,20 岁之下的局主是在父辈因故无法管理书局的情况下才获得的继承权,并非是自己创业。

值得注意的是,民国时期石印书局亦采用股份制的形式组织资产,很多投资的董事在外面都有专职,表 3.1.1 为 1944 年在石印书局中兼职的董事专职所属,其中只有一少部分是在各个书局兼职,大多数都是在银行和公司中任职,这也说明民国时期银行业资本对各个行业进行渗透的趋势。

表 3.1.1 1944 年上海石印书局兼职董事

| 书局名称 | 在书局中的职位 | 姓 名 | 职 位 |
|---|---|---|---|
| 大东书局 | 董事长 | 殷子白 | 中国实业银行董事，大德昌茶叶公司董事长 |
| | 副总经理 | 蒋思岑 | 中国联合出版公司常务董事 |
| | 董事 | 黄谷梅 | 中国实业银行董事 |
| | 董事 | 谈嵩涛 | 辛泰银行秘书 |
| | 董事 | 谢砚馨 | 华贸公司董事 |
| 佛学书局 | 董事长 | 闻兰亭 | 纱布交易所理事 |
| | 董事 | 李经纬 | 佛教公墓经理 |
| | 董事 | 黄涌之 | 三育中学校长 |
| | 董事 | 唐书麟 | 国光印书局经理 |
| 广益书局 | 董事长 | 魏炳荣 | 世界书局董事，振源钱庄董事长 |
| | 经理 | 刘季康 | 和兴文具公司董事 |
| | 董事 | 曹永严 | 儿童书局董事 |
| 国华书局 | 局主 | 舒文中 | 天华冥票店经理 |
| 宏大善书局 | 董事 | 郃宝虎 | 崇信纺织公司董事 |
| | 董事 | 方国瑾 | 泰原五金号经理 |
| | 董事 | 陈楚藩 | 福和烟公司职员 |
| 会文堂书局 | 董事 | 林永明 | 辛泰银行副理 |
| 江东茂记书庄 | 经理 | 俞肇镛 | 正兴美术画片社经理 |
| 开明书店 | 董事长 | 章锡琛 | 中国联合出版公司常务董事 |
| | 董事 | 朱达君 | 元康证券号经理经理 |
| 来青阁书坊 | 董事长 | 杨寿祺 | 上海特别市书业同业工会理事 |
| 千顷堂书局 | 局主 | 鲍永年 | 宁波汲便书局经理 |
| 群学社 | 董事 | 贾全生 | 杭州廉美烟号经理 |
| 神州国光社 | 经理 | 俞巴林 | 上海新闻检查所专员 |
| | 经理 | 方正叔 | 武昌地方法院院长 |

续表

| 书局名称 | 在书局中的职位 | 姓　名 | 职　位 |
|---|---|---|---|
| 世界书局 | 董事长 | 吴蕴斋 | 金城银行协理兼沪行经理,远东银行董事长,新闻报馆董事长 |
| | 经理 | 陆高谊 | 中国联合出版公司常务董事,佑宝药厂董事长 |
| | 董事 | 陆仲良 | 通易信托常务董事 |
| | 董事 | 林泽达 | 华东大学教育学院院长 |
| | 董事 | 魏炳荣 | 广益书局董事长 |
| 有正书局 | 董事长 | 陆高谊 | 世界书局经理经理 |
| | 董事 | 方灌清 | 中国经济研究会秘书 |
| | 董事 | 陆仲良 | 世界书局常务董事 |
| | 董事 | 吴叔同 | 中国联合出版公司董事长,长一大铁厂董事 |
| | 董事 | 沈陵范 | 永固油漆董事 |
| 中原书局 | 店主 | 吴虞公 | 正德大药厂协理 |

资料来源:上档:《上海市书业同业公会——本会会员概况调查表(1944年6月30日至10月25日)》,上海书业同业公会档,S313-1-66。

## 第二节　上海石印书局的企业管理

现代管理学将企业管理分成十个部类:计划管理、组织管理、物资管理、质量管理、成本管理、财务管理、劳动人事管理、营销管理、团队管理、企业文化管理。由于发展水平和史料方面的限制,我们无法将这十个部类直接套用到上海近代石印书局的企业管理上,而是选取了选址、定价、生产、营销、资金五个方面对石印书局的经营管理进行分析和探讨。在本节中,部分资料来自于民国时期的上海书局调查中有关石印书局的内容。

### ◈ 石印书局的选址

上海开埠之初,书业多集中在四牌楼、大东门、彩衣街、邑庙等处。同治三年(1864),通向黄浦江的四条土路修建完成,时人称之为"大马路"、"二马路”、“三马路”、“四马路”,也就是后来的南京路、杭州路(今九江路)、汉口路、福州路。同治十一年(1872),《申报》创刊,报馆设立于英租界汉口路东,后点石斋亦设于此。70年代末,传统书局已经开始迁至这一块区域,如二马路的千顷堂①、扫叶山房北号等。光绪八年(1882)同文书局设立于美租界虹口西华路②,在光绪十三年(1887)则增设分局于二马路抛球场③。再如醉六堂“向设上海城内香花桥,发兑古今书籍及各省局书……前月邻近失火被累,今欠法界大马路兴盛街口朝南门面交易”④。

进入民国以后,石印书局的选址呈“分散”与“集中”两种趋势。所谓分散:民国时期,上海的教育普及程度日趋提高,大众阅读能力增强,石印书局散布于上海城厢各处。当然,由于各书局经营情况不同,在几十年的发展过程中,不少书局的局址多有变化。下表为石印书局在民国时期的局址情况。

**表3.2.1 民国时期上海石印书局局址**

| 名称 | 1917年 | 1930年 | 1935年 | 1945年 |
|---|---|---|---|---|
| 抱经堂书局 | | | | 汉口路704号 |
| 北新书局 | | 福州路 | 福州路371号 | |
| 彪蒙书局 | 麦家圈 | | | |
| 博文印刷公司 | 九江路 | | | |
| 才记书栈 | 四马路 | | | |
| 彩文书局 | 四马路 | | | |
| 昌明书局 | 北河南路锡顺里 | | | |
| 崇文印局 | 四马路 | | | |
| 传经堂书局 | | | 南市蓬莱市场 | |

① 《申报》光绪六年三月三日(1880年4月11日),16册,第383页。千顷堂后迁址于三马路,见第5册,第299页。

② 《申报》光绪九年七月二十六日(1883年8月28日),23册,第354页。

③ 《申报》光绪十三年五月十二日(1887年7月2日),31册,第10页。

④ 《申报》光绪八年二月十五日(1882年4月2日),20册,第383页。

续表

| 名　称 | 1917 年 | 1930 年 | 1935 年 | 1945 年 |
| --- | --- | --- | --- | --- |
| 椿荫书庄 | | | | 武定路祥兴里266 弄 1 号 |
| 萃英书局 | 新垃圾桥北洽兴里 | | 北西藏路洽兴里 | |
| 存古斋 | 大东门外大街 | | | |
| 大东书局 | | 北福建路 | 福州路 310 号 | 福州路 310 号 |
| 大观书局 | | | 新疆路北公益里德霖里 1 号 | |
| 大声图书局 | 九亩地富仁里 | | | |
| 大通书局 | | 牯岭路 | 蒙古路德霖里26 号 | |
| 大同书局 | | | 文庙路 258 号 | |
| 大一统书局 | | 福州路 | 四马路东华里3 号 | |
| 德记书庄 | 沪宁车站永新公司 | | | |
| 东方文学社 | | | 麦家圈 143 号 | |
| 二酉堂 | 牯岭路竞美里 | | | |
| 蜚英馆书局 | 牯岭路亢美里 | | | |
| 斐章书局 | 南成都路庆福里 | 南成都路 | | |
| 佛学书局 | | | 胶州路 11 弄20 号 | 愚园路 254 号 |
| 共和新书局 | 新马路德华里 | | | |
| 广记书局 | | | 蒙古路晋康里4 号 | |
| 广益书局 | 棋盘街 | 河南路 | 四马路 | 河南路 237 号 |
| 古书流通处 | 麦家圈 | | | |
| 国粹书局 | 海宁路鸿安里 | | | |
| 国华书局 | 四马路 | | 山东路 256 号 | 广东路 353 弄8 号 |

续表

| 名　称 | 1917 年 | 1930 年 | 1935 年 | 1945 年 |
|---|---|---|---|---|
| 海左书局 | 四马路 | | | |
| 海左南号 | 旧校场 | | | |
| 汉文渊书局 | | | 福州路 438 号 | 福州路 438 号 |
| 合众图书馆 | | | 四马路太和坊 5 路 | 山东路 143 号 |
| 宏大善书局 | | | | 河南路 534 号 |
| 鸿宝斋书局 | 四马路 | 四马路东华里 | 福州路东华里 | 福州路 269 弄 18 号 |
| | 威海卫路 | | | |
| 鸿文书局 | 望平街 | | | 大同路 460 弄 20 号 |
| 鸿文恒记 | 宁波路仁美里 | | | |
| 鸿文堂 | 天主堂街 | | | |
| 鸿章书局 | | 公兴路 | | |
| 华兴书店 | | | 蓬莱路 260 号 | |
| 槐荫山房 | 海宁路均济里 | | 蒙古路公益里 13 号 | 甘肃路 241 弄 6 号 |
| 焕文书局 | 交通路 | | | |
| 会文堂书局 | 棋盘街 | 河南路 | 河南路 325 号 | 河南路 325 号 |
| 会文堂印刷所 | 蓬莱路久远里 | | | |
| 汇文书局 | | | 棋盘街 180 号 | |
| 简青斋书局 | 吴淞路寿春里 | | | |
| 蒋春记书庄 | 海宁路裕鑫里 | | 海宁路裕兴里 20 号 | |
| 交通书局 | | | 派克路同春坊 | |
| 交通图书馆 | 交通路 | | | |
| 江东茂记书庄 | 新北门内老街口 | | | 南市土地堂街平安坊 2 号 |
| 江左书林 | 棋盘街 | | | |

续表

| 名　称 | 1917 年 | 1930 年 | 1935 年 | 1945 年 |
| --- | --- | --- | --- | --- |
| 校经山房 | 大东门内大街 | 福州路 | 四马路 | |
| 久敬斋书庄 | 北京路西通德里 | | | |
| 久敬斋书局 | 北京路东通德里 | | | |
| 锦文堂书局 | 麦家圈 | | 福州路 397 号 | |
| 锦章图书局 | 棋盘街 | 河南路 | 河南路 189 号 | 太仓路 35 号 |
| 锦章图书局书栈 | 穿心街 | | | |
| 开明书店 | | | 福州路 278 号 | 福州路 268 号 |
| 开文书局 | | | 顺征路 26 号 | |
| 炼石斋书局 | 四马路 | | | |
| 刘德记书庄 | | 海宁路 | 海宁路××里 1010 号 223 号 | 海宁路 1010 弄 22—24 号 |
| 来青阁书坊 | 四马路 | | 三马路 706 号 | 汉口路 706 号 |
| 龙文书店 | | | 大南门 | |
| 民智书局 | | | 河南路 200 号 | |
| 明善书局 | | | 法租界恺自迩 248 号 | 海宁路 942 弄 67 号 |
| 平民书局 | 二马路 | | 宝山路 268 号 | |
| 普新端记书局 | 牯岭路余庆里 | | | |
| 启新图书局 | 四马路 | 河南路 | | 河南路 201 号 |
| 千顷堂书局 | | 汉口路 | 汉口路 295 号 | 汉口路 296 号 |
| 求古斋 | 新马路益寿里 | 新闸路 | | 新闸路 271 弄 12 号 |
| 群学社 | 四马路 | 福州路 | 四马路 277 号 | 合肥路 394 号 |
| 三友书社 | | | 汉口路 274 号 | |
| 三益图书文具公司 | | | 界路 19 号 | |

续表

| 名　称 | 1917 年 | 1930 年 | 1935 年 | 1945 年 |
|---|---|---|---|---|
| 扫叶山房 | | | 河南路 129 号 | 河南路 229 号 |
| 扫叶山房南号 | 大东门内彩衣街 | | | |
| 扫叶山房北号 | 棋盘街 | | | |
| 商业印书馆 | 海宁路同昌里 | | | |
| 商务印书馆 | 棋盘街 | 河南路 | 河南路 22 号 | 河南路 210 号 |
| | 宝山路 | | | |
| 上海书店 | | | 南市蓬莱市场 | 福州路 300 号 |
| 尚古山房 | 新马路德华里 | 派克路 | 牯岭路人安里 | 白河路定兴路 10 号 |
| 神州国光社 | 宁波路 | | 河南路 136 号 | 福州路 384 弄 4 号 |
| 沈鹤记书局 | 新马路德华里 | 派克路 | 白克路珊家园 | 白克路 124 弄 7 号 |
| 慎修书社 | | | 出版部山海关路山海里 965 号 | |
| 石竹山房 | 开封路永安里 | | | |
| 世界书局 | | 福州路 | 福州路 390 号 | 福州路 390 号 |
| 时还书局 | | 梅白克路 | 上海白克路大通里 16 号 | 凤阳路大通里 16 号 |
| 受古书店 | | | 四马路中市 | 福州路 442 号 |
| 泰东书局 | 四马路 | | 四马路 | |
| 太平洋书店 | | | 白克路 88 号 | |
| 天宝书局 | 新关桥路永庆里 | | | |
| 天机书局 | 海宁路鸿安里 | | | |
| 天南书局 | 新马路德华里 | | 汉口路 283 号 | |
| 覃隐庐书社 | 三马路 | | | |
| 同文仁记 | 四马路 | | | |

续表

| 名　称 | 1917 年 | 1930 年 | 1935 年 | 1945 年 |
| --- | --- | --- | --- | --- |
| 同文图书馆 | 望平街 | | | |
| 文宝书局 | 南成都路 | | | |
| 文萃书局 | 新垃圾桥北洽里兴 | | 蒙古路公益里9号 | |
| 文富楼 | 牯岭路余庆里 | | | |
| 文华书局 | 北福建路 | 北福建路 | 河南路 201 号 | 拈岭路 44 号 |
| 文明书局新记书局 | 棋盘街 | 南京路 | | |
| 文明印刷所 | 棋盘街 | | 河南路五马路 | |
| 文瑞楼书局 | 棋盘街 | | | |
| 文盛书局 | 新马路 | | | |
| 文盛印书局 | 新马路 | | | |
| 文益书局 | 海宁路天宝里 | | 麦家圈荣古里 | |
| 文元书局 | 四马路 | | 顺征路 26 号 | 广东路 322 弄 11 号 |
| 惜阴书局 | | | 西藏路洽兴里 | 山东路 130 号 |
| 燮记书局 | 新垃圾桥北洽里兴 | 北西藏路 | 山东路 160 号 | |
| 新华书局 | | 山东路 | 河南路交通路 | 山东路 160 号 |
| 新民图书馆 | | 交通路 | 交通路 36 号 | |
| 新学会社 | 交通路 | | 福州路 260 号 | |
| 新亚书店 | | | | 河南路 259 号 |
| 亚东图书馆 | 四马路福华里 | 广东路 | 广东路 296 号 | |
| 姚文海书庄 | 铁马桥宝顺里 | | | |
| 翼化堂善书局 | 邑庙内 | | 邑庙豫园路 | |
| 益新书社 | | 山东路 | 麦家圈 142 号 | |
| 艺苑真赏社 | 三马路 | | | 汉口路 276 号 |
| 有正书局 | 望平街 | 山东路 | | 福州路 293 号 |

续表

| 名　称 | 1917 年 | 1930 年 | 1935 年 | 1945 年 |
|---|---|---|---|---|
| 有正书局印刷所 | 威海卫路 | | 山东路 205 号 | 山东路 202 号 |
| 育文书局 | 铁马路成大弄 | | | |
| 育文印刷所 | 铁马路成大弄 | | | |
| 元昌印书馆 | | 山海关路 | | 派克路 305 号 |
| 沅记书庄 | 小东门内聚奎街 | | 白克路群寿里 20 号 | |
| 渊明书庄 | 长浜路 | | | |
| 云记书局 | | | | 静安寺路 96 弄 19 号 |
| 章福记书局 | 新马路德华里 | 派克路 | | |
| 章福记印局 | 新马路德华里 | | | 张家宅路 101 弄 4 号 |
| 朝记书庄 | 青岛路 | | | |
| 振华书局 | 武昌路广兴里 | | 大通路 4 号 | |
| 振华图书局 | 阿拉白司脱路北洽里兴 | | 西藏路大庆里 110 号 | |
| 震亚书局 | 四马路 | | | |
| 中国书店 | | | | 南黄坡路梅兰坊 26 号 |
| 中国图书公司和记发行所 | 四马路 | | | 四川路 357 号 |
| 中国图书公司和记印刷所 | 四马路 | | | |
| 中华书局 | 棋盘街 | 福州路 | | 河南路 221 号 |
| 中华书局印刷所 | 卡德路 | | 公司静安寺路总发行所福州路 | |
| 中华图书馆 | 棋盘街 | 河南路 | | |
| 中华图书馆印刷所 | 新闸路 | | | |

续表

| 名　称 | 1917 年 | 1930 年 | 1935 年 | 1945 年 |
|---|---|---|---|---|
| 中华新教育社 | | 爱尔近路 | | |
| 中西书局 | | 山东路 | 爱而近路德润坊 3 号 | 山东路 245 号 |
| 中原书局 | | 河南路 | 山东路 | |
| 周月记书局 | 城内东唐家卫 | | 白尔铬喇格纳路 265 号 | |
| 铸记书庄 | 牯岭路余庆里 | | | 同孚路 |
| 铸记书局 | | 北河路 | | 青岛路 56 号 |
| 著易堂 | 棋盘街 | | | |
| 著易堂印刷所 | 石皮街 | | | |

资料来源：上档：1917 年《民国六年调查同业一览表》，上海市书业同业公会档，S313-1-23；1930 年《上海市书业同业公会会员名册》，上海市书业同业公会档，S313-1-24；1934 年《上海市书业同业公会登记表》，上海市书业同业公会档，S313-1-7；1935 年《上海市书店调查》，上海市书业同业公会档，S313-1-128-47；1944 年《上海市书业同业公会本会会员概况调查表》，上海市书业同业公会档，S313-1-66；1945 年《上海特别市书业同业公会会员名单》，上海市书业同业公会档，S313-1-25。

所谓"集中"：当 20 世纪 30 年代上海出版印刷业达到高峰时，公共租界靠近外滩处，形成了一块以福州路为主，包含河南路、望平街（今山东路）、汉口路的出版印刷业集中区。早在上海开埠不久，麦都思的墨海书馆就曾开设在这里，1916 年后，随着商务印书馆、中华书局在河南路近福州路处设立自己的总部，大东、世界、开明等一系列重要的出版印刷机构开设在这片区域。这片文化街区在 30 年代达到鼎盛，拥有大小出版印刷企业三百多家。

供职该处的报人编辑是上海近代通俗都市小说的创作主力，而这片街区也是他们小说里主人公活动的主要场景之一。只不过，在近现代通俗文学研究者的话语体系中，这里被称作"四马路"，盖因福州路 1864 年修筑完成的时候是通往黄浦江的四条土路之一，所以旧称为"四马路"，也有"报馆街"、"书店街"等说法。

四马路除了是印刷出版业的中心，同时也是上海最著名的餐馆、妓院的集中地，孙宝瑄曾言其奢华："昼居之地曰味莼园，夜聚之地曰四马路。是故味莼园之茶，四马路之酒，遥遥相对。……每夜所销宴乐之费，并北里中及大餐馆等计之，殆数万银饼不止。若官抽其税，每银饼税一角，亦可成巨款也。”①可见四马路上气象之杂。

值得注意的是，并非所有的书局都开设在四马路一带。一方面，四马路虽然是上海书业的中心，但是就整个沪上书籍市场来说，终归是一隅之地，石印书局亦散布于上海其他区域；另一方面，这里虽然是市面繁华之地，但是地租价昂，需要人流量的发行所可以设立于此，但是印刷所则可寻觅相对价廉之处，如光绪十三年同文书局告白：“本局开设上海虹口，又设新局于二摆渡，专办石印古今书画图帖。另设分局于二马路抛球场，仕商有印件赐顾，请至本局及新局面订。如门市交易，统由抛球场分局发兑。”②商务印书馆“壬寅癸卯年间（1902—1903），建印刷所于北福建路，设编辑所于唐家弄，设发行所于棋盘街”，光绪三十年（1904）又在“闸北宝山路购地七十亩建造编译所与印刷所”，民国元年（1912）又在“河南路购地一亩三分，计价八万六千五百余元，建发行所房屋”。③ 民国时期，有不少的石印书局像同文书局一样分设发行所和印刷所，如1917年，至少有17家石印书局分设有发行所和印刷等不同的机构。

**表 3.2.2　1917 年上海 17 家石印书局发行所、印局情况**

| 名　称 | 职能 | 各分局名称 | 资产形式 | 地　址 |
|---|---|---|---|---|
| 鸿宝斋 | 发行所 | 鸿宝斋分局 | 合资 | 四马路 |
| | 印刷所 | 鸿宝斋印局 | 合资 | 威海卫路 |
| 会文堂 | 发行所 | 会文堂书局 | 合资 | 棋盘街 |
| | 印刷所 | 会文堂印刷所 | 合资 | 蓬莱路久远里 |
| 久敬斋 | 发行所 | 久敬斋书庄 | 独资 | 北京路西通德里 |
| | | 久敬斋书局 | 独资 | 北京路东通德里 |

① 孙宝瑄：《忘山庐日记》（上），上海古籍出版社 1983 年版，第 381 页。

② 《申报》光绪十三年五月十二日（1887 年 7 月 2 日），31 册，第 10 页。

③ 上档：1931 年《中国征信所调查报告书 · 鸿宝斋书局》第 164 号，中国征信所调查报告书档，S320-1-901（1）。

续表

| 名　称 | 职能 | 各分局名称 | 资产形式 | 地　址 |
| --- | --- | --- | --- | --- |
| 锦章图书局 | 发行所 | 锦章图书局 | 合资 | 棋盘街 |
| | 印刷所 | 锦章图书局书栈 | 合资 | 穿心街 |
| 扫叶山房 | | 扫叶山房南号 | 独资 | 大东门内彩衣街 |
| | | 扫叶山房北号 | 独资 | 棋盘街 |
| 商务印书馆 | 发行所 | 商务印书馆发行所 | 股份 | 棋盘街 |
| | 印刷所 | 商务印书馆印刷所 | 股份 | 宝山路 |
| 文明书局 | 发行所 | 文明书局新记书局 | 股份 | 棋盘街 |
| | 印刷所 | 文明印刷所 | 股份 | 棋盘街 |
| 文盛书局 | 发行所 | 文盛书局 | 独资 | 新马路 |
| | 印刷所 | 文盛印书局 | 独资 | 新马路 |
| 艺苑真赏社 | | 艺苑真赏社 | 独资 | 三马路 |
| | | 艺苑真赏社分社 | | 1945 年福州路 |
| 有正书局 | 发行所 | 有正书局 | 独资 | 望平街 |
| | 印刷所 | 有正书局印刷所 | 独资 | 威海卫路 |
| 育文书局 | 发行所 | 育文书局 | 独资 | 铁马路成大弄 |
| | 印刷所 | 育文印刷所 | 独资 | 铁马路成大弄 |
| 章福记书局 | 发行所 | 章福记书局 | 独资 | 新马路德华里 |
| | 印刷所 | 章福记印局 | 独资 | 新马路德华里 |
| 中国图书公司 | 发行所 | 中国图书公司和记发行所 | 股份 | 四马路 |
| | 印刷所 | 中国图书公司和记印刷所 | 股份 | 四马路 |
| 中华书局 | 发行所 | 中华书局发行所 | 股份 | 棋盘街 |
| | 印刷所 | 中华书局印刷所 | 股份 | 卡德路 |
| 中华图书馆 | 发行所 | 中华图书馆 | 合资 | 棋盘街 |
| | 印刷所 | 中华图书馆印刷所 | 合资 | 新闸路 |
| 铸记书庄 | | 铸记书庄 | 独资 | 牯岭路余庆里 |
| | | 铸记书局 | | 1930 年北河路 |

续表

| 名　称 | 职能 | 各分局名称 | 资产形式 | 地　址 |
|---|---|---|---|---|
| 著易堂 | 发行所 | 著易堂 | 独资 | 棋盘街 |
| | 印刷所 | 著易堂印刷所 | 独资 | 石皮街 |

资料来源：上档：1917 年《民国六年调查同业一览表》，上海市书业同业公会档，S313-1-23。

这些发行所和印局在近代石印书业发展历程中，地位也发生了转换。晚清时期，石印书局以印刷为主业，所以印局是石印书局的主局，发行所是分局。但是到了民国时期，这种局面正好反了，如晚清时期，鸿宝斋书局的发行所被称为"分局"，在整个鸿宝斋系统中处于辅助地位，这种情况至少持续到 1917 年之后。而最晚在 1930 年之后，发行所成了鸿宝斋系统的总局。正是由于石印书业的市场不景气和经营成本增加，鸿宝斋不得不将发行作为自己的主要业务。

### ◈ 石印书局定价管理

点石斋之前的传教士石印主要是出于宗教宣传和传播科学的目的，并没有营利的要求。直到点石斋成立后才出现有偿石印。在光绪六年（1880）的《申报》点石斋刊登告白《廉价石印家谱杂作等》称：

> 今本斋另外新购一石印机器，可以代印各种书籍，价较从前加廉。今议定：代印书籍等以二百本为率，以每块石印连史纸半张起算，除重写抄写费不在其内。每百字洋二分半，每半张连史纸仅须洋一分。比如连史纸半张分四页，书内六十页，共石板十五块，印书二百本，共连史纸三千个半张，以每张一分计，共洋三十元，如书内共三万字，除抄写价外，计洋七元五角，共书二百本，不连钉工，只须洋三十七元五角，倘自己刻木板，其费约四十五元，刷印及纸料倘不在内也，两相比较，实甚便宜。况石印之书，比木板更觉可观乎，又如书页欲缩小加大，亦照半张连史纸核算，此布。①

由此算来，三万字的书籍印刷 200 本，不算抄写和装订的费用，共计 37.5元，每本为 0.1875 元。如果木刻的话，单是刻木版就要 45 元，刻木版

① 《申报》光绪六年二月二十九日（1880 年 4 月 8 日），16 册，第 369 页。

之前的抄写费和石印应该差不多的，然后再加上油墨、印刷与每本七张半，共1 500张的连史纸的价格，就更高了。定价管理在石印书局的运营中非常重要，在每一次印刷之前书局管理者需要进行成本核算。以上所估价的是精印石印书籍的价位，但是在近代上海，石印的应用范围相当广泛，除了精品的石印书籍以外，还有大量印刷较劣的书籍，成本非常低。

### ◈ 生产管理

张秀民先生在《中国印刷史》中称晚清石印出版物可谓是无所不包，“戏曲小说古籍西学”，种类极为繁多。[①] 在这其中，石印对于古籍的保存作用很早就被人们所认识，晚清时期，同文书局的《古今图书集成》，民国年间，商务印书馆的《道藏》、《二十四史》，以及各书局石印的大大小小的各种古籍，数不胜数。但是还有三类石印书籍值得我们注意，现分述于下。

第一类是西学书籍。石印对于西学的传播，虽然主要靠它所印刷的书籍，但实际上又超越于此。一则，石印本身就是一种西学，哪怕是翻译古籍，本身也是一种西学的传播，在很多翻印的古籍的版权页上都有“仿泰西法石印”的字样。二则，如我们前面所谈到的照相石印的技术细则，石印技术流程之中使用了许多的印刷机械和各种化学辅料。如果要开展生产，这些辅料的成分、化合原理都需要明白，于是一个庞大的西学系统就逐渐显现在晚清人的面前。三则，自甲午战后，国人知耻后勇，翻译引入了一大批的西学著作，这些著作很多都是石印的。形成了一大批的西学丛书，如《富强斋丛书》、《农学丛书》、《西政丛书》、《西学大全》、《军政丛书》、《格致丛书》、《古今算学丛书》、《中西算学丛书》等。如1898年石印的赫德辑，艾约瑟译的《西学启蒙》，包括《西学述略》、《格致总学启蒙》、《地质启蒙》、《西学启蒙》、《身理启蒙》、《化学启蒙》等十六种。一般来说，丛书是由一些主旨相近的单本书籍组成，其体例不尽相同。晚清有的西学总汇性的著作其实说不上是丛书，而更像是百科全书的样子，如题求志斋主人纂辑1897年石印的《西学时务总纂大成》的目录如下：

卷一，天算一二：历代历法、异同得失、历学总论；

---

① 张秀民著，韩琦增补：《中国印刷史》，浙江古籍出版社2006年版，第471页。

卷二，天算三四：天文历学总论参看、仪象制度考、中西算学；

卷三，天算五六：中西法异同得失考、历学书目上、历学书目下；

卷四，天算七，天文占验；

卷五，天算八，周幂知裁；

卷六，天算九，圜容较义；

卷七，天算十，代数几何；

卷八，天算十一，平三角法举要（一至五）；

卷九，天算十二，句股义；

卷十，天算十三，少广缒凿；天算十四，堆垛求积术，天算十五，截球解义；

卷十一，天算十六，借根方句股细草；

卷十二，天算十七，用表推日食三差，天算十八，造各表简法，天算十九，弧三角拾遗；

卷十三，天算二十，朔食九服里差；

卷十四，天算二十一，数学拾遗；

卷十五，舆地一，东西洋、阿细亚洲总说；

卷十六，舆地二，东西洋、越南；

卷十七，舆地三，东南洋、暹罗一、暹罗二；

卷十八，舆地四，东南洋、缅甸；

卷十九，舆地五，东南洋、日本岛国录；

卷二十，舆地六，西南洋、五度洋、五度洋总述、五度洋沿革；

卷二十一，舆地七，中印度各国、中印度沿革；

卷二十二，舆地八，北印度各国、北印度西北邻、北印度以外；

卷二十三，舆地九，西印度巴社国、阿丹国、天主原国；

卷二十四，舆地十，南都鲁机国；

卷二十五，舆地十一，大西洋、布路亚国总说；

卷二十六，舆地十二，大吕宋国；

卷二十七，舆地十三，荷兰；

卷二十八，舆地十四，佛兰西四一、佛兰西四二；

卷二十九，舆地十五，意大利；

卷三十，舆地十六，奥地里加国，附波兰国；

卷三十一，舆地十七，瑞士国；

卷三十二，舆地十八，北土鲁机国；

卷三十三，舆地十九，希腊国；

卷三十四，舆地二十，英吉利总说、英吉利广述上、英吉利广述中、英吉利广述下；

卷三十五，舆地二十一，北洋、俄罗斯总说、俄罗斯沿革、俄罗斯十八部、小俄罗斯三部；

卷三十六，舆地二十二，普鲁社国；

卷三十七，舆地二十三，外大西洋、墨利加洲沿、弥利坚即盖里哥总上、弥利坚总中弥利坚总下、弥利坚东路二十部、弥利坚西路十一部；

卷三十八，史学，列国大事记一，日本，列国大事记二，小亚细亚、希利尼罗马，列国大事记三，马基顿，列国大事记四，白里登、荷兰、法兰西、法亚非利加，列国大事记五，英吉利、西班牙，列国大事记六，意大利、阿剌伯、俄罗斯、美利坚、葡萄牙、奥地利亚；

卷三十九，兵学一，列国陆军制，日本、波斯、印度、意大利；

卷四十，英国、法国、俄国、德国、奥国；

卷四十一，兵学二，英国水师律例一、水师律例二、水师律例三、水师律例四；

卷四十二，兵学三，前敌须知一、前敌须知二、前敌须知三、前敌须知四；

卷四十三，行军杂记；

卷四十四，法学，公法论一、公法论二、公法论三、公法论四；

卷四十五，化学一，化学总论；

卷四十六，化学二，炼石编一、炼石编二、炼石编三；

卷四十七，化学三，杂编一、杂编二、杂编三、杂编四；

卷四十八，矿学，开煤要法一、开煤要法二、开煤要法三；

卷四十九，气学，杂编一、杂编二、杂编三、杂编四；

卷五十，电学，杂编一、杂编二、杂编三、杂编四；

卷五十一，重学，杂编一、杂编二、杂编三、杂编四；

卷五十二，声学一，总论发声传声，声学二，论管音；

卷五十三，光学一，论光发必顺直线，光学二，回光性情，光学三，量光力器图说；

卷五十四，医学一，养身，医学二，治病，医学三，方药，医学四，慎疾；

卷五十五，测候一，测候二三；

卷五十六，合约一、合约二、合约三、合约四、合约五、合约六、合约七、合约八、合约九；

卷五十七，铁路、考源、考工、考法、纪略；

卷五十八，海道一，大风与南海东海水性；

卷五十九，海道二，海南琼州至珠江；

卷六十，海道三，香港至福建厦门；

卷六十一，海道四，福建厦门至白犬列岛；

卷六十二，海道五，福建白犬列岛至浙江象山；

卷六十三，海道六，象山港至扬子江；

卷六十四，海道七，扬子江至山东直隶；

卷六十五，海道八，直隶辽东二海；

卷六十六，海道九，粤东东西浅滩；

卷六十七，海道十，朝鲜西南与南面各海岸；

卷六十八，海道十一，日本九修屿；

卷六十九，海道十二，日本屿东岸；

卷七十，海道十三，日本列岛；

卷七十一，海道十四，楚家泉水道；

卷七十二，海道十五，日本海；

卷七十三，海道十六，长江；

卷七十四，采风记一，程纪；

卷七十五，采风记二，交涉；

卷七十六，采风记三，聘问；

卷七十七，采风记四，礼制；

卷七十八，采风记五，国用；

卷七十九，采风记六，政治；

卷八十，采风记七，形势；

卷八十一，采风记八，武备；

卷八十二，采风记九，文艺；

卷八十三，采风记十，民俗；

卷八十四，采风记十一，宫室；

卷八十五，采风记十二，善举；

卷八十六，采风记十三，器具；

卷八十七，采风记十四，商贾；

卷八十八，采风记十五，教会；

卷八十九，采风记十六，物产；

卷九十，佐治刍言上；

卷九十一，佐治刍言下。①

从内容上看，可谓是社会政治经济军事的百科全书，里面西学的内容非常丰富，但也有"天文占演"等中国传统神秘信仰的内容。并且，把"天算"、"舆地"放在最前面也是中国古代传统经世之学的习惯，后面才接以化学、矿物、电声等学问，从而形成了东西学术观念奇特的杂糅。

第二类是鼓词宝卷京戏地方戏脚本。如果说小说戏曲在传统文学中的地位比较低下，那么鼓词宝卷京戏地方戏脚本的地位无疑更低。因为小说戏曲至少有其所面向的读者，但是鼓词宝卷京戏地方戏脚本所面对的基本上只是曲艺形式的从业演员，其使用价值大于收藏价值。阿英曾作《清末石印精图小说戏曲目》云："清末自点石斋创立后，石印小说戏曲风行一时，鸿篇巨制，插图往往多至数百幅，至今为藏书家所珍。"②在这些书目里有广百宋斋石印的《封神演义》、《二十四史通俗演义》、《西游记》，点石斋石印的《东周列国志》、《赠像三国全图演义》等。但是很多鼓词唱本印制并不精美，插图也寥寥无几，就没有在这个书目中收录。而这些目录未收之书，在现实中的数量却是极大的。如《(绘图)京都义顺和班京调脚本》第六集，长11.5厘米，宽7厘米，内有插图两幅，共连插图共十五页，却包含《赵匡胤登

① 《西学时务总纂大成》九十卷，题求志斋主人纂辑，1897年鸿文书局石印本，二十四册，第一册。

② 阿英：《小说三谈》，上海古籍出版社1985年版，第126页。

基》、《斩黄袍》、《双带箭》、《讨荆州》、《南阳关》五个京剧脚本。无版权页，仅在插图下写“上海四马路文宜书局总发行所”，亦无出版时间，据书名中“京都义顺和班”一语推断，言“京都”者当是晚清的习惯，所以才定为清末石印本。里面文字书法较劣，且并非成于一手，有的地方甚歪斜，印刷也多有模糊之处，赶工的情况较为严重。插图上有“改良京都义顺和班超等名角刘永春曲本”和“内城府超等名角孟菊花”字样，说明这本京剧脚本面向的读者不是一般的社会民众，而是戏曲界的同行，是同行用来学戏演出的课本，和名角自己的戏词备忘录。再如《绣像汗衫记鼓词全传》，虽然有四张插图，开本也大了一些，长 14.8 厘米，宽 8.9 厘米，但是也无版权页，仅在书名下写“上海炼石书局印行”。墨色比《(绘图)京都义顺和班京调脚本》较深，说明用墨较好，但是版面安排过紧，又没有框线，所以看上去乌泱泱一片字团，让人望而生畏。相比较之下，阿英所列举的“精图小说戏曲”的品相就精美得多，如 1888 年点石斋所石印的《东周列国志》。一则，书籍的开本就较大。长 18 厘米，宽 12 厘米。栏线宽 0.5 厘米，每字约 0.3 厘米见方。虽不甚大，但视之不伤目力。二则，图多且精，每图皆有论赞。三则，有精致设计的版权页。两相比较，说明面向的读者不同，石印本的制作精良程度也就有了区别。如果从收藏的角度来讲，当然是精图小说戏曲的价值更大，但是如果从石印书史和文学传播史的角度来讲，这些印制低劣的石印鼓词宝卷京戏地方戏脚本却有着极为重要的价值。中国的民间戏曲历来被传统文人看作是不登大雅之堂的作品，有所搜集也是偶一为之。雕版的价格又高，戏班无力刊刻，所以民间戏曲剧本的授受都是通过口耳相传，一些珍贵的戏曲史料就淹没在历史的长河中。而近代石印的出现制造了转机，一些鼓词宝卷京戏地方戏脚本可以通过石印来传播，哪怕它们印制的质量极为低劣，但是比湮没无闻还是要好得多。

第三类是使用石印印刷的各种文件以及非出版性的印刷单件。作为一种制版简单、印刷快捷而且成本低廉的印刷方式，石印并不只是用来印刷出版物，有很多非出售性的印刷单件也是使用石印进行印刷的。如果说石印出版物很多是从思想上对社会产生了影响，那么石印单件就在生活上与整个社会发生了交集。上到政府公文，下到小商铺的传单，再如各种五彩石印的月份牌、美人图，石版印刷品浮现在社会的每个角落。如 1884 年唐廷枢所撰之《开平煤矿帐略》一书即为报账公文,封面无书名,书名在鱼口处,亦无版权页,仅在最后一页左下角有“上海同文书局石印”字样。长25.3厘米,宽15.3厘米,每字甚大,约1厘米见方,用纸用墨皆精,这说明此书并非是对外出版物,而是向清廷及各股东报账之用。石印的政府文件在民国时期非常之多,各省各地都有,上海也不例外,如1912年清理沪军财政处所辑《清理沪军财政处查造沪军款项总分表》,长26.6厘米,宽15.6厘米,内大字0.5厘米见方,小字0.3厘米见方,也属于一种政府公文。

在书籍印刷之外,石印书局也开展其他印刷业务。晚清时期,上海藻文书局为苏松太官银钱局印制一元、五元、十元的石印钞票。① 1912年,商务印书馆印刷过选举票,张元济为其估价,净本为“用十一号新闻纸印,每万张七元半”②。而在印刷之外,石印书局也开展多种经营,如下表是1935年的《上海书店调查》中石印书局的兼营项目,在书业之外以文具、仪器为大项。

**表3.2.3 1935年《上海书店调查》中石印书局兼营项目**

| 名　称 | 书业之外兼营 |
|---|---|
| 北新书局 | 文具仪器 |
| 传经堂书局 | 兼售文具 |
| 大东书局 | 文具仪器印刷 |
| 大同书局 | 文具 |
| 佛学书局 | 兼售佛学用品 |
| 广益书局 | 文具仪器 |

① 钦命二品衔赏戴花翎江南分巡苏松太兵备道瑞为出示晓谕事本年六月二十四日准:苏藩司濮咨,据裕苏官银钱局禀。局请改制一元钞票,并添制五元十元钞票。就近由上海藻文石印局一家承印,以昭慎重。并令藻文局取具的实。确实保证订立合同。由局给予谕单,设他局有托名假冒等弊。准藻文局查访禀究竟。请咨道转饬恪遵,不得贻误,并视谕各石印局及商民人等一体周知等情,咨请查照示谕。饬遵等因到道除分行县厅,转谕藻文石印局遵照外合行出示晓谕。为此示仰各石印局及诸色人等一体知悉。所有裕苏局钞票只来藻文局一家承办。藻文局非奉本道及裕苏局谕单不得擅专承印,倘有伪造假冒前项银元钞票一经查出,或被藻文局查明指控,定行提案,照例严办,绝不宽贷,其各凛遵勿违,切切特示。光绪三十二年(1906)七月初八日[上档:《书业公所会议记录簿(附有关文稿)》,上海书业同业公会档,S313-1-86]。

② 张元济著,张人凤整理:《张元济日记》,河北教育出版社2001年版,第10页。

续表

| 名　　称 | 书业之外兼营 |
| --- | --- |
| 校经山房 | 教育用品 |
| 开明书店 | 兼售文具仪器 |
| 龙文书店 | 自制教具 |
| 明善书局 | 慈善汇报 |
| 平民书局 | 文具 |
| 群学社 | 文具 |
| 扫叶山房 | 文具 |
| 商务印书馆 | 制造贩运关于印刷之机械铜模铅字仪器文具等 |
| 上海书店 | 兼售文具仪器 |
| 世界书局 | 印刷文具仪器 |
| 燮记书局 | 文具 |
| 新学会社 | 文具用品 |
| 翼化堂善书局 | 僧道法器 |
| 有正书局印刷所 | 佛经 |
| 中华书局 | 兼售文具仪器 |
| 中西书局 | 兼办华侨应用书籍 |

资料来源：上档：1935年《上海市书店调查》，上海市书业同业公会档，S313-1-128-47。

## ◈ 营销管理

商品生产之后，只有销售出去才能获取利润。上海近代石印书局采取多种方式进行书籍销售，早在点石斋成立之初，就在《申报》上刊登告白，除了为某本具体书籍告白广告之外，相隔若干时间还有《点石斋印售书籍图画碑帖楹联价目》①。因为早期石印书局主营科举用书，所以每次科举考试，上海石印书局都要跑到科举考场外面去销售，陆费逵回忆说：

平时生意不多，大家都注意"赶考"：即某省乡试某府院考时，各书贾赶去设临时商店，做两三个月生意。应考的人不必说了，当然多少要买点书；

① 《申报》光绪五年三月二十八日(1879年5月18日)，14册，第483页。

就是不应考的人，因为平时买书不易，也趁此时买点书。——夏清贻著《金陵卖书记》即记赶考情形，形容书贾及赶考士子，淋漓尽致。——到考期完了，各店要收歇而去时，颇有便宜书可买，比新开时竟有差至一倍以上的。①

上海是近代中国出版行业的中心，所出版的书籍不仅仅满足沪上一地之需求，同时也销往全国乃至海外。上海的英文报纸《捷报》说："上海石印书局大量批发，供给远方省份，北京琉璃厂也设有分店；尤其是在四川商业中心重庆，其他各城市也有分店，如广州。但印刷的中心地则在上海。"②近代以来，现代邮政体系替代了传统的驿站制度，上海的石印书局依靠铁路和邮传系统，行销书籍"北至奉吉，南迄闽广，西则滇黔边徼，东则鲁皖浙各省，远而至于东西洋诸名国。邮筒往来，日必数十起。轮轨交驰，寄运灵捷"③。对于那些小石印局来说，内地市场尤为重要，因为京沪等大城市的书籍消费市场为铅印新书所把持，而内地风气开放较迟，对石印旧学书籍仍有较为旺盛的需求。石印书局还采用打折的方式对外销书籍进行促销，其折扣情况如下：

**表 3.2.4　上海石印书局外埠寄书折扣**

| 时　间 | 书　局 | 外埠函寄书籍章程 |
| --- | --- | --- |
| 1925 年 | 来青阁 | 本店新旧书籍概照定价九折，发售学校及同行备函购买者（以盖章为凭）得照八五折计算。 |
| 1925 年 | 萃文书局 | 照书目所定之价照码一律六折。 |
| 1927 年 | 求古斋 | 本局出版各新书概照定价六折发行（各种预定廉价特价各书均无折扣）石印经史子集等类皆有一定价目。只以书名太繁不能尽列。惟对于惠顾诸君则一律优待，以广招徕。 |
| 1928 年 | 受古书店 | 本店旧书籍概照定价六折发售。 |

① 陆费逵：《六十年来中国之出版业与印刷业》，载张静庐：《中国近现代出版史料》（补编），上海书店出版社 2003 年版，第 275 页。

② 《捷报》1889 年 5 月 25 日，梁长洲整理，载宋原放主编，汪家熔辑注之近代部分第三卷：《中国出版史料》，湖北教育出版社 2004 年版，第 406 页。

③ 《上海鸿宝斋书局各种书目一览表》，参见徐蜀、宋安莉：《中国近代古籍出版发行史料丛刊》（第 25 册），北京图书馆出版社 2003 年版，第 602—668 页。

续表

| 时 间 | 书 局 | 外埠函寄书籍章程 |
|---|---|---|
| 1929 年 | 千顷堂 | 本局发售木版书籍照定码七折，石印书籍一律六折，唯代发行书籍及杂志报纸不在此列。 |
| 1929 年 | 江东茂记书局 | 本局出版各种书籍均照第十八次重订书目定价七折，低价涨跌，随时增减，批发格外克己，以示特别优待。 |
| 1931 年 | 同文书店 | 本店旧书概照定价一律九折。 |
| 1932 年 | 中国书店 | 本店新旧书籍概照定价发售，不折不扣，学校及同行备函购买者（以盖章为凭）得照九折计算，惟代售各书虽学校同行亦无折扣。① |
| 1933 年 | 大华书店 | 本店新旧书籍改照定价九折，学校及同行备函购买者（以盖章为凭）得照八折计算，唯寄售各书虽学校同行亦无折扣。 |
| 1933 年 | 中国通艺馆 | 本馆新旧书籍概照定价发售，不折不扣，学校及同行备函购买者（以盖章为凭）得照九折计算，唯代售各书虽学校同行亦无折扣。 |
| 1935 年 | 受古书店 | 本店旧书概照九折发售，同行学校图书馆备函购买（以盖章为凭）得照八折计算，惟目内标明实价者，虽学校同行图书馆，概无折扣。 |
| 民国间 | 鸿宝斋 | 本局书籍，除杂志礼品外，均照定价七折出售，代办外版书籍，悉依该处原价，不沾丝毫佣金。 |
|  | 扫叶山房 | 本号发售书籍照定价一律七折。 |
|  | 开明书局 | 照定价一律八折。 |
|  | 汉文渊书肆 | 本馆新旧书籍概照定价发售，不折不扣，学校及同行备函购买者（以盖章为凭）得照九五折计算。 |

资料来源：徐蜀、宋安莉：《中国近代古籍出版发行史料丛刊》，北京图书馆出版社2003 年版。

这些折扣数值来自于各书局单行本书目明文所载，从上表可以看出，给学校和书局的折扣更大一些，但在实际操作过程中折扣更低。

① 徐蜀、宋安莉：《中国近代古籍出版发行史料丛刊》（第 6 册），第 51 页。

## ◈ 贷款管理

上海是中国近代金融业的中心,银行资金为近代工业的发展提供了强劲的推动力。石印书局虽然大多资本额有限,但是也利用银行资金推动自己的发展。除了中国农工银行、上海银行、上海商业储蓄银行等较大的现代银行之外,传统的钱庄由于借贷门槛低、手续简单,也获得不少石印书局的青睐。大多小型的石印书局往来的银行及钱庄只有一两家,但是稍大的书局往往和多家银行及钱庄发生业务,如抗战后期,上海书业虽甚为颓败,但是石印书局,如广益书局和三家银行及钱庄、宏大善书局和六家银行及钱庄、会文堂书局和九家银行及钱庄发生着业务的往来。

**表 3.2.5　1944 年和上海近代石印书局业务往来的银行及钱庄**

| 名　称 | 往来银行及钱庄 | 名　称 | 往来银行及钱庄 |
|---|---|---|---|
| 椿荫书庄 | 惇叙银行 | 群学社 | 浦东银行 |
| 大东书局 | 中国渔业银行 | 扫叶山房 | 邮政储金汇书局及金城银行、大陆银行 |
| 佛学书局 | 上海银行、伟业银行 | 商务印书馆 | 浙江兴业、中国、金城、上海商业储蓄及日本正金等银行 |
| 广益书局 | 上海商业储蓄银行、国华银行、振源钱庄 | 上海书店 | 宝丰钱庄、安孚钱庄 |
| 国华书局 | 邮政储金汇业局 | 尚古山房 | 浦东银行 |
| 汉文渊书局 | 和祥信托公司 | 沈鹤记书局 | 浦东银行 |
| 宏大善书局 | 垦业银行、纱业银行、徽祥钱庄、久安银行、同大钱庄、安康钱庄等 | 世界书局 | 金城银行、上海银行、振源钱庄、信大钱庄 |
| 鸿宝斋书局 | 同成钱庄 | 时还书局 | 上海商业储蓄银行 |
| 鸿文书局 | 浦东银行、伟业银行 | 文富楼 | 大陆银行 |
| 槐荫山房 | 金城银行 | 文元书局 | 远东银行、大通、绸业银行 |

续表

| 名　称 | 往来银行及钱庄 | 名　称 | 往来银行及钱庄 |
| --- | --- | --- | --- |
| 会文堂书局 | 中国农工银行、劝工银行、中国布业银行、永丰银行、浙江实业银行、辛泰银行、金源钱庄、振源钱庄，信大钱庄 | 新学会社 | 工商银行、利达银行、慎德钱庄、布业银行、安孚庄 |
| 锦章图书局 | 国华银行、药业银行、东莱银行、元盛庄 | 艺苑真赏社 | 上海商业储蓄银行 |
| 开明书店 | 浙江实业银行、长城银行、同一钱庄、信大钱庄、振源钱庄 | 有正书局印刷所 | 新华银行、新大钱庄 |
| 刘德记书庄 | 浙江兴业银行 | 沅记书庄 | 慎德钱庄 |
| 来青阁书坊 | 金城银行 | 渊明书庄 | 浦东银行 |
| 明善书局 | 八仙桥浙江建业银行、北京路庆余里萃康钱庄 | 中华书局 | 上海银行、金城银行、信大钱庄 |
| 启新图书局 | 振源钱庄、德成钱庄 | 中原书局 | 上海商业储蓄银行 |
| 求古斋 | 中国农工银行 | 著易堂 | 承余庄、存诚庄、源昌庄、和善堂银行，浙江兴业银行 |

资料来源：上档：1944 年《上海市书业同业公会本会会员概况调查表》，上海市书业同业公会档，S313-1-66。

## 第三节　石印书局的工人群体

扎起袖子，
紧着围裙，
打扮得一个工人的模样，
显出活泼泼的勇敢精神！
拿一块旧的，黑暗的，肮脏的石版，
磨！磨！用力去磨！
把那旧的，黑暗的，肮脏的东西，刮磨了去！

使它成一种崭新的，光亮的，洁白的工具！

你看石版呵！
本来是无机的东西！
经过了一番磨刮，
压上新鲜的字，
加上新鲜的色彩，
覆上雪白似的纸，
便能印上新的知；
我想人类呵！
可能用这般能力？

这是佷工于1920年1月20日发表在《工学》杂志上的一首新诗，名为《石印的工作》。① 描写的是一个石印书局工人的劳作过程。诗歌开端描写了石印“磨石”的工序，一个扎着袖子、紧着围裙的石印工人将“旧的，黑暗的，肮脏的石版”磨成“崭新的，光亮的，洁白的工具”，热情歌颂了石印作为西学物化的表现形态和承载载体，以及石印工人传播新知的伟大功绩。

## ◈ 石印工人发展的各个阶段

如果说，石印书局是上海石印书业的主体，那么石印工人就是这艘舶来西船上不可缺少的水手。在近百年的上海近代石印书业史上，石印工人群体发展可分为三个阶段。第一个阶段为早期石印工人（1832—1878）；第二个阶段为有文人参与的石印工人（1878—1905）；第三阶段为现代石印工人（1905—1949）。

### （一）早期石印工人（1832—1878）

不晚于1832年，马礼逊将石印技术教给了一个名为“屈亚昂”（Kew A-Gang）的中国人。屈亚昂，生于18世纪末，同乡梁发给了他最初的基督教启蒙，1830年年初在澳门受洗于马礼逊。同年，他与梁发深入内地250英里，传播基督教知识，并向参加科举的士子散发了七千本以上他们自编自印的

① 《工学》1920年第1册，第3页。

基督教小册子。1831年入伦敦会,为传教助手,在澳门向马礼逊学习石印技术并开展印刷。屈亚昂向自己的亲友宣讲基督教理念并散发读物,却遭来无尽的抱怨与质疑,不过他并未因此沮丧。马礼逊十分欣赏他的耐心以及坚持。因为无意间冒犯了他的一个同乡,1835年,屈亚昂被官府逮捕,求助于外国人获取保释后,他在第二年乘一艘英轮来到马拉加。1844年,屈亚昂随理雅各(James Legge)神父前往香港,并向"Medical Missionary Society"医院中的病患布道。屈亚昂的石印作品都是一些单页的宗教读物,文字内容从《圣经》中摘录,背面则印有图画。①

被戈公振称为"我国第一基督教新教教士亦即正式服务报业之第一人也"的梁发略长于屈亚昂,其又名梁亚发,为传教士米怜所收之教徒②,虽然没有梁发学习石印的史料,但参考他和马礼逊以及屈亚昂的关系,他对石印技术也应该不陌生。③

同治十三年(1874),翁寿祺和华人助手邱子昂在土山湾印书馆开展石印生产。邱氏之所以在近代上海印刷史上留名,乃是因为《申报》老板美查开办点石斋石印书局时曾邀请他到该局指导。邱氏在点石斋工作的时间并不长,因《江南育婴堂记》中言邱"十余年间,助翁相公管理印刷房,相帮不少"④,至1899年才赴大德油厂襄助朱子尧,所以他在点石斋应该只是一位

---

① Alexander Wylie: *Memorials of Protestant Missionaries to the Chinese: Giving a list of their publications, and obituary notices of the deceased*, original edition published by Shanghai: American Presbyterian Mission Press, 1867, reprinted by Taipei: Ch'eng-wen Publishing Company, 1967, pp11 - 12.

② 戈公振:《中国报学史》,上海古籍出版社2003年版,第75页。

③ 戈公振曾为梁发小传,其辞曰:"梁亚发(亦译梁发)生于乾隆五十四年。世居粤东内地,距广州约二百里。家贫,十一岁始就塾读书,十四岁辍学。初在广州学笔工,继为梓民。嘉庆十五年,因母丧,曾返里一次。嘉庆二十年,随米怜赴马六甲,刻印华文书报。次年受洗入基督教新教。嘉庆二十四年回国,为宣传教旨,特刊小书,分贻诸亲友。时官厅视该教为异端,捕梁笞三十,并籍没收小书木版火之。越二日,由马礼逊设法保释,再往马六甲。道光三年(1864),由马礼逊聘为伦敦传道会助手。道光七年,受教士职,中国之第一基督教新教教士也。道光十四年,官厅以其在内地分送教会书报,又捕之,幸马礼逊之子,时在英领署,出资斡旋,乃得释放。亲友咸劝其避往马六甲,梁因挈子去南洋,来往马六甲新加坡间,勤劳无间。道光十九年,再返祖国,每日向乡人讲道,老而不倦,至咸丰五年谢世,享年六十六岁。葬广州河南凤凰冈。其著述之可考者,有《救世撮要略解》、《熟学圣理略论》、《真道问答浅解》、《圣书日课》、《初学便用劝世良言小书》等。其最后一种,洪秀全曾加翻印,传播最广。"见戈公振:《中国报学史》,第75—76页。

④ 钟鸣旦等:《徐家汇藏书楼明清天主教文献》(第五册),方济出版社1996年版,第2511页。

借调的技术指导。

（二）有文人参与的石印工人(1878—1905)

无论屈亚昂、梁发，还是邱子昂，所受教育程度都不高，不属于传统中国社会主要的智识阶层文人群体。缺少了文人群体的参与，石印书籍不仅在受众面上受到了限制，在自我产业发展上也遇到了很大的问题。石印书局制版时，无论是使用反书法还是照相石印法，都需要手绘的底本。因清代科举重"楷法"，时风所致，文人购买手绘作品亦很看重书法品相。这些方面屈梁等石印工人很难做到，为了让石印书籍有更多的文人所认可和购买，就需要将文人这个群体引入石印书籍的生产之中。

光绪四年(1878)，点石斋书局成立，后在光绪八年(1882)十二月《申报》上刊登《招请抄书校书文人》告白：

启者，本斋现欲印一大部四书文计，文约有八千篇。定于正月十日开工，是以欲请抄手五十人，抄文一篇，酬笔资洋银一角。每人每日以抄四篇为额，如能多抄愈妙。总以篇数多寡照给笔资。但须一字无讹，点划清楚，不得脱漏字句，随意写成俗体。有善书者愿承斯乏，祈年内即来本斋，面写字订定。开工时可将底稿携去誊写，逐日缴换。并欲另请校对者四人，此则须学问宏通，老成可靠，又须日住斋内。俟印此文工竣，方可辞歇。其修洋面议。诸君子有携铅椠而来乎？愿与未饮屠苏时先赐雅教。①

以上告白，8 000 篇书底，以抄手 50 人计，每人须抄 160 篇，以每日保底 4 篇为计，至少需要 40 天的抄写时间。抄写有一定的规范，"一字无讹，点划清楚，不得脱漏字句，随意写成俗体"。这些文人都属于兼职性质，不必驻局，可以"将底稿携去誊写，逐日缴换"。除了抄书人以外，还请了 4 名校对者，校对者虽然也属于兼职，但是为了版权保密故，校对者需要驻局，等印刷工竣，才可以离开。

其后，点石斋又在《申报》上刊登多篇招请抄书校书文人的告白，在光绪十三年(1887)华资石印书局大批出现之前，还有《申报》光绪七年十二月二十

① 《申报》清光绪辛巳年十二月十六(1882 年 2 月初四)，20 册，第 137 页。

日(1882.2.8)“招请抄书文人”①、《申报》光绪八年六月十九日(1882.8.2)“聘请鸿儒”②、《申报》光绪八年六月二十六日(1882.8.9)“招请缮写书籍文人启”③、《申报》光绪九年八月三十日(1883.9.30)“招请抄书”④、《申报》光绪十年十一月二十四日(1885.1.4)“招请文人抄书启”⑤、《申报》光绪十二年二月二十日(1886.3.25)“招请文人抄书启”⑥、《申报》光绪十三年五月二十六日(1887.7.16)“招请文人抄书告白”⑦。光绪十三年(1887)底,点石斋在《申报》刊登“佩文韵府展期出书告白”,延期的原因是,年尾时抄书人告假回家者多,书底来不及抄完,这也体现了抄书人在石印书局中的兼职性质。⑧

除了招请抄书校书文人以外,点石斋还“招请文人修字”⑨。有的石印作品需要文人抄写成书底,而有的则是将古籍直接照相制版,但是由于照相漫漶,所制之版可能有不清楚之处。1919年,张元济曾在日记中记载:“《四部丛刊》内,《书经》有‘终’字被石印工人误修为‘络’字。”⑩此外,点石斋亦招请画家绘制《点石斋画报》,在《申报》上刊登“请各处名手专画新闻启”⑪及“请招名手绘图启”⑫。

除了点石斋之外,慎记书庄亦“招请文人抄书”⑬。同文书局也在招收抄书人,采取两轮考核的方法,共有三批61人收到面试通知。⑭ 同文书局亦招收照相师傅,在《申报》刊登“招人照影书史”,为印刷《古今图书集成》、

---

① 《申报》光绪七年十二月二十日(1882年2月8日),20册,第153页。

② 招编辑兼校对,《申报》光绪八年六月十九日(1882年8月2日),21册,第193页。

③ 《申报》光绪八年六月二十六日(1882年8月9日),21册,第235页。

④ 《申报》光绪九年八月三十日(1883年9月30日),23册,第550页。

⑤ 《申报》光绪十年十一月二十四日(1885年1月4日),26册,第49页。

⑥ 《申报》光绪十二年二月二十日(1886年3月25日),28册,第455页。

⑦ 《申报》光绪十三年五月二十六日(1887年7月16日),31册,第95页。

⑧ 《申报》光绪十三年一月十四日(1887年2月6日),30册,第175页。

⑨ 《申报》光绪十二年七月十六日(1886年8月15日),29册,第275页。

⑩ 《张元济日记》,1919年10月17日,第885页。

⑪ 《申报》光绪十年五月十一日(1884年6月4日),24册,第879页。

⑫ 《申报》光绪十年五月十四日(1884年6月7日),24册,第897页。

⑬ 《申报》光绪十三年四月十八日(1887年5月10日),30册,第763页。

⑭ 同文书局告白:《布知描字友》《申报》光绪九年九月二日(1883年10月2日),23册,第563页。

《二十四史》，需要添造影房，加置影镜，人手尚未足用。所以招请"操影相，并能变通影书艺精法熟者"，但需要殷实保人，来局面议一切。[①] 同文书局由于有工人两百人，上下良莠不齐，"时有新旧更替"，有些离局的工作人员，"私造本局图章，向谦吉祥取货。若非该店谨慎，几为所骗"，同文书局登报强调"凡有本局条字到各宝号取货，请送交本账房，庶无致误。如彼此相识，亲到取货。账问经手，与本局无涉"。[②]

晚清时期，大部分的石印书局"都雇佣一百或二百工人。每一架印刷机需要三个印工：一个人在上面往滚筒机上安放纸张，两个人在下面接取印成的纸张。整顿印石，抄写书稿，摄影缩小，以及其他种种手续，都需要不少的人手"[③]。

（三）现代石印工人（1905—1949）

明嘉靖三十四年（1555）无锡县顾氏"奇字斋"家刻《类笺王右丞诗集》书末附表所录刻书日程与工匠名单如下：

> 无锡顾氏"奇字斋"开局氏里。写勘：（二人）俱长洲人、（一人）苏州人。雕梓：（一人）金华人、（四人）俱苏州人、（一人）武进人、（一人）江阴人、（十七人）俱无锡人。装潢：（一人）苏州人、（二人）俱无锡人。程限：自嘉靖三十四年十二月望授锓，至三十五年六月朔完局。[④]

此书不过五六百页，就需要三十名工匠，可见传统板刻需用的人力还是比较大的。同文书局初建之时购置石印机十二架，雇工五百人，似乎数目上比"奇字斋"要多上数倍。但实际上"奇字斋"不过刊刻《类笺王右丞集》一书，而同文则石印了大量的书籍。相对来说，石印需要的工匠数量还是较少的。芮哲非在《谷腾堡在上海》一书中列举废科举后石印业衰退的三项原因，其中第三条是上海石印业盲目雇工导致机械化程度不高。[⑤] 但是民国

---

① 《申报》光绪十年三月二十九日（1884年2月24日），24册，第635页。

② 《申报》光绪九年十二月二十二日（1884年1月19日），24册，第111页。

③ 《捷报》1889年5月25日，梁长洲整理，载宋原放主编，汪家熔辑注之近代部分第三卷：《中国出版史料》，湖北教育出版社2004年版，第406页。

④ 转引自吴承明、许涤新：《中国资本主义发展史》（卷一）"中国资本主义的萌芽"，谷风出版社（台北）1987年版，第538页。

⑤ Christopher A. Reed, *Gutemberg in Shanghai: Chinese Print Capitalism, 1876—1937*, The University of British Columbia Press, 2004, p268.

时期，随着石印书业的衰落，上海石印书局用工人数一直呈下滑趋势，根本不能说是盲目雇工。大多数的石印书局雇工仅在十人以下，但依然可以继续生产，这也说明了石印的人工较省。民国后期上海石印书局的雇工情况如下表。

**表 3.3.1　民国后期上海石印书局雇工情况**

| 名　称 | 1930 年 | 1934 年 | 1944 年 | 1945 年 |
| --- | --- | --- | --- | --- |
| 抱经堂书局 | | | (男)(女)(学徒)(工人)(其他)(共计)3 | 5 |
| 北新书局 | 46 | 46 | (男)(女)(学徒)(工人)(其他)(共计)9 | 7 |
| 椿荫书庄 | | | | 2 |
| 大东书局 | 110 | 110 | (男)29(女)2(学徒)4(工人)5(其他)1(共计)41 | 42 |
| 大通书局 | 8 | 8 | | |
| 大一统书局 | 5 | 5 | | |
| 斐章书局 | 8 | | | |
| 佛学书局 | | | (男)14(女)(学徒)2(工人)4(其他)(共计)20 | 20 |
| 共和新书局 | | 5 | | |
| 广益书局 | 28 | 28 | (男)25(女)(学徒)7(工人)0(其他)什役5(共计)37 | 41 |
| 国华书局 | | | (男)2(女)(学徒)(工人)(其他)(共计)2 | 2 |
| 汉文渊书局 | | | (男)3(女)(学徒)(工人)(其他)(共计)3 | 4 |
| 宏大善书局 | | | (男)9(女)(学徒)3(工人)8(其他)以上由纸号兼任(共计)20 | 2 |
| 鸿宝斋书局 | 11 | 11 | (男)1(女)(学徒)(工人)(其他)(共计)1 | 2 |
| 鸿文书局 | | | (男)6(女)(学徒)1(工人)(其他)(共计)7 | 8 |
| 鸿章书局 | 4 | | | |
| 槐荫山房 | | | (男)2(女)(学徒)1(工人)(其他)(共计)3 | 3 |

续表

| 名　称 | 1930 年 | 1934 年 | 1944 年 | 1945 年 |
| --- | --- | --- | --- | --- |
| 会文堂书局 | 22 | 22 | (男)6(女)0(学徒)1(工人)0(其他)饭司1(共计)8 | 9 |
| 校经山房 | 15 | 15 | | |
| 锦章图书局 | 28 | 28 | (男)14(女)(学徒)1(工人)(其他)2(共计)17 | 13 |
| 开明书店 | | | (男)19(女)3(学徒)0(工人)3(其他)(共计)25 | 24 |
| 刘德记书庄 | 4 | | (男)2(女)1(学徒)1(工人)(其他)(共计)4 | 3 |
| 来青阁书坊 | | | (男)3(女)3(学徒)(工人)(其他)(共计)5 | 6 |
| 明善书局 | | | (男)5(女)0(学徒)1(工人)1(其他)0(共计)7 | 6 |
| 启新图书局 | 12 | 12 | (男)13(女)(学徒)4(工人)(其他)(共计)17 | 22 |
| 千顷堂书局 | 14 | 14 | | 11 |
| 求古斋 | 7 | 7 | (男)(女)(学徒)2(工人)(其他)(共计)2 | 3 |
| 群学社 | 7 | 7 | (男)1(女)(学徒)(工人)(其他)(共计)1 | 2 |
| 扫叶山房 | 16 | 20 | (男)12(女)0(学徒)0(工人)0(其他)0(共计)12 | 14 |
| 商务印书馆 | 332 | 332 | (男)173(女)0(学徒)0(工人)80(其他)3(共计)256 | 178 |
| 上海书店 | | | (男)3(女)(学徒)(工人)(其他)(共计)3 | 5 |
| 尚古山房 | 11 | 11 | (男)5(女)(学徒)1(工人)(其他)(共计)7 | 7 |
| 神州国光社 | | | (男)1(女)(学徒)(工人)(其他)(共计)1 | |
| 沈鹤记书局 | 3 | 3 | (男)3(女)(学徒)(工人)(其他)(共计)3 | 5 |
| 世界书局 | 150 | 159 | (男)59(女)0(学徒)18(工人)67(其他)0(共计)144 | 113 |

续表

| 名　称 | 1930 年 | 1934 年 | 1944 年 | 1945 年 |
| --- | --- | --- | --- | --- |
| 时还书局 | 4 | 4 | (男)(女)(学徒)1(工人)(其他)(共计)1 | 3 |
| 受古书店 | | 3 | (男)2(女)(学徒)3(工人)(其他)2(共计)7 | 6 |
| 文富楼 | | | (男)(女)(学徒)(工人)(其他)(共计)2 | |
| 文华书局 | 5 | 5 | | |
| 文明书局新记书局 | 45 | | | |
| 文瑞楼书局 | 15 | 15 | | |
| 文益书局 | | | (男)2(女)(学徒)1(工人)(其他)(共计)3 | |
| 文元书局 | | | (男)3(女)(学徒)(工人)(其他)(共计)3 | 2 |
| 燮记书局 | 4 | 4 | | |
| 新华书局 | 20 | 20 | | |
| 新民图书馆 | 5 | 5 | | |
| 新学会社 | | | (男)(女)(学徒)(工人)(其他)(共计)20 | 18 |
| 亚东图书馆 | 16 | 16 | | |
| 益新书社 | 5 | 5 | | |
| 有正书局 | 10 | 10 | | 7 |
| 有正书局印刷所 | | | (男)6(女)1(学徒)0(工人)2(其他)0(共计)9 | |
| 育文书局 | | | (男)(女)(学徒)(工人)(其他)(共计)1 | |
| 元昌印书馆 | 3 | 3 | | 5 |
| 渊明书庄 | | | (男)3(女)(学徒)(工人)(其他)1(共计)4 | |
| 云记书局 | | | | 1 |
| 章福记书局 | 15 | 15 | | 4 |

续表

| 名称 | 1930年 | 1934年 | 1944年 | 1945年 |
|---|---|---|---|---|
| 中国书店 | | | | 2 |
| 中国图书公司和记印刷所 | | | | 2 |
| 中华书局 | 273 | 273 | | 249 |
| （中华书局）印刷所股份 | | | （男）131（女）0（学徒）0（工人）81（其他）33（共计）245 | |
| 中华图书馆 | 2 | | | |
| 中华新教育社 | 6 | 6 | | |
| 中西书局 | 8 | 8 | | 6 |
| 中原书局 | 14 | 14 | （男）（女）（学徒）4（工人）（其他）（共计）4 | |
| 铸记书局 | 10 | 10 | | 8 |
| 著易堂 | | | （男）6（女）（学徒）2（工人）（其他）饭司1（共计）9 | |

资料来源：1930年《上海市书业同业公会会员名册》，上海市书业同业公会档，S313-1-24；1934年《上海市书业同业公会登记表》，上海市书业同业公会档，S313-1-7；上档：1935年《上海市书店调查》，上海市书业同业公会档，S313-1-128-47；上档：1944年《上海市书业同业公会本会会员概况调查表》，上海市书业同业公会档，S313-1-66；上档：1945年《上海特别市书业同业公会会员名单》，上海市书业同业公会档，S313-1-25。

据《上海市墨色石印工会第一分会和上海书业公所新订待遇条件》，石印工人在加入工会之后，“工作时间一例定为九小时，九小时以外，满三小时者，作半工算，五小时者，作全工算”。工资分四种：“（甲）三十元（乙）二十四元（丙）十二元（丁）十元”，而学徒进店，“第一年月给津贴一元，第二年二元，第三年三元，三年满期，工资最低限度为六元”。在石印书局中，亦有上海工业常见之包工制，工人甚为反对，要求“取消包工制，原有短工，一律改为长工，但临时雇佣者不在此例”。星期日休息，“如自愿工作者，工资加倍。如遇国民政府法令所规定之一切纪念日，奉有上海工会组织统一委员会命令参加者，工资照给，但不得假工运名义，有离职他往”。

此外，还有其他福利待遇，“工友如遇因工作受伤者，除原有工资照给外，局方须津贴医药费或由局方指定医院医治。如因工作受伤而致死者，局方须酌给抚恤及治丧费……各局年终结账，如有盈余，应除出百分之十作为工友之酬劳金，按照工资标准公开分配……工会为增高工友知识起见，以适中地点设义务学校，其学校经费当须由各局酌量津贴”①。

### ◈ 一个蒲圻小石印书局工人的生活纪实②

出自上海近代石印书业工人之手关于其生活的史料较为罕见，特别是记述小石印书局工人生活状况的文字更加稀少。目前所能找到的是，湖北蒲圻一个石印工人游云 1935 年发表在《民众先锋》上一篇关于石印工人的纪实文章。

1935 年 6 月，一个叫作游云的青年从湖南长沙去往湖北蒲圻，在其兄开设的石印书局中学习刻字和石印。那时蒲圻正遭干旱，乡村经济破产，城市商业萧条，他们租的这铺子，信誉不佳，导致接盘初期生意惨淡。游云闲坐家中，到外面去玩，一个人都不认识；想找份报看，整个蒲圻，除了机关上及私人订的报外，找不到一份公共阅览的报纸，若自己订份报看，则囊中羞涩，无力购书，家中的书，除了《管子校正》、《文心雕龙》等几本新式标点的古书，是找不到一本新时代的书籍，他虽是个醉心古文的人，但对于这些艰涩难懂的古书也心生厌烦。

秋节过了，石印局的经营状况渐渐地好起来，游云的事情也多了，不过由于技术不佳，所以只能做点儿辅助的工作。其兄擅长刻字，印章很受顾客的好评，但在石印上就比较一般，常常把版子弄坏了，有时催东西的催得急，而版子又坏掉，一肚的闷气无处发泄，就拿游云撒气，游云也只好默默忍受。

四个月后，游云总算学会了些石印技术，除了写字和装订外，都能做了，刻字还只能办坯子，挖木巢。这年的冬天，此地开办了一所省立民教馆，他每天没事做，就到民教馆去看书报杂志，玩各种运动器具，比以前闷在家中，快乐得多了。

那个时候，在冬天做石印是很苦的，尤其是游云这家石印局。因为别人做石印都请了摇机工人，他们没有钱请，所以磨版、洗棍子、摇机子、抹水等

① 上档：《上海市书业同业公会墨色石印工人、装订工人为改善待遇发生罢工的有关文书》，上海书业同业公会档，S313-1-204。

② 游云：《生活纪实：石印工人》，《民众先锋》1935 年第 2 期，第 2 页。

工序，都是自己动手。磨版是用冷水磨，冬天的冷水，容易使手生冻疮，加之手上弄了油墨，要用火油肥皂去洗，才能洗掉，客人来谈业务，总是游云去接洽，一去时又得把手上的油墨洗净，免得到外面给人家笑话，柜面上的事，一喊就得去，所以他每天洗手的次数很多，火油和肥皂在冬天洗手，都容易皴的，到了冬天，手上的冻疮和裂缝很多，甚为苦痛。

到了第二年的春天，游云有心求学，在民教馆附设的补习学校读书，同学只有几个人，除他以外都是当兵的，没多久就调走了，唯剩游云。而民教馆的先生们不因只有一位学生而懈怠。学的是古文，这是游云自己要求读的，他那时还不知阅读新书的好处，只知追求旧文学，后来先生说，"我们青年人，要明了世界的现势，要知道中国的环境，必须看新时代的书籍"。他们又告诉游云看杂志，必须看的是《读书生活》，看完两卷后，又给《新生》合订本看，到现在又要他加入了杂志流通社，在书报杂志上，有不懂的地方，就拿了去问先生们。

游云尚是学徒，工作很多，求学的心又迫切，不够时间读书，常常地在天快黑时，于微弱的灯光下看书，因此目光在无形中生了毛病，自己不觉得，到了八月才知眼睛有点痒，像有沙子在眼睛一般的，渐渐地痛起来，尤其书一到眼睛面前，眼睛不自然地流出眼泪来，痛和痒也一齐发作，只好放下书来，把眼睛养息几天，但白天的工作还是一样做的。

过了几天，为了不让自己的学问后退，游云决定早起读书——平常是七点多钟起来开版子的，改作五点钟起来，利用这多余的两点钟，作为求学的时间，但因冬天天气寒冷，身体又羸弱，受不起早晨的寒冷，以致生病，伤风头疼，咳嗽吐痰，一齐来了，于是早上读书的计划，无形中又失败了。

现在游云的工作是固定的几件事，早上起来就开版子，然后买菜扫地，一切都完毕，就开始今天的工作——书线，制版，印东西……除此以外还要学刻字，晚上到民教馆看一小时的报，晚上做晚工，因版子制好，必须经过数小时才好印，所以石印书局做版子，一般在晚上，有时又须把账记一下，因为生意虽小，出进总是有的。

石印的利润也在逐步降低，譬如以前，印一百张布告可得十块四角，现在只得八块。而现在石印局，大多扩充铅印了，铅印比石印美观，并且比石印工少些，石印要三天印的东西，铅印只要一天。

从游云的故事中我们可以发现,20 世纪 30 年代,石印技术已经在内地普及,大量小石印所出现。这些石印所主营代客印刷,兼营刻印装订等业务,两三个人就可以经营。整个石印所以技术工人为核心(即游云之兄),他往往也是石印坊的局主,其余人手进行辅助。无论是局主还是小工,为降低成本,他们都是一身多职,不过并非每日困于劳作,如上文之游云,亦有读书的时间与资金,并可以通过社会教育充实自己。不过由于铅印对于印刷市场的吞噬,石印业务还是大受影响。

### ◈ 编辑——石印书局发展的桎梏

书籍出版离不开编辑工作,但是从晚清直到民国,上海石印书局并没有编译所或编辑部的设置,陆费逵说:“当时的石印书局,因自己不编译,专翻印古书,所以没有什么编译所的名称。大概在发行所或印刷所另辟一室,专从事校阅。总校一人,一定要翰林或进士出身,月薪三十两。分校若干人,举人或秀才出身,月薪十两左右。搜觅到一种书,经理决定要印,便照相落石,打清样校对,校过便印订,所以出书是很快的。”①那么,上海近代石印书局为什么不设置编辑部门呢?

晚清时期,点石斋、同文书局、慎记书庄所招收的抄书人、校书人和以吴友如为代表的画师都在石印书局中承担部分编辑性质的工作。传统社会正统价值体系下所能提供给文人的职业岗位有限所致,游离在文人阶层边缘的下层士子为生计故,才会加入石印书局从事“匠人”的职业。反过来,石印书局对于这些文人的管理,也是较为宽松的。

20 世纪初期,以商务印书馆为代表的综合性书局和铅印书局开始建立自己的编译所,王绍曾写道:

商务为了迎合新潮流,也开始编译《华英初阶》、《华英进阶》等一类英文读物;同时还请人翻译了一批日文书,可是翻译得粗制滥造,出版后无人问津。那时张元济经常因为译书院印书的事给夏瑞芳联系,夏因而向张请教,并由张约请了四五个人给商务修改译稿,但是修改了的稿子还是不能

① 陆费逵:《六十年来中国之出版业与印刷业》,参见张静庐:《中国近现代出版史料》(补编),上海书店出版社 2003 年版,第 275 页。

用,夏瑞芳这才认识到非有自己的编译所不可。①

张元济所领导的商务印书馆编译所负责的是整个商务系统出版书籍的编辑工作。由于商务的石印出版主要是影印古籍,所以编译所下面又设立了校史处专门负责古籍出版。“校史处的校勘工作,主要是机械的校勘,校出各本之间的异同。通常是用初步选定的一个古本为底本,拍照、印出底样,校勘者就在底样上用各种版本来对校……校史处的另一项工作是描润。”②这两项工作,其实就是晚清石印书局的校书与抄书。校史处从描润、初修、精修、复校到张元济亲自总校,先后要经历六个人修校。但是正如王绍曾所说,校史处的工作是“机械的校勘”,求的是仔细,而非创造。商务尚且如此,其他石印书局更是了了。所以,上海近代石印书业中只有书籍的编辑行为,但是并没有属于自己的编辑部和专业编辑人员。其原因有三:

1. 复制古籍使得石印书局对编辑人才的需求不高。清季,出版界和整个社会趋新贱旧的文化心态日趋明显,石印书业在铅印书业争夺新学出版市场的竞争中失败,只能将印刷古籍作为主要业务。复制古籍以保持原貌为宗旨和卖点,不需要有编辑人员与作者沟通,商讨修改稿件诸事宜。局东只需通过购买行为就可以获得翻印底本,最多为了方便印刷剪贴一番,不必对内容进行修改,而剪贴的工作普通工人即可完成。

2. 石印书局没有自编杂志或专著。编译所在书局中的功用,除了策划主体、联系作者、校对文本之外,亦需要编纂期刊和专著,比如商务印书馆有《东方杂志》、《教育杂志》;中华书局有著名的“八大杂志”,这些杂志都是二者的编译所编纂完成的,而商务印书馆、中华书局、世界书局、开明书店最为稳定的利润来源是其中小教科书,这些教科书亦是其编译所的成果。石印书局几乎没有自己编纂出版的杂志或专著,所以其编辑人员只能很单一,只是抄校而已,毕公天在书业公所编纂《国民快览》也不过相当于接受一个兼职项目,清付后两者再无瓜葛,所以石印书局不需要组成建构完整、职责分

① 王绍曾:《记张元济先生在商务印书馆办的几件事》,载商务印书馆编:《1897—1992,商务印书馆九十五年——我和商务印书馆》,商务印书馆 1992 年版,第 24 页。

② 王绍曾:《商务印书馆校史处的回忆》,载商务印书馆编:《1897—1992,商务印书馆九十五年——我和商务印书馆》,第 303—304 页。

明的编译所。①

3. 新一代知识分子趋“新”的职业选择倾向。废科举之后，近代学术体系建立，传统文人演变为“术业有专攻”的职业知识分子，同时社会也为他们提供了更多可以选择的职业。石印书局抄书、校书这种比较低端的知识应用，很难获得新一代职业知识分子的青睐。同时，铅印书局逐渐建立起自己的编译所，对知识分子而言，综合性书局和铅印书局的编辑成了一种更加具有创造性、技术性，也更有吸引力的职业。

从根本上讲，石印书局之所以无法建立编译所的原因还是其规模太小，投资太少，无法以充足的资金推动技术升级改造，争取新学作者的版权，以及提升编辑人员的薪金待遇。铅印书业的投资虽然比较大，但是新学出版物是整个社会阅读群的需求方向，把握住了读者，也就把握住了最主要的利润源泉，所以书业资金都投入了投资收益比更高的铅印业上。石印书局无力反击，只能不断削减开支，以求自保，也就陷入了新一次的恶性循环。其实，上述石印书局没有编译所的三点原因又何尝不是尴尬的结果呢?

从根本上讲，石印书局在选址、定价、生产、营销、组织等方面的革新都是被近代化大潮推动所致，但其在降低成本的紧箍咒下，迈出的步子实在有限。

---

① 当然，早期有很多书局所谓的编译所，实际上也只是简单的抄校工作，就比如金粟斋的编译所，包天笑在其中仅仅是一个校对员。参见包天笑：《钏影楼回忆录》，中国大百科全书出版社2009年版。

# 第四章

## 尴尬的『守门人』：近代知识生产与传播中的书业公所

传播学意义上的“守门人”(或“把关人”)理论(The Gatekeeper Theory)关注是海量信息背景下编辑人员或者媒介组织对新闻的选择与加工。然而,在传统知识生产与传播背景下,书业行会起到了一个更加丰富的“守门人”的作用。一方面,书业行会虽然不能决定,但是可以引导书商对书籍内容的选择,亦可利用查禁来强化这种引导的力量,是为守护“知识”;另一方面,行会亦维护书业的秩序与稳定,兼顾各书局的利益,是为守护“行业”。书业行会既监控无形的知识,又管理有形的生产,起到了知识生产与传播“守门人”的作用。

当然,书业行会的“守门人”作用是有限的,对书籍内容的监察囿于国家法令与社会风向的框架下,对生产的管理亦不出于一时一地。但其存在毕竟有其现实意义,一则可以降低官府的管理成本。如光绪初署理钱塘知县汤肇熙称:

各埠役夫,各行纲首,多属祖遗世业,或有一定股份,外人不能混入,或有一定地界,畛域各自分明,甚至至于乞丐下流,亦分地段。巫医贱业亦有门市,类难枚举。此皆俗例而非官例,私禁而非官禁,地方官要不能不俯顺舆情,若欲稍事更张,则讼争蜂起。窃恐日坐堂皇,亦有应接不暇之势。

传统各业历史悠久,情势复杂,官府难以进行直接管理,于是委托行会进行行业自律。二则降低了同业间的交易成本,以公共组织的身份维护市场秩序,协议价格,融通资金,开发技术,开辟市场,加强同业交往,与政府、商会折冲交涉。是故,书业行会在传统知识生产与传播中的地位十分重要。

中国在“三千年未有之大变局”中走向近代化,近代知识生产与传播体系亦随之东渐,其中国化之路乃是与本土传统相互协调融合的过程,时代大潮要求书业行会的职能需要从传统意义的“守门人”转变为新式的“引路人”。

然而,角色转换总是伴随着艰难和阵痛,传统书业行会在新旧交织、中西杂糅间进行着痛苦的蜕变。这一点在上海石印书业的行会组织书业公所身上体现得特别鲜明——石印技术舶自泰西,书业公所深根传统,两者的结合使得这种转换有了跨文化与跨时代的意义。本文通过探讨上海石印公所对石印书业的生产管理与行业监督，着力分析和审视其在行使职能上存在的问题和成因，以期对现代转型中知识生产与传播控制的复杂性有更加清晰的认识。

## 第一节　书业公所的创建与制度

清嘉庆元年(1796)，逊纳菲尔德发明石印技术。道光六年(1826)5月1日，传教士马礼逊给中国带来了第一部石印机。道光二十三年(1843)上海开埠，麦都思创建墨海书馆，翌年印刷了上海第一部石印书籍《祈祷式文》。光绪四年(1878)年底，英国人美查成立点石斋石印局，将石印技术应用于商用书籍出版①，凭借着价格低廉、制版容易以及保持书法之美的技术优势，逐渐取代了已经流行数百年的雕版印刷，在晚清上海风行一时，几十年间大大小小的石印书局和兼营石印的书局数量极多，"石印出版物无所不包，涵盖戏曲小说古籍西学"②，成为近代知识生产与传播的重要手段。在1905年废科举前，石印牢牢占据了上海近代书业的第一把交椅，即使废科举后"千百万资本之老书，半多呆搁"③，同文书局、蜚英馆等代表性书局歇业的不利情况下，石印依然在上海近代书业有其重要地位，生产一直维系到了20世纪80年代。

作为上海石印书业的行会组织，书业公所的前身是设于苏州的崇德堂。苏州是清代前中期江南的书业中心，"其时书业之盛，以苏州为甲，阊门一带如扫叶山房、绿荫堂等自刻木板批发"④。苏州书商于清康熙七年(1668)创建崇德堂，以之为出版、印刷、贩书诸业的集议之所，属于传统行会性质。后太平天国军兴，江南糜烂。咸丰十年(1860)李秀成克苏州时，崇德堂毁于兵燹。苏浙书商为避兵祸，相继来到上海，久而定居，开设分号于此，为规范市场行为，联络同业感情，书业行会的建立提上日程，然而整个创设过程并不

---

① 《申报》光绪四年十二月初七日(1878年12月30日)，13册，第625页。

② 张秀民著，韩琦增补：《中国印刷史》，浙江古籍出版社2006年版，第471页。

③ 上档：《中国书业有限公司章程·忠告同业》，上海市书业同业公会档，S313-1-132。

④ 上档：《会办理会员贷款与中央银行、上海市商行的往来文书以及有关贷款问题的会员来函、会议记录、通告，新闻报道等文件》，上海市书业同业公会档，S313-1-177。

顺利，在经过了二十多年的时间以及三批次的努力之后，上海书业的行会组织——书业公所才最终得以问世。

光绪十二年(1886)，扫叶山房总经理朱槐庐、分号经理黄熙庭、翼化堂主人卫辅堂等，募集资金，购买房屋，筹建上海书业的同业组织。因苏州书商在会中占据优势，所以该会命名为上海书业崇德公所，并约法八条，成《上海书业崇德公所创建书业公所启》，然崇德公所旋起旋灭，很快就没有了声息。

迨戊子年(1888)，“石印大盛”①，有识之士深觉无公所之不便，至光绪二十一年(1895)由沈静安、葛直卿，邀同前经办公所的朱槐庐与黄熙庭，续开捐助，设办事处于英租界三马路，重立公所。② 然终因经济不逮，不久黯然停办，盖因上海石印书业正处于发展的黄金时期，各书局都在极力拓展自己的业务，对成立监管整个行业的行会组织兴趣不大。

光绪三十一年(1905)，育文书局代表夏育芝、点石斋代表叶九如等人倡议奔走，再次组建书业公所，在名称上，去掉“崇德堂”三字，定名为“上海书业公所”，这也标志着经过了几十年的发展，无论是江南各书局的在沪分号，还是上海本地新设书局，已经形成一个利益整体。需要书业公所这样一个协调机构，对内调解各号关系，对外争取共同利益。从此，书业公所步入了一个稳定的发展期，不复之前旋办旋停的窘境。

在近代上海的各书业行会及同业公会组织中，上海书业公所公认偏于传统书业一脉。然而就其数十年的发展历程来看，其会员虽来源多样，但或多或少都和石印书业有相关之处，比如会员中除了同文书局、鸿宝斋书局等专业石印书局之外，还有扫叶山房、文玉山房之类由传统雕版书局转型，抱

---

① 上档：《上海书业公所落成全体大会开会词》，上海市书业同业公会档，S313-1-2。

② 此事发生之时间有三种说法：一、光绪十六年(1890)，参见陈乃干《上海书业公会史》[《大晚报》1946 年 5 月，汪家熔辑注《中国出版史料(近代部分第三卷)》，湖北教育出版社 2004 年版，第 525 页]；二、光绪二十一年(1895)，参见上档《上海书业公所落成全体大会开会词》，上海市书业同业公会档，S313-1-2；三、光绪二十六年(1900)，参见上档：《(为创公所输捐事)敬告同业》，上海市书业同业公会档，S313-1-233。这三种说法，第一种不见出处，第二、三种所依据文献的时间差不多，都在 1914 年书业公所迁回城内之际。但是一来，第三种的原档是手稿，第二种则是铅印正式本，后者可信度稍高；二则下文有光绪二十四年(1898)沈静安为弥补书业公所亏空倡议租印三续文编事，若沈邀集同业事发生在光绪二十六年(1900)，则前事无据，所以笔者取第二种说法。

芳阁、著易堂之类由贩书局转型，以及商务印书馆、中华书局之类综合性书局附带石印部者。

光绪三十二年（1906）的《上海书业公所初次订立章程》规定："凡上海一埠内关于图书业之商家，无论木板、石印、铜版、铅版，庄局、坊店以及各报馆、仪器馆之兼售书籍者，皆当认为同业。"相对来说，民国间的上海书业同业公会的书业调查相对较多，书业公所则较少，笔者搜检之下，勉强可观者仅有四辑，分别为：（1）光绪十二年（1886），《上海书业崇德公所创建书业公所启》后面所附之《创公所输捐店号姓氏》①，此名单虽非成员目录，但可见创设时同业之较有力者；（2）光绪二十四年（1898）左右，《书业公所第一总结账（租印三续文编细账附后）》中所收各书局月捐表②；（3）民国六年（1917），《民国六年丁巳秋季调查同业一览表》③；（4）民国十七年（1928），

---

① 上档：《书业公所认购国内公债、总商会建筑公债以及公所推募创办经费的有关文书》，上海市书业同业公会档，S313-1-233，又见于上档：《清朝书业公所收支账目报告及有关文稿留底》，上海市书业同业公会档，S313-1-80。列项书局有：点石斋、扫叶山房、抱芳阁、翼化堂、江左书林、乐善堂、醉六堂、文玉山房、积山书局、千顷堂、长顺晋、修文书馆、还读楼、云鹤山房、文瑞楼、宝文阁、著易堂、宝顺堂、畅怀书屋、六合堂、芸湘阁、蒋同泰号、三元堂、万选楼、文海芹记、文宜书局、启秀堂。

② 上档：《书业公所第一总结帐（租印三续文编细账附后）》，上海市书业同业公会档，S313-1-80。列项书局有：点石斋、扫叶山房、江左书林、醉六堂、积山分庄、积山省记、千顷堂、文瑞楼、著易堂、三元合记、万选楼、文宜书局、慎记书庄、鸿宝斋、十万卷楼、文渊山房、文渊德记、纬文阁、焕文书局、古香阁、宏文阁、简玉山房、祥记书庄、申昌书局、南申昌书局、博文书庄、龙威阁、理文轩、耕余书局、赐书堂、文富楼、竹简斋、飞鸿阁、文宝阁、芸华书庄、文苑山房、观澜书庄、宝善书局、天禄阁、文苑阁、六艺书局、晏文盛堂、启秀书局、介记书庄、多文阁、同文书局、文运书局、久敬斋。

③ 上档：《民国六年丁巳秋季调查同业一览表》，上海市书业同业公会档，S313-1-23。列项书局有：扫叶山房南北号、翼化堂、江左书林、千顷堂、文瑞楼、著易堂、鸿宝斋、焕文书局、文富楼、文宝书局、久敬斋、校经山房、广益书局、中华图书馆、锦章书局、鸿文书局、鸿文恒记、育文书局、商务印书馆、中华书局、文明书局（新记）、会文堂、中国图书公司（合记）、有正书局、新学会社、群益书局、章福记书局、文盛书局、铸记书局、天宝书局、商业印书馆、昌明书局、江东茂记书庄、尚古山房、朝记书庄、咏记书庄、新中华图书馆、彩文书局、普新瑞记书局、共和新书局、天南书局、文华书局、国粹书局、简青斋、天机书局、斐章书局、周月记书局、燮记书局、石竹山房、文粹书局、振华图书局、中新书局、神州国光社、国光书局、公兴书局、民友社、博文印刷公司、崇文书局、国华书局、交通图书馆、科学书局、彪蒙书局、尚文书局、文汇图书局、泰东图书局、启新图书局、群学书社、海左书局/海左南号、炼石斋书局、来青阁、古书流通处、同文图书馆、同文仁记、百新公司、覃隐庐、博古斋、艺苑真赏社、民权出版部、小说从报社、鸿文堂、存古斋、文池堂、文胜堂、黄文正、昌明书店、文元书庄、才记书栈、文华山房、渊明书庄、锦文堂书庄、振华书局、萃英书庄、文益书局、姚文海书庄、鸿裁书庄、春记书庄、槐荫山房、德记书庄、沅记书庄、大声图书局、沈鹤记、新中华社、亚东图书馆、新华小说社、忠厚、二酉堂、求古斋、苏新书社、振亚图书局。

《民国十七年上海书业公所工商号调查表》①。

光绪十二年(1886)的《上海书业崇德公所创建书业公所启》②虽然有规约八条,但是除去选举抽捐等内容之外,真正涉及书业公所职能的有四项:(1) 公议有关市面、大局之事;(2) 禁绝淫书;(3) 春秋两祭;(4) 救助同业孤寡等善举。

二十年后,光绪三十二年(1906)版《上海书业公所初次订立章程》中没有专门写明公所的职能,而是将其体现在第二章"办法"及第七章"预谋公益"之中。在第二章,首次出现了各书局出版新书须到书业公所注册报备的内容。此外,还有查处禁书以及调解同业矛盾的义务。第七章,则提出开办同业学校的目标。

其后订立的《上海书业公所章程》第二章"办法"第三条中对书业公所的职能提出了明确的规定。

本公所依次兴办事件如左:

甲,本公所以联络同业感情,整顿行市,维持同业公益,矫正营业上弊害,为同业谋幸福。

乙,遵照著作权法、出版法保护版权及维持同业公认之版权。

丙,创办善举以济同业孤老贫病,身亡施棺等事。

丁,同业凡出版图书,本公所视为不正当,有碍地方治安及风俗人心者,

---

① 上档:《上海书业同业公会及书业公所会员名册》,上海市书业同业公会档,S313-1-2。列项书局有:扫叶山房、翼化堂书局、千顷堂书局、文瑞楼书局、鸿宝斋书局、久敬斋书局、校经书局、广益书局、中华图书馆、锦章书局、鸿文书局、商务印书馆、中华书局、文明书局、会文堂书局、有正书局、章福记书局、铸记书局、天宝书局、昌明书局、尚古山房、彩文书局、文华书局、斐章书局、燮记书局、国光书局、国华书局、群学书社、海左书局、炼石斋书局、来青阁书局、百新公司、鸿文堂书局、文元书局、文益书局、苏新书局、世界书局、大东书局、中原书局、启新书局、群艺书社、三民书社、梁溪图书馆、上海图书馆、受古书店、锦文堂书局、博古斋书局、集成森记、泰东书局、光华书局、美的书店、群众书社、大陆图书馆、汉文渊书肆、大中书局、民智书局、亚东书局、清华书局、新民书局、新学会书局、新华书局、益新书局、大一统书局、开明书店、现代书局、真善美书局、六艺书局、北新书局、新月书店、覃隐庐书局、大华书局、中国书店、大成书局、江东书局、自强书局、大德书局、华商书局、好青年图书馆、善书流通处、求古斋书局、沈鹤记书局、医学书局、知无涯屋、大通书局、进步书局、华昌书局、时还书局、槐荫书局、萃英书局、蒋春记书局、刘德记书局、马启新书局、中国图书集成公司、鸿章书局、元昌书局。

② 转引自宋原放主编,汪家熔辑注之近代部分第三卷:《中国出版史料》,湖北教育出版社2004年版,第497—499页。

当公决纠正或取缔之。

戊，设立学校，以栽培同业子弟，建设图书馆为流通文化，辅助公家教育之用。

1923年的《上海书业公所新订现行章程》中对职责的规定大体相同，仅加入“修订章程呈请农商部及地方官厅立案条”的内容。

虽然石印技术是源自泰西的舶来品，但是书业公所还是更多按照传统行会的方式对上海石印书业进行监管——其核心在于限制竞争。低价竞售、高价揽购等经营手段在传统行会中严格禁止，内地的旧式行会甚至以极为严格的开业制度来预先堵住竞争的产生，防止因市场饱和造成行业崩溃，如湖南益阳新开山货店，要离同行上七下八，除了按照挂牌多少交纳四串到十六串的行会会费之外，还要备酒席一桌，演戏一台敬神。① 以至于在华的西方人看来，传统行会利用限制竞争维系产业的生存是专制主义在经济领域的延续。②

上海商业气氛浓郁，投资自由，书业公所无法利用开业制度限制同业间的竞争，只能依靠注册制度和规定折扣达到自己的目的。光绪二十二年(1896)书业公所推出《石印书籍章程草约》③，详细规定了同业出版书籍的“登记注册”制度，十年后的《上海书业公所初次订立章程》则加以补充。书业公所主要针对石印书业，以“版权注册”制度为基础，形成了加强行业自律，维护行业秩序的一整套体系。④

该项制度分为“注册”、“审核”、“广告”和“抽捐”四个部分。

注册：当石印书局欲开印某书时，须将“抄好书底，先印一石，不拘开数，总以一石为定，并报明造印若干部”，送交公所注册。审核：公所对书局提交注册的书籍分四类审核：(1) 学堂应用、“四书”、“五经”等各种雕版书籍；(2) 同业中的旧钞精本、名人秘本，及著者自撰新书与译本；(3) 铅印书籍；

① 彭泽益：《中国工商行会史料集》(上册)，第216页。

② 玛高温：《中国的行会》，《中国工商行会史料集》(上册)，第35页。

③ 上档：《石印书籍章程草约》，上海市书业同业公会档，S313-1-119。

④ 值得注意的是，虽然该章程名为《石印书籍章程草约》，但是行文偶有涉及铅印书籍出版之处，这说明石印书籍是当时上海书业的主角，这部石印书业的行业自律章程在一定程度上也就是上海书业的行规。

(4) 前印之独版,及以后陆续出之独版各书,未曾定有价码者。广告:审核完成后,公所登报广告,向同业及社会宣告近期出版书籍的版权情况。登报以后,公认专利,但登报费用,须由书局自理,并印发传单于同业,再行告知义务。抽捐:书籍印就之后,“按照定价,码洋一元者公所酌提二厘,多少以此类推,作为经费”。

书业公所将所有审核通过,允许注册的书籍编订目录,汇集成册,以木板订成一本。分发给各会员,共同监督。如有新书,则时时补充,加贴在原书目后面。该项规定主要应用于书业公所会员,如有客帮及外埠同行“愿来公所报告,缴费遵守保护章程者,当由公所发给保护凭证,并先注册,以便稽考”。鉴于当时石印书籍市场盗版严重的现状,书业公所一方面要求将各号历年所有书底,“无论石印、铅版,开明页数、开数送交公所,登簿注明。如后来更改,亦须告明公所查校,以杜影射。倘匿而不报,察出议罚”,以此形成对各书局既有书籍版权的承认。当然公所也给了各书局一定的缓冲期,“历年所备书底,有石印铅板重复者,报明公所。汇议价目,照开数大小以定价值,各归各印,不得私自贱售。定限于十一月初一日为止,不得再有翻印,违者议罚”。

上海各书局出版的石印书籍虽有定价码洋,但是在销售,特别是批发的时候一般会采取若干折扣,这也是近代书业重要的营销手段,书业公所亦规定折扣限制竞争。

《石印书籍章程草约》中,书业公所对书局销售折扣进行较为详细的规定,包括三个方面:(1) 旧书折扣。书局出版以前自有版权之书,五折。(2) 书局自售书籍折扣。书籍经公所议定价目之后,书局发行所门市发售,七折;外地客商批发,六折,但不得包办关税和运费,以免造成实际上的减价;本地书局批发,五五折;书局如到外埠销售书籍,也须先报明公所,并在公所议定折扣程度后,才可出埠销售。如果瞒报,或者低于一定折扣,则查处某号,“唯某号是问。该友立即辞歇,重重倍罚”。(3) 公所代售书籍折扣,五折,每逢月底结算。即使在救助同业之时,书业公所亦不许破坏行会的定价权威:各书局如果急需用款,可将货物抵押给公所换取借款,但不得将货物贱售。

除以专制策略限制石印书业竞争外,书业公所的文化理念亦偏于保守和陈旧。虽然石印书局的局东多为印书、贩书的普通商人,无足够的学力与意愿表达自己的出版思想,不像随后成为上海书业主宰的铅印新书业,涌现了一大批既是商人,也是文人的优秀出版家,如张元济、陆费逵、王云五等人,留下那么多体现自己文化追求的著作,亦有迹可循。1905 年前后,书业公所第三次筹建之际,曾就《书业公所章程》广泛征求各同业意见,如席子佩、俞仲远等书局负责人都曾在《拟书业公所章程》(即意见稿)加入眉批,从中似可窥见石印书局局主思想之一斑。席子佩针对“各店无论已入公所、未入公所,需将《从前果报录》等诲淫之书一律禁止销售,如再违禁私卖,本公所将禀明地方官追究”一条的批注意见是:

惟《古今奇观》、《红楼梦》等书,虽亦禁止,而实非淫书者,应请地方官豁除此例。①

须知,就在前一年,王国维已经发表了著名的《红楼梦评论》,梁启超亦在同年于日本掀起了“小说界革命”。书业公所竟然还以是否诲淫诲盗的传统观点来评判小说,《红楼梦》甚至被列入“淫书”,可谓落后时代远甚。而观澜阁、文宜书局所拟的《书业公所章程》附件《违禁各书》称“如《革命军》、《警世钟》等类归新学店调查照淫书同例”,见识亦旧。甚至在 1922 年,书业公所尤自得于成立“正心团”赴各地查禁销毁淫书②,真是为“五四”之辈笑!

此外,早在光绪十二年(1886)书业公所第一次创建的时候,就已经按照传统书业行会的规矩,率领同业开展了对行业神文昌帝君的春秋两祭。③书业公所亦在成员生老病死等情况下相助转圜,如文宜书局原主程茂生于光绪二十八年(1902)四月故世,其遗孀曹氏与两子继承书局,曾委托茂生弟慈安经营。但是慈安在书局经营不善情况下依然划取高薪,曹氏请书业公所作为中人,将书局及一切书底作价现洋一千元归于慈安,两者相宜。④ 祀

---

① 上档:《上海书业公所创办中国图书公司及有关记录和规定》,上海市书业同业公会档,S313-1-132-1。

② 上档:《上海书业公所组织“正心团”销毁淫书的报导和有关取缔淫书的来往文书》,上海书业同业公会档,S313-1-146-1。

③ 上档:《清朝书业公所文昌会帐簿》,上海市书业同业公会档,S313-1-82。

④ 上档:《书业公所同业规章、各号牌名、著作权章程及重要文稿留底簿》,上海书业同业公会档,S313-1-120。

神救孤都体现了传统行会联络扶助同业的精神。

要之，书业公所利用版权注册控制书局出版内容，凭借限制折扣消除行业内部竞争，借助查抄“淫”、“禁”书籍维护行业稳定，通过祀神救孤凝聚行业向心力，在传统行会的框架下努力实现着自己知识生产与传播“守门人”的职能。

## 第二节　书业公所的近代特色

然而，正如彭泽益所言，太平天国运动之后，江南一带的会馆、公所又进行了大规模的重建，但这些重建已经不同于传统行会的复活。① 时风浸染，书业公所亦有诸多近代特色。

其一，行业监管，重视打击盗版，维护行业利益。

版权概念属近代范畴，其目的是为了维护作品与资本的结合。② 中国古代无版权保护，却有复制禁令，针对的是官定典籍、词典、地图等内容，其目的不是为了保护作者的精神创造，而是看重该类产品的文化意义，防止任意复制影响文化发展和社会稳定。③ 随着上海石印书业的发展和近代稿酬、版权制度与法律的建立，书业公所开始重视行业内外的盗版问题，并着手打击。

光绪十二年(1886)的《上海书业崇德公所创建书业公所启》并没有关于版权方面的内容。二十年后，《上海书业公所初次订立章程》则首次出现了各书局出版新书须到书业公所注册报备的内容。宣统二年(1910)的清廷颁布《大清著作权律》、《大清版权律》等法令，由国家行政力量保障版权，虽然这部法律颁布不久清朝即亡，但其后 1915 年北洋政府颁布的《著作权法》，1928 年南京政府颁布的《著作权施行细则》，则在实际意义上对著作人和书局的合法权益进行保护。

---

① 彭泽益：《19 世纪后期中国城市手工业商业行会的重建和作用》，《历史研究》1965 年第 1 期。

② 李琦：《关于“中国古代因何无版权”研究的几点反思》，《法学家》2010 年第 1 期。

③ 郭凯峰：《中国特许出版劝和著作权制度的历史变迁(唐宋至清末时期)》，载《中国知识产权评论》(第 2 卷)，商务印书馆 2006 年版。

上海的石印业很早就通过官方途径来维护自己的版权,大量晚清上海的石印书籍扉页都会刊载上海道台保护版权的公文以及上海县签署的相关告示,而版权页上也有着"书经存案,翻印必究"的字样。

《上海书业公所章程》提出"遵照著作权法、出版法保护版权及维持同业公认之版权"。书业公所在收到同业举报盗版事件之后,如果控诉双方都是书业公所内部成员的话,会进行相应的调查,如情况属实,则会要求盗版之书局焚毁书底,并交纳一定罚款;如果控告者不是书业公所的成员,盗版事件就很难限制在书业公所内部解决。①

其二,政治意识觉醒,和政府进行博弈,争取行业利益。

如前所述,书业公所的文化意识较为保守,但是政治意识觉醒较早,很早就以一个整体参与社会变革。清宣统三年(1911)三月,上海书业界中人赵清臣、丁云亭、平永泉、葛劲荪四人,提呈意见与书业公所,建议组织书业商团,推举陈鑫墉、叶九如、沈菅芳等为会长,经费来则源于书业公所出版之《国民快览》的利润。② 书业商团首批成员来自于25家书局,这些书局基本上都经营石印书业。

**表 4.2.1　书业商团成员于各书局之分布**

| | |
|---|---|
| 有一名成员的书局(11家) | 北扫叶、江左书林、校经山房、广益山房、商务书局、群益书局、海左书局、中新书局、国华书局、沈鹤记、蒋春记 |
| 有两名成员的书局(5家) | 著易堂、鸿宝斋、万丰书局、先施公司、景文照相馆 |
| 有三名成员的书局(2家) | 成燮记、交通图书馆 |
| 有四名成员的书局(4家) | 中华图书馆、启新图书局、大声图书局、文汇图书局 |
| 有五名成员的书局(2家) | 中华书局、商务书馆 |
| 有八名成员的书局(1家) | 书业公所 |

资料来源:上档:《书业商团同志录》,上海市书业同业公会档,S313-1-23。

---

① 1902年5月,傅兰雅所创办的格致书室到公共租界会审公廨控告铸记书局盗版《格致汇编》一书。先是,铸记局主阙念桥盗用前一年去世的徐建寅的名义,将《格致汇编》拆开,分门别类,编为一套《格致丛书》出售。经审理,铸记书庄被罚款500元,没有卖完的"丛书"也被禁止销售。王扬宗:《傅兰雅与〈格致汇编〉》,科学出版社2000年版。

② 上档:《同日议决商团提〈快览〉之二厘移作公所公债》,上海书业同业公会档,S313-1-86。

书业商团于宣统三年(1911)五月十三日举行正式开操大会,为上海成立最早的商团组织。当时沪道刘襄孙、上海县田宝荣及地方士绅,都被请到场参观,仪式隆重,一时称盛。上海县田宝荣的训词中有:"贵会诸君,确守宗旨,而推诸百业,由一区而推诸全国,干城之选,保障之功,是则贵会进行之方针,亦即贵会提倡之成效也。"果然,不多几时,各业中谷豆米业、棉布业、珠宝业、参药业等,都先后随书业而组织商团。而闸北商团亦于同月二十一日下午三时,在沪宁火车站北操场举行开操礼。是日,书业商团全体参加观礼,威仪甚为整肃,见者无不致敬。

书业商团团员毕业礼,共举行过两次,第一次,在民元(1912)五月十九日,优等毕业生为縻郁治等二十六名,一等毕业生为朱立云、米海珊等三十七名。第二次,在元年(1912)十二月二十九日,上海各商团联合举行,书业人数九十八名,先在陆家浜商团公会事务所略进茶点,以后沪杭火车站前面操场行"给装礼"。当时参加各团体,共有韫怀商团、花业商团等三十多位。

**表 4.2.2　书业商团同志姓名录**

(按照毕业证书调查)

| 姓氏 | 年岁 | 籍贯 | 通讯处 | 姓氏 | 年岁 | 籍贯 | 通讯处 |
|---|---|---|---|---|---|---|---|
| 縻郁治 | 二十八 | 江苏无锡 | 北扫叶 | 邓生廉 | 二十三 | 江苏无锡 | 书业公所 |
| 沈荫松 | 二十七 | 江苏泰州 | 江左书林 | 徐子林 | 三十六 | 江苏丹徒 | 书业公所 |
| 俞幼甫 | 二十五 | 江苏吴县 | 交通图书馆 | 钱荣华 | 二十六 | 江苏无锡 | 书业公所 |
| 姜昌镛 | 二十七 | 江苏吴县 | 交通图书馆 | 杨士林 | 二十八 | 江苏上海 | 书业公所 |
| 陈慈民 | 二十四 | 湖南善化 | 先施公司 | 蒋宗良 | 三十二 | 浙江奉化 | 书业公所 |
| 杨绍周 | 二十四 | 江苏江阴 | 先施公司 | 杨永清 | 三十七 | 江苏江宁 | 商务书馆 |
| 薛承泰 | 二十八 | 江苏无锡 | 中华书局 | 奚干甫 | 二十七 | 江苏上海 | 景文照相馆 |
| 陈德修 | 二十六 | 江苏金匮 | 著易堂 | 许季安 | 二十七 | 江苏吴县 | 景文照相馆 |
| 金汝璜 | 二十八 | 江苏青浦 | 著易堂 | 薛甫彦 | 二十六 | 江苏常州 | 启新图书局 |
| 赵清澄 | 四十一 | 江苏无锡 | 书业公所 | 黄长源 | 三十六 | 安徽巢县 | 群益书局 |
| 关壬林 | 二十九 | 浙江钱塘 | 书业公所 | 成静安 | 二十八 | 江苏盐城 | 成燮记 |
| 朱理征 | 二十七 | 浙江镇海 | 鸿宝斋 | 邬裕如 | 二十三 | 浙江奉化 | 成燮记 |
| 刘杰三 | 二十七 | 山东历城 | 鸿宝斋 | 金志雄 | 三十七 | 江苏金匮 | 成燮记 |
| 周　泽 | 二十八 | 江苏丹阳 | 校经山房 | 钮福五 | 二十六 | 江苏吴县 | 中华图书馆 |
| 夏荣轩 | 三十五 | 江苏武进 | 广益山房 | 褚杏生 | 二十八 | 江苏松江 | 海左书局 |

续表

| 姓氏 | 年岁 | 籍贯 | 通讯处 | 姓氏 | 年岁 | 籍贯 | 通讯处 |
|---|---|---|---|---|---|---|---|
| 殷剑花 | 三十八 | 江苏吴县 | 交通图书馆 | 葛琴生 | 三十二 | 江苏吴县 | 大声图书局 |
| 徐鸿云 | 三十八 | 江苏丹徒 | 锦章书局 | 浦子敏 | 三十 | 江苏金匮 | 大声图书局 |
| 钱　青 | 三十八 | 江苏吴县 | 中华图书馆 | 包含章 | 三十二 | 浙江仁和 | 大声图书局 |
| 翁甘如 | 二十三 | 江苏吴县 | 中华图书馆 | 万子安 | 二十七 | 江西丰城 | 大声图书局 |
| 武兰谷 | 二十七 | 江苏江宁 | 商务书局 | 殷秋轩 | 三十三 | 江苏吴县 | 国华书局 |
| 陈士卿 | 二十八 | 江苏金匮 | 商务书馆 | 沈鹤泉 | 三十三 | 江苏上海 | 沈鹤记 |
| 金善卿 | 二十八 | 浙江余姚 | 商务书馆 | 殷义声 | 三十六 | 江苏吴县 | 中华图书馆 |
| 张子谦 | 三十一 | 浙江海宁 | 商务书馆 | 朱寿洪 | 二十四 | 江苏上元 | 文汇图书局 |
| 葛采臣 | 三十四 | 浙江上虞 | 商务书馆 | 龚紫莱 | 三十七 | 江苏南汇 | 文汇图书馆 |
| 鲍润斋 | 二十八 | 浙江山阴 | 启新图书局 | 王宾侯 | 三十四 | 江苏丹徒 | 文汇图书馆 |
| 周珊宝 | 二十四 | 江苏上海 | 启新图书局 | 殷裕发 | 三十一 | 江苏丹徒 | 文汇图书馆 |
| 许　瀚 | 二十八 | 江苏无锡 | 启新图书局 | 王竹庭 | 三十八 | 浙江山阴 | 中华书局 |
| 朱庆云 | 三十四 | 江苏南汇 | 中新书局 | 余永祥 | 二十六 | 浙江余姚 | 中华书局 |
| 顾子贤 | 三十 | 江苏金匮 | 万丰书局 | 朱海珊 | 三十七 | 浙江鄞县 | 中华书局 |
| 萧志良 | 二十八 | 江苏松江 | 万丰书局 | 包珊葆 | 四十一 | 浙江慈溪 | 中华书局 |
| 张俊卿 | 三十六 | 江苏武进 | 书业公所 | 蒋春芳 | 四十五 | 江苏丹阳 | 蒋春记 |

资料来源:上档:《书业商团同志录》,上海市书业同业公会档,S313-1-23。

从《上海书业商团会军队会员相见礼节》可以看出,服制上有便衣与军服,荷枪、持枪和背枪的区别,说明书业商团的军容、军械还是比较正规的。这些礼节,系仿南市商团公会、总司令江荣侪所订,与陆军礼节稍有不同。书业商团自言:“《奏定陆军礼节》乃兵官禀见禀事,似嫌专制气太重,而我本会同人,军服在身,级分高下。一换便衣,依然平等,性质不同。”在相见礼之外,还有书业商团在宣统三年自定的《会员身穿军服在途(队)自治规则》和《暂拟操场规则》。从这些规定上看,书业商团的管理还是比较严格的,除了“不得无故不操、不得过时归队、不得带违禁物品、不得不遵口令”这些通常军事管理常见的规章之外,还有很多是对商团队员体态行为的要求,如:“不得谈笑唾涕、不得歪头斜视、不得回首斜视妇女、不得脱衣脱帽裸体等情,不得畏风栗雨袖手缩头有萎靡不振之慨,不得高唱京调乱吹警笛及随意戏谑,行走身体必须正直不得作散漫之步停趾观看店摊货件并野景以及热闹”，这些规定看起来过于琐屑，但却反映了书业商团等人对自身较高的定位和自信感，这也体现在《自制规则》“宗旨”上：“军人资格何等高贵，志壮心雄，颜貌威严，有气吞河岳之慨，一举一动，迥与下等社会人不同，则庶乎其不差矣。”①

书业商团亦编写了《商团歌》，作者为司令部刘逊谦，分为《入伍歌》、《国民进步歌》、《振兴实业歌》，由书业公所事务所石印：

**入伍歌**

天下荣，丈夫争战功，天下乐英雄，破敌国；
古今来，兴灭本无常，你看他强吞，弱者肉；
我中原，列国数千年，老大邦今日，受人辱；
想起来，好不愤填胸，若要强国体，要牢缚；
最可羞，一种依赖性，波兰人终为，俄倾覆；
最可耻，一种奴隶性，印度人永远，堕地域；
最可敬，一种坚忍性，拿破仑世界，称卓卓；
最可尊，一种爱国性，日本人与俄，战东北；
哪怕他，枪林弹雨中，一军人志气，吞河岳；
两军前，誓不愿生还，沙场死男儿，真快乐。

**国民进步歌**

进兮进兮，进进进进进，谁谓黄人，大梦犹未醒；
进兮进兮，进进进进进，黄沙万里，一片战斗声；
进兮进兮，进进进进进，劝我同胞，群起去当兵。
精神一到，何事不可为，不屈不挠，养成坚忍心；
弹丸飞去，多少英雄血，化作山河，保障我国民；
身衣甲胄，至高又至美，天下国家，赖此以振兴。
死兮不退，好个壮男儿，为国为家，为吾众苍生；
死兮不退，好个壮男儿，为国为家，为吾众苍生；
死兮不退，好个壮男儿，为国为家，为吾众苍生。

① 上档：《上海书业商团会入场券、相见礼节、自治规则、操场规则、印柬留底、入会志愿书、团歌、集会通告》，上海市书业同业公会档，S313-1-52-1。

**振兴实业歌**

黄河白浪，掀天涌，扬子江头，水波稳；
愿乘星槎，御天风，冯夷海若，其来从；
二十世纪，商战场，实业振兴，国自强；
□有内货，相抵制，国民穷困，竭膏浆。
□观大海，之波澜，孰知道，化工；
唤起文明，新潮流，自西而，徂东；
试观西欧，与北美，百货濒，输将；
至今印度，与波兰，闻者心，胆寒。

观其文字，有热血澎湃之感。除了拥有自己的军歌之外，1919 年书业商团还成立了演剧部，杨绍周担任部长，葛琴生任书记，郭维周为演剧主任，朱寿洪为后台主任，金汝璜为会计，下辖 31 名演员，曾有剧本《一场空》，不属话剧，为近代文明戏。演剧部经费主要来自于模范书局、南洋官书局、铸记书局、南北扫叶等 23 家书局和 53 位书业人士的捐助。"五四"运动时期，书业公所亦停业一日，以示抗议，即商团流韵所至。

从年龄上讲，书业商团的大多数成员是青壮年，经过训练，是有一定的战斗力的。

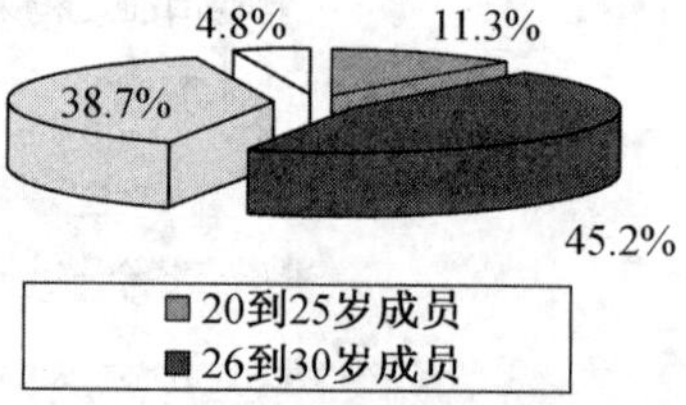


图 4.2.1 书业商团成员年龄分布

辛亥革命爆发后，书业商团参与了恢复上海全境，攻打制造局的战斗。胜利后，商团全体人员不分昼夜，认真巡逻、保境安民。在民国初年的光复大业中，书业商团有半数的成员献出了自己的生命。《书业商团光荣史》中称："成立半年后，武昌起义，上海响应，书业商团同人，首先倡导，组织义勇军，共同举事。夏历九月十三日沪城光复，该团即担任防护之职。其后民军西征，攻打南京，书业团员随军前往者很多。其余或赴闽东，或赴烟台，或隶十字军学生军等，均实际参与戎行，所以在民国奠定以后，书业中全业少壮，仅存十之五六，从可知书业中人，对于社会国家，堪称尽力。"①

① 上档：《书业商团光荣史》，上海市书业同业公会档，S313-3-1，原载于《中央日报》1927 年 6 月 4 日。

相对于传统行会较为被动地接受官府的管理，书业公所亦代表行业联合其他书业行会与政府部门进行博弈，争取业界利益。

**表 4.2.3　20 世纪 20 年代书业公所向政府请愿情况**

| 时间 | 主　体 | 对　象 | 事　由 |
|---|---|---|---|
| 1922 年 | 书业公所 | 众议院 | 为修正著作权法请愿，并要求江苏高等审判厅做出司法解释 |
| 1925 年 | 书业公所、书业商会、书报联合会、日报公会 | 工部局 | 反对《取缔印刷物附律》 |
| 1926 年 | 书业公所、书业商会、书报联合会 | 内务部等有关官署 | 为要求废止淞沪警察所发布取缔印刷所办法 |
| 不详 | 书业公所、书业商会及商民协会书业分会 | 交通会议 | 提出整顿刷印物邮寄办法并减轻邮费的建议 |

资料来源：上档：上海市书业同业公会档 S313-1-197、S313-1-136、S313-1-137、S313-1-139-27。

其三，逐渐学会“国、洋之辨”等新式话语，在社会运动中减少损失，争取利益。

“明治维新”之后，日本工业获得极大发展，日产印刷材料大量涌入上海。据海关史料，1904 年，开始分为“非日本进口”和“日本进口”两项，前者为 7 982 海关两，后者为 7 917 海关两，说明该年之后，从日本进口的印刷纸的数量大增，基本上已经快赶上了其他各国的总和。1905 年到 1913 年，分成四项：“有光，非日本进口”、“有光，日本进口”、“无光、非日本进口”、“无光，日本进口”。① “五四”运动中，上海各界支持北京爱国学生，决定抵制日货，书业公所仅仅号召各石印书局报告所用日货②，尚属被动地顺应潮流。而在数年后的“五卅”运动中，当上海总商会提出对日、英经济绝交，号召抵制洋货时，书业公所不失时机地发布《提倡国货通告》，称为“提倡国货，挽回权利”起见，“从书套入手”，由俞季苏、周霁山发起，自备川资，赴浙江调查，订购本国黄筒。全体同业亦一致同意改用国货，且着手调查印刷纸料等

① 《中国旧海关史料：1859—1948》，海关总署办公厅、中国第二历史档案馆编著，京华出版社 2001 年版。

② 上档：《书业公所为要求段祺瑞政府释放北京爱国学生的电文以及关于抵制日货的有关文书》，上海书业同业公会档，S313-1-113。

其他生产原料。[1] 以国货自倡,成功地将此次抵制洋货运动变成了自己的危机公关。

## 第三节　书业公所的局限性

虽然书业公所在继承传统行会的方式监管石印书业发展的同时,亦在努力进行近代化转型,但从效果来说,并没有完成从“守门人”向“引路人”的转变,无法在近代知识生产和传播中发挥重大作用,心余而力绌。

其一,近代上海书业行会众多,书业公所在与其他行会竞争中落入下风。

书业公所不是近代上海唯一的书业行会,此外尚有书业商会、书报联合会、日报公会、商民协会书业分会等多家。从登记注册制度看,书业公所对石印书业的生产、营销管理较为严格,期望减少书局通过价格进行恶性竞争的可能。然而,上海近代书业虽有新、旧书,铅、石印之别,但对于读者来说,书就是书,只会因内容而不是印刷方式进行购买。一面是书业公所对石印书局定价、折扣严格管理,一面是隶属于其他行会的书局以价格战争夺市场[2],书业公所的做法不啻自废武功,无法形成优胜劣汰,影响的是整个行业的活力。

在为同业争取利益方面,书业公所行事风格亦稍嫌懦弱,在国际竞争中无所适从,不如书业商会圆滑灵活。该会1904年成立,是由编译新书同业数家另行组织的书业行会,独立于木版、石印、铜版等传统书业营业范围。该会具有开放性和自愿性,新开之店可随时入会,欲出会之会员只要出函声明理由,亦可随时出会。

1913年6月,美国因当时中国印刷界大量翻印(即盗版)其各种著作要求我国加入有关两国版权保护的“中美版权同盟”。美欲借此对我国翻印有

---

① 上档:《上海市书业公所有关抵制英日货、劝募救国储金等的文书》,上海市书业同业公会档,S313-1-110-9。

② 如民国时期,隶属书业商会的商务印书馆和中华书局在中小学教材的竞争上曾多次展开价格大战。参看李家驹:《商务印书馆与近代知识文化的传播》,商务印书馆2005年版,第六章“制造文化影响:广告效应”。

所限制，也希望能够获得相应的版权利益。当时中国的印刷出版业主要集中在上海，为了维护业界权益，上海书业商会写出了态度十分鲜明的“请拒绝参加中美版权同盟呈”，分别上达教育部、外交部、工商部三部，请求以此据理驳拒。同样的事情在1919年又发生一次，结果都是美国人没有达成所愿，不了了之。①

其实，上海书业商会对于版权保护的态度在不同的情况下存在一定的差异，在上海书界内部以及国内书籍市场上，上海书业商会是坚决执行书籍版权保护的；但是在上海书界翻印国外书籍一事上，则持暧昧态度。新书业出版的主要书籍类型和利润来源是西学书籍。晚清时期，这些书籍经翻译后，由译者寻找书局出版，而民国阶段，则是出版机构的编辑部门主动寻找国外书籍，有计划地进行翻印，实际上也就是以出版社为主体的“盗版”行为。这种“盗版”行为在一定程度上满足了中国社会近代化过程中对于新技术与新知识的需要，绕过了西方国家以版权保护的形式对中国形成的知识壁垒，同时也对铅印业在上海的发展功不可没。而书业公所就缺乏这种带领全行业开拓生存空间的意识和行动。

其二，书业公所限制书籍售价，却不设置行业门槛，使得竞争走向无序。

晚清时期，上海石印书业的行业门槛比较高，投资者需要一定的经济及技术实力，如美查在《申报》获利颇丰之后才着手创立点石斋石印局，而同文书局的局主徐润是当时著名的买办商人，其在光绪九年(1883)时以股票形式在各家近代公司企业中的投资总额已高达白银120余万两。②

但是经过几十年的发展，民国上海石印书业的技术门槛和投资门槛都大幅度下降。石印书局中的大部分都是家庭小作坊式的生产。1919年，陈栩曾计算过石印企业投资成本，投资一家石印书局仅需二百元，算来不过二十名工人一月的月薪及饭费，可见成本之低。③ 这些新开书局只需要纳捐

① 上档：《书业商会为驳拒美国要求加入版权同盟暨严禁翻版呈请工商部及各省巡按使的批文以及书业公所为修正著作权法向众议院请愿和法院要求解释的有关文书》，上海市书业同业公会档，S313-1-139。

② 张忠民：《艰难的变迁：近代中国公司制度研究》，上海社会科学院出版社2002年版，第151页。

③ 《家庭知识》1918年第3期，第67页。

就可以加入书业公所，方可同行往来……倘不入行，货色片纸不准往来。①当然，我们这里所说的市场准入门槛，不是上文所述湖南益阳山货行那样备酒席，演大戏，而应当是判断企业技术、规模的体系化认证与行业标准。遗憾的是，这一切，书业公所、书业商会都没有建立，而把决断权完全交给了市场。

也正因为行业门槛过低，大量规模小、资金少、技术弱的小石印书局充斥市场，他们没有能力开展业务研发，目光短浅，造成了大量的盗版行为，扰乱了业界的秩序。

**表 4.3.1 书业公所处理同业盗版时间的类型与案例**

| | 时间 | 类型 | 控告者 | 被控告者 | 所诉事件 | 查出事实 | 处理结果 |
|---|---|---|---|---|---|---|---|
| 1 | 不详 | 无意盗版 | 久敬斋 | 锦章书局 | 锦章书局翻印久敬斋历书封面 | 该历书是由北京客商带到锦章书局，请其印刷，因封面并无久敬斋牌号，所以误印 | 书业公所代锦章书局致函久敬斋示歉 |
| 2 | 不详 | 作者抄袭 | 天宝书局 | 彪文书局 | 彪文书局模仿天宝书局所出之《三国演义图像》 | 天宝之《图像》系关十元所绘，彪文书局版本系龚子卿私自仿照关十元画成，与彪文无关 | 《图像》未注册，没有版权，但判重画。原仿画底送公所，当天宝面烧掉，前昌玻璃公所派人监督洗去灭迹，书封存 |
| 3 | 光绪三十二年(1906) | | 文明书局 | 简青斋 | 简青斋翻印文明版地理书 | 与简青斋同室之谱新书局翻印，范福林操其事 | 普新书局被罚洋50元，范福林被罚洋50元 |
| 4 | 光绪三十二年（1906）四月初六 | 再版失察 | 魏天生 | 宋鹤林 | 1900 年，东文书社将《支那通史》、《东洋史要》两书版权售予魏天生，1906 年 3 月，宋鹤林翻印《支那通史》 | 1900 年前，宋鹤林之父曾向东文书社租印过两书，宋鹤林的翻印行为属于失察 | 公所调解，和平了解。魏天生出洋125元与宋鹤林，宋则将翻印书籍送至公所，由魏销毁，并保证永远不再翻印 |

① 上档：《石印书籍章程草约》，上海市书业同业公会档，S313-1-119。

续表

| | 时间 | 类型 | 控告者 | 被控告者 | 所诉事件 | 查出事实 | 处理结果 |
|---|---|---|---|---|---|---|---|
| 5 | 光绪三十二年（1906）四月二十一日 | 章程未定之前，无意 | 文明书局 | 龙文书局 | 龙文书局杜鸿高翻印文明书局《中国历史》2 000 部 | 属实 | 公所调解，翻印之2 000部书籍焚去，罚洋5元，章程未定之前，格外通融 |
| 6 | 光绪三十二年（1906）闰四月初九日 | 章程甫议未宣布之际有意 | 千顷堂 | 鸿文堂 | 鸿文堂在1906年3月公所章程甫议未曾宣布之际翻印千顷堂《芥子园画谱》1 500 部 | 属实 | 鸿文堂给千顷堂芥子园200部，以作版租，另送公所50部充作经费 |
| 7 | 光绪三十二年（1906）闰四月十一日 | | 支那书局 | 胡燮堂 | 胡燮堂翻印支那书局《最新华算数学》15批，每批2 000张 | 属实 | 公议罚胡燮堂136元，由支那书局交此费用的一半，则翻印之书可由支那书局领走 |
| 8 | 光绪三十二年（1906）闰四月二十三日 | 员工私印 | 彪蒙书室 | 鸿文书局 | 彪蒙书室购买鸿文书局《速通灵字法》，但鸿文书局私下多印2 000部 | 私下多印者为鸿文书局伙计，非书局行为 | 鸿文书局给彪蒙书室租印费64元，多印书籍交予彪蒙书局 |
| 9 | 光绪三十二年（1906）闰四月二十三日 | | 文明书局 | 文兴书局 | 文兴书局翻印文明书局《笔算详草》11批 | 属实 | 公所将翻印书籍送交文明书局焚毁，文兴书局罚款75元 |
| 10 | 光绪三十二年（1906）六月初五日 | 误印 | 商务印书馆 | 龙文书局 | 龙文书局翻印商务印书馆版权书《华英初阶》 | 尚未印成，仅照6张照片 | 龙文书局自认误印，愿罚洋16元，以半充公所经费，以一半给原版主，龙文以后不得再印商务各书 |
| 11 | 光绪三十二年（1906）七月初七日 | | 文明书局 | 简青斋 | 简青斋翻印文明版《初级修身教科书》 | 巡捕房探员到简青斋查出翻印之石版书片 | 简青斋毕春宝罚洋180元罚洋，石版书片送到公所，当众销毁 |
| 12 | 光绪三十二年（1906）九月二十日 | | 张某、宋某 | 文新书局 | 张某、宋某有《华生花》石印书底存于文新书局，文新书局擅自印售 | | 文新书局照1 000部数目加一版租还张某、宋某，因该书已经售完，便以《官商快览》30部抵版租，书底由原主如数收回 |

续表

| | 时间 | 类型 | 控告者 | 被控告者 | 所诉事件 | 查出事实 | 处理结果 |
|---|---|---|---|---|---|---|---|
| 13 | 光绪三十三年（1907）九月十五日 | | 科学会编译部 | 科学书局 | 科学书局翻印其《算术》教科书2 000部，改名为《算术教科书全草》 | | 科学书局将书如数连同书底送至公所销毁，公议罚洋200元，以50元拨作公所经费，100元作交涉登报费 |
| 14 | 光绪三十三年(1907) | | 千顷堂 | 震东学社 | 震东学社将千顷堂《中西汇通医书五种》割裱翻印 | 震东学社称此书未曾公告版权 | 公所议罚震东学社书200部充作公费，并将割裱书底作底一部以及玻璃一并送公所销毁。余存之书由千顷堂盖印，以示区别 |
| 15 | 光绪三十五年(1909) | | 焕文书局 | 海左书局 | 海左书局翻印商务印书馆教科书《尺牍》一书1 500部 | | 初已销售之书外，将存书450部并书底、玻璃底送至公所销毁，再罚海左书局洋63元充作公所经费 |
| 16 | 光绪三十六年(1910) | 无意雷同 | 扫叶山房 | 校经山房 | 校经有十二种木刻翻印石印书籍与扫叶同 | 书无版权，但扫叶先印，校经抄印 | 校经先印七种，其余五种，缓缓再印，以后各局新书须注册，不可雷同 |

资料来源：前三例来自上档：《同日议决商团提〈快览〉之二厘移作公所公债》，上海书业同业公会档，S313-1-86；中间各例来自于S313-1-100，第16例来自上档：《宣统二年二月十一日为选举评议员……特开第二次大会》，上海书业同业公会档，S313-1-120。

面对“盗版”这种严重扰乱市场秩序的现象，书业公所的打击力度和处罚尺度皆嫌不足。就其案例来分析，书业公所并不主动监管巡查业内盗版情况，而是在被盗版书局提出控诉的时候，才开展调查。而就处罚的结果来看，书业公所的措施都较为温和，以焚毁书版和少量赔款为主，充当的是一个“和事佬”的角色。

其三，面对逐渐高昂的工人运动，书业公所多方奔走，尽力媾和，却得不到书局与工人的谅解。

作为上海众石印书局的行业公会，书业公所在各书局面临外部困扰时，则以行业代表的身份进行调节干预和谈判折冲，如1925年“五卅”运动之际，鸿宝斋、共和书局、天宝书局、文宝书局、元昌印书馆等石印局工人罢工，提出增加工资和休息日的要求。要求见下表：

**表4.3.2 “五卅”运动期间石印工人提出的罢工要求**

| 名称 | | 上海石印墨色制版同人工会 | 墨色印刷工会上海石印胶纸全体同人 | 上海石印墨色制版同人工会 | 上海印刷总工会第六工会 |
| --- | --- | --- | --- | --- | --- |
| 时间 | | | | 七月十二日 | 九月五日 |
| 工会待遇 | | 承认各局领袖代表全体公认一切事务之权 | 无条件承认本会有代表全体会员一切事务权 | 无条件承认工会有代表全体会员一切事务之权者 | 工会有永久代表工人全权。须以经济维持工会，每年至少三百元 |
| 制版部 | 普通书版 | 每千一律大洋三角，如报纸法帖两面套印加半。若印本连史法帖作二 | 普通书版，每版一律二角五分，如印报纸长石法帖字典，照普通版加半，工资统照大洋计算。一律于大小月底请给 | 普通书版一律三角者（实因目下生活程度之高，已达极点。同人等辛工所入，万万不敷八口之需。此系正当要求，资本家异地以思，当然体恤，且事关生计，万难通融） | 一律三角，如印报纸长石，每版四角，法帖及旧式字典加倍，两面套印者加半，如要小架子打样，每版再加二分 |
| | 每石限制 | 每石上车无论百数者，均作一千计算 | 每石限一万为止，一万以外，照二石计算，余则类推 | 一万为止者（资本家只顾自己利益，不识同人困苦。然资本家图细微之利，而同人之损失，实属无穷。限印一万，于资本家方面仍有益，而无害者） | 一万为止，如印一万以外者，照二石计算 |
| | 备注 | 嗣后工资须于大小月底发给 | | | 如有车上出样补版，一律照算。如有翻版等条件，照原底工作 |
| 印刷部 | 普通书版 | | | | 每千一律三角，如报纸法帖两面套印加半，若印本连史法帖作二 |
| | 备注 | | | | 如车上出样之后，字迹如有错误，工人概不负责。每石上车，无论数百页，均作一千计算 |

续表

| 名称 | | 上海石印墨色制版同人工会 | 墨色印刷工会上海石印胶纸全体同人 | 上海石印墨色制版同人工会 | 上海印刷总工会第六工会 |
|---|---|---|---|---|---|
| 胶纸部 | 普通书版 | | | | 每版一律二角五分,如印报纸长石法帖字典,照普通加半 |
| | 每石限制 | | | | 一万为止,如一万以外,照二石计算,余则类推 |
| | 备注 | | | | 如落石小样,车上出样补版,一律照算 |
| 工休 | | 每逢初一日望日,同人定为一天 | 每逢朔望,同人定为休息日 | 每逢朔望,同人定为休息日者(此实普通办法,试问工作半月尚无休息,同人并非牛马,一月两息亦不为多,仅慰精神之痛苦而已) | 早晨七时上工,晚上十时停工,如须十时以后工作,工资一律加倍。每月朔、望、中秋、端午及“五一”、“五卅”、双十节各给假一天 |
| 包工制度 | | | | | 各局一律仍用包工制度,如外行人不得作包工领袖,如无包工领袖之印刷局,即须举出包工领袖 |
| 其他条款 | | 如车上出样之后,统作普通印行,不负责任;凡开除工友,须得领袖同意,方可有效,不得私自停歇;其录订以上之要求等事,务望业主三天内答复 | 为落石小样车上出样补版,一律照算 | 如有车上出样补版一律照算者(此亦系正常之要求,如未曾出样而补者,是同人之责任);如有翻版等件,照原底工作者(此系特别工作而言,如欲加工修石等情价目,必须面议,俾昭公允);凡开除工人,须得领袖及工会之同意者(此系法律上保障人权之意,免资本家藉故停歇工人) | 每半年加工资一成。工资统照大洋计算,一律于大小月底结清。各局每年盈余项下,花红平等分配。因公疾病者,工资照发,并须优给医药费。因公丧亡者,须照全薪送满三年。职工不得无故辞退,万一辞退,须将充分理由提交工会审议,否则不得辞退。罢工期内,工资照发 |

资历来源:上档:《上海市书业同业公会墨色石印工人、装订工人为改善待遇发生罢工的有关文书》,上海书业同业公会档,S313-1-204。

上海书业公所居中调解，于夏历7月12日，由书业公所邀集各印局主召开会议，同意按照工人要求提高工酬。谁知印刷、制版、胶纸三部分工人于15日再次提高要求。22日，叶九如等书业公所领袖与工人代表达成初步协议，约两日后详谈细节。谁知24日工人代表迟到，且以第六工会名义要求公所首先承认工会后方可继续会谈，书业公所再三劝说不允，谈判遂破裂。书业公所登报敬告各团体，斥责工会组织罔顾世事艰难，并对工会提出的条件逐条批驳。

值得注意的是，工会之中山头林立，和书业公所谈判的有“上海石印墨色制版同人工会”、“墨色印刷工会上海石印胶纸全体同人”、“上海石印墨色制版同人工会”、“上海印刷总工会第六工会”、“上海总工会墨色石印工会”多个组织，各有利益诉求，甚至互相矛盾，导致书业公所无所适从，如上海印刷总工会第六工会要求“各局一律仍用包工制度，如外行人不得做包工领袖，如无包工领袖之印刷局，即须举出包工领袖”一语，但是《上海市墨色石印工会第一分会与上海书业公所新订待遇条件》却言及“取消包工制，原有短工，一律改为长工，但临时雇佣者不在此例”。① 在这种情况下，劳资谈判即使成功，协议也少有执行力。

晚清时期，上海石印书业的利润尚好，工人待遇不恶，亦没有政治团体在其中组织运动，所以创立初期书业公所主要调解同业各书局间的关系。进入民国之后，石印书业营业陷入低谷，工人收入也随之降低，导致劳资之间的矛盾十分激烈。书业公所居于其间，虽以维护资方利益为主，但是在一定程度上也向工人进行了一定的妥协，然而由于其权威性不够，甚至要借助于上海县公署及淞沪警察厅力量给工人运动以压力，才能最终达成协议。

然而即使达成了协议，依然没有让上海石印书业安定太久，一则“上海百物昂贵，米珠薪桂……生活程度之高达于极点，生计艰难”②，工人亟待提高收入，二则，石印书局“向以承印书籍为业”，20世纪30年代初因时局关

① 上档：《上海市墨色石印工会第一分会、上海书业公所新订待遇条件》和《上海市墨色石印制版工会、上海书业公所订待遇条件》，上海市书业同业公会档，S313-1-207。

② 上档：《上海石印胶纸同人复工条件》，上海书业同业公会档，S313-1-204。

系及纸价飞涨之故,"营业清淡,达于极点"①,印刷业年来营业不振,已为不可掩之事实,"如停闭者,有刘源记;将次停闭者,有斐章书局;减少车数者,有共和、铸记、大成等局;开工半日者,有鸿宝斋等局"②,没有足够的利润空间给工人加工资,矛盾也就无法解决,所以劳资纠纷的再次发生乃是顺理成章之事,原有协议被工会组织一再打破,1927 年上海墨色石印工会第一分会和 1928 年上海墨色石印制版工会第二分会又分别领导罢工,书业公所疲于奔命,一再和工会组织进行谈判,与之签订多款新订待遇条件。③

另一面,各石印书局对书业公所和工会组织签订的劳资协议也有所不满。表现在行动上,其一,以"蚕食"的方式绕过劳资协议获取利益。为了降低对现有工人的依赖性,鸿宝斋、大生、天成、天宝、中原、文章、世新、刘德记、章福记、锦章、周月记、斐章、天南等局登报招考学生,试图以之代替现有工人,此举招致工会的不满。④ 其二,以增加工资带来的成本提高问题为借口挑战书业公所在定价问题上的权威。鸿宝斋、共和书局、天宝书局、文宝书局、元昌印书馆各石印局又向书业公所申请对石印件予以加价,1930 年 2 月 10 日决议"自夏历八月十六日起,散片还纸工一律照原价递加每千字大洋一角,又照相胶纸落石每版决议照原价一律递加大洋一角,又代印加工每千照原价一律递加大洋五分,以保血本而维商业。第此次所加之价,完全加给工人之价。……照相部……从夏历八月十六日起照原价一律递加工价洋二分"⑤。石印书局的这些小动作表面上看是从书业公所攫取到了利益,但是破坏书业公所权威的结果是其在维护石印书业发展上的作用持续下降,最终无以为继。

---

① 上档:《鸿宝斋书局发生劳资纠纷致上海市书业公会函》,上海市书业同业公会档,S313-1-209。

② 上档:《为石印业营业清淡维持乏术恳请》,上海市书业同业公会档,S313-1-103。

③ 上档:《上海市墨色石印工会第一分会、上海书业公所新订待遇条件》、《上海市墨色石印制版工会、上海书业公所订待遇条件》、《上海市墨色石印工会第一分会与上海书业公所新订待遇条件》。上海市书业同业公会档,S313-1-207。《上海市墨色石印工会第一分会与上海书业公所新订待遇条件》。

④ 上档:《上海印刷总工会墨色石印工会执行委员会致上海书业公所函》,上海市书业同业公会档,S313-1-204。

⑤ 上档:《(乙丑年)夏历八月二十五日为印局拟加工价事特开会议》,上海市书业同业公会档,S313-1-203。

## 第四节　书业公所局限性的成因

在与同业行会竞争中保守无力，行业监管进退失据渐成无序，协调劳资却失去权威不被认同，书业公所在近代知识生产与传播中不但没有转型为“引路人”，其原先行业“守门人”的角色亦见尴尬，无法适应时代的要求。然而值得注意的是，近代上海，不仅拥有具有新式职能的新兴行会组织，在管理模式、引导行业等方面有突出的成就①，就连一些老行会组织亦能为同业谋求相应的利益，那么为什么书业公所既没有引导同业走向产业的升级，又没有在有限的条件下为同业向外争取更多的权益呢？

其一，问世艰难，行业已过黄金期；生不逢时，近代传媒大发展。

书业公所并没有在上海石印书业的黄金时代创建成功，当其最终正式问世的时候，迎来的却是上海石印书业风雨飘摇的衰落期。从根脚上来讲，石印技术是一项正宗的舶来品，但是中国书商却用他来出版科举用书和复制古籍，应用范围还是和传统雕版印刷业一般无二。上海近代石印书业在光绪三十一年(1905)废科举之后走向了衰落。虽然行业尚存，书局尚多，但是在西学成为社会主流的年代，石印书局的利润一再降低，很快就把上海印刷界的领军地位拱手让给了铅印业。所以，书业公所在1905年第三次创建成功，并且长时间发挥作用，并非是石印书业兴盛的标志，反而是同业意识到应尽早规范行规，限制无序竞争，方可共渡难关。非此，不能解释为何此前石印书业兴盛，而公所却因经济原因不时停办，此后石印书业衰落，公所却能获得持续发展的怪现象。但即便如此，书业公所也因为行业发展陷入瓶颈的先天不足，导致了在监管业界上的左右为难。

19世纪初，西学东渐浪潮再起，至20世纪中叶，百多年间大规模西方学术的引介与传播，近代传媒业的飞速发展，不仅改变了当时中国社会的知识结构，也深刻地影响到了知识生产与传播的方式。从生产者的角度讲，由传

① 这些主要体现在一些新兴职业人所组成的行会，如上海会计师公会、上海律师公会等。

统士人转变为近代知识分子；从传播载体的角度讲，由以书籍为主转变为书、报、刊并行；从印刷技术的角度讲，由雕版印刷为主转变为铅石印刷为主。书业公所无法像传统行会那样把持书业发展，必然会面临行业内外的诸多挑战。

其二，书业公所自身收入有限，没有足够的经济实力推动上海石印书业的大变革。

维系书业公所的经济来源主要包括两个方面：一个是其常规收入，包括租金、月捐和罚款三类；另一个则是非常规收入，往往是项目的形式获取一定资金维系公所运行。后者本为对前者不足的补充，但是随着业界形势的恶化，书业公所常规收入越来越少，非常规收入的项目越来越多，逐渐成为书业公所维系资金来源的主要部分。

书业公所常规收入：(1) 租金。光绪十二年(1886)筹建书业公所的时候，上海书业同人捐款共计银300两、洋710元。① 这些资金，主要用来购置新北门内基地3分7厘4毫的房屋12间，当作书业公所崇德堂的公产，永不出售。这些房屋本有租户，公所在原房东处购买产权之后，即向居住于此的薛姓、程姓、苏姓等人家收取房租②，然较为微薄，年不过200多元。③ 这是书业公所最为稳定的一项收入。

(2) 月捐。《上海书业公所初次订立章程》、《上海书业公所章程》和《上海书业公所新订现行章程》都有"经济"专章，规定了书局月捐的数目和相应而来的列席及投票权利。但实际上，在更早的时候，书业公所就已经确立月捐制度。从光绪二十四年(1898)书业公所月捐数中可以看出，48家书局共交纳822元，但63%书局月捐数额都在10元以下，书业公所收入的月捐主要来自超过40元的14家书局，其金额共占总数的76%，而书业公所的话语权基本上也操持在这几家书局手中。

---

① 上档：《书业公所认购国内公债、总商会建筑公债以及公所推募创办经费的有关文书》，上海市书业同业公会档，S313-1-233，又见于上档：《清朝书业公所收支账目报告及有关文稿留底》，上海市书业同业公会档，S313-1-80。

② 上档：《清朝书业公所收支账目及有关文稿留底》，上海市书业同业公会档，S313-1-80。

③ 上档：《书业公所认购国内公债、总商会建筑公债以及公所推募创办经费的有关文书》，上海市书业同业公会档，S313-1-233。

表 4.4.1　1898 年上海书业公所成员月捐

| 月捐分类 | 书局名称（月捐数额/元） | 书局数量（家） | 书局比例 | 月捐金额（类/元） | 月捐比例 |
|---|---|---|---|---|---|
| 六十余元 | 慎记书庄（63）鸿宝斋（63）江左书林（63） | 3 | 6% | 189 | 22% |
| 四十余元 | 十万卷楼（42）千顷堂（42）文瑞楼（42）文渊山房（42）纬文阁（42）焕文书庄（42）古香阁（42）宏文阁（42）简玉山房（42）祥记书庄（42）扫叶山房（42） | 11 | 23% | 462 | 54% |
| 二十余元 | 醉六堂（28）申昌书局（22）点石斋（21） | 3 | 6% | 71 | 8% |
| 十余元 | 文宜书局（16） | 1 | 2% | 16 | 2% |
| 十元以下 | 博文书局（8）龙威阁（8）积山书局（6）理文轩（6）耕余书局（5）赐书堂（5）文富楼（5）竹简斋（5）文渊德记（5）三元合记（5）飞鸿阁（5）文宝阁（5）芸华书庄（5）文苑山房（4）观澜书庄（4）宝善书局（4）天禄阁（3）文苑阁（3）六先书局（3）晏文盛堂（3）启秀书局（3）介记书庄（3）万选楼（3）南申昌（2）多文阁（2）同文书局（2）文运书局（2）久敬斋（1）积山省记（1）双梧书屋（1） | 30 | 63% | 117 | 14% |
| 总计 | | 48 | 100% | 855 | 100% |

资料来源：上档：《书业公所第一总结帐（租印三续文编细账附后）》，上海市书业同业公会档，S313-1-80。

（3）罚款。《石印书籍章程草约》中有九项“议罚”规定，每次罚款“至少一百元，有时还要重重议罚”。同时，书业公所有查处会员盗版不法行为的职责。查处之后，亦向犯错会员收取罚款。

光绪年间，书业公所每月开支达数十元，入项仅有房屋租金和月捐，然租金了了，而月捐时有拖欠。① 在书业公所加入上海总商会后，亦须交纳

① 上档：《书业公所租印三续文编清帐并引》，上海市书业同业公会档，S313-1-80。

"会费规元三百两，以及司友薪水房金伙食等项"①，开支浩大，经费不敷。为维系公所计，书业公所不得不尽力寻觅财路，如印行历书与自印《国民快览》、《幼学琼林》、《三续文编》、《四书味根录》等书籍。

书业公所常规收入入不敷出，非常规收入获益有限，也缺乏持续性。更多精力放在开辟财源，以维持公所日常运转之上，但有波折，就是关系公所生死存亡的大事，"仓廪实而知礼节，衣食足而知荣辱"，遑论带领同业走出困境？

其三，书业公所缺乏像商务印书馆、中华书局那样具有较强实力的明星企业，主持书业公所的石印书局规模并不大，自身在行业困境中亦无计可施，并不具有带领行业走出困境的能力。

商务印书馆和中华书局虽然都列名于书业公所，但是基本上并不参与书业公所的管理活动中，如陆费逵执掌书业商会多年，但和书业公所几无瓜葛。在政商两界颇有实力的同文书局、蜚英馆书局虽属石印书业，但在清季即已歇业。真正在书业公所的运作中挑大梁的是扫叶山房、校经山房、鸿宝斋等中小型书局，在民国时期上海石印书业的困境中自身尚且无法独善，更何况带领行业进行升级改造。书业公所的早期领导人朱槐庐 1925 年病逝，其名下校经山房无人继承，以至于将该号及存书版等出盘。② 改组后，雇工仅有 15 人③，每日生意仅四五十元或五六十元④。

鸿宝斋是上海书业公所早期的重要成员，对公所的发展具有重要的作用。鸿宝斋经理沈静安在书业公所光绪三十一年(1905)的选举中获十票被选为议董。⑤ 公所成立以后，鸿宝斋月捐洋63 元，为各局之首。沈静安在光

---

① 上档：《书业公所同业规章、各号牌名、著作权章程及重要文稿留底簿》，上海书业同业公会档，S313-1-120。

② 上档：1932 年《中国征信所调查报告 · 校经山房》第 359 号，中国征信所调查报告书档，S320-1-902。

③ 上档：1930 年《上海市书业同业公会会员名册》，上海市书业同业公会档，S313-1-24；1934 年《上海市书业同业公会登记表》，上海市书业同业公会档，S313-1-7。

④ 上档：1932 年《中国征信所调查报告 · 校经山房》第 359 号，中国征信所调查报告书档，S320-1-902。

⑤ 上档：《去年(光绪三十一年)十月全体同业投票公举公所各职员列表》，上海市书业同业公会档，S313-1-1。

绪二十五年(1899)书业公所租印《三续文编》一事中发挥了重要作用。[①] 继沈静安之后,乌仁甫在宣统二年(1910)以29票第10顺位当选为书业公所的评议员[②],三年被委任为书业公所会计员,兼办《官商快览》经济出入等事[③],并保存上海书业公所房屋契据和公所资金。[④]

然而,1930年之后,鸿宝斋的经营日益下滑。1938年10月,鸿宝斋改组为鸿宝斋涛记书局,在上海书业同业公会中沦为普通会员。随着时局动荡,书局亦时开时歇,直到新中国成立之后最终歇业。

由此可见,校经山房和鸿宝斋虽为书业公所领袖级成员,其局东、经理在公所之中权柄颇重,但是从规模、资金和技术上讲,两者都属于中小型书局,守成亦感吃力,并没有足够的能力率领同业实现行业困境下的突破。

1930年,书业公所、商民协会书业分会和新书业公会合并成为上海市书业同业公会。从光绪十二年(1886)开始创建运作的上海书业公所历经四十多年的风雨,自此退出历史舞台。1937年,原书业公所领袖叶九如拟将公所器具、款项、基屋、契据、账目等交付同业公会,然因战事受阻,直到1947年才最终完成移交。[⑤]

近代西学东渐,除带来诸多新事物、新知识、新思想、新制度之外,一些新行业或由泰西引进,或脱胎于传统行业之中,亦成为现代化浪潮的重要组成部分,前者如报刊、邮政、跑马、赛狗、舞厅等,后者如出版印刷、现代造船、机械纺织等。这些新行业之所以为新,往往是和新技术的引进密切相关,如出版印刷之铅石技术,现代造船之蒸汽引擎,机械纺织之人造纤维,但是现代行业是一个涵盖生产、管理、销售复杂的组织结构体系,并非单纯引进一项新技术就可以完成行业的变革与改造。近代上海,一些传统行业往往在引进国外新技术之后,没有实现行业管理和业界监管的升级与演进,新酒旧瓶,先天不足,从而导致行业发展的凝滞与衰败。在这种情况下,业界行会

① 上档:《书业公所租印三续文编清帐并引》,上海市书业同业公会档,S313-1-80。

② 上档:《宣统二年二月十一日为选举评议员……特开第二次大会》,上海书业同业公会档,S313-1-120。

③ 上档:《会计员乌仁甫君辞职书》,上海书业同业公会档,S313-1-86。

④ 如1914年公所余银234元2角9分存在鸿宝斋之中,参见上档:《会计员乌仁甫君辞职书(所附帐略)》,上海书业同业公会档,S313-1-86。

⑤ 上档:《书业公所移交书业公会函》,上海书业同业公会档,S313-1-43。

组织的作用就极为重要，如果联合业界龙头企业引领行业的变革改造，行业自有兴盛之前途；反之，则随行业的沉沦而归于落寞。

面临着时代的新挑战，书业公所既无法按照原来的轨迹因循"守门人"的角色，又无法成为引导行业变革的"引路人"，地位尴尬，处境艰难。书业公所之困鲜明地体现了传统行会在近代化转型过程中的矛盾与纠结，整个行业虽然建立在石印这样一项西方舶来的新技术之上，由于自身能力与规模有限，所秉持的还是传统行会限制竞争、稳定同业的思路和理念，职能相对保守，无法在业界发展中发挥太大的作用，故而被时代逐渐淘汰。

# 第五章 上海近代石印书局众生相

近代上海出版石印书籍的书局概有三类:太平天国战后迁沪的江浙传统雕版书局,如扫叶山房、文瑞楼、抱芳阁、千顷堂等;石印书业兴起后新设的石印书局,如同文书局、蜚英馆、鸿文书局等;综合型书局,如商务印书馆、中华书局、世界书局、大东书局、开明书局等出版企业的石印部。本章对商务印书馆石印部、鸿宝斋书局以及部分小型石印书局进行考证,以期对上海近代石印书业有更加深入的了解。

## 第一节　综合性书局石印部的生产:商务印书馆

创立于光绪二十三年(1897)的商务印书馆是中国近代规模最大、实力最强的民营出版机构。四位创始人为夏瑞芳、鲍咸恩、鲍咸昌、高凤池,四人都是基督徒,与长老会关系密切,曾进入美华书馆学习印刷技术,前两者曾在上海《捷报》(*China Gazette*)做过排版工人,再加上商务早期主要是接印报馆、教会的传单,所以商务印书馆在最初只有铅印技术,没有参与到石印书业中来。商务创建的时候,上海石印书业已经显出颓势,著名的华资石印书局——同文书局已经歇业,一开始,商务只有墨色石印技术,1905 年请来日本专家,"传授制铜版、彩色石印和打纸型等技术"①,逐渐发展成为一家综合性书局,在铅印之外,又开展了石印、胶印、珂罗版等多种业务。20 世纪 30 年代初,商务建成一处四所。一处为总务处,四所为编译所、印刷所、发行所、研究所。印刷所工务系下辖七股,石印股为其中一股,石印股分为黑色照相部、黑色落石部、黑色石印部、珂罗版部;此外,和石印有关的亦有制版股下的整版部、绘石部、彩色照相部、传真版部以及彩印股下的彩色石印部。

### ◈ 石印设备

1916 年商务印书馆"本馆彩印石印版凡五种,23 × 33,24 × 18,27 × 39,23 × 27.5,20 × 30,前两种最通用"②。1918 年,其墨色石印的版面规格为

① 胡愈之:《回忆商务印书馆》,载商务印书馆:《1897—1992,商务印书馆九十五年——我和商务印书馆》,商务印书馆 1992 年版,第 115 页。

② 张元济著,张人凤整理:《张元济日记》,河北教育出版社 2001 年版,第 24 页。

"最大者27×40，其次23×33，小者18×23。又铅皮版32×45，均以英尺计。图画四周应留尺寸"[①]。但早在光绪三十四年（1908），商务印书馆就曾采用以金属薄版代替石版进行直接印刷的轮转铅版印刷机，此机印速每小时可达1 500张，俗称"铅皮、铅皮版"，实为锌版或铅版，这种机器就是《张元济日记》中所称的"电镀锌版机"[②]。但是由于该机采用的是和石印同样印刷方式，仅仅换了制版的承载物，所以在一定时间内也被称为"石印"。但是由于1918年商务印书馆就引进了间接印刷的胶印机，所以电镀铅版机造成的影响不大，反而是价格极低廉还可以进行彩色印刷的石印一直存在。

商务印书馆在引进国外先进技术的同时，始终提倡使用国货，"例如纸料、石版、钢铁之属，无不尽先采用国产"[③]。石印所用之石版石，商务印书馆最初是向欧美订购，后来听闻戴某在河南南阳内乡县发现可做印石之石板，开采有年，且在汉口开设小石印局。遂与戴某订约，为商务印书馆开采，但是因他为镇平县人，被内乡人排挤，已至焦作福中公司办事，而石矿亦停办。张元济即函托南阳议员，往为开导，俾得开采，商务愿任销售之役。[④]

## ◈ 商务印书馆石印股的工人

1917年，中国图书公司并入商务印书馆，作为第二工厂，只留铅印、石印、五彩印。[⑤] 商务印书馆印刷所石印股的工人主要分成技师、一般工人与学徒、店员三类。

### （一）技师

鲍咸昌来信说与张元济，"言奥耳脱墨厂介绍格达壳君，可作照相石印，每年需美金三千六百元。一年期满，须酬以千四百元，另给盘费。但鲍疑其长于印刷而不宜于照相制版。拟寄件至美，请其试作。看过再定。又拟与英美烟公司合请"[⑥]。后来，有两个菲律宾的石印技师来商务印书馆自荐，

---

① 张元济著，张人凤整理：《张元济日记》，河北教育出版社2001年版，第562页。

② 《张元济日记》，第358页。

③ 何炳松：《商务印书馆被毁纪略》，载商务印书馆：《1897—1992，商务印书馆九十五年——我和商务印书馆》，商务印书馆1992年版，第239页。

④ 《张元济日记》，第291页。

⑤ 《张元济日记》，第397页。

⑥ 《张元济日记》，第162页。

一个擅长落石，一个擅长画石，索要月薪一百二十元。鲍咸昌认为太贵。张元济认为降至八九十元可聘。当时月份牌石印颇忙，需要人手。鲍咸昌谓来得及，不愿添人。① 中华书局原聘有日本五彩石印技师，现已被辞，愿来商务印书馆工作。鲍咸昌因事少婉拒，张元济劝留用。② 1916 年商务印书馆又招进美国石印二人。③ 除了外聘技师，商务印书馆也注重培养自己的技师。唐崇礼写信给商务印书馆，请派人赴东习石印。张元济以为应办，鲍咸昌认为太费。张元济劝他，此费用当花。④

（二）一般工人

民国时期，落石、绘图在商务印书馆已成为与"制造洋铁罐及洋铁玩具"同级的技术。⑤ 其所进画石技师，"虽不专学，亦须略之大概，方于作画时有裨益。月薪八十元，每日三时"⑥。整个石印部门人数并不多，"落石之李国宝于七月廿五日病故。黄海清亦病重，现为朱仁照，修手较好。余有方锦鑫、卢学富、顾炳生，均系学生"⑦。工忙的时候要"添加夜工，并多招画石、打样手工"⑧。各书局间工人的流动性比较大，时常有挖墙脚的事情。⑨ 很多工人离开书局之后，也使用石印技术营业，1918 年商务印书馆石印工因私印彩票被抓。⑩

（三）学徒

1931 年，中国经济统计研究所调查上海 2 001 家工厂，并选择其中应用原动力、工人人数在 10 人以上的 1 660 家加以整理，工人总数 212 822 人，其中男工 72 316人，女工 117 334 人，童工 13 761 人，艺徒 9 411 人，艺徒占工人总数的 4.4%。⑪艺徒即学徒，是上海工业重要的劳动力组成部分。1917 年，印刷所负责

---

① 张元济著，张人凤整理：《张元济日记》，河北教育出版社 2001 年版，第 396 页。
② 张元济著，张人凤整理：《张元济日记》，第 438 页。
③ 张元济著，张人凤整理：《张元济日记》，第 97 页。
④ 张元济著，张人凤整理：《张元济日记》，第 397 页。
⑤ 张元济著，张人凤整理：《张元济日记》，第 957 页。
⑥ 张元济著，张人凤整理：《张元济日记》，第 18—19 页。
⑦ 张元济著，张人凤整理：《张元济日记》，第 569 页。
⑧ 张元济著，张人凤整理：《张元济日记》，第 288 页。
⑨ 张元济著，张人凤整理：《张元济日记》，第 802 页。
⑩ 张元济著，张人凤整理：《张元济日记》，第 669 页。
⑪ 刘大钧：《中国工业调查报告（军事委员会资源委员会参考资料第 20 号）》（上册，第 3 编），第 11 页，1937 年 2 月。

人鲍咸昌欲出售石印机，认为现在商务印书馆非印机缺乏，原因是绘图落石人不够用，可采取以下措施："（1）做工稍惰者，提出包工，令在外面做；（2）学生移往图书公司，或另借地方，腾出地方备添雇画工人之用；（3）托英美烟公司代售需用之人；（4）用徐永清（包工头——笔者注），给坐薪若干，论件包工。"[①]第二年，因为《百衲通鉴》修版难得人，商务印书馆欲"招集高等小学毕业生一二十人，开班教授。鲍谓，须力能搬动石板。余（张元济——笔者注）谓有大力之人，难于执笔，做此等精细之事。恐工钱亦不能不视常人有加"[②]。

## ◈ 石印古籍的流程

1919年年初，北京大学刘师培、黄侃等人成立国故社，提出国故研究。胡适热烈响应，在一系列的文章里面提出了整理国故的方法、意义、目的等问题。[③] 事实上，早在张元济进入商务印书馆之后，就已经展开了庞大的影印整理古籍出版计划。在以往的研究中，学者更加关注商务印书馆为获得精良古籍底本而做出的努力，如为获得"文渊阁本"《四库全书》，商务印书馆多次与北洋政府沟通协商，但最后却只能降格求次，出版《四库全书珍本初集》。[④] 而笔者则主要从印刷生产的角度来探讨商务的石印古籍，其概分为六步：获得珍本、生产预估、校对古籍、底版制作、摹写缺页、印刷装订。

### （一）获取珍本

影印古籍的首要条件，就是获得真本以作印刷的底本。为此，商务不惜高价购买印刷的版权。在1930年9月17日致傅增湘信中，张元济计算《百衲本二十四史》中《南齐书》、《五代史记》的版费情况：两部书全书共65 000页。《南齐书》计1 052页，当全书1.6%强；《五代史记》计886页，当全书1.4%强。两书合计1 938页，当全书3%弱。普通版税照定价预约价10%或15%计算。此为古本，拟照5%计算。有四种付费方法可供傅增湘选择：（1）预约价一次全

---

① 张元济著，张人凤整理：《张元济日记》，河北教育出版社2001年版，第229页。

② 张元济著，张人凤整理：《张元济日记》，第591页。

③ 这些文章如《论国故学——答毛子水》，《新潮》第2卷第1号，1919年10月30日；《新思潮的意义》，《胡适文集》（2），《胡适文存一集》（卷4），北京大学出版社1998年版，第557页；《整理国故的方法》，《时事新报·觉悟副刊》1921年8月4日；《〈国学季刊〉发刊宣言》，《国学季刊》1923年1月，第1卷第1号；《再谈整理国故》，《晨报副刊》1924年1月25日。

④ 史春风：《商务印书馆与中国近代文化》，北京大学出版社2006年版，第119—121页。

交每部300,3%计洋9元,版税5%计洋5角5分;(2) 预约价三次分交每部360元,3%计洋10.8元,版税5%计洋5角4分;(3) 第一期出书后售价同乙;(4) 第二期出书后售价尚未定,将来当依此比例计算。①

(二)生产预估

取得了珍本之后,需要选择合适的印刷方式。高梦旦曾比较铅印和石印的区别。

雕版兴,而抄书渐少。铅印石印兴,而雕版渐少。惮难趋易,人情之常。虽有圣者,莫能挽也。铅印石印之新法,既不能废弃。则利用其长处,救济其短处,亦吾人之所应有事者也。兹就经验所及,约略言之。

铅印之长处,排版较速,印数较多,母版纸型之储存较便较久;而复印亦因以较易。笔画清晰,虽四五号之小字,亦不伤目力。以此书价较廉,流传较广。但排速既速,铅字之流通亦较繁。排成之后,其势不能久待,而校对者以时间关系,不免草率将事。铅印字体,以通俗为主,笔画不能尽与古书一致,此其所短也。补救之道,宜多备铅字,使校对者得以从容将事。古体之字,多制若干,另行储存,以备不时之需。如是则铅印有雕版之长,而无其短,亦非不可能之事也!

石印用照相制版,不失原书面目,且免增加错误,可省校对之劳。(近人丁福保氏所印《说文解字诂林》,集229种有关系之著作,诸条剪下,亦照原有部居,裱贴石印,阅者称便。)但原本格式之大小,行款之疏密,及小注之有无,各书不同。缩小之程度,颇难规定。其字迹模糊者,修补尤为不易。自来落石工人,往往依类似之形式,或因墨迹模糊,随意更改,校者稍不留意,时生意外之谬误。此石印之通病,无可讳言。近年商务印书馆石印《百衲本二十四史》,先行照相落石,印成样张,由初校者用色笔修正。更有复校者就着色处加意审查,重行决定。再付照相,然后制版。所有修补之事,不经工人之手,故错误较少。但少数人之精力,短时间之推敲,难保必无歧误之处。余意有疑问者,不可直接改正。宜另编校勘记,附于卷末。②

但最终,为了保持古籍原样,商务还是选择了石印作为古籍印刷的主要

---

① 《张元济书札》,北京:商务印书馆1981年版,第1175页。

② 高梦旦:《校印〈四库全书〉及其他旧书计划》,载商务印书馆:《1897—1992,商务印书馆九十五年——我和商务印书馆》,商务印书馆1992年版,第40—41页。

方式。张元济在其日记中记录了商务印书馆对石印古籍价格、工料、工期和用工等方面的估算。

**表 5.1.1 商务印书馆石印古籍价格、工料、工期和用工估算**

| 书名 | 时间 | 估单内容 | |
|---|---|---|---|
| 《元秘史》 | 1912 年 7 月 29 日 | 估价 | 每石四页。照相、落石一元半。印五百部，六角（如印一千，一元）。钉印三角。全书共六百十页，共一百五十二石半。再加题跋、封面，至多十页，配成一百五十五石。需落石、照相、印装共三百七十二元。 |
| | | 工料 | 连史纸每杠十五刀，每刀九十五张，每杠实得纸一千四百二十五张。一开八，需三十杠纸。 |
| 《四部举要》 | 1916 年 9 月 25 日 | 估价 | 预计约二百五十万页，分订三千本。连纸、印、订及照相落石，每页一厘。另加封面等，共二百六十余元。拟每部售四百五十元。分三期交。如预约足五百部，即行开印。三百部即印三分之一书，再不足则还钱，并付息。 |
| | 1918 年 12 月 18 日 | 估价 | 白纸成本二百七十元，连《廿四史》定四百五十两，除《廿四史》三百四十。黄纸又二百十五元，又三百六十两，又二百五十两。千部售完，余十五万元。六百部归成本，六百部以下，每减百部搁成本三万八千余元。 |
| | | 工期 | 梦翁拟改名《丛刻》，除《廿四史》外，尚有十七万页，二万八千四百石，每日四十石，二年完。 |
| | 1919 年 5 月 6 日 | 工期 | 《四部》又铅皮印，约五万页，共八三四零，每日卅石，每月印七八零石，约十一个月完。 |
| | | 用工 | 印机六部，照相晒稿十人。落石落铅皮廿五人，专办三人。 |
| 《四库全书》 | 1917 年 2 月 24 日 | 估价 | 一石制版费，每石一元五角。一石纸百部（纸价五角，每令五元）合计二元。全书一万六千本，每本五十页，计八百万页。三开，二六六万石，五三二万元。四开，二百万石，四百万元。六开，一三三万石，二六六万元。 |
| | 1920 年 1 月 10 日 | 工期 | 《四库全书》交到估单，约七十万余元，用三架石印机，为期需十九年。如用十二架，五年可完。 |
| 《道藏》 | 1919 年 3 月 10 日 | 工期 | 每百部，每人每日可落三石，两机每日可印三十石。以十人落石，全书一万六千七百石，约一年七个月可完。如同时印《四部丛刊》，十七万页约三万时，每日每人可落三石，以五人成伴，在印《道藏》期一年七个月内，已印成五万五万（原文如此——整理者），石印完《道藏》，即以十人移办《四部》，每日可成三十石，再有十一个月，可以印完。 |

续表

<table>
<tr><th>书名</th><th>时间</th><th colspan="2">估单内容</th></tr>
<tr><td rowspan="2">《道藏》</td><td>1919 年<br>5 月 6 日</td><td>工期</td><td>石印约十二万页/约十万页，共三六六七六石，每日印五十石，每月以二十六日计，印一三八零石，约廿八个月完。</td></tr>
<tr><td>1921 年<br>9 月 22 日</td><td>工料</td><td>内有每半页五行，大率五半页为一版，凡十二万二千五百八十九版之语。今改书式每页二十行，是四版可印五页。依彼计算，应得十五万三千三百三十七页。原估十万页，增出一半有余，应加工料价三万一千之谱。即退一步记，每版平均二十行，一版抵一页，亦应加工料价一万三千之谱。</td></tr>
</table>

资料来源：张元济著，张人凤整理：《张元济日记》，河北教育出版社 2001 年版。

商务印书馆是一家民营出版企业，在文化追求之外，亦有“在商言商”的一面。张元济在给傅增湘的信中，对宋本《居士集》开了一份估单。

**甲种印四开本**①

全书三千零六十叶，分订五十册，华装四开本（照百衲《通鉴》之式稍稍缩小），连史纸印刷，加单衬页。全书制板费计洋一千八百四十元；在京补照费，约洋一千元；广告样本费，约洋七百元；总计洋九千四百四十元。每部成本计洋十八元八角八分。每部定价五十元，预约价三十二元，八五折，实计二十七元二角。售去三百四十七部可以收回成本。余一百五十三部，共得余利洋四千一百六十元。

上海商务印书馆编辑出版部　十六年一月十九日

乙种印三开本②

全书三千零六十叶，分订五十册。华装三开本（照原式不缩小），连史纸印，加单衬叶。全书制版费，计洋二千四百五十元；在京补照费，约洋一千元；印五百部工料费，计洋七千九百二十元；广告样本费，约洋七百元；总计洋一万二千零七十元。每部成本计洋二十四元一角四分，每部定价六十元，预约价三十八元，八五折，实计三十二元三角。售去三百七十四部可以收回

① 张元济：《张元济书札》，商务印书馆 1981 年版，第 1122 页。

② 张元济：《张元济书札》，第 1122—1123 页。

成本。余一百二十六部，共得余利洋四千零七十元。

上海商务印刷馆编辑出版部　十六年一月十九日

按照估单分析，四开本的利润率在31%，三开本的在25%。商务印书馆石印古籍皆为精品，虽价格较昂，但销路尚好，不过加上各种公关费用、苛捐杂税，利润还要再低一些。商业上的利润也是商务确定印刷规格和数量的重要依据。

（三）校对古籍

为了更好地开展古籍影印工作，商务特别创建了校史处。校史处的工作主要有两项：

第一项为古籍的校勘。校出各本之间的异同。通常是用初步选定的一个古本为底本，拍照、印出底样，校勘者就在底样上用各种版本来对校。①

第二项是底本描润。所谓"描润"，就是因为选定的底本过于漫漶，又无其他的本子可以替代，因此采取了拍两次照的传真版方法。先将原书摄影，印出底样，由初修者用粉笔在底样上梳剔文内所有的双影、黑影、搭痕和溢墨；再用朱笔弥补文字的断笔、缺笔、花淡笔。无论梳剔和弥补，都不许损害文字。初修后，由另一人精修。如发现初修者损害文字，由精修者加以纠正。初修、精修后都得进行复校。精修复校后，还要再复校。再复校，用殿本、南北监本、汲古阁本与精修之页对读。最后送张元济总校。总校时用最初未修之页及各本，与既修之页互校，再用前人校本史之书对勘。直到正确无误，描润才算完毕。从初修到总校，先后经六个人修校，可谓慎重之至，描润好了的底样，送印刷厂重新摄影、制版。这就是第二次摄影、制版。第二次摄影、制版后，先经过精心修版，再精校、复校。精校少则两遍，多至五六遍，定为完善无缺，才能付印。付印时张元济在每页上署名，记年月日，从无例外。

关于描润的全过程，张元济撰有《记百衲本二十四史描润始末》，这是在描润的实践中逐步总结经验制定的工作规程。之所以这样重视描润，主要是因为原书漫漶不清，稍有不慎，随时都有发生错误的可能。例如原来的避讳字，可能当成缺笔字来填补；字形相近的字，可能描成另一个字。如果不

---

① 王绍曾：《商务印书馆校史处的回忆》，载商务印书馆：《1897—1992，商务印书馆九十五年——我和商务印书馆》，商务印书馆1992年版，第303页。

层层把关,很难避免发生差错。事实证明,张元济的这套描润办法,是使旧本古籍变模糊、漫漶为清朗、美观的行之有效的方法。①

（四）底版制作

有些问题描润是解决不了的,必须在第二次制版时解决。衲史中有不少书是“版多断裂”,这些断版该不该拼接;行线有断的,有带颗粒状的,该不该修;因断版而带来的断笔字该不该修,又如何修。这些问题,不光有技术上的问题,更重要的是如何才能恢复旧本的原貌。为了妥善解决这个问题,张元济根据各史不同的具体情况,分别制订了“制版须知”,作为制版时的依据。《张元济书札》中有其对于《百衲本二十四史》中几部史书的“制版须知”:

**表 5.1.2　张元济《百衲本二十四史》部分“修版须知”**

| 时间 | 制版书籍 | 须知 |
|---|---|---|
| 1933 年 10 月 | 《宋书》 | 此书制版较难。与他书稍有不同。务祈注意。<br>一、书中有断版痕。凡盖有断版勿拼小戳者,须留原有白线。<br>二、书中断版盖有“断版剪开,拼准修好”。小戳者,应将断版剪开,将子连拢修好,使无痕迹。<br>三、上下匡线批明勿连者。中间须留断口。其粗细应稍分(须有古意,不可修光)。因此种拼嵌之版非同时所刻。前后相去或数十年,或数百年,其刻法不能一律也。<br>四、左右匡线只须将太粗太毛太龌龊者修去,不可修光。<br>五、中间行线有太粗者,应修细些,须留古意。<br>六、凡遇断版之处,其字体与上下不同。大约补嵌者为明版。原有者为宋版或元版。其字体不可修成一样。要照原来各种字体。<br>七、但在全体中间偶然有一二字粗肥歪斜。其字形甚为难看者。应照上下左右字体。摹仿修正。 |
| 1934 年 3 月 31 日 | 《晋书》纪传部分 | 一、原书笔画甚细,修时切勿加粗。<br>二、凡应改之字,均用朱笔写明,应照改。<br>三、凡应修之字,均用朱笔描润加△为记,应照修。<br>四、凡有墨污损及各字笔画者,应加△为记,应仔细照修。<br>五、上下栏中段如有断缺或污损者,应修好。<br>六、书中有墨晕污点,均应修净。<br>七、每卷首尾两页中缝不记书名,应将本卷他页移补。 |

① 王绍曾:《商务印书馆校史处的回忆》,载商务印书馆:《1897—1992,商务印书馆九十五年——我和商务印书馆》,商务印书馆 1992 年版,第 304—305 页。

续表

| 时间 | 制版书籍 | 须知 |
| --- | --- | --- |
| 1934 年<br>4 月 17 日 | 《周书》 | 一、是书断版甚多,盖有断版勿拼戳者。切勿将原断之字连拢。或有因字形太劣,或断痕太宽。批明应剪开拼修字样者,修正之后,仍留断痕。<br>二、有断痕之字往往有上下两半,字体决然不同者,应各依其字体按原来部位分别修好。但有字形太劣者,应加改正,但仍不可失去原来字体。<br>三、断版歪斜致上下字不对榫者,均应移正。<br>四、盖有“断版剪开,拼准修好”戳者,方可将断痕剪开。对准拼好连拢。<br>五、行线成颗粒形者,应修好使成线状。有太粗者,应稍修细,其余断缺,均不必修。<br>六、凡△出之字间有未加朱笔描正或描而未全者,务须相度形势,将应修之笔,逐一修好。<br>七、笔墨较淡之字△出应修者,仍应参照四周墨色程度,期其相称,不可过浓。 |
| 1935 年<br>11 月 8 日 | 《隋书》 | 一、是书版刻不一。中缝最为纷歧,有竟不题书名者。现已补注。如间有遗漏,应请查照前后同一版刻者。仿照补入。<br>二、中缝行款不一,只可仍其原式。但纪志传等字必须列入。如间有遗漏。应请查前后同一版刻者,仿照补入。<br>三、中缝上下短线。一较宽者,原有;一较窄者,原无。其原有者有时被填粉人误填。已用朱笔还原。但恐仍有遗漏。应随时注意。<br>四、是书印本较差,行线有颗粒形者甚多。应酌量修好,并非全修,万勿误会。但中缝左右两行如全脱者,应酌量修补。<br>五、断痕匡线。均照各书通例办理。 |
| 1936 年<br>8 月 11 日 | 《新唐书》 | 一、要有古意,务要与左右之线相称。<br>二、不可成算盘珠式。<br>三、不可成树枝式。<br>四、中间如有断处,其断头务要有古意。<br>五、与原有之线相接处,不可露出相接之痕迹。<br>六、版子如有断痕,其断处务与左右之线齐一。勿稍高低。 |
| 1936 年<br>12 月 18 日 | 《宋史》 | 里线可以不必补成。先行直接晒版。由工友临时补画,但有声明者如下四条:<br>一、原来有线不全,所补之线粗细应与原线一律。<br>二、原来有线花淡或作颗粒形者,不妨用新线盖上。<br>三、只要补中间一段,约三分之二已足。但收稍处必须尖细,切忌粗秃。其补画转角线如┐ ┌亦同。只要短短一段可矣。<br>四、所补里线须与匡线平行,不可参差。 |

资料来源:张元济:《张元济书札》,商务印书馆 1981 年版。

从这些制版须知和修线要则中,可以看到制版要求之高及其复杂性。张元济不仅亲自制订这些复杂的“制版须知”,而且还要在每页上加盖不同的戳记,如某处加盖“断版勿拼”的戳记,另一处则加盖“断版剪开、拼接修好”的戳记。这种工作,十分繁重,在古籍影印史上是从来没有过的。①

(五) 摹写缺页

描润、制版都解决不了的问题,只有用摹写来解决。如绍兴本《晋书》缺《载记》一页,无法配补同式原书。今眉山《七史》本《南齐书》缺列传卷廿六、廿七共七页,庆元本《五代史记》缺目录五页(已在南京图书馆补照,因不是宋本,不能相配),都请高手摹写,技工徐之谦、朱均摹写的缺页,简直可以乱宋本之真,书内个别缺字、模糊字,也由徐、朱二人摹写填补。②

(六) 印刷装订

此流程与其他石印书局大体相当,在此阙之不赘言。

### ◈“民六工潮”

1917年,中华书局爆发了史上著名的“民六危机”。起因,一则是在购地置械、扩充编辑等方面过分投资,上海厂店迁移导致停业半月,损失巨大;二则是吸收存款过多,副局长沈知方挪用公款,部分分局调度不灵;三则是国内外局势动荡,亦影响了生产营业。中华书局入不敷出,资金周转不灵,引发了严重的经济危机。作为“民六危机”一个往常被忽视的组成部分,中华书局亦在该年爆发了“民六工潮”,印刷所工人开展罢工,而起因则是受了商务印书馆印刷所工人罢工的影响。张元济在其日记中详细记录了这次罢工的过程。③

1917年3月23日,印刷所主管鲍咸昌因华文排字房张增保和装订房某人不服从命令,令其一月之后再来上班。华文排字房和装订房因此同声相应,展开罢工。鲍咸昌与装订房主管包某态度甚坚,并致信张元济与高翰

---

① 王绍曾:《商务印书馆校史处的回忆》,载商务印书馆:《1897—1992,商务印书馆九十五年——我和商务印书馆》,商务印书馆1992年版,第307—308页。

② 王绍曾:《商务印书馆校史处的回忆》,载商务印书馆:《1897—1992,商务印书馆九十五年——我和商务印书馆》,第303—308页。

③ 《张元济日记》,见《张元济全集(第六卷)·日记》,商务印书馆2009年版,第177—183页。

卿,四人联名答复,拒绝工人要求。

24日,罢工工人致信董事会、张元济与高翰卿,无果。

25日,鲍咸昌约张元济到印刷所商议罢工事,高翰卿、高梦旦亦到场,商定发布通告,张挂门前,另外招募工人,新工人到发行所报名。其后,高翰卿拜访中华书局的陆费逵,商议商务印书馆罢工之事,要求中华书局不得招收商务印书馆开除之人。

26日,罢工如常。在商务印书馆昨日招募新人的压力下,工人再次提出,可退一步,即不索补停工期内薪金,只要允许四名被停工工人回厂,鲍咸昌坚持未允。高翰卿往访本区警察署薛某,请其保护本厂和鲍、包个人家宅及地方安宁,并送去工人中四个激进分子的名字:吴信昌、陈琴生、黄嘉兴、徐俊甫。商务报馆来信询问罢工事宜,张元济书其大状,由鲍咸昌寄回。中华工党总部亦来信拟派代表来厂调查,但最后未到。五点钟时,四部东石印房,联名致信为罢工事给鲍咸昌求情。此为商务印书馆石印部参与到"民六工运"的开始。傍晚七点半,中华书局陆费逵、徐仲远来言,谓彼厂排字房工人亦定于明日停工,并问商务印书馆情形。因以实告。陆费逵谓此时断难通融,先冷静观之。两个书局须相互接洽,共渡难关,保持一定的步调。张元济归宅后打电话给鲍咸昌,请其镇静。夜,印刷所各部部长及李守仁拜访鲍咸昌,力求通融。鲍咸昌答应四个人先在账房等候,其他人暂时开工。

27日,罢工工人等要求先允许四人回厂,才能开工。张元济坚持勿允,并电话告知陆费逵。陆费逵即来商务印书馆,言中华书局的华文排字房亦全部停工,以示声援商务印书馆罢工工人。张元济要求中华书局不可妥协,罢工期间损失由商务印书馆承担,此为援引黄包车车夫罢工之例。陆费逵则言区区小数无损于商务印书馆,而中华亦不能收。此时得知消息,工人拟全体赶赴商务印书馆本馆,求鲍咸昌通融,陆费逵称不可阻止,但是需要工人举出代表来谈。高翰卿到印刷所,经由各部部长讨论,四人中,三人可归厂,一人则调到图书公司。然工人要求鲍咸昌亲笔签字,日后不会用其他方法辞退此四人。鲍咸昌不允,故仍停工。本日,商务铅印房与墨色石印房亦相率停工,明确支持华文排字房和装订房的罢工。在召开的董事会上,经鲍、高报告,董事会认为四人万不能通融。后,陆费逵与王仰先来访,言中华书局的铅印房亦停去小部分。两馆拟定对各主顾递交声明告白,并登报说明前后因由。商务印书馆请李拔可拜访巡警厅长,未晤。见上海县沈某,请其转达,并派警察保护工厂。再次递交四人名字,请警察注意,但不必拘拿。张元济与鲍咸昌商定明日通告取消四人回厂资格,仍劝其他各房工人返厂开工,并注意防火,派妥当职员驻厂照料。

28 日,陆费逵来电,中华书局华、洋文排字部均停,铅字房有停有工,墨色石印房则未停。商务印书馆的洋文排字房未停,而墨色石印房罢工如故,其余如常。午后三点,鲍咸昌来信,送来五彩石印部及石印部的三项要求:(1) 四人仍旧进馆;(2) 停工期内薪工照给;(3) 不得干涉会事。限三时回答,否则罢工工人有进一步行动。高翰卿认为这三点要求太过分,张元济认为此事不必着急,复信称第一、二条万不能答应,第三条就可以承认。当晚,商务印书馆拟就招募新工办法,由谢燕堂等选定二十七人。王仰先又来,称中华书局已经拟定办法,要求罢工工人回厂,且询问商务对印书馆四人的处理办法,或留用一半,或由中华受用,以平工潮。张元济则谓第一条万不能办,第二条各有利害,返告同人详细研究。

29 日,罢工事风潮渐缓,各部工人有渐归者。张元济晨赴高梦旦处,商定昨晚所拟定办法,通告暂时不发,但给警区区长信仍然送去,并告谢燕堂,拟整顿排字规则。中华书局午后四点钟全面复工。鲍咸昌言,本日招募新工,取定十五名,但有四条要求:(1) 遵守规则;(2) 如查出现在他家执业者,立即辞退;(3) 常存工资十日;(4) 明日通告取否。

31 日,商务印书馆罢工渐息,罢工工人唯仍要求四人到厂一日,然后才能正式辞歇。鲍咸昌颇为踌躇,张元济则力主阻止。下午方才决定,允许其本日到厂,只给本日工资,此四人作为自行告退论处。鲍咸昌前去商议,最后允许罢工日之内的工资仍旧照给。

张元济最后和高梦旦与鲍咸昌议及此事,感慨道此事虽经解决,然败固不佳,胜亦非福,善后之事甚属为难。本日工人照常上班,唯工人登一广告,称此为斗争胜利。鲍咸昌和高梦旦称此为占面子之举,不需要与他们相争。而新招募的工人均系高级工人,试图另外搭班,找来一些小工,但鲍咸昌不允许。吴信昌、陈琴生、黄嘉兴、徐俊甫来厂告辞,要求给薪。鲍咸昌仅给其三日的工资。

从整个罢工的过程来看,最早爆发在商务印刷所的华文排字房和装订房，印刷石印书籍的墨色石印房则属后来加入，而中华书局的墨色石印部门则未曾参加此次工潮。

### ◈ 抗战迁渝时期的石印①

抗战时期在重庆设办事处后，当时商务的主事人王云五决定设法在成都翻印《综合英汉大词典》和《大学丛书》等书籍。这些书在内地既没有存留纸型，没法铅印，又因为设备缺乏，不好用平版胶印的方法，只能采用石印技术翻印。

当时商务在内地的技术工人对翻印的旧办法都不熟悉，经过比较艰苦的试验过程才获得成功。幸好用翻印办法出版大学丛书也不要编审处编辑加工，当然也使编审处省去好多工作。开始时，负责这个工作的陈建声在成都找到一个石印工人，名杜增祥，对翻印技术略知一二，预作一试。当时的成都分馆设在古中市书栈的临街房子，有一部小石印机及应用工具和药品。用印道林纸印的书籍勉强可以，但报纸及其他纸张印的书就无法完成。

后来，重庆办事处派李凌标等对印刷有经验的技术人员协助设立一个试验室，群策群力，才掌握了翻印技术。于是买进对开大石印机 1 部、对开翻版机 1 部，小石印机 2 部，开始翻印《大学丛书》，所有网纹铜版图都很清晰。继之又配备江油县所出的石版 20 余块，日夜三班印刷，这样生产逐渐上了轨道。重庆办事处就将这个试验工场改为成都分厂。陈建声、李凌标分任正副厂长，魏辰黻为会计，职员及工人有 20 多人。1945 年日寇投降，成都分厂结束并入重庆分厂。

## 第二节　中小型石印书局的代表：鸿宝斋书局

光绪十三年九月（1887. 11），浙江人定海人何瑞堂②开设鸿宝斋石印局

---

① 张毓黎：《商务印书馆总管理处迁渝时期的工作概况》，载商务印书馆：《1897—1992，商务印书馆九十五年——我和商务印书馆》，商务印书馆 1992 年版，第 357—360 页。

② “何瑞堂开的鸿宝斋石印书局”，见上档：叶九如：《书业历史》，上海市书业同业公会档，S313-3-1《行业历史沿革 1949—1956. 10. 9》；“鸿宝斋分局开在河南路元字九十一号门牌，东家何瑞堂，定海厅人”，见上档：《清朝书业公所同业挂号原函汇存簿》，上海市书业同业公会档案，S313-1-76。

于上海英租界大马路抛球场旁。浙东人[①]沈静安,任鸿宝斋经理。[②] 鸿宝斋开设之初,其书局房舍尚未落成,但亦在《申报》刊登名为"鸿宝斋石印书馆开设启"的告白,借此制造影响,招揽生意,可谓是有着较强的市场意识。这篇告白的全文为:

昔者黄帝史官观鱼鸟之纹,以作文字。削竹编草,渐开文明。洎乎汉武,承秦灭学之后,开献书之路。置写□之官。由是外有常史、博士之藏,内有延广密室之府。图书绵帛,衣被天下。然赤字赤纸,尚存古拙。迨至郑默中经始美,刘向、王俭七志比盛,荀助而宣明鸿都。仅贮中秘,未传人间。后唐明宗始以雕版行世,遂车途同轨,流布亦广。圣清文治之隆,远轶前古,私家著述,可与兰台并列。自海上有石印之设,能以大为小,举重若轻,亦文苑之别派,艺林之谲技也。然风雅之士不深为珍惜者,其必体制校勘未能尽善乎?校勘实典籍之首务,体制乃著作之司命。丹铅之席,岂容溷以屠沽,纂述之林何可兼收珉石?本斋既知石印之书,可垂久远而未餍海内之心者,其弊在此而不在彼。故机器工作亦复了不异人,惟于校勘体制,精益求精,或庶几胜诸家一筹也。颇思点石之功,上追竹帛汗青之制,撰录之役,亦仿埤苍训诂之精,冀以传播海内,乖声后世。岂仅为利市起见哉?局设英界马路之间,地处洋商抛球场。西枕白泖,东面黄浦。爰创始乎重九,待观成于孟冬。此登报伏赐朗见。[③]

这篇告白以近半的篇幅回顾了中国古代出版史,认为印刷技术的变革推进了中国古代的书籍生产,从而突出了"石印"这项革命性技术的价值,即该局从一开始就明确了以石印为立局之本的宗旨。当时,石印书业虽已发展多年,出版量也不小,但"风雅之士不深为珍惜"。鸿宝斋主人称这是石印书籍校勘体制未能尽善的缘故,而该局则是"校勘体制,精益求精"云云。此

---

① 沈静安的籍贯,史籍失载,不过可推测而得。局主何瑞堂为定海人,沈静安的继任掌柜乌仁甫为镇海人,鸿宝斋学徒出身,按照当时掌柜多选择同乡之孩童为学徒的习惯,沈的籍贯应不出浙东一带。

② 沈静安任鸿宝斋经理的时候或在该局创设之初,至迟不过清光绪二十一年(1895),该年沈静安曾代表鸿宝斋参与到上海书业公所的筹建活动中,参见上档:《上海书业公所落成全体大会开会词》,上海市书业同业公会档,S313-1-2。

③ 《申报》光绪十三年九月十八日(1887 年 11 月 3 日),31 册,第 810 页。

虽系商人告白时常见的夸耀之语，但亦有深意。十年前点石斋开设之际，所石印的书籍多为《鸿雪因缘图记》[①]之类的小说、《黑蛮风土记》之类的笔记[②]和《华英字典》[③]、《华英文字合璧》[④]、《华文译英文字典》[⑤]之类的工具书，这些书籍虽然大卖，但是在传统文人心目中价值不大。鸿宝斋主人表面上说的是校勘，但是实际上夸耀的是自己选书的“品味”。

那么鸿宝斋的选书“品味”是怎样的呢？在第二日的《申报》上，鸿宝斋又刊登“鸿宝斋四书启”的广告，该书“爰延诸名宿，旁搜博引，汇宋汉而集其大成。特先以四子书为权舆，下截专用上元金氏《味根录》一书，以作制艺之准；上截则荟萃（汉至清各家——引者）群言……复益以诸家之札记，丛书之余论，凡有关于实学者，无不搜罗殆遍。合书百数十种，顺序编辑。俾读者可以依次而求。斯汉学之门径，四书之大观也。此书由本斋纂成，故颜之曰《鸿宝斋四书》，业已请善书者缮写完善，俟校定后，即付之石，准于年内出书”。此外，又有“《方舆纪要》、《事类赋统编》、《陈氏礼书》、《十七史商榷》、《廿二史考异》、《四书五经典林合刻》、《两般秋雨庵随笔》、《列国志图说》”亦在抄写校勘，“一俟十月间房宇落成之后，即当开架上石，次第印刷”。[⑥] 一般说来，一家书局出版的第一种书籍，且经过报刊上大张旗鼓的宣传，必然在一定程度上代表着这个书局的编辑品味。鸿宝斋选择“四书”，其实也就是在表明经史书籍是其主要的出版方向。

### ◈ 鸿宝斋书局的发展

鸿宝斋最初仅有印局一处，最迟在光绪十五年（1889）即开设鸿宝斋分局。[⑦] 书局负责印刷，为主；分局负责发行，为辅。光绪三十一年（1905）前所印《上海鸿宝斋分局发兑各种石印书籍》称“发售自印各种经史子集，兼

---

① 《申报》光绪五年五月初五日（1879 年 6 月 24 日），14 册，第 631 页。
② 《申报》光绪五年十月十四日（1879 年 11 月 27 日），15 册，第 597 页。
③ 《申报》光绪五年四月六日（1879 年 5 月 26 日），14 册，第 515 页。
④ 《申报》光绪五年十月九日（1879 年 11 月 22 日），15 册，第 577 页。
⑤ 《申报》光绪五年十月十四日（1879 年 11 月 27 日），15 册，第 597 页。
⑥ 《申报》光绪十三年九月十九（1887 年 11 月 4），31 册，第 818 页。
⑦ 上档：《（光绪十五年仲春）清朝书业公所文昌会帐簿》，上海市书业同业公会档，S313-1-82。

售各局铜、铅、石印书画、图帖"①,也就是说鸿宝斋分局不仅仅发售鸿宝斋书局石印的各种书籍,同时也销售他局之书,且不限于石印,铜版、铅印等书籍亦有发售。该书目有书籍300种,以四部分类,各目含书种数与百分比见下表:

表5.2.1 1905年鸿宝斋石印书目分类

| 分类 | 原书目备注 | 数量(种) | 百分比 |
|---|---|---|---|
| 甲部 | 即经部 | 40 | 13% |
| 小学类 | 附在甲部之下 | 26 | 8.7% |
| 乙部 | 即史部 | 37 | 12% |
| 谱录类 | 附在乙部之下 | 4 | 1% |
| 丙部 | 即子部 | 11 | 4% |
| 书画类 | 附在丙部之下 | 18 | 6% |
| 小说类 | 附在丙部之下 | 23 | 8% |
| 禀牍类 | 本不入四部,因石印有此等书,亦附在丙部下为近 | 6 | 2% |
| 丁部 | 即集部 | 21 | 7% |
| 时文类 | 遵《钦定四书》例,附在丁部之下 | 59 | 20% |
| 诗赋类 | 附在丁部之下 | 27 | 9% |
| 试策类 | 本不入四部,以与文诗相近,故亦附在丁部之下 | 14 | 4.7% |
| 文诗料 | 由为文诗之用,故亦附在丁部之下 | 20 | 6.7% |

资料来源:鸿宝斋:《上海鸿宝斋分局发兑各种石印书籍》,光绪三十一年版。

各部中以时文类所占份额最大,其和诗赋类、试策类、文料诗构成的科举用书占鸿宝斋所售书籍的40.4%,而排名第二的经部亦和科举考试密切相关,两者相加达53.4%,超过半数。石印科举书籍一是可以缩印,方便携带;二是价格便宜,精致美观。读者乐意购买,书局也就乐意出版。雕版刻书时代,虽有尺牍之文,但和近代石印之禀牍并不相同。前者仅以文字行,

① 该书目中有大量科举用书,故可推断印制在光绪三十一年废止科举之前,参见周振鹤:《晚清营业书目》,上海书店出版社2005年版,第468—479页。

后者则借助于照相石印技术，从而让读者不仅仅阅读作者的文字，亦能欣赏其书法艺术，这是技术进步带来的尺牍与书帖的结合，形成新的书目门类。值得注意的是，在丙部之中，有《几何原本》和《西学大成》两部西学著作。实际上，晚清西学兴起之后，上海石印书局也曾经争夺过这个市场，石印了大量的西学著作，如《富强斋丛书》、《农学从书》、《西政丛书》、《西学大全》、《军政丛书》、《格致丛书》、《古今算学丛书》、《中西算学丛书》等。时风既有所好，鸿宝斋自然也要涉足一下西学领域，如光绪二十二年(1896)所出的《中西算学丛书初编》有四十五种八十二卷三十册，部头颇大。[①] 光绪二十八年(1902)所出之《洋务经济通考》是鸿宝斋第四次印本。[②] 鸿宝斋的石印西书在学界也有一定的影响，顾燮光的《译书经眼录》就曾入载鸿宝斋书局出版的《泰西历代名人传》。[③]

鸿宝斋代客石印书籍。其中最有名者，为吴友如之《飞影阁画报》。该报创设于光绪十六年(1890)，“每月三期，每册十页，仿折叠式装成册……逢三出报。并附册页三种……特托鸿宝斋精工石印，墨色鲜明，丝毫毕肖，无复贻憾矣。装成每册，计价洋五分”[④]。

继沈静安之后，乌仁甫就任鸿宝斋书局经理，鸿宝斋从此走入乌仁甫时代。乌仁甫为宁波镇海人，生于清光绪十三年(1887)[⑤]，与鸿宝斋同龄，该局学徒出身[⑥]，至迟宣统二年(1910)，任鸿宝斋经理[⑦]，前后近三十年。在乌仁甫任鸿宝斋经理期间，该局的资产组织发生了一定的变化，在沈静安时代和乌仁甫时代的早期，鸿宝斋都是属于何家的产业。最迟在民国六年(1917)，该局变为合资经营，乌仁甫虽依旧担任经理，但同时也有了股东的

---

① [清]敏求斋主人辑：《中西算学丛书初编》，鸿宝斋书局1896年石印本。

② [清]应祖锡纂定：《洋务经济通考》十六卷，鸿宝斋书局1902年石印本。

③ 该书四册，共六卷，汇报馆原版，徐心镜增订，见熊月之：《晚清新学书目提要》，上海书店出版社2007年版，第240页。

④ 《飞影阁画报》发刊词，见该刊庚寅年第一号。

⑤ “鸿宝斋……股资：合资，代表人乌仁甫，五十三岁，浙江镇海人，任职经理”，参见上档：《(民国十九年六月)上海市书业同业公会会员名册》，上海市书业同业公会档案，S313-1-24。

⑥ 上档：1934年《中国征信所调查报告·鸿宝斋书局》第6405号，中国征信所调查报告书档，S320-1-1303。

⑦ 上档：《宣统二年二月十一日为选举评议员……特开第二次大会》，上海书业同业公会档，S313-1-120。

身份。[1] 最迟在民国十二年(1923),书局东主何瑞堂易为何的子侄何性。[2] 最迟在民国二十三年(1934),鸿宝斋的大股东由何氏转变为杨某[3],乌仁甫仍为股东兼经理。乌仁甫另有资产两处,“与友人股开大丰印刷所。因无暇兼顾,委托他人经理,被从中渔利,颇有亏蚀。近已收回自己经理,营业渐复原状。乌君又开一杂货店,现有资产五万元以上,人颇干练,信用尚好”[4]。

鸿宝斋书局 1917 年时局址为威海路[5],此后一直未变。鸿宝斋分局曾设于河南路元字九十一号门牌[6],后迁至四马路,即福州路东华里[7],刘松山任经理[8],亦受乌仁甫的辖制。20 世纪 20 年代末,鸿宝斋尚有厂屋[9],30 年代则全靠租赁,“印刷所房屋,系向人租赁,内有墨色石印机五部,均系西货,每部值五六千元至七八千元不等,常雇工六七十人。……印刷所所用纸张,以前向维昌、德记等洋行订货,近来多数向各纸号购买,亦有主顾自备纸张,托该号代印者……发行所租赁二上二下市房一所,雇用店员七八人”,往来之行庄有浦东银行、宝丰钱庄。[10]

乌仁甫就任鸿宝斋经理以后,上海石印书业的行业环境不断恶化。困局之中,鸿宝斋石印业务相应减少,而发行部门的重要性则日渐上升,民国

---

① “鸿宝斋……股资:合资,代表人乌仁甫,五十三岁,浙江镇海人,任职经理”,参见上档:《(民国十九年六月)上海市书业同业公会会员名册》,上海市书业同业公会档案,S313-1-24。

② 上档:《书业公所会员入会志愿书》,上海市书业同业公会档,S313-1-62。

③ “杨某,名号不详,据云占股最多,曾在政界任职,颇有积蓄”,参见 1934 年《中国征信所调查报告·鸿宝斋书局》第 6405 号,上档:S320-1-1303。

④ 上档:1934 年《中国征信所调查报告·鸿宝斋书局》第 6405 号,中国征信所调查报告书档,S320-1-1303。

⑤ 上档:《民国六年丁巳秋季调查同业一览表》,上海市书业同业公会档案,S313-1-23。

⑥ 上档:《清朝书业公所同业挂号原函汇存簿》,上海市书业同业公会档案,S313-1-76。

⑦ 民国三十三年(1944)时的门牌号为 269 弄 18 号,参见上档:《上海市书业同业公会——本会会员概况调查表(1944 年 6 月 30 日至 10 月 25 日)》,上海市书业同业公会档案,S313-1-66。

⑧ 刘氏约于宣统元年到 1917 年任此职务,上档:《宣统元年十二月书业公所重整行规》,上海市书业同业公会档,S313-1-120;上档:《民国六年丁巳秋季调查同业一览表》,上海市书业同业公会档案,S313-1-23。

⑨ 《上海鸿宝斋书局各种书目一览表》称“本局创自清光绪季,迄今四十余年,自建高大厂屋”。鸿宝斋创于 1887 年,四十余年后,应该在二十年代末,参见徐蜀、宋安莉:《中国近代古籍出版发行史料丛刊》(第 25 册),北京图书馆出版社 2003 年版,第 602—668 页。

⑩ 上档:1934 年《中国征信所调查报告·鸿宝斋书局》第 6405 号,中国征信所调查报告书档,S320-1-1303。

时期，在书业公所、书业同业公会、中国征信所①等部门对上海各书局所做的调查中，鸿宝斋印刷部分和发行部分的主辅地位逐渐发生了变化，详见下表：

表 5.2.2　民国时期鸿宝斋印刷、发行两部局址

| 时间 | 印刷部分 | | 发行部分 | |
|---|---|---|---|---|
| | 名称 | 位置 | 名称 | 位置 |
| 1917 年 | 鸿宝斋印局 | 威海路 | 鸿宝斋分局 | 四马路(即福州路) |
| 1930 年 | | | 鸿宝斋 | 四马路(即福州路)东华里 |
| 1934 年 | 印刷所 | 威海卫路 | 发行所 | 福州路 |
| 1935 年 | | | 鸿宝斋书局 | 福州路东华里 |
| 1944 年 | | | 鸿宝斋书局 | 福州路东华里 269 弄 18 号 |

资料来源：上档：1917 年《民国六年调查同业一览表》，上海市书业同业公会档，S313-1-23；1930 年《上海市书业同业公会会员名册》，上海市书业同业公会档，S313-1-24；1934 年《上海市书业同业公会登记表》，上海市书业同业公会档，S313-1-7；1935 年《上海市书店调查》，上海市书业同业公会档，S313-1-128-47；1944 年《上海市书业同业公会本会会员概况调查表》，上海市书业同业公会档，S313-1-66。

如前所论，晚清时期，鸿宝斋书局的发行所被称为"分局"，在整个鸿宝斋系统中处于辅助地位，这种情况至少持续到 1917 年，而最晚在 1930 年之后，发行所成了鸿宝斋系统的总局。正是由于石印书业的市场不景气和经营成本增加，鸿宝斋不得不将发行作为自己的主要业务。

鸿宝斋一方面将自己石印的书籍委托他局发行，如 1921 年 7 月，世界书局上海发行所开张后，鸿宝斋书局的书，由世界书局推销②；一方面自己也代行其他书局的书籍，这些书籍印刷方式上包括石印、铅印、铜版、珂罗版各种形式，在内容上也较为丰富，如民国《上海鸿宝斋书局各种书目一览表》，含书 1 438 本，分为 20 个部类，各部类含书数量和占总目百分比如下表：

① 参见上档：上海书业同业公会档，S313-1-23、S313-1-24、S313-1-128-47、S313-1-66；中国征信所调查报告书档，S320-1-1303。

② 朱联保编纂，曹予庭校订：《近现代上海出版业印象记》，学林出版社 1993 年版，第 372 页。

**表 5.2.3　民国鸿宝斋书局书目分类**

| 分　　类 | 数量(种) | 百分比 |
| --- | --- | --- |
| 文学用书 | 237 | 16.4% |
| 历史古鉴 | 39 | 2.7% |
| 字学用书 | 46 | 3.2% |
| 金石古玩书画考据 | 20 | 1.3% |
| 原碑精拓各种习字碑帖 | 39 | 2.7% |
| 学校读本及新旧自修参考书 | 144 | 10% |
| 最新出版学生用书 | 83 | 5.8% |
| 最新女学用书 | 14 | 0.9% |
| 最新儿童读物 | 6 | 0.4% |
| 法政用书法律审判 | 16 | 1.1% |
| 社会应用尺牍酬世交际 | 62 | 4.3% |
| 楹联棋谱 | 36 | 2.5% |
| 舆图兵法拳术 | 10 | 0.7% |
| 社会用书卫生常识职业智术 | 17 | 1.2% |
| 美术用书画谱 | 42 | 3% |
| 圣教慈善道学善书青年培德 | 46 | 3.2% |
| 医学书 | 187 | 13% |
| 堪舆阳宅星相占卜 | 81 | 5.6% |
| 旧小说 | 274 | 19% |
| 新编小说 | 39 | 2.7% |

资料来源:徐蜀、宋安莉:《中国近代古籍出版发行史料丛刊》(第 25 册),北京图书馆出版社 2003 年版。

与前清鸿宝斋书目相比,我们可以发现:第一,晚清书目中科举用书占据绝大部分,而民国书目中与科举用书类似的"学校读本及新旧自修参考书"占据第四位,总数的一成,说明民国时期石印书局依然在跟进和争夺学校市场;第二,突破了晚清书目"经史子集"的传统分目方法,随着民国社会新的知识体系的建立,石印书局书目的分类体系也不断丰富,而在"旧小说"一目下,又有女界小说、言情小说这些清末民初才发展起来的文学分类;第三,晚清时期的目标消费群是传统读书人,故而目录所列多属典籍,而民国时期顾客群则下移至普通市民，经史书籍所占比重下降，小说类大幅增加，"法政用书法律审判"、"社会应用尺牍酬世交际"和"社会用书卫生常识职业智术"类的实用书籍和"堪舆阳宅星相占卜"类"怪力乱神"之书入目；第四，新增医学一目，内容以中医典籍为主。这些特点都反映了鸿宝斋在保持自身特色的同时，也不断顺应时代的潮流，发展变化。

鸿宝书籍一般按照书价码洋七折销售①，但在实际销售中则低至五六折②。时局虽艰，亦在勉力经营，同业评论云："该号年代已久，根据稳固，财力亦足，在同业中列于中等地位。"③

抗战全面爆发以后，上海印刷界遭受重大打击。商务印书馆、中华书局这样的大型出版机构尚可西迁内地，而众多中小石印书局则只能困守上海，在战火中损失惨重，如张才良在1921年所创之"元昌印书馆"，"民国二十四年于闸北中山路1215弄1号自置土地，建厂屋住房二十五间"，成为上海颇有实力的石印书局。1938年，遭遇"淞沪会战"之后，"房屋损毁尚可修理，但场内机器材料家具各物等全部均被敌盗走，只有损毁之石片破纸而已"④。此时，鸿宝斋书局也发生巨变，于1938年10月改组为鸿宝斋涛记书局，丁明涛为局东兼经理。⑤ 抗战末期，丁方定继为鸿宝斋的所有者。⑥ 丁方定，光绪二十八年（1902）生，宁波人。⑦ 最晚在丁方定接掌鸿宝斋书局时，该局的资本形式由乌仁甫时代的合伙经营易为独资，仅雇佣一二店员。

---

① 见此书目《启事》。

② 该书目封面，有手写"照定价之数五六折不等"字样。

③ 上档：1934年《中国征信所调查报告·鸿宝斋书局》第6405号，中国征信所调查报告书档，S320-1-1303。

④ 上档：《上海书业同业公会会员填报"八一三"抗战损失调查表的报批文书》，S313-1-180。

⑤ 上档：《（民国十九年六月）上海市书业同业公会会员名册》，上海市书业同业公会档案，S313-1-24。

⑥ 丁方定和丁明涛应非同一人。其一，鸿宝斋涛记书局的说法仅见于1938年的史料中，其后都无"涛记"的书法；其二，按照时人给书局起名的习惯，明涛应是名而非字，如大同兢记书局的局东名为吴兢寸，燮记书庄的店主叫作成燮春等（参见上档：1932年《中国征信所调查报告·大同兢记书局》第535号，中国征信所调查报告书档，S320-1-903；1936年《中国征信所调查报告·燮记书庄》第11697号，中国征信所调查报告书档，S320-1-959），所以明涛不可能是丁方定的字。

⑦ 上档：《上海市书业同业公会——本会会员概况调查表（1944年6月30日至10月25日）》，上海市书业同业公会档案，S313-1-66。

不再从事印刷业务，专营书籍贩卖，与同成钱庄有往来①，在上海书业同业公会中也沦为普通会员。随着时局动荡，书局亦时开时歇，但一直勉力支持。

新中国成立后直到20世纪70年代初上海依然有石印书籍出版②，但是那些创自晚清、绵赓民国的近代私营书局却早在50年代前中叶的社会主义改造中或改制，或关停，由此也标志着上海近代石印书业的结束。1950年9月，出版总署在北京召开第一次全国出版工作会议，提出出版、印刷、发行专业化的目标，要求公私出版业均应争取条件逐步实现出版与发行分工，出版和印刷分工和出版专业化的方针。在此思想的指导下，上海众石印书局被分归各类，各自经营。作为书业公会会员的鸿宝斋书局，因早无印刷所，被划归为"贩卖类"。③ 在1956年的"公私合营"高潮中，全市古旧书单位53户全部联名申请公私合营，有鸿宝斋书局、旭强书店、华山书店、光明书社、求古斋书局、新医书局、新中书社7户会员另做安排，如迁往别处、歇业或者改为书摊。④ 创办69年的鸿宝斋书局从此不见于史籍，可以认定其终结于是。

### ◈ 鸿宝斋书局与上海书业公所

鸿宝斋是上海书业公所早期的重要成员。光绪十二年(1886)，扫叶山房总经理朱槐庐、分号经理黄熙庭、翼化堂主人卫辅堂等，募集资金，购买房屋，筹建书业公所，虽因资金问题没有最终创设，但一些同业间的活动还是组织开展了。鸿宝斋书局最晚于光绪十四年(1888)仲春加入上海书业同业对行业神文昌帝君的春秋两祭⑤，光绪十五年(1889)仲春，分局开始参与到

---

① 上档:《上海市书业同业公会——本会会员概况调查表(1944年6月30日至10月25日)》，上海市书业同业公会档案，S313-1-66。

② 上海虹口印刷厂在新中国成立后公私合营的时候所并入的四联印刷厂，原为专业石印书局，其石印生产一直持续到20世纪70年代初。参见宋原放、孙颙:《上海出版志》，上海社科院出版社2000年版，第863页。

③ 上档:《书业公会所属会员已办公司登记情况调查表》，上海市书业同业公会档案，S313-4-20-1。

④ 上档:关于书业公会成员在公私合营中去向的无标题手稿，上海市书业同业公会档案，S313-4-62。

⑤ 上档:《(光绪十四年仲春)清朝书业公所文昌会帐簿》，上海市书业同业公会档，S313-1-82。

该项祭祀中。

鸿宝斋经理沈静安在推动公所建设和维持公所运作上的贡献颇为重要。光绪十四年(1888)后,石印大盛于沪,同业深觉无公所之不便,至光绪二十一年(1895)由沈静安、葛直卿,邀同前经办公所的朱槐庐与黄熙庭,续开捐助,设办事处于英租界三马路。公所成立以后,鸿宝斋月捐洋63元,为各局之首,但是各局月捐泰半10元以下,所以公所经济上依然十分紧张。至光绪二十四年(1898),“已亏空洋三百余元,均系鸿文、慎记、鸿宝三家筹垫”,然而“屡垫无还,终非了局”,所以沈静安提议在光绪二十五年(1899)“七月初间议租《三续文编》书底,印书三千部,邀集各号分销,略沾余利,以济公所公用”。然而当时西学书籍畅销,印书纸贵,且无买处,幸亏鸿宝斋自有振昌、恒通、庆源等号印书纸100件,沈静安劝说局主让与公所。又逢各书局大忙,亦经沈静安再三相恳,中西书局、顺成印局始肯分印百批。尚余36批,由文澜、鸿宝两局相帮代印完结。未出书以前,用款皆鸿宝分局设法筹填。事后,同人皆称“是役也,若非沈静翁独任劳怨,不恤人言,何能如是之爽快迅速?此时公所除还旧欠垫款外,尚能余六百元之多,以作公项。当此时局艰难,千余洋谈何容易。是诚沈静翁之力也”①。虽然在沈静安的努力下,书业公所有了些许起色,但终因经济不逮,黯然停办。

光绪三十一年(1905),在育文书局代表夏育芝、点石斋代表叶九如等人的倡议和努力下,书业公所终于再次组建,从此步入了一个稳定的发展期,不复之前旋办旋停的窘境。在选举中,席子佩以48票当选总董,沈静安获十票被选为议董。② 鸿宝斋书局较早意识到同业组织对于行业发展的重要意义,大力参与书业公所的创建和维持,在一定程度上反映了中小书局对于上海石印书业发展的前瞻和对策。

此外,鸿宝斋亦热心公益,光绪二十二年(1896)上海书业公所为湖南赈灾进行捐款,鸿宝斋书局捐款洋五元,分局两元。③ 光绪二十四年(1898)为

---

① 上档:《书业公所租印三续文编清帐并引》,上海市书业同业公会档,S313-1-80。

② 上档:《去年(光绪三十一年)十月全体同业投票公举公所各职员列表》,上海市书业同业公会档,S313-1-1。

③ 上档:《光绪二十二年七月湖南赈捐收列各宝号(赈款详单)》,上海市书业同业公会档,S313-1-80。

徐淮海赈灾，书局五元，分局三元。① 书局所捐之款项皆为各局之首，分局亦为中上。

担任鸿宝斋经理之后，乌仁甫即成为该局在上海书业公所中的代表，沈静安则不再参与公所活动。宣统二年(1910)，乌仁甫以29票第十顺位当选为书业公所的评议员，三年被委任为书业公所会计员，“兼办《官商快览》经济出入等事”，并保存上海书业公所房屋契据②和公所资金。除乌仁甫外，该局工人朱理征、刘杰三为宣统三年(1911)所建之上海书业商团成员。③

光绪三十三年(1907)④，书业公所总董、点石斋经理席子佩为解决书业公所经费问题，提议将《官商快览》一书归公所印行，其盈余之四成归公所经费，六成归被委托抄录、石印及装订快览的书局⑤，并请苏松太道及上海县给示谕禁，坊间不得私印⑥。书业商团成立后，移快览经费之二厘为商团费用。民元之后，《官商快览》改名为《国民快览》，商团解散后，快览之二厘经费复归公所。⑦

正如沈静安在书业公所租印《三续文编》事中居功至伟，乌仁甫在《国民快览》的印行中也起着关键性的作用，详言有三：

1. 负责快览的会计核算以及印刷事宜，如1916年度《国民快览》的誊写由扫叶山房北号负责，印刷则由鸿宝斋完成。⑧

2. 为书业公所印刷快览垫付资金，如1914年鸿宝斋为印刷第七届《国民快览》垫付银1 700元之巨，须知从1911年到1914年，书业公所四年间总

---

① 上档：《光绪二十四年三月徐淮海赈捐收列各宝号(赈款详单)》，上海市书业同业公会档，S313-1-80。

② 上档：《(民国四年)三月廿一日开第八次常会(记录)》，上海书业同业公会档，S313-1-86。

③ 上档：《书业商团同志姓名录》，上海市书业同业公会档案，S313-1-23。

④ 据上档：《民国六年丁巳经办第十届快览帐略》(上海书业同业公会档，S313-2-28)推算，第一届《快览》应该是光绪三十三年(1907)印刷。

⑤ 上档：《(为创公所输捐事)敬告同业》，上海市书业同业公会档，S313-1-233。

⑥ 除该书外，尚有《酬世全书》一书。参见光绪三十四年三月初三日，苏松太道及上海县之谕禁[《(庚戌年)官商快览》之扉页]。

⑦ 上档：《商团提快览之二厘移作公所公积的决议》，上海书业同业公会档，S313-1-86。

⑧ 上档：《会计员乌仁甫君辞职书(所附帐略)》，上海书业同业公会档，S313-1-86；上档：《(书业公所)八月二十一日常会》，上海书业同业公会档，S313-1-86。

共财政收入才有3 259元6角5分2厘。①

3. 书业公所没有自己的发行部门，《国民快览》需要先卖给各书局，再由这些书局进行销售，是故这些书局购买《国民快览》的数量也就代表了对书业公所支持的力度。下表为1917年到1929年鸿宝斋购买《国民快览》的情况：

**表5.2.4　1917年到1929年鸿宝斋购买《国民快览》的情况**

| 年份(年) | 石印总数(本) | 鸿宝斋购数(本) | 占总印数百分比 | 购数排行 |
|---|---|---|---|---|
| 1917 | 34 000 | 3 716 | 10.9% | 2 |
| 1918 | 37 000 | 3 842 | 10.3% | 3 |
| 1919 | 38 000 | 4 220 | 11.1% | 3 |
| 1920 | 48 000 | 5 682 | 11.8% | 2 |
| 1921 | 37 600 | 6 080 | 16.1% | 1 |
| 1922 | 48 400 | 5 920 | 12.2% | 1 |
| 1923 | 49 000 | 4 302 | 8.7% | 1 |
| 1924 | 50 000 | 5 200 | 10.4% | 2 |
| 1925 | 49 000 | 3 612 | 7.4% | 2 |
| 1926 | 49 500 | 4 400 | 8.9% | 2 |
| 1927 | 48 000 | 4 840 | 10% | 2 |
| 1928 | 43 000 | 3 990 | 9.2% | 2 |
| 1929 | 48 000 | 2 739 | 5.7% | 3 |
| 均值 | 44 577 | 4 503 | 10.2% | 2 |

资料来源：上档：《(民国六年至十八年)经办(第十届至二十二届)快览帐略》，上海书业同业公会档，S313-2-28。

在这些年份中，鸿宝斋基本上都包销了书业公所一成左右的《国民快览》，有三年时间购买数排在各书局之首；当其排名第二的时候，占据首位的是商务印书馆这种现代大书局；而排名第三的时候，则不过略少于历史悠久的传统书局文瑞楼。虽然乌仁甫为书业公所任劳任怨，但是亦有“同业中不明事理者致起冲突”，故而心生倦意，提出辞职请求，“会计一职理合另委接

① 上档：《会计员乌仁甫君辞职书(所附帐略)》，上海书业同业公档，S313-1-86。

充。非仆私意欲卸仔肩。实缘财政一职,无久掌理由之可言。或一年改委,或二年改委,应请董事集议员诸君开议明定章程,以垂规则”①。不过,在公所同仁的劝勉之下,乌仁甫收回了辞职书,继续担任书业公所的会计。

1930年,书业公所、商民协会书业分会和新书业公会合并成为上海市书业同业公会。1937年,原书业公所领袖叶九如拟将公所“器具、款项、基屋、契据、账目”等交付同业公会,然因战事受阻。直到1947年,乌仁甫、王松亮、魏炳荣、周仲麟、叶九如、席念曾等人才最终完成移交手续。② 而此时,乌仁甫则早已不是鸿宝斋书局的经理了。

在上海书业不断发展和国民政府逐渐加强对社会各业控制的背景下,传统行会色彩浓重的书业公所必然走向终结。书业公所一方面限制了石印书业的内部竞争,另一方面却又维护了行业的整体利益。众石印书局归并入上海市书业同业公会之后基本上没有什么发言权,在和铅印业的竞争中更是每况愈下。从这一点也可以看出鸿宝斋书局当初大力支持书业公所活动背后深深的忧患意识了。

丁方定时代,鸿宝斋书局业务减缩,在上海书业同业公会中的地位也与从前不可同日而语,所以现存史料与档案中的记载只有寥寥几笔,无法获得更多的细节,遂被尘封于历史的尘埃之中,这也是近代中小书局共同的悲哀。

光绪初年,何瑞堂敏锐地开创鸿宝斋书局于沪上。晚清时代鸿宝斋石印书籍以科举用书为主,而在民国时期则努力拓展发行内容和种类。资本形式在民国由独资改组为股份制,经理乌仁甫以此成了鸿宝斋的股东。在民国后期的时局动荡中,鸿宝斋业务缩减,仅余发行部门,艰难度日,最终在新中国成立后的公私合营中歇业终结。鸿宝斋可谓是上海近代石印书业整个历史的见证者与参与者。在上海近代石印书业繁盛期的乘风而起,在衰落期的苦心经营,在终结时刻的黯然离场,也反映了近代上海众多中小书局相似的命运轨迹。

---

① 上档:《会计员乌仁甫君辞职书》,上海书业同业公会档,S313-1-86。

② 上档:《书业公所移交书业公会函》,上海书业同业公会档,S313-1-43。

## 第三节　四家石印书局考略

### ◈ 传统书局转型而来的校经山房

校经山房由朱槐庐所创，朱槐庐本名朱记荣，字懋之，一字槐庐。曾入国子监读书，传统学术素养很高，俞樾和杨守敬皆有赞语。① 同治中叶入扫叶山房，在扫叶山房开设分号后，担任总经理（或称“总执事”）。同光之际，扫叶山房的古籍刊印主要由朱槐庐主持。光绪三十年（1904），朱槐庐独立创办校经山房，局址在“南市大东门内朝宝路”。② 该年六月二十六日《申报》上有“校经山房书坊择吉开张”的广告，文曰：

> 本坊主人朱槐庐。素精目录校雠之学。从前校刻各种丛书数百种，久已风行海内，为博雅通儒所许可。近见国家振兴学术，广设学堂，因复搜求中西书籍……置铅石印机，精刊木版。校订必求其善，工料务求其美。凡达官鸿儒以及远方贵客，如蒙光顾，格外克己，以广招徕。兹将择日开张。③

校经山房刚刚独立之际，资本与实力都不够，所以需要借助扫叶山房在业界的地位为自己进行宣传。采取的策略有二：进购转卖扫叶山房的书籍，以弥补自己出书量不足的缺憾；与扫叶山房联号经营，请其校勘书籍，由校经山房印刷，如光绪十三年（1887）本《绘像列仙传》，牌记称“光绪丁亥孟秋，扫叶山房校刊”，下有“校经山房督造书籍”印鉴，光绪十五年（1889）本《李氏五种合刊》，牌记“扫叶山房校刊”，下亦有“校经山房督造书籍”字样。督造即刊印发行之意，校经山房以“扫叶山房校刊”作为自己的广告之辞，可谓是煞费苦心的。

光绪十二年（1886），还是扫叶山房总经理的朱槐庐、分号经理黄熙庭、翼化堂主人卫辅堂等，募集资金，购买房屋，筹建上海书业的同业组织，朱槐庐与黄熙庭共同捐款归银 50 两，因苏州书商在会中占据优势，所以该会命

---

① 《槐庐丛书》，俞樾序及杨守敬序，光绪十一年（1885）至光绪十五年（1889）吴县朱氏槐庐家塾刻本。

② 朱联保：《近现代上海出版业印象记》。

③ 《申报》光绪三十年六月二十六日（1904 年 8 月 7 日）。

名为上海书业崇德公所。光绪二十一年(1895)朱槐庐与黄熙庭又和沈静安、葛直卿等人续开捐助,设办事处于英租界三马路。这两次创建而成的公所没有持续很长时间就停止活动了,直到光绪三十一年(1905),育文书局代表夏育芝、点石斋代表叶九如的第三次努力下,书业公所才正式成立,并持续发展。而在书业公所选举的各执事人员名单,并未见朱槐庐的名字,恐因校经山房初设,较为繁忙故。

1925年前后,朱槐庐病逝,无人继承,乃将该号及存书版子等出盘。①王淡如乃集股盘进,被股东举为经理。其才具、经验均好,但财力不甚充足,旧闻仅数千元而已,信用平平。改组以后乃于“校经山房”名下另加成记二字,以示区别。该号与大成书局为联号。其股东大致相同,大成书局资本三万元,连同该号资本三万元,共计六万元,经济权操于大成书局。

**表5.3.1　改组后校经山房股东**

| 股东 | 籍贯 | 他职 | 资历与资产 |
|---|---|---|---|
| 章宸荫 | 江苏武进 | 自设章福记书局,并为大成书局股东 | 该号之大股东,财力颇为充足,大约有数万元 |
| 王福康 | | | 向做书坊生意,曾任未改组时校经山房经理,现今稍有资产 |
| 吴锡荣 | 江苏常州 | 现任大成书局经理 | 向做书坊生意,财力不多,仅数千元 |
| 丁云亭 | 江苏无锡 | 尚古山房 | 对于书局生意颇有经验,稍有资产 |
| 李东升(生) | | 自设炼石斋书局,在广益书局恐亦有股份关系 | 向做书坊生意,系书业前辈,亦有财产,其信用颇好 |
| 刘坤元 | | 生前为大成书局股东 | 已故世,现归其子承继 |
| 刘襄初 | | 大成书局股东 | |
| 王淡如 | 浙江余杭 | | 向做书业生意,曾任江东书局店员 |

资料来源:上档:1932年《中国征信所调查报告·校经山房》第359号,中国征信所调查报告书档,S320-1-902。

① 上档:1932年《中国征信所调查报告·校经山房》第359号,中国征信所调查报告书档,S320-1-902。

该号有木刻书版甚多，甚为陈旧，然均系好手刊成。如以改组时之工价估计，约值十万元。此外石印、铅印之书版，亦数不少。

该号发行所以前在广州路青莲阁茶馆下面，其时房金月钱三百余元。1932年，因翻造房屋，一时又未觅到相当地点，乃与泰东书局合租，各占半数。该号月贴泰东书局房金一百数十元云。以前因房金太昂，曾将店基之半租与时还书局。该号在城内西唐家弄，仍设有批发机关云。

朱槐庐时代，校经山房专做外埠同业批发，每年营业额达十万元左右。改组以后兼营门市。但交易不多，仍以批发为主，外埠批发以华北东三省及长江各处居多，该号所有货物或自有版子，托印刷所代印，亦有向同业交换者，或由同业委托代为销售。最初数年内营业尚好，每年营业额自七八万增至十万元左右，但其时职员颇多，开支浩大，故结果亦未能获利。20世纪30年代以来市面不佳，东北销路又因"九·一八"事变以后，大为减色，营业日渐减少，1935年营业额仅三四万元而已。即以门市而论亦不见佳，每日生意仅四五十元或五六十元而已。

该号年代已久，向来注重旧时代书籍，如经史子集医卜星相及各种旧小说等，迨以潮流所趣，乃亦兼售各种新书新小说矣，但自己并无出品。该号与同安、同春、安康、和丰等钱庄往来。与同安庄往来已四年，可透支两三千两。

### ◈ 以石印件印刷为主的燮记书局①

光绪三十二年(1906)前后，成燮春创立燮记书局与燮记五彩橡皮印刷局，以印刷文件用品及印刷书籍为业。书局在上海北西藏路洽兴里四弄三十号，印刷局在上海北西藏路洽兴里二弄十号。民国十八年(1929)向上海社会局登记，十九年(1930)加入书业及彩印业同业工会为会员。

局主成燮春，同治七年(1868)生人，江苏盐城人，自幼入庠，曾在湖北张之洞、上海俞联奎等处为文案，并曾任上海市商会监察委员、调解委员会委员、上海公共租界纳税华人会执行委员，30年代为法租界荣市路大丰印刷所公司股东。副经理为成树勋，光绪二十六年(1900)生人，钱庄习业出身，

---

① 上档：1936年《中国征信所调查报告·燮记书庄》第12697号，中国征信所调查报告书档，S320-1-959。

系成燮春堂弟。

该局为成燮春独资组织，最初范围甚小，只有墨色印刷，翻印古书及旧小说，成本八分，售价四角，其时获利颇丰，后来逐渐扩充，添置五彩橡皮印刷机，皆归成君长子家安管理，因家安系商务印书馆习业出身。后家安于1933年逝世，故该局稍受影响。成燮春系上海知名之士，与虞洽卿、林康侯等颇为友善。幼子家栋，1936年时任真如无线电台为技术员。

书局租赁二上二下房屋一栋，月租50元；印刷均租赁二上三下房租一栋，月租71元，职工约30人，每年开支约需八九千元。印刷局中，还有五四、三四、两四半马达各一部，一四马达二部，礼和对开橡皮车及金车各一部，明精对开石印车一部，明精对开落铅皮架、落石架及卅六寸切纸架各一部，明精二号落石架三部，卅六寸切纸刀一把，统计机器生财装修约值二万余元。

燮记书局印刷用纸向德泰丰、万兴等纸号购进，油墨向利达洋行、诸星、志大等油墨公司购进。印刷品以本埠香烟厂、染织店印件居多，书籍以外埠长江一带汉口等处为最。

该局营业，以印刷石印件为主，书籍可称副业。书籍专营批发，销路不大，在"八·一三"战前营业尚称不恶，每年可达七八万元。30年代中叶经营大不如前，一因其子家安故世，少一臂助。复因市面萧条影响，故营业较逊。尤以1935年为最，1933年营业额约为四万元，除成本开支外，少有盈余。1934年约四万元，勉强维持开支。1935年约二万八千余元，亏损约二三千元，盘与绍兴人朱锡泉。

### ◈ 局东出身寒微的章福记书局①

光绪三十一年(1895)前后创立，局址为上海局东章宸荫，江苏武进人，咸丰十年(1860)前后生人。出身寒微，向在上海福州路为书贩，背负各种小说，往来各茶馆、烟馆兜揽生意，后以稍有积蓄，在福州路青莲阁茶馆(旧址)楼下租赁一屋，开设书店，后以邻家失慎，其书籍生财均被烧毁。幸该店保有巨额火险，承保者如数赔偿。章宸荫乃迁至对门营业，不久又遭邻店失

---

① 上档：1936年《中国征信所调查报告·章福记书局》第8485号，中国征信所调查报告书档，S320-1-943。

慎，将其店内货物烧去，则向承保之火险公司又领得赔款。综计两次所得保险赔偿均超于损失之数，所以该书局的资金状况改善许多。章宸荫以其余资经营地产及其他事业，在戚野堰购置大宗地产，后以地价高涨，又获利甚多。1935 年，章宸荫拥有资产在 100 万元以上。据云在上海卡德路张家宅建有巨大住宅外，又有出租市房，在原籍又有田地数千亩，在上海及武进又曾投资旅馆业。此外尚有不少其他经营项目，章宸荫晚年得子，其子 20 世纪 30 年代中叶尚在学校读书。章宸荫因年老，又有资金，故对于外界一切事情不甚干预，每日须至下午二四时起身，为人勤俭，信用殊佳。

该号年代甚久。初创时，本仅数百元，范围极小，后以二次被灭，向保险公司领得巨额赔款，于是营业逐渐扩张。1930 年，迁至新马路德华里，任用吴县人吴子明为经理，雇佣 15 人。①

后迁至新闸派克路福海里内，又购置石印机器，自印各种小说及医卜命相等书籍出售，以前销路颇广，该局乃逐步推广，增加机器至八架之多，“九·一八”之后以时局不靖，市面衰疲，石印旧小说销路又受铅印标点书籍影响，日形呆滞，但章宸荫已富有资产，并不注意于书籍生意，缩小范围，大部分机器出售，仅剩两架。员工数量已经大幅减少，仅雇佣店员共六七人，开支简省。每月仅数百元而已。在该处左近又有印刷一处。内有石印墨色机器二部，乃系昔日所置，价值不多。

所用纸张、油墨，大概向本街各纸号及油墨商购买。其所印书籍，多数销往外埠，如长江各埠及华南、华北等处，均有销售，上海同业亦有往来。

该号刊印石印旧小说等出售，以前销往外埠颇多，最盛时代全年生意可达二三十万元。20 世纪 30 年代以来，营业殊为清淡，至多仅有五万元左右云。该号和永亨银行、中央信托公司、同润庄等行庄经济往来。以前旧小说销路既大，利益亦厚，故能年年获利。虽市面不佳，销路清淡，幸该号做法稳健，开支又省，足维现状。1945 年，该局盘与周维熙。②

---

① 《1930 年上海市书业同业公会会员名册》，参见上档：《上海市书业同业公会会员名册》，上海书业同业公会档，S313-126。

② 《1945 年上海特别市书业同业公会名单》，参见上档：《上海市书业同业公会会员名册》，上海书业同业公会档，S313-126。

## ◈ 几度易名的会文堂新记书局①

汤寿潜(1856—1917),字蛰先(又称蛰仙),浙江萧山人。清末民初实业家和政治活动家,立宪派领袖人物,因争路权、修铁路而名重一时。1903年,与沈玉林、汤寿潜创办会文学社,早期经理为陈鉴堂。汤寿潜后将该社传与其子,改名会文堂书局。设于河南中路325号,门面朝东。这里本是中华书局发行所旧址。中华书局搬至河南路福州路口后,会文堂书局即迁于此。

1926年停业,会文堂改组为会文堂新记书局,局主徐桴,字圣禅,镇海人,年五十左右,富有资产,历任广东省长公署统计科科长,国民革命军总司令部经理处处长及军需署署长,福建省政府委员会见财政厅长,福建财政特派员上海市财政局局长,时任上海市银行董事兼总经理,大来商业储蓄银行、永豫和记纺织股份有限公司董事长,中国通商银行、开成造酸公司、民丰纸厂、华丰纸厂、天原电化厂、莘泰银公司等董事。

改组后经理为王秋泉,后更为徐宝鲁,宁波人,年约三十五六岁,与店主徐桴为同族,系广学书局出身,传说他是辛亥革命烈士徐锡麟的后代。

总发行所设于河南路,屋系租用,原有印刷所在闸北象山路、"一二·八"事变时焚毁,后新创印刷所于法租界。总店位于上海河南路,分店设于汉口、广州、杭州,书局资本约银10万元,全年营业额约30万元。

1934年徐宝鲁以法学书局名义②,请吴经熊、郭卫等组织法学编译社,主编大量法律书,如国民党的《六法全书》及民法、刑法、商法、诉讼法等教本,获利不少。

---

① 上档:1933年《中国征信所调查报告·会文堂新记书局》第1214号,中国征信所调查报告书档,S320-1-959;又见于朱联保:《近现代上海出版业印象记》,学林出版社1993年版,第234—235页。

② 沪上另有一家法学书局,董事长王荫泰,常务董事兼经理郭卫,董事徐士浩、俞钟骆,监察人许世英、褚辅成,与会文堂新记不同。

# 结论

## 历史高音下的复调现实

将近三个甲子之前,虎门关外硝烟起,石头城下签降书。闭关锁国的清廷没有换来一统江山万年青,却被英吉利一声炮响轰出了麒麟袍下的马脚。在这三个甲子的大部分时间里,曾经傲然于世的赤县神州在世界近代化浪潮中孑然独立,成了边缘人物。“求富”、“求强”成为时代的主题,然而俟河之清,为时几何?在世人急迫的心理下,“功利化”和“同质化”的弊病也就难以避免了。

在古代文学研究中,光辉灿烂的历代文学作品被简化为“一代有一代之文学:楚之骚、汉之赋、六代之骈语、唐之诗、宋之词、元之曲,皆所谓一代之文学,而后世莫能继焉者也”①,“古典文学”长期取代“古代文学”,大量名声不显的优秀作家作品被忽视。而在历史学的研究中也存在着这种现象,如治出版史重大出版社轻中小书局,重铅印轻古籍,重西学古籍轻唱本宝卷,等等。

在历史的高音下,往往会掩盖掉复调的现实,晚清上海近代石印书业发展尚被学界所关注,但是民国阶段则少人问津。事实上,上海近代石印书业滥觞于清道光二十三年(1843)麦都思墨海书馆,正式开端于光绪四年(1878)点石斋成立,光绪三十一年(1905)废科举后走向下坡路,于1956年“公私合营”中终结。其发展贯穿晚清、民国、新中国三个时代,而内在逻辑联系就是上海石印书业的近代特性:综合性、私营性、营利性。

何谓上海近代石印书业?之前,江南雕版书局辉煌于明清两代;其后,上海石印书籍生产延续到20世纪晚期。“近代”二字,脚根在何处?笔者以为,和晚清之前的传统雕版书局相比,上海近代石印书业的近代特点体现在新技术、新内容和新资本模式上。

新技术是指传统书局以雕版技术作为主要的制版方式,以人力作为动力来源,工艺更看重技工个人的技术水准;石印书局以照相晒版作为主要的制版方式,以蒸汽和电能作为动力来源,工艺繁复,辅助设备众多,要求有较严密的生产管理进行工艺流程控制。新内容则是上海近代石印书业滥觞于晚清西学东渐大潮,伴随着中国社会的近代变革而不断发展。百多年间,中国社会的知识结构和文化体系发生了重大的变化。作为知识载体,书籍的

---

① 王国维:《宋元戏曲史·序》,中华书局2010年版。

生产者，石印书局必然要在出版内容方面紧随时代的潮流，不断发生着变化。中国传统商业中也存在着股份制，比如山西票号就有一种类似于“股份无限制”的资本制度。但是作为传统商业中较为弱势的小行业，雕版书局基本上都是采取独资私营的资本形式。光绪八年(1882)，徐润兄弟的同文书局是最早采取股份制组织资本的石印书局。① 晚清之际，石印书局主要还是以独资为主，而民国时代，独资的石印书局大量改组为股份制。

而和新中国成立后的上海印刷业的石印生产相比，上海近代书业的近代特点则体现在综合性和私营性上。所谓综合性是指晚清设立之石印书局一般兼营出版、印刷与发行三务。民国时期，中小石印书局虽不设编辑部，但是多拥有自己的印刷所与发行所。不过，从 19 世纪 90 年代开始，一些专门的印刷局和石印局逐渐出现，陆费逵称那个时间的书局，“实际上或专营出版，或专营印刷，或兼营出版与印刷”②，可见民国时期上海石印书业的专业化趋势也日渐明显，这种趋势在新中国成立后席卷全业。所谓私营性是指上海近代石印书局基本上都是私人所有。民国时期，大型书局逐渐转变为股份制或合伙制，小型书局以独资经营为主，投资者即掌柜，很少外聘掌柜。大体而言，私营书局存在的目的是为了营利。新中国成立后的社会主义改造和公私合营将其转换为公有制的形式，从而抹去了上海近代石印书业私营性的特点。

铅印技术与石印技术基本同时进入我国，在二者的百年竞争中，虽有时风好恶、读者趣味、资金投入等问题的影响，但是在根本上还是技术的因素起着决定性的作用。在印刷速度方面，晚清阶段，铅印机与石印机大体类似，民国时期，铅印机的速度才远远超越石印机。在照相技术应用之前，石印制版只有反书法和转写法，不如铅印便捷。而在引进照相石印技术之后，石印制版效率大幅提高，超过了铅印。20 世纪初，铅印制版引进了先进铸字机、以纸型为代表的复制版技术，增加了大量的中文字模，使得制版效率迎头赶上了石印，并一直保持优势。

---

① “光绪八年，从弟秋畦，宏甫集股创办同文书局，余立赞成，并附股焉”，参见徐润：《徐愚斋自叙年谱》，民国十六年版。

② 《六十年来中国之出版业与印刷业》，载张静庐：《中国出版史料补编》，上海书店 2003 年影印本，第 273 页。

上海近代石印书业的产业生态是由众多中小石印书局构成的，其组成的上海书业公所是以石印书业为主的旧书业的行会组织，起到了规范竞争、处理纠纷、同业互利的良好作用。书业公所成员组成的书业商团则是上海各业中的第一家商团组织。民国时期，上海石印书业也爆发过多次工潮，在书业公所的协调下，大多和平解决。

上海近代石印书业的内容十分广泛，其中有西学著作、经史古籍、医卜星相、历代小说、名人手札，亦有不少宝卷、弹词、曲本等民间艺术的文本。可以说，近代上海，石印书籍为社会各个阶层所阅读。

在中国近代的社会转型大潮中，既有像上海铅印书业那样"狂飙突进"式的变革——获得强大的资金支援，社会知识阶层广泛参与，不断进行技术与经营方便的革新，所以一直占据时代鳌头，亦有如上海石印书业一般"身不由己"式的学步——曾经领袖于一时，在时代变迁之后行业利润率下降，但却无法获得社会优势资源青睐的行业，所以只能小修小补。废科举后，上海石印书局投入有限，虽然也在进行着变革，但大都是被时代潮流推动而不得不变。无论采用蒸汽或电力能源，建立行会组织，外埠或海外销售，拓展书籍类型，合伙制变成股份制，都是这种有限投入下的艰难变革。

因此，上海近代石印书业的变革承担着两个任务，既要使其在书业竞争中不被淘汰，又要保证变革的代价最小，成本最低。当然，这里的成本并非仅指"资金"，而是包括技术的升级换代、与社会思潮的呼应、技术人才的培养、管理模式的嬗变和传统观念的革新等诸多方面。在近代中国，"变革"是社会的主题，资源充沛者如铅印、铁路、采矿、纺织，高投入高产出，迎潮流而上，但是石印书业却是那一类为潮流推动的被迫改革者，在不变则亡的压力下进行有限度的变革，从而形成新旧杂糅、亦新亦旧的复杂态势。在上海近代石印书业身上，我们一方面可以清晰地发现近代化大潮留下的印记：石印技术涉及平版印刷、湿片摄影和蒸汽动力等多种西方近代科学技术；众多石印书局的资本组织模式从传统的合伙经营转向股份制；西学、图像成为石印书籍内容的重要组成部分；邮传寄售、书目传单成为石印书籍营销的新颖模式。但是另一方面，近代化在石印书局的身上表现得又不够深入，吝于投资和改变，在技术上没有继续进行升级，最终被铅印全面超越；书籍的内容形式习惯性地偏向传统，没有主动地参与新文化的创建，成立编辑部，出版属于自己的刊物与著作，同时忽视了稿费的作用，无法吸引新兴知识体系下的知识分子的参与；虽然在一定程度上试行了股份制，但是大多数的石印书局还是独资或者合伙的中小书局，局主着力于短期利益，投资不多，抗拒风险的能力也太弱。总之，越是躲避风险，就越容易覆灭在风险之下。

除了少数的机器大工业之外，近代中国大多数的小手工业的发展状态大多类此。也许这并不是近代化发展的最佳方向，却是财力、智力、物力都极其有限的中国近代社会变革方式的主流。

冯契曾论陈旭麓先生对于近代中国社会“新陈代谢”的观点：“和中国古代那种静态的，有很大凝固性的社会不同，中国近代是一个动态的、新陈代谢迅速的社会；和西方从中世纪到近代史是通过自我更新机制来实现社会变革也不一样，中国近代社会的新陈代谢在很大程度上是由于接踵而来的外力冲击，又通过独特的社会机制由外来变为内在，推动民族冲突和阶级对抗，表现为一个又一个变革的浪头，迂回曲折地推陈出新（即推封建主义之陈而出民主主义之新）。”①相形之下，上海近代石印书业的发展更近于陈旭麓先生的看法。

石印书业为上海近代社会文化贡献颇巨，主要表现在以下五点：

第一，近代上海印刷业中，凸版、平版、凹版、孔版四大技术门类齐全，雕版、铅印、石印、珂罗版、雕刻凹版、照相凹版、誊写版等多种工艺互相辉映。在其中，石印是华人投资最早的近代印刷行业。光绪八年(1882)，徐润参股成立同文书局，开创了华人投资近代印刷产业的先河，大批石印书局的创立为铅印、胶印等技术的产业化打下了坚实的基础。

第二，石印书业在晚清引领了上海书业的革新与发展，民国时期亦是其重要补充。在《申报》馆开展铅印和点石斋致力石印之前，上海书业以传统雕版书业为主体，虽有传教士的铅石印刷，但终究不能算是一个行业。《申报》馆开展铅印虽早于点石斋，但是在很长一段时间内都罕见追随者，没有形成气候。只有点石斋的石印生产吸引了大量的华人投资者，形成石印书业群体，改变了上海书业的整体面貌。可以说，上海书业是在点石斋之后才

① 冯契：《近代中国社会的新陈代谢·序》，载陈旭麓：《近代中国社会的新陈代谢》，上海社会科学院出版社2006年版。

进入近代阶段。在民国时期，虽然铅印业执书业之牛耳，但是石印书籍的数量、种类、质量亦十分可观，是整个民国上海书业的重要补充。

第三，照相石印技术以摄影制版，可以完美地大量复制古籍。日本学者武内义雄在《说〈四部丛刊〉》一文中称："自清末传石印法，中国出版界遂开一新纪元。当时多密行细字之书，只便考试携带，不甚翻印善本。清亡，科举全废，编译新著，都用活版印行。至近年石印始盛。各书肆出石印书甚夥，翻印旧书之风气亦渐盛。于是一时不易得之书，亦得取求如志。而商务印书馆所印之《四部丛刊》，尤有价值。"①如乾隆年间编纂的《四库全书》装订为 36 300 册，6 752 函，因数量太大，无法版刻，只能人工抄写七套，藏于文渊阁、文溯阁、文源阁、文津阁、文宗阁、文汇阁和文澜阁，如欲翻阅，较为困难。民国初年，商务印书馆通过石印技术，将《四库全书》印制数百部，广泛流传。此外，由于石印制版较为简单便宜，一些无力用铅印印行的弹词、宝卷、曲本等民间文学作品也因此得到保存。虽然近代知识体系整体西化，但是中国传统文化依然占有重要地位，无论是以传统国学的方法治典，还是用西洋近代视角重新审视，文本依然是治学的根基。石印古籍为中国近代学术做出了重要贡献。所以叶德辉十分重视石印古籍的价值："海通而后，远西石印之法，流入中原，好事者取一二宋本书，照相流传。形神逼肖，较着影写付刻者，既不费校雠之日力，尤不致摹刻之迟延。艺术之能事，未有过于此者。"

第四，吸引了大量的文人加入近代印刷产业之中。上海开埠之前，协助传教士进行铅石印刷的华人员工，如梁发、屈亚昂等并非中国传统的知识阶层中的一员。当时的传统文人以仕进为人生的主要目标，不得已方才游幕、经商、就塾。传统雕版书业虽然吸引了一部分的文人，但终究不是近代印刷产业。上海石印书业的兴起为近代社会的边缘文人带来了新的职业选择。虽然 19 世纪 80 年代点石斋、同文书局招收的抄书人、校书人多是兼职，从事的亦非原创性的文字工作，但是，这毕竟是一个开始。文人们通过石印书业进入近代印刷产业之中，熟悉西方印刷技术和商业运作模式，逐渐形成了

① 叶德辉：《书林余话》，载叶德辉：《书林清话（附〈书林余话〉）》，岳麓书社出版社 2007 年版，第 294 页。

和“报刊主笔”并行的“书局编辑”。

第五，带动下游产业，传播西学。近代石印书籍虽然装帧多采取传统线装形式，但是其照相制版、保留手写风貌、印刷迅速都反映了近代工业技术的优势。诸多的石印书籍扉页上标明着“泰西新法石印”的字样，在无形中亦起到了传播西学的作用。石印书业带来的不仅仅是书业一个行业的变革，还有机器业、油墨业、印刷材料、进出口业等上游产业的变革，早在光绪十二年（1886），国人就开始仿制石印机械和研制石印墨料。[①] 民国期间，上海的石印机械已基本实现国产化，商务印书馆亦在国内找到了石印石的替代来源。照相石印技术所采用的“湿片照相法”，需要火棉胶、硝镪水、阿拉伯胶等一系列的化学用品，而这又促进了化学制剂的进口与生产。

要之，作为较早建立的近代工业体系，上海近代石印书业在一定程度上体现了西方技术中国化的历程。其所引进的不仅仅是一套工业流程，还有附属于这套工业体系的设备、原材料、生产方式和营销模式。然而上海近代石印书业毕竟由中国雕版书业演进而来，在组织管理、内容体系、行会建设等方面亦有传统的一面。这种新旧杂糅的发展态势并非所谓的变革“不彻底性”，而是中国社会的近代转型情况极其复杂所致，没有任何一条道路可以适合所有情况，解决所有问题，每一次尝试都有其独特的价值。

① 《申报》光绪十三年八月二十七日（1887 年 10 月 13 日），31 册，第 664 页。

# 附录1:近代上海石印书业年表(1798—1956)

**1798年(嘉庆三年)**

德国人逊纳菲尔德(Aloys Senefelder,又译作施内费尔德、塞内费尔德等)发明石印术。

**1826年(道光六年)**

5月1日,新教伦敦会传教士马礼逊(Robert Morrison)从英国返回广州的时候带来了一部石印机,但是他最早将其试验于绘画的复制,而非印刷中文书籍。

**1828年(道光八年)**

新教伦敦会传教士麦都思(Walter Henry Medhurst)在巴达维亚出版最早的中文石印著作,题名为 *Chinese School Book* 的一部中文课本。

**1833年(道光十三年)**

麦都思在广州开展石印。

**1843年(道光二十三年)**

上海开埠。

麦都思从南洋到来上海筹建墨海书馆,并带来了上海第一部石印机。

**1844年(道光二十四年)**

麦都思石印《祈祷式文》,为上海第一部石印著作。

**1846年(道光二十六年)**

麦都思石印《耶稣降世传》和《马太福音注》。

**1862年(同治元年)**

7月,上海创刊《中外杂志》(*Shanghai Miscellany*),月刊。主编麦嘉湖(John Macgowan),石印,六个月后停刊。

**1877年(光绪三年)**

二月到九月间,英传教士傅兰雅(John Fryer)在其编纂的科普读书《格致汇编》上刊登了李鸿章、李善兰、徐寿等人的石印画像,引起国人较大的兴趣。

十月,傅兰雅在《格致汇编》刊发《石板印图法》一文,向国人介绍石印原理。

**1878 年(光绪四年)**

12 月,《申报》馆主人英商美查从英国进口石印机,邀请土山湾印书馆技工邱子昂为技术指导,创设点石斋石印书局。上海石印书业开端。

**1881 年(光绪七年)**

5 月,徐建寅在德考察光印玻板和石板套印各色法,又参观刻石板印地图厂。其于 1879 年(光绪五年)8 月,由出使德国大臣李凤苞奏调为驻德使馆二等参赞。

**1882 年(光绪八年)**

徐裕子(鸿甫)、徐润(雨之)在上海创立同文书局。有石印机 12 台。两年后在北京、广州、太原、南昌、长沙、汉口等地设分局。曾因书局失火,印刷机焚毁。1898 年停业。

**1884 年(光绪十年)**

5 月 8 日,上海点石斋书局创刊《点石斋画报》,初名《画报》,旬刊。随《申报》附送。

**1886 年(光绪十二年)**

扫叶山房总经理朱槐庐、分号经理黄熙庭、翼化堂主人卫辅堂等,募集资金,购买房屋,筹建书业公所,虽因资金问题没有最终创设,但还是组织开展了一些同业间的活动如对行业神文昌帝君的春秋两祭。

12 月,英资麦利洋行引进英"许士耿博"厂制石印书画机器,可装置煤气火力,一日能印七千余张,蒸汽动力从此逐步代替人力成了石印的主要能源。

**1887 年(光绪十三年)**

3 月,李盛铎(木斋)在上海英租界会审公廨前创立蜚英馆。

鸿文书局开设于本月。

8 月,石仓书局成立。

9 月,浙江镇海人何瑞堂在英租界抛球场旁创立鸿宝斋书局。

10 月,清华书局成立。龙文石印书局成立。

**1890 年(光绪十六年)**

9 月,上海飞影阁创刊《飞影阁画报》,吴友如主编。鸿宝斋石印,出 100

期后由周权(慕乔)接办,改名《飞影阁士记画报》。1894 年 6 月停刊。

10 月 1 日,上海五彩石印有限公司开业。

《益闻录》(第 1007 号)发表《论石印书籍》。

**1892 年(光绪十八年)**

《格致汇编》(第 7 年)第 3 卷《石印新法》。

**1895 年(光绪二十一年)**

沈静安、葛直卿,邀同前经办公所的朱槐庐与黄熙庭,续开捐助,设书业公所办事处于英租界三马路。

**1896 年(光绪二十二年)**

8 月 9 日,黄遵宪、汪康年、梁启超以上海强学会余款在上海创刊《时务报》,旬刊。汪康年任经理,梁启超任主笔,销行一万余份。连史纸石印。1898 年 8 月停刊。该馆还印行书籍,并代售书刊。

上海鸿文书局出版张荫桓编纂的《西学富强丛书》,收书 70 种。

**1897 年(光绪二十三年)**

2 月 11 日,夏瑞芳、鲍威恩、鲍咸昌、高凤池在上海江西路德昌里开办印刷所,名之曰"商务印书馆"。

5 月 6 日,上海创刊《集成报》,旬刊,连史纸石印,陈念蘐主办,一年后停刊。

5 月上旬,上海农学会创办《农学》(后改名《农学报》、《农会报》),半月刊,后改旬刊,罗振玉主编,连史纸石印,共出 315 期。1906 年 1 月停刊。

8 月 28 日,上海创刊《实学报》,旬刊,王斯、王仁俊等编辑,初聘章太炎为撰述,石印,出 14 期。

11 月 24 日,上海蒙学公会创刊《蒙学报》,旬刊,石印。总董汪康年,总经理汪钟霖,总撰述叶瀚(浩吾),以启蒙为主,也译述儿童作品。图文并茂,一年后停刊,共出 72 期。

**1898 年(光绪二十四年)**

《知新报》(第 61 册)发表《格致:论铝质可代石印》。

**1899 年(光绪二十五年)**

《格致新报》(第 79 册)发表《格致新义:石印原始》。

《知新报》(第 79 册)发表《工事:石印脱影法》。

**1901 年(光绪二十七年)**

11 月,上海创刊《普通学报》,月刊,石印,杜亚泉主编,普通学书室发行,曾发表蔡元培的《哲学总论》等文,共出 4 期。

《集成报》(第 2 期)发表《商务:石印畅销》。

**1904 年(光绪三十年)**

6 月 26 日,朱槐庐开设校经山房。

**1905 年(光绪三十一年)**

清廷应直隶总督袁世凯、盛京将军赵尔巽、两湖总督张之洞、两江总督周馥、两广总督岑春煊、湖南巡抚端方等联名之请,"著即自丙午(1906)科为始,所有乡会试一律停止,各省岁科考试亦即停止"。

在育文书局代表夏育芝、点石斋代表叶九如等人的倡议和努力下,书业公所终于再次组建,从此步入了一个稳定的发展期,不复之前旋办旋停的窘境。

**1906 年(光绪三十二年)**

光绪三十二年(1906 年),商部、巡警部、学部会定《大清印刷物专律》,设定印刷总局管理出版印刷业。

**1908 年(光绪三十四年)**

《农工商报》(第 52 期)发表《工业:石印应用之墨料》。

**1910 年(宣统二年)**

《大清著作权律》分为"通例、权利期限、呈报义务、权利限制、附则"5 章,共 55 条。对于版权的概念、作品的范围、作者的权利、取得版权的程序、版权的期限和版权的限制等问题,均作了相应的规定。

**1915 年(民国四年)**

《农商公报》(第 14 期,第 2 卷第 2 册)发表《光山石印石之批发》。

北洋政府颁布的《著作权法》。

**1916 年(民国五年)**

《中华全国商会联合会会报》(第 3 年第 7 号)发表《陈荣山所制石印药墨准予专利五年填发执照清饬具(农商部咨山东巡按使五月十八日)》。

**1917 年(民国六年)**

商务印书馆、中华书局的石印部爆发"民六工潮"。

**1918 年(民国七年)**

《家庭常识》(第 3 期)发表《石印法》。

**1919 年(民国八年)**

7 月 29 日,五彩落石工人成立"印刷职工联合会五彩制版分会",有 300 多人参加,此为上海最早的石印工人组织。

10 月 10 日,五彩石印工人成立"印刷职工联合会五彩石印部",也有数百人参加。其后接连有上海印刷工会(1920)、上海印刷工人会(1922)、上海印刷工人联合会(1924)、上海印刷总工会(1925)等工会组织成立,石印工人一直是这些组织中的重要成员。

《家庭常识》(第 8 期)发表《增补照相石印法》。

**1920 年(民国九年)**

《工学(北京)》1(3)发表俍工的《石印的工作》。

《中国商业月报》7(12)发表《代用石印石之发明》。

《新民报》7(12)发表《实业门:石印之粉》。

**1921 年(民国十年)**

《青年友》1(1)发表《青年须知:石印法说明并序(未完)》。

《青年友》1(2)发表《青年须知:石印法的说明(续)》。

《江苏实业月志》(28)发表稚省的《石印浅说》。

**1924 年(民国十三年)**

《进德季刊》3(1)和 2(4)发表《照相石印术》。

**1925 年(民国十四年)**

"五卅运动"之际,鸿宝斋、共和书局、天宝书局、文宝书局、元昌印书馆等石印局工人罢工,工人们以上海石印墨色制版同人工会的名义和石印局主进行斗争,提出增加工资和休息日的要求,上海书业公所居中调解,上海县公署及淞沪警察厅亦对工人施以压力,最终工人工资略有增加。为应对增加工资带来的成本提高问题,各石印局又向书业公所申请对石印件予以加价,同时为了降低对现有工人的依赖性,鸿宝斋、大生、天成、天宝、中原、文章、世新、刘德记、章福记、锦章、周月记、斐章、天南等局登报招考学生,试图以之代替现有工人,此举招致工会的不满。

**1926年(民国十五年)**

《科学》11(10)发表《满洲石印石之发见》。

**1927年(民国十六年)**

上海墨色石印工会第一分会领导石印工人罢工。在书业公所调解下,墨色石印局方与上海墨色石印工会签订"新订待遇条件"。

**1928年(民国十七年)**

南京政府颁布的《著作权施行细则》。

上海墨色石印制版工会第二分会领导石印工人罢工。在书业公所调解下,墨色石印局方与上海墨色石印制版工会第二分会签订"新订待遇条件"。

**1930年(民国十九年)**

书业公所、商民协会书业分会和新书业公会合并成为上海市书业同业公会。

9月,鸿宝斋工人向局借洋未允,即相率罢工。鸿宝斋认为此属强借,函书业公会请求社会局令墨色石印工会予以制止。

《民间旬刊》(8)发表《简易石印法:常识拾零》。

《上海市政府公报》(69)发表《上海市政府批第1007号:为石印业劳资条件批饬遵照局批勉为现状由》。

**1931年(民国二十年)**

9月18日,"九·一八"事变爆发,东三省沦陷,上海石印书局损失一重要市场以及巨额账款。

**1933年(民国二十二年)**

《江苏学生》2(4/5)发表《由石印的发明到脱(胶)版印刷术》。

**1934年(民国二十三年)**

《科学画报》2(2)发表《业余石印术》。

**1935年(民国二十四年)**

《民众先锋》2(2)发表《生活纪录:石印工人》。

《湖北教育月刊》2(4)发表《湖北市职业学校石印实习情况》。

《国际劳工通讯》(6)发表《广州石印业》。

《劳工月刊》4(9)发表《广州市修正石印业劳资协约》。

《国际劳工通讯》(9)发表《广州市党部修正石印劳资协约》。

**1936 年(民国二十五年)**

《民众之友》2(8)发表《石印法:常识拾零》。

《国际劳工通讯》3(11)发表《长沙石印公会取缔学徒》。

**1937 年(民国二十六年)**

《教与学》3(2)发表《栖霞乡师提倡劳作代替运动(三):石印比赛》。

《小朋友》6(2)发表《小常识:石印是谁发明的》。

**1939 年(民国二十八年)**

《地质评论》4(3/4)发表《关于石印材料的见闻》。

**1938 年(民国二十七年)**

八月,"八·一三"事变爆发,战火中,各石印书局损失惨重。

**1939 年(民国二十八年)**

《国际劳工通讯》6(10)发表《广州市石印业务劳资协约》。

《国际劳工通讯》6(10)发表《长沙市印刷业同业公会:石印业职业工会协约》。

《国际劳工通讯》6(10)发表《宏大善书局停歇石印部案》。

**1940 年(民国二十九年)**

《西南实业通讯》1(6)发表《汪仲钧研究石印转写墨成功》。

**1941 年(民国三十年)**

《造纸印刷季刊》1(1)发表《石印用药墨及药墨之制法》(附表)。

《造纸印刷季刊》1(2)发表《国产石印版:黔人彭子良新发明》。

《西南实业通讯》4(5/6)发表《熊思敬发明轻便石印机》。

《西南实业通讯》3(6)发表《彭子良发明国产石印版》。

**1944 年(民国三十三年)**

《西南实业通讯》9(6)发表《杨月然发明桐油石印墨》。

**1947 年(民国三十六年)**

《活路》1(6)发表《石印老板走红运,技工学徒倒了霉》。

**1948 年(民国三十七年)**

《世说(南京)》2(2/3)《石印术与复制画本》。

**1949 年**

3 月 7 日,经周扬电报中共中央及负责宣传工作陆定一关于新中国出版事业的五条设想。新中国成立后,胡愈之出任出版总署署长,这五条设想也最终成为领导全国出版事业的指导思想。

**1951 年**

1 月,私营出版社开始出版、印刷、发行专业化分工。

**1952 年**

7 月,按照政务院通过的《管理书刊出版业印刷业发行业暂行条例》要求,对私营出版社的整顿工作正式开始。

**1956 年**

1 月 27 日,上海市第三次“公私合营”工作委员会通过了《上海市书业合营工作计划》,对 135 家申请合营的私营出版社进行“清产核资”、“业务规划”、“组织机构及人事安排”等。在该文件的指导下,上海的出版企业改组合并成十家大型国营出版社以及若干公私合营出版社,上海近代石印书业终结。

# 附录2:石板印图法①

## ◈ 石板印图源流

石板印图始于乾隆五十八年前,有日耳曼国儒著书无赀刊刻,极思省法,久未能得。偶以洋皂、蜜蜡、黑炭三件调匀作墨,书字于铜板。干时稍浸硝强水,见有墨处强水不能蚀入,随将强水洗净,加墨印纸,与刊者无大异。但书字必反,印之始正。非久习之,断难反正如一,后以铜板未便,因取石板任意书字,以硝强水浸试之,见于铜板无别,遂以清水稍加强水,布于石面,乘湿加墨,见有字迹处蚀墨,空处则不沾染,此石板印刷之所由兴也。嗣以反书不便,又取纸作正书,覆印石面,亦甚明晰。至嘉庆二十三年,英法二国始得此法,然各国素惯活字印书,因秘之。故历久流传未广,近二十年间,法遂畅行,而益加精严。

## ◈ 石板应用墨料

书绘墨料近有造成出售者,购之甚易。仿法仿造,恐弗及专工此艺者。但有时购之不便,必须自制。果能仿制得法,自明立法之理。

此墨料以油为本,凡含油之质皆合书绘之用。但所制墨料,比如寻常使用,方能任意书绘,不滞笔端,并无化散墨迹之弊。常用者有二种,一为流质,一为定质,法与寻常墨水,及铅笔同工。

书绘墨料方取牛汕,或者羊油二两,净蜜蜡二两,入铁锅内盖密加热至能自燃,次取上等洋皂二两,切成小块,俟一块已熔,陆续加入,频以杆调和不止,及加完后俟燃至如前未加洋皂时之油蜡体积相等为度。但能自燃勿定过猛,如见燃过高,即取离火。少顷,再置火上,将未详(此处应为某物,作者无法翻译,故未列名),据云系虫类与树上作为巢穴,其色黄明如胶二两加入,随后令锅内火熄。俟全融合,即不可令其再燃,复取澳熟胡麻子油、黑炭调匀,并入锅内,熬成浓膏,约至减少一半,即成墨料。至应添炭若干,以黑色深浅为主,用炭愈多,愈易研匀,但过多亦不合用,凡墨料已成,倾入纸模,冷之成条,或取平面大理石,先用洋皂拭匀,然后于石面及将冷时,另取大理

① 《格致汇编》,光绪三年十月,1877年12月。

石一块，以洋皂拭匀，覆压墨上冷定，切成长条，即如墨锭。

凡作墨料，必经意于国内自燃之时，如锅内火燃不旺，锅下必复加热，如锅内火燃过猛，见锅内四周全燃，间有爆裂之声，必立取锅离火，设锅内火仍太猛，以墨覆之少停再加热，否则墨料全烧坏矣。

试墨料成功与否，取墨料研之，见有墨痕不与水和匀，即知尚未熬成，必再入锅内，如法熬之，如终不与水化融和匀，必再入锅熬融，稍加洋皂，若见油质几尽，墨无结力，又知火候过度，必再入锅内添洋皂与蜜蜡。

以上墨料为书绘石面所用，若书绘纸面覆石上者，法与前同，惟多加蜜蜡而已。

制定制墨料，方取上等洋皂一两半或牛油二两，净蜜蜡二两，半舍拉克一两，墨炭四分两之一，制法同前，所成墨条可削尖同铅笔以备用。

印纸墨料用黑炭与熬熟之胡麻子油或核桃油调匀，油墨多寡相配，须视乎天时寒暑。尝有取作成之墨，每二十分添入洋靛一分，又有添蜜蜡或牛羊油于内者。设市中常售之墨，觉得太浓，可加热熬熟胡麻子油少许调和备用，至墨之稀浓合宜，印工必常留心，因石质个点中有小孔，加墨时，着力过猛，细线必铺开变粗，墨质过稀则细线所加之墨亦必铺散，改变原图。若墨质过浓，则石板无字迹之处，亦易粘墨。总之，加墨之法，视所绘之图与所加之墨，其爱摄力愈能化合，所印书画自然清爽，设制不如法，二墨无相爱摄力，则所印书画自然淡而无色，且印数张后，原本以无用矣。

### ◈ 辨各种石板并解石板法

凡印书画之石板，其质为石灰，性能蚀油，倾硝强水于石面，则发气泡。寻常所用者，多产于日尔曼国，石质粗细不等，有白色与深灰色者。大抵多半为石灰与炭养二气相合而成。适备石板印图之用，如欲寻此石料，须携带硝强水一小瓶，大钢镰一把，遇一种石以为此类者，先以钢镰敲之。若不见火者，倾强水数滴于石面，见多发气泡者即是也。石质最佳者，其色黄白，劈裂石面，成凸凹形，嘘气于石面，嗅之有白泥气味。

近有取各质造此石料，尚未知能同石质否?

剖石板法，用钢锯加沙与水解之。既成平板，复以钢错错平其边浮石，磨光其面。凡印图时必复磨一次，缘有手指抚摩油腻也。磨法以二平石相合，加细白沙与水旋转磨之。嗣洗去白沙，复加细黄沙磨之，此石板为定制墨绘粗图所用者。若墨水所绘细图，先以粗浮石，次以细浮石，或用极细石质等磨之极平滑。设如绘山水图，有远近粗细之分，则于绘细线处磨之极光，绘粗线处磨之稍粗。图已印完，可磨净藏之，以备再用。先以细沙磨之，则各线俱灭，再步淡硝强水于石面，每强水一分，配净水二十分为度。用强水之意，可免下次印图仍露前图形迹也，硝强洗净后，仍如前法磨之以备用。

### ◈ 印书图纸料

印图之纸不用布料内之有白矾者，与盐强水漂白者，如此二种纸。印之则石板底图即坏，又纸不可过薄。薄则黏合石板，揭之则损其纸质，以细而面平者为佳。取纸五六张浸入水桶，随即取出悬之，令水流尽，置于平板内压之，如纸太干，则不能帖服石面，太湿则不粘墨，约以揉之无声为度。

脱磨纸购之甚便。纸内有暗格者，便于书字，覆印石板不见格痕而甚平匀。若欲自制，可取棉料薄纸截裁合式，另取树胶半两，牛皮胶一两，藤黄半两与水化融，另取滑石粉四两，旧石膏半两，小粉一两相合，研为细粉，用极细箩筛过之，再加入前料入乳钵，稍浸水久研之，以浓淡如油为度，以极软毛刷布于纸面。

### ◈ 脱墨纸过石板法

按以上所制脱磨纸或绘图或书字。取前墨入瓷器内，以温水研之，或用钢笔或鹅毛管笔皆可，但不可手指抚摩，并口气喷嘘于纸面。书绘已成，取石板稍加热于125度。加热之意，令石之质点稍相离也。其石质点之小孔亦稍开，故易受墨，先将脱磨纸背刷水令湿。随覆石面，加纸数层入架，压至五六次，每次稍加压力后，于纸背刷水令湿。然后揭去，则书绘墨迹自脱于石面，毫发不爽，次加胶水于石面。俟干后，再用淡硝强水浸之，每硝强水一分，配清水百分。稍加胶水于内，倾于石面，令石板两端叠次平斜，俾淡硝强水流走石面。见石面稍发水泡，随用清水洗净，再加淡胶水于石面即可备用。用硝强水之意，因墨内之洋皂有碱质。不特灭此碱质，又能令无线之处不食油墨，用胶水之意，能塞石质之小孔，俾墨痕不至铺散。

### ◈ 石面绘法

石面绘图法，先用红铅笔绘成粗稿，嗣用前墨细绘之。若先用黑铅笔则蒙混不清。又图字反书非易，别有省法，先以软红铅笔绘正式草稿，覆帋于石面，入架加压力，则粗稿已布石面。又有便法，取绘成之图于背面，满布红石粉覆于石面。再以细针，按图正面依样点之，则石面已有红线。若有精图不可污染背面，先取薄帋匀刷红石粉覆于石面，再加图如前法。但作工之时不可手指抚摩，并不可嘘气与唾沫着石面。若用定质墨书绘石面，必手能着力，宛转相生，枝节为之者必不匀圆，绘竣后，仍依前法加胶水于上。

### ◈ 石面刻图法

石板刻书图法，必先磨石极平，倾淡硝强水水于上，立刻洗去，另以胶水与黑炱研匀如细浆，待石面干时，随刷极薄黑色一层。俟全干后，用粗细铜针书绘，凡针尖所过之处，即露石面，取熬熟胡麻子油刷于石面，随用水洗去黑底，余法同前。唯甫见之，颇嫌过粗，然印于纸面甚细。

依前法印图，可分数色，用蜡二分，洋皂一分，银硃少许，入锅内化融调匀，倾模成条，以水研浓如浆，满布石面，次取第一石板所印原图，覆于红色石面，凡图中拟留空白处，以利刀刮去红色，如不欲过白之处，少刮之，随层递印，即成数色，此套板法也。

### ◈ 印图法

凡印书图必依前法，先以海绒与清冷水清润石面，以皮墨辊置墨石上，推辊多次，令墨匀粘皮辊，然后辊于书图石面一二次，随覆帋于上。入架加压力，每印一张，必加墨一次，又于石面勿多置墨，以覆匀为度。加墨时，必自四角向中推辊，设加水过多，则石面太滑而墨辊不转，设加水过少，则空处皆易粘墨。但此弊易治，用水洗尽，亦可无妨。设图线铺散不清，至底图已废。法用松香酒一分，水一分，橄榄油一分，置一玻璃瓶内，摇动片刻，见多生泡，先以水匀湿石面，次以瓶内松香酒等类倾布石面。取海绒拭之，则图迹尽灭。微有白线，再如前加墨，则图书仍清如前。设见有线仍过粗，则以淡硝强水依线拭之，随以清冷水洗净。

如印完后，欲存之以待将来复印。设历时不久，略多加墨存之。设历时过久，加之墨过硬，已不能加墨复印，必另用一种墨，始可存之，历久不坏。之法用熬熟胡麻子油二分或牛油或羊油四分，松香油一分，净蜜蜡一分，入锅熬融，再渐添黑（上台下火）四分，调匀。已加此墨，再布胶水一层，是虽存之历久，亦可复印，不用此墨时，必封置马口铁盒内存之，否则易于变坏。

如印图时，欲配数色，必一石一色，逐次递印。其配料与前同。唯以各色代黑臭而已。又法用细绸数块,每块与所印之石同式,先以细绸调加胶令略硬。每块空去所留一色空处,逐幅铺于石面,可加各应着之色。

设如第一图至第四图系各石色所印者一黑二金三蓝四红。

以下数端为印书图最要之件。

一印纸后见墨太淡而石板墨线犹深,则知压力不足。

一见图内细线墨色太深,加墨须稍轻。若图内线粗,须多加墨。如有数处不易粘墨,可用皮墨辊之边拭之。

一如图中有印坏之处,或以浮石,或以利刃磨刮已尽。另以笔描清,复加淡强水与胶水如前。

一如印纸后见图中中有色浅处,非石不平即架上横推不直。石不平则垫纸,横推不直则削平之。

一如石板加墨,见各线不差,及印纸时而线边昏蒙,即知所加油墨太稀,必换稍浓者方可合用。

一如见石面各线渐欲铺散。则可加淡硝强水或加醋少许,或于印纸时所加之水内入硝强水数滴。

一如见石面生数黑点,以利刃刮之或小浮石磨之。

一印纸后须缓揭起。

一如印纸时见石蚀水甚速,则取石入冷水中浸片刻即得。

一所用强水总不可过猛,凡备用之时,若尝味过酸则加水和之。

一墨石布墨之时不可太多。

## ◈ 铜板印图法

印铜板器具,有用双辊轮者,以粗法兰绒或粗氊匀包辊轮,所用墨料与寻常不同。唯皮辊轮与石墨可通用,更易洁净为要。加墨以后,先用布拭净铜板浮墨,又另备最细之白石粉,一手按粉中拭铜板令明,仅存各线中所含墨痕。取版入架,覆于两面辊轮,并转铜板自两辊轮间经过。又将纸稍湿加于板面者,亦有以干纸印者。又铜板须长令热。如极小之图,可以墨朴加墨,或以指染墨涂之,亦以指拭之。又铜板印法必多费墨,且每次磨拭,亦易磨坏,故欲印数千张者,必取钢板。近时各图皆系铜板刻成,以前墨印纸,依法覆过石板,自生生不已也。

## ◈ 煎油法印铅字用

不拘何油，但择清薄无渣者为贵。每油百两入金顶即密陀僧，又名金炉底末十两，无名土即无名，异药店有末一两，用第四等火耳闻炼丹之法，六七斤火候记此先缓后急第四等火即风炉火至锅中黑烟大起，须防着火，所以煎须于露天，并预备湿布锅盖等物。倘油着火，原不妨事，经着火后大忌用水，火不相合，油浮于水面，流火之患，无法可治。宜以锅盖盖上，上加绞干布巾，密铺以及锅盖相合之缝。阳气顷绝，火自灭矣。湿布用时，须要绞干，恐点水入油，油即无用矣。煎至滴水成珠，退火一半，再煎滴纸不化，再退火，用第二等火即无焰火，不使滚沸，然后加入烟煤末屑。常常煨暖二三日，须看油面甚黑。必须试印，以看如何。间日将印过之纸于火面烘之，见油不化者方可。用纱或细夏布，内衬丝绵，将温暖油墨倾沥，再过四五日，将油墨隔水炖热，去沉底细滓。油可用矣。而渣滓尚可后用，更易成功也若用火烘而沉底之渣滓又泛上耳。若看油面时不甚黑，必是烟煤未融合之故，当稍加火，无用加煤也。试印须暖油，盖冷油不易化，日久始走黄边。然暖油初印亦不易化，改油与纸不甚相得。故须间日于手炉上或热水壶上，再行洪暖，看走边否？倘有丝毫走意，即不可用，三年内必化黄也。亦须加火煨一二日再试之，用沉底煎油易为事者，即无此等病也。大抵金顶性胶粘昔闻其性燥，未闻其胶粘耳。无名土性干厚，而油取其薄而不化，粘而不厚为上。若厚如胶泥，不独用油难，而书板易容积垢，故油厚者印三百张之数即刷清书板一次，然后再印。若油薄者，虽印千张之数，无容刷也。用油上书板，贵少而薄匀，则字清又不易化。若书板上用油太多，则书不好看而恐变黄耳。

## ◈ 印图法后卷

石板上墨之淡浓有二事。一在墨之好坏，一在人之工夫。辊墨之法须重按慢过，如轻而快，不但不能上墨，反将已有之墨收去。稀墨慢辊重按，细线必变粗。墨若极干而浓，快辊而轻，石上必变淡。由此可见，墨稀而轻辊或墨重而重辊，亦勉强可印。如欲极好墨，须不稀不浓，而少用又须多备稀浓各种，以看天气之寒暖。因天暖油自变稀，刷上之水亦易干。不及辊墨，图即模糊。所以每印一图，必看模糊之处。小心收拾，若多次之后，必不能印。可知细线变粗乃手法不配墨之稀浓及天时冷暖之故。必将净佛兰绒蘸常用胶水，轻轻揩擦洗去石板上之余墨。再用墨刀刮去一切稀墨，换稍浓之墨为之。

天暖应用最浓而干之墨，须二人急为之。一人上墨，一人刷水，因水欲速干也。所刷之水，内须稍添胶水，即不化散。胶如太多，辊轴又有黏滞之弊。天时极冷，须反其法，冰度之时再难上墨，所印之或图或字，必淡而不清，必用火炉烘暖房内，自能免病。

辊墨之时，石上太干，墨即不当上而上。石上太湿，轴上必致有水，墨即为水所隔而不能上石。如人贪快而欲省事，轴上用墨太多或太稀，必致模糊。管理者须时时省察。如有不好之处，非墨料之极坏，必手工之不合也。如写字之墨太稀，或墨内油质太少，或磨石不平，或用水污秽。四事若犯其一，所印必淡。治法将石烘暖，多刷以水，将佛兰绒蘸绿色油西名巴麻油挤干，轻轻擦于有水之处，再用轴辊墨，如再不清，再做一次或多次，以清为止。如久作尚不能清，则用淡果酸或淡醋酸水洗之待干，用笔与浓墨顺清之。即绿色油可点灯，可作肥皂，价极贱出于亚非利加。

欲补不清之处，先去其胶水，用刮刀刮去不要之处，或用石磨平之，然后补写之。如所补之处甚大，另用纸一张重写。照过石法过上。有二事极宜留心，其一所补之处不可留旧迹，其二铺稿须极准，不可稍离分毫。

印图之纸内或有白礬及别种酸质，则印至数百张之后，再不能清楚。如纸质不甚硬，无有酸质，手工甚好，可印五千张至一万张。印石板所用之纸，手工所造者不如轮机所造者。摘出要事：天气冷暖、墨迹稀浓、按力轻重、滚油快慢、用水多少、天冷、稀墨重按、天热、干墨轻按，快辊水多。

# 附录3:照相石印法①

## ◈ 湿片照相法

此法系石印书籍最先之一部。其次为晒胶落石二法。则余非专家,不敢妄谈。兹将湿片照相法分为内外二部。述之如左。(古鳌蔡毅)

外部:(暗房外)先以书底(有抄写者,有木板者)订于木壁。然后从摄影具(俗称皮老虎,有照相镜等物)后。毛片(俗称沙玻璃)上窥之。其所摄之影,欲大,则将摄影具移近于书底;欲小,则远之。故大小俱可随意所欲,唯不能过于放大耳。且毛片上之影,务宜清晰,乃定旋螺。去沙片,务须使摄影具无摇动之处。于是外部之事毕。

内部:(暗房内)以最洁净之玻璃。浇以哥罗弟恩(译音)使极匀。略干,置银水中,约二分钟取出,放于暗箱中。即可搬出暗房,合在摄影具上。抽开暗匣之前板,去照相镜之盖,照之。其时间无定规,视天之晴雨,光之强弱,气候之寒暑。书底之黑白为转移。大约至少一分半钟,至多十五分钟。且光线最强时,宜用收光圈,插入照相镜头,以抑之。(光线弱时亦须插大圈收紧其光)。摄时切勿摇动摄影具与书底并其他有关系之物。既摄后,仍将暗匣盖好。搬入暗房。取出玻片,用绿水(方列后)冲之。字即显现。再以银水和少许绿水浇之使厚。用清水洗净。浸黄水(方列后)中。消去哥罗弟恩。再用水洗后,浸白水(方列后)内。以白为度。(约十余分钟)水洗。入黑水盘中染黑,用水洗尽。上以胶水待干,则湿片成矣。

湿片之制药法:一、银水,以硝酸银,又名银粉溶汽水内(水一两用银粉一钱);二、绿水,以绿化第一钱、火酒、冰醋酸、清水和合而成(水八两、绿二钱、酒一钱、醋半钱);三、黄水,以钾衰,又名强度青酸加里(俗名山奶)和清水(水四用〔两〕用钾衰一钱);四、白水,以绿化第二汞和水(水三两,用汞半钱);五、黑水,以钾衰少许入绿水中,以化尽银粉为度(银水五两,入钾衰一钱,若化不尽,再加钾衰少许,总以银水化作清水为度);六、胶水,以茄姆(译

---

① 《家庭知识》,1918 年第 3 期。

音）亦名树胶和水（水四两用胶一钱）；七、哥罗弟恩①，软哥罗弟恩（红色者）四两和哥罗弟恩（白色者）十二两（以上各药凡经售照相材料之西药房俱有出售，译音写法各处皆同）。

湿片所忌各物：盐、油、肥皂，其他与此相同之物，且于未冲绿水之前，既上胶水之后，忌水。

湿片之手术：最难者，为冲绿水法。盖水沿玻片而下，水既少，而全片须到。设有一处未到，其处即无字。亦不能再冲，且片之优劣，亦从此而定。其次为定摄影之时间。故习此者非数月所能卒业。

湿片之优点：以字画摄影，能毫无参差。虽细若尘沙之迹，亦无不丝毫毕现。且经久耐用，可印至数千万页之多。

以上所述湿片照相法，大略具备。然此法集化学与光学而成。故其中深邃，究非片纸所能尽。至石印品之良否，全视纸与墨之优劣而定，无他法也。栩按，上述湿片一项，固已完备，唯尚有注意者如左。

### ◈ 书底之注意

一、书底纸色须白，墨色宜浓，并须裱过。庶钉于木壁上，不致起皱，并可久藏。二、书底如有墨污，可用白铅粉涂之错字，则涂粉候干，更书其上。若须加圈点者。则可用朱砂色打上，圈书亦可用朱，唯不可用蓝色。因蓝色受光过强，不能显影于湿片之上，故着色之画及旧板之书，不宜于石印。三、书底愈大，则缩小愈清楚。每字至少宜如骰子大。四、钉书于木壁，宜倾倒钉之，庶显影于毛玻片上为顺影，宜于辨识。五、木板书宜用白纸衬裱，有缺笔处及墨色花处，均宜用墨描过。六、钉书底，务宜用无风日，庶免吹动及瓦起。

### ◈ 冲湿片之注意

一、玻璃须择其无疤点及棉者。二、须用火酒擦之极净。三、倒哥罗弟恩时，全赖手法。左手执瓶，右手执玻璃片之一角。左手倾哥罗弟恩于玻片中心，右手立时摆动，使药液走满玻片，从下角回入瓶内，插架上候干。四、银水宜倾入巴筒中（巴筒可向药房购，乃扁阔而直长之玻筒），庶银水可省，而浸渍极匀，或将湿片置冲盘内，以银水浸之亦可，但印局家多用巴筒，取其

---

① 即火棉胶，Collodion。

便妥。五,冲绿水时,宜将玻片矗立,药水沿上端浇下,务使遍体淋匀,用巴筒尤妥。六、浸黄水中,乃使有字迹处之药液吃通,只剩透明之玻璃。其无字迹处,则药面仍在。七、浸白水中,乃使存在之药面加厚,故必俟其全张变白。八、浸黑水中,乃使白色之药面,纯变为黑,使有黑处不漏日光。故如药液不净,致黑面起沙点者,即不适用(由此病时,药水当用滤纸过滤)。九、上胶水者,使药面贴着胶纸时,不致粘着,且不致沾受尘污,以耐久藏,如沾尘污,则可入水洗之,唯有字迹处,亦沾胶液,故此胶水,尤宜明净,其余晒胶、落石等法,述如左。(栩园)

### ◈ 晒胶纸法

欲明此法,当先述其理。若知其然,而不知其所以然。则犹胶柱鼓瑟,稍因天时气候之不同,亦束手而无变通之策矣。夫湿片照相之理,在于光影,而晒胶纸之理,在于光热。胶纸乃以一种极易溶解,稍有黏性之胶液涂布于纸面。略受光热,即溶解而发极微弱之黏性。故将底片压其上,凡底片之不透明处,其色黑,不透光热,故其胶面不融,而透明之处,则日光漏入,胶面即融,于是可以上墨。盖胶融处,一经受墨,即能吸住,其不融处,则所受之墨,仍可洗去也。今当先述托胶之法。

### ◈ 拖胶法

用白铁皮制二重之槽,如冲盘状。大如半张报纸(称为托胶盆),内重与外重,当悬虚一二寸许。注水于夹层中,置鸡丝胶(译称真辣的尼)溶解于适量之温水中。胶与水之量,视天时寒暖而定。天寒宜略加白糖,用炭火,隔水炖融,使成流质。加红矾(即重铬酸钾)少许(取其受日光时,焦而变色,易于辨视)。乃用白色厚洋纸(以一百磅道林纸为宜)先一日用水打湿。俟略干,如蛋纸托银水法,托取薄胶一层。挂细竹竿上阴干,下承以胶盆,庶不耗料。(注意)此项工作,宜用暗房,以不受日光为宜。

### ◈ 晒纸法

以胶纸裁成如玻璃底片大。置晒盆中,向近日光处晒之,与普通照相法晒片法同。视底片透明处,所露胶纸色变黄时,已即晒成。(普通晒片由白变黑,乃银水之作用。此则由白变黄,乃红矾之作用。)此时胶面有字迹处已融,无字迹处则仍如故,于是用圈墨法上墨。

### ◈ 圈墨法

用海绵浸松节油，蘸胶纸墨少许。先在空白玻璃上画圈调匀，于是将晒就胶纸。另置一大玻片上，药面朝上。即将墨海绵，轻轻圈其字迹处，此时满纸皆墨。俟涂遍，乃另用海绵蘸取松节油涤之。于是无字迹处之浮墨，尽连胶面脱去。其有字迹处之墨，则已吸住纸上，不复脱落，乘湿即可落石。

### ◈ 戳胶纸法

胶纸既成，于未落石先。当先行此法，备松木板一方（称为戳胶纸版），铁针一枚（称为戳胶纸针）。废报纸四五张，先将报纸数层，喷水使潮，平铺于松板上。将铁针任意戳之，使牢固于板上，乃将胶纸铺于其上，使地位适宜。亦用铁针于空白处，多戳细洞，使牢固于报纸之上。（注意）铁针形如石笔，用时以三指掇而掷之，勿使着有磨处为要。

### ◈ 磨石法

石板之第一要工，即在于磨石。宜平时先将石板磨好候用，其磨法，须将两方石板对合。撒少许细金刚砂于石面，并注水其上，乃将二石对合。推动其上压之石，使周遭移转自如，频频以手掬水注于下石之面。使磨出之水，腻滑如浆，听之无声，而推动光滑且轻。则石面已平。乃揭开上石，平置于磨石槽上（系木制，如马槽状，中贮水，装横木于上，足以承石）。用大块浮石浸水，取其平正之面，用手力力揿之，以磨石面。使其极滑且腻，然后涤去水浆，以扇扇之。石面由黄变白，而干燥无痕，乃可上石。

### ◈ 落石法

将磨好之石板，扛置落石架上（石底须垫毡毯）。细视石面，有无油污变色之处。如有，足以妨碍墨痕，宜用青石条蘸水，磨去其污。扇干，务使全面洁白，乃将戳就之胶纸，连其所衬报纸，由松板上揭下。盖于石面，再于其上加盖平直之大纸数层。于是将摇窗盖下压住（即落石架上之洋铁皮窗，可翻上放下活动者）。乃将底盘推向轴杠（俗称老虎尾，亦称千斤）方下，则底盘已抬高寸许，乃使两人力摇其摇手，使底盘渐渐移近，自轧板下擦过，再反摇之使出，再摇使进。约二三回，听其砉然有声，则底盘已尽。即将虎尾扳起。用手拖底盘出。揭开摇窗，将上面之纸连报纸轻轻揭起。只剩胶纸仍覆石面，乃用湿巾打潮纸背。轻轻将胶纸揭去，则墨迹尽落石上。胶纸成为白纸矣。(注意)摇进摇出,须在横面留心察看。见轧板已近石边,即回转,务使过头。倘一过头,则砉然作声之后,即不可复摇。摇则字迹尽移动矣。又揭去胶纸时,亦宜小心。先略开一角。视其墨迹是否已落。如尚黏这胶纸,即好好盖定勿动。再用湿纸覆盖,如前法摇入,并略将螺旋加紧。此螺旋之松紧,极关紧要。过紧则摇不动,过松则落不下,是宜久习乃能。

### ◈ 上墨法

落石既成。乃用清水打湿石面。再用海绵蘸胶纸墨,行圈墨法。圈其石面,一手用湿布蘸茄姆(即树胶水),随圈随揩。务使墨迹明显。侧视,黑如花缎,而无湿痕乃佳,即用水涤净。将皮棍打透上等印墨(劣者无用),先用湿水布揩石面使湿,乃将皮棍重打石面,随打随擂随揩,勿可使石面稍干为要。其理须知,盖印墨乃油质,与水不相融合。故石面有墨处不吸水,而有水处即不吸墨。此理一明,则迎刃而解,自无满板沾污之弊。若已沾污,则用茄姆水用海绵洗之自去。(若需印至数千者须上黄粉一次)。

### ◈ 上黄粉法

石板圈墨后,洗净,暂勿上墨,以扇扇极干,乃用老松香研成极细之粉(即黄粉),撒于石面。用干燥软毛刷排笔,刷去其余粉,务使无字迹处不留余粉,乃用淡硝强水(百分之五)用海绵蘸取浮石面拭之。于是黄粉尽融,与墨迹化合堆厚。乃用松节油洗之,则字迹尽白。墨迹尽去,然后再将石面打湿。行上墨法,凡皮棍过处,字迹复显。欲印者,即可开印。如不印,则上浓树胶液一层,任其自干,即可存放,不致沾污,至临用时,以水吸去树胶,上墨开印。

### ◈ 修石法

凡落石上墨后,发现不应有墨迹处沾有墨迹,宜用修石法,加以修饰之工。法将石面扇干,小污点处,则用刻字刀刮去石面一层即得。大污点处,则用小浮石磨去,再试上墨一铺。如尚有惹墨之处,则再用刀刮之。其有字迹脱却处,则宜用刀刮净,扇干。以净纸衬腕,用细毛笔(名汽水笔)蘸汽水墨,反手描之(汽水墨可用茶卤研用)。注意:修石时不可使皮肤油汗,及口中热气着于石面,犯则必蘸墨污。

### ◈ 汰石法

石板在印架上往往失水，一经擂墨，即满板尽黑，不复可印。宜用汰石法，以大块海绵蘸树胶水拭之。污甚者，更用松节油洗白，再行上墨法。字迹即复鲜明。

### ◈ 小印架法

将石面打湿，擂墨使遍。盖纸一张，上覆衬纸，推入架中。如落石法，来回一遍，即印成一纸。再将石面打湿，再如上法印之。此指落石架上小印刷而言。每日不过印六百张而已。摇架兼打湿布一人，擂墨兼付纸一人。月约工食洋二十余元，殊不合算。但资本甚微，不过二百元已足。若用大架则一日可印三千，用引擎发动则一日可印六千。资本约三千元已足，此等规模较大，自可雇用管车工头。应毋庸述。其不用照相石印者，资本可减一半。为事较易，当于下节述之。

### ◈ 汽水纸落石法

预备：汽水墨一锭，汽水笔数枝。（均上海润宝斋有售，笔名占高飞。他处虽亦有之，而笔毛甚劣，墨质尤粗，此墨系松香粉和煤烟制成，勿胶，极易沾手，故外包锡箔，用时宜撕去一头）。汽水纸，（亦称药水纸）若干对。（系用最薄之纸拖鸡丝胶而成，每两对合为一对，五十对为一筒。各仪器馆及商务书馆、中华书局均有售。）瓦砚或磁盘一只，戳胶纸针一枚、画图器一副。丁字尺一枚，三角板一副，直线尺一根，长喙剪刀一柄。

第一步：用蒸馏水（或冷茶卤）研汽水墨于瓦砚（或磁盘）中。研时手势宜轻，重则墨易起滓，水分宜少。研之勿过浓。乃用汽水笔蘸墨，任意作书画于药水纸上。干后，即可落石。注意：纸面忌沾手纹油污，墨色务宜匀净，以作灰黑色为佳。若浓黑如漆，则落石时反致榨糊。四边余纸，可剪下另作别用。如有书误，则另剪小纸，用胶水黏贴其上。俟干更书之。不可挖补，致纸起皱纹。书就之纸，不宜久藏，并勿折叠致墨迹沾惹。如需画边界格者，则于应划线处，用细墨点记明。

第二步：将书就之药水，如戳胶纸法，落于石面。于石面上行墨法一次，扇干，乃用图书器中之直线笔。蘸汽水墨用直线尺或丁字尺，压于石面记点处，一一划成。如画粗线，则宜划双线，然后用汽水笔填之。注意：划线次序宜自上而下,庶免揩污,加划交线时,必先扇干前线,始可再划。有沾污处,则行修石法,方格宜用三角板角准,庶免歪斜。

第三步:落石上墨,上架印刷。均与前述无异。上小架印大架印均可。若须多印,仍宜上黄粉一次。否则半途字脱落,无法修补。

### ◈ 总诀

落石时石面宜燥,开印时石面宜湿。墨宜少而匀细。不可省费免用劣墨。宜用恒丰礼和石印墨为佳。用量极省。每印一千,不过费墨二三角耳。墨宜刮于墨台之一角,以皮辊蘸少许,尽力打匀,听之无声乃佳。若啧啧作声,则墨滤多。宜在纸板上擂去一层。若皮辊在墨台上打滑,则墨患少。宜加墨少许打匀。擂于石面宜重滚,务逼使匀,不可滑落。揩湿布时不可太湿而干。但使石面常现黄色即得。太湿则碍纸碾墨。太干则粘纸惹墨。又印纸宜先一日直筒之矗潮湿地上,使受潮湿,乃能平贴石面。若用中国纸,每印二三百张,宜行汰石法一次。涤去纸毛,凡小件须印同样者多张时,可翻印若干。即于上墨后扇干,先印于药水纸上。任印若干张,即将印成之纸,行戳胶纸法,拼聚于一纸。另用石板,行落石法上墨法印之。则一印可得同样者多张,若用照相胶纸落石者,则但多晒胶纸数张即得,毋须费翻印之手续。(栩园居士)

# 附录4：书业历史①

吾书业上海商埠未开之时，书店寥寥三四家。如四牌楼、大东门等淞韵堂、文政堂。销者私塾用四书五经及《三字经》、《千字文》、《百家姓》、《神童诗》、"描红簿"，其外则医卜星相等书。该店均由苏州批来零售。其时书业之盛，以苏州为甲，阊门一带如扫叶山房、绿荫堂等自刻木板批发如城镇。唯扫叶山房历史最悠久，远在明末万历间，宋江席氏买下有名的常熟毛子晋先生设有汲古斋刻有《十七史》等书板，让与席氏。该氏即在松江城外大街，开设扫叶山房书店。日久未能发展，后来与苏友洪谢陆三氏合了资本，移设至苏州阊门内营业。增刻四书五经等书板批发，尚可为了。太平天国军兴时代，又至上海彩衣街分设一店为总店。请高子良为经理。后高辞职，即由嘉兴文魁堂前身之朱槐庐（槐卿）来沪为总经理，苏店以洪春江为经理，扩大刻板，自设木板印刷作场，后来又在河南路、南京路间设有扫叶山房北号。请黄熙庭为经理。如城镇之贩卖者皆至沪地批买也。

厥苏州浦氏之绿荫堂亦分设分店文瑞楼来沪，如湖州吴氏之醉六堂、常熟鲍氏之抱芳阁、宁波之文玉山房及黄氏之千顷堂。该堂自光绪初年开盘，归宁波鲍氏楼下开设。均随至来沪营业。从前之法租马路，李氏开设还读楼，凌氏开设万选楼，黄氏开设读味楼。邑庙内，卫氏开的翼化堂善书佛经书店。

此时商埠始开，营业渐盛。扫叶山房增刊经史子集，并向各处藏书家的家藏板出了板税，租印各书。又派其兄朱耀之到广州及长沙定刻各种书板及考试用的聚珍本书板。后来日本明治维新时代，有日本人岸吟香等人来沪设的修文馆、乐善堂、淞隐书屋等数家来推销铜板阴文刻本的《挥毫自在吟香画谱》，大本的《西清古鉴》，及日本维新各书。其时风幼稚，问津殊少，不能发展，乃落续停业返国。后来有一家宁波应氏新组的畅怀书屋，出版一种铜板本的《诗韵全壁》，此书销路甚合用。该书屋至光绪中叶亦停业。

同治癸酉有英人名美查者，在三马路，即现在的红礼拜堂对门创设了申

① 五十年代初回忆，见上档：《行业历史沿革》，上海书业同业公会档，S313-3-1。

报馆，刻铜模浇铅字排印日报。用宁波人黄氏，嘉定人赵氏两人为正副买办，王紫铨为大主笔。用中国的赛练纸印日报，后来又排印八开本各种笔记小说，至光绪初年间，美查又在现下之北京路浙江路间俗名偷鸡桥畔设点石斋照相石印书局，用王菊人为买办，开始印的点石参考正字汇本，后又印横行本《康熙字典》，横行《佩文韵府》、横行本《渊圣类编》、《南巡盛典》、《鸣雪目录图》、《耕织图》、《中英文对照文献通考》，还印名人对联、中堂等画幅。其时尚无影印机，用人描着颜色，即在申报馆东隔壁设双间门面，额曰"申昌书画室"。后来该室改名申昌书局，专销申报馆出版及点石斋出版各书，最后并入集成图书公司也。再后来又印连史纸四开本点《石斋画报》。每月出三期，分上中下浣，随了订阅《申报》之用户三期附送。另外每本售大洋五分，请吴友如、金蟾香等绘画，新闻为多。后来八股文章考试兴盛，又印便利携本之缩印《小题文府》、《大题文府》、《试帖丛书》。后来美查回国，以点石斋归了王菊人。后时该局由王氏迁移至南京路劳合路口对面，即现今之大庆里地方。在戊戌间，又印《时务通考》、《三国演义》、《列国志》等书。最后该斋归了席子佩，亦并入集成图书公司。后来申报馆换了席子佩为买办，在现今之振河路荒地购地数十亩，建筑平房。设铅板全张机器，并刻了三号扁体子模，打泥板，排印《图书集成》一书。每部计六千六百念八本，装三大木箱。发售预约券。该局即名曰"图书集成局"。后到美查因回国，此局与申报馆、申昌完全交付买办席子眉。子眉故世，即有其弟席子佩经手办理，后均并入集成图书公司。

书业发展之际，又有粤陈某及徐雨之两人在虹口创办同文石印局，延聘通才及翰苑之士抄写书底及校对。亦照相石印直行本《佩文韵府》、《佩文斋书画谱》、《古玉图考》、《大小题文府》、《三国志演义》、《聊斋志异》、《水浒传》、《康熙字典》等书。在聂仲芳为沪兵备道时，清廷嘱聂在同文书局印《钦定图书集成》(本数不记)，用上等洁白纸，每石对开两页。只印书数百部(未详)，书成分派各王公大臣，因此外间无售，少见耳。该局股东徐雨之又在苏州河北开办铅板印刷局，曰广百宋斋，印的洪奏对笔记、《廷训格言》、《曾国藩家书》、《西游记》、《封神榜》、《七侠五义》等书，均二号大字本。

此时石印局最多，如泥城桥李氏开的蜚英馆印书局，印的《正续资治通鉴》、《三希堂法帖》、《玉裁说文》。又有龙文石印局，未久即停。湖州凌佩卿开的鸿文石印书局出版的《史记》、前后《汉书》、《三国志》四史、《三国志演义》(此书绘图最佳)及八股文章等书。杭州钟寅伯设之积山石印书局，印的《通鉴辑览》、《康熙字典》、《诗韵全璧》、《加批四书味根录》。何瑞堂开的鸿宝斋石印书局，印的《大题三家选康熙字典》、《本草纲目》等各书，及二百本的殿本缩印之《佩文韵府》。此时石印者，八股文章为多。各种小说铅石印均有之。铅板以医卜星相为多。

夏君瑞芳，基督教徒。清心教会学堂毕业，在字林等西报馆为排字。其时铅版局稀少，彼即与亲友鲍、高等集合资本四千余金，即在北京路河南路东面之美群华书馆教会开设，专印传教复印等书，并印有一种华真数学，极合学校之用。夏在该书馆西面创办了铅印局，商务印书馆备有印机二架，起始印的一本《华英字典》，后又印了《华英初阶》、《华英进阶》，其余英文盛行，销数发达，又有李氏等合股在六马路格致书院的地方开设珍艺铅版印刷局，印有《封神传》、《曾家书》，后来汤蛰太史在该局印《三通考辑要》，铅石印局尚有不少不能尽述。各家之发行所多在河南路一带，如南京路口之扫叶山房北号，二马路间千顷堂、同文书局发行所、乐善堂书药局，广学会教会开设出版《普法战纪》，又出《拳匪乱纪略》，格致书室代销制造局英人傅兰雅编译之制造各书，四马路之文宜书局出版黄色书籍为多，小本小说《刘大将军台湾战纪》等，南如江左书林、扫叶联号，后来折股归之谢桂生，由其子谢企之经理，翻屋迁至五马路南面，鸿宝斋发行所、醉六堂、宝善斋，后改南洋官书局，印有《大清一统志》等，广益书局出版《法规大全》，书牍各种小说，文瑞楼发售木板铅石印书，文玉山房、著易堂发行所城内石皮街设有铅版印刷局，抱芳阁、□鸣阁各家不能尽载。后来朱槐庐扫叶拆出，即在大东门大街开设校经山房，自刻有《槐庐丛书》、《平津馆丛书》、《经学丛书》，及石印各书，如《戊戌政变》。

新书新报风行一时，书业发展有凌云直上之势，其时商务印书馆，在河南路青莲坊口对面，赁屋三开间，门面修设之下为发行所，所印《通鉴辑览》、《读通鉴论》、《纲鉴》、《易知录》、《三国》、《红楼》等书，先聘赵公清澄，后来又换聘广益书局之沈芸芳、文玉山房之俞子贤营业批发推广分庄。后来康梁政变失败，同志们均离京来沪隐居。康梁变政时代之财部长在沪望平街开设报馆发行日报，学界非常欢迎。后来又设有正书局，专翻影印家藏本书及珂罗版画册及名人对联画幅佛经等书。教长某居于青莲坊口某呢绒店楼上,相对商务印书馆,时至该书馆阅览书籍,熟识夏君,与之为友。嘱夏增股款,扩大印刷,延聘通才,设编辑部,成立出版业之大公司,此是滥觞也。殆庚子拳乱既定,清廷复行新政,专立教育部,广设学校,颁行国民教育的小学教科书。壬寅日本人山本条太郎金港堂携巨资来沪营印刷出版事业。夏君以利用外资,与渠订约合资,改为商务印书馆股份有限公司,各事权概归华人。河南路本来建筑之洋房为发行所,宝山路扩大为印刷所并编译所,聘请张某主其事指示一切。各省市均设有分馆,营业非常发展。股款自行投来,股款赠有一百五十万元,日本股几有四分之一也。至癸酉,夏君自至日本去,将日股份如数收回。商务印书馆完全是华商股份公司也。

己酉间,俞仲远、丁福保等四人在南京路组织了文明书局,后乃移设在河南路交通路口开设文明书局发行所,出版蒙学全书,小学修身教科等书,代南洋公学经销蒙学课本,其时新书日见风行,四马路东夏颂来开之开明书局,出版参考等书,后来该局并入集成图书公司。广智书局出版的康梁同志之著作物,及销康某出亡外洋之不忍襟志。西面袁氏开之古香阁,经营老式书。应季蕃经理之通社发行所出版参考各书。科学书局出版各种表解等书。新学会社出版各种的农学书。华益书社出版的英文等书。神州国光社出版的珂罗版图画图画册。会文堂出版的小学用书,汤蛰化大股东也。戊申间,席子佩、傅子濂发起创办中国人的中国图书公司,邀请张季直、曾少卿领衔招股百万。元先以五十万元成立开办。议董选举结果,张季直一派人物如林康候、叶鸣英等四人当选,分任总务科、编辑、印刷、发行所四部分。席子佩、傅子濂二人失望,无任事。该公司办事处开始在南京路编辑印刷,在小南门外陆家浜建筑大洋房。成立后各部分一一选入铅板、石板、橡皮彩印版等各机器设备完全。而发行所设在商务印书馆对门,惜乎发展无人才,一派官僚作风,营业不振,无推广能力,以致失败。发行所收歇,印刷所改为民立图书公司,由唐正权为经理,营业依然不发达,最后盘归中华书局,席傅失望之。

后席子佩与开明书局夏颂来商之发起,时开明书局、申昌书局、点石斋、图书集成局四家合并商之总商会之周金箴、虞洽卿等招股创办集成图书公司,请金西林、夏颂来为编辑、印刷所,由其侄席鼎甫为厂长。发行所即在点石斋发行所原址。叶九如为所长、席子佩自为总经理,主管各部分。周虞两君为董事。总务、编辑、印刷均在劳合路口对面之点石斋印刷局内。出版的小学教科书及四书之各种参考书并铅印大字廿四史,正续资治通鉴等经史子集附属发行,书名甚富。方始推行□要,发展未几,孙中山先生种族革命推翻清朝,武昌起义,辛亥九月十三光复上海矣,出版犹要完全变更。席子佩召集股东开会,议得席某备有上海总商会信到武昌将集成图书公司归与黎元洪。其时成立,黎元洪即派刘成禹来沪点收一切,改名曰民国第一图书公司。一切照旧工作,刘成禹、周应青为正副经理,总务印事,发行仍为叶某。未及一年,黎元洪忽有命令将该公司送至武昌。刘嘱将各种机器拆卸,铅板石板各种书底书籍一应生财等为数用由长江舰队装运至武昌溪口,各物糟蹋不堪,可惜之至。南京路之印厂退回房东,河南路之发行所之地址由叶九如与广复初、席仰高三人会资创办设中华图书馆书局,叶为总经理,复为会计,仰为筹款,延请王钝根、天虚我生为编辑,设在交通路通裕里,出版经史子集及《礼拜六》杂志至二百期,又《女子世界》杂志,又《香艳杂志》、《游戏杂志》,并《京戏考》至四十册,有工尺的《戏学指南》十六册,以及《北京指南》、《锣鼓秘诀》、正续本《三希堂法帖》、《三希堂画宝》四十二册、《吴友如画宝》廿六册,各种笔记小说,古今说海,并民刑律判例等书,不亚千数百种,备有钉本目录,又另与陆杨合股开设彩印局,亦名中华图书馆,在新闸路大连路间,以彩印为主要,印钱票、月份牌。后来我们遇了"一·二八"之累,又进河南路之店基房屋翻造要贴费甚巨,而股东亦不一致,因此九法,停业。叶某亦年老,不愿再事矣。

民元有素在商务印书馆的高级职员沈芸芳及编辑所之陆费伯鸿辞去商务之职,招集知友,合资二万五千元,创立中华书局。赁得四马路一品香番菜馆楼下三椽。沈二人又合得戴光斋、陈协恭计四人,分任各部。编小学教科书,是年发行,营业二十余万元,股额已增至二十五万元。彼时招得股东周抉九,该股东有基地在福州路河南路之转角处。将其作入股本,此基即建筑洋房五层,部分分立各层。民二在东百老汇路设印刷所,编辑部分一并送至该处,范静生为编辑长,一切扩充。民三股本已有六十余万元,是年添设仪器文具,在静安寺路哈同路之间,购得基地,建造场屋。民四股本额已增至百万金,合并文明书局,盘入民立图书公司。民五年场屋筑成就绪,编辑印刷总务栈房回归一起。印机，各式设备有百数架，规模略具。各省设有分局。

其时同业，各有新书出版，各有发展。民辛酉有大东书局之设吕子泉为经理，出版各种参考书，在四马路望平街之西。印刷所设在福建北路海宁路口，沈骏声为厂长。后来加陶百川股东。扩大印刷、凹凸版、彩印钞币，加设编辑部在厂楼，出小学校用书。又有开明书店出版活页文选，初高中等教科书。章锡琛等设有编辑印刷部分。甲子又有李之云办的北新书局，在四马路出版各种参考书及经销北京大学校著作各书。又有日本人之东亚书药公司，在抛球场间。时代书局杂志公司，张静庐办的，专销各家的杂志。亚东图书馆出版的胡适之评批之《红楼梦》、《水浒传》各书。百新书局、儿童书店，又有谭隐庐，艺苑真赏社出版的珂罗版印之法帖及古画。又有求古斋石印魏碑等法帖。尚古山房、鸿文堂石印本颜柳等常用法帖。又有求古斋书店、如来青阁、抱经堂、传经堂、汉文渊、忠厚书庄风起云涌。开设者甚多，不能一一尽录。店局号无止百数十家也。

在民丁戊间，有朱芸轩绘画一种，名曰图画书，每册只有五页，各种戏名为对象，如"仁贵征东"、"罗通扫北"等名目。以用有光纸十开为标准出版。最初三家，姚文海，继有郭文益书店及蒋春记专做摊贩。后来又有槐荫山房王履之抬改格式，上层上之说明，下层绘图，仍名之图画书。后来此种书被世界书局成立时，沈芸芳将此种图画书改为石印八开本，名曰连环画。出版销此等书者，程君之泰兴书店，王知三的惜阴书局，已有数十家，不尽载。

民戊巳间，沈芸芳以私人营业定资，挪用中华书局公款，惟利自图。其时适逢运不逢辰，亏损甚巨，致无法弥补，牵连同事戴陈二君，累及中华本身。该局召集股东开会，举出债权人筹划弥补。推俞仲远任职印刷所，由唐改权任事发行所，薛季安为所长。沈某到苏州为债务隐居了二年。在苏克服困难，设法编了一种名曰《彩运预知术》一本。复行来沪，寓居宝山路口里，挂了贴壁招牌，曰"广文书局"，登报发行此书。类似求签问卜一辈失救人均相争购，托四马路大东书局，推销此书。销得数万本，盈余了万千金。央得老友□□□助力。自至四马路三百廿八巷，即现今之大众书局后面开了广文书局字号。增印单本他种时令各书。营业起色困难克服矣。商之各位老友，央求帮助。有□□□老友最力，再代其拉得纸业投机发财的程芸生入了股份，任其筹款之职，即在现下大众书局之门西开了世界书局发行所。漆了红色为之红屋，出版一种《红玫瑰》杂志，仿《礼拜六》格式，编参考各书及小学生用书。连环图画改用报纸印行，后面字号为编辑所总务科议章招股为有限公司。营业亨通，股份已招得。即在现下之新华书店的地方建筑洋房，扩大事业，编辑印刷在大连湾路。后又招得李石曾大股官僚，资本甚巨，出版更富。

其时书业之印局发行所不能均载，将至要大略述之。请鉴者谅之。

叶九如记录

# 附录5:上海市书业合营工作计划①

上海市书业申请合营的一三五家已于元月廿日全业合营挂牌,下一步必须做好清产合资、人事安排、新机构的筹设等工作,总的步骤要求在二月十日前基本完成。为使工作变得又快又好,快而不乱,有秩序的进行,拟定计划如下:

**一、关于清产核资**

清产核资是合营工作的关键问题,是一项十分复杂的工作。清算估价要求做到不重不漏,实事求是,公平合理,具体步骤及方法分述如下:

元月廿三日至卅一日,思想酝酿和准备工作:(1) 召开座谈会,初步交换意见,进行思想酝酿,提出问题,研究问题,由清产小组根据"关于清产核资的几项规定"的原则,拟定新书、古旧等项清产核资的规定,并规定具体执行计划草案(包括设计应用表格)。(2) 由办公室提交工作委员会讨论通过清产方案呈报上级审批。(3) 召开职工全体会议传达清产合资方案,宣布执行计划,交代职务,明确做法,号召职工协助资方做好清产核资工作,会后进行漫谈讨论。(4) 召开私方全体会议,传达清产合资方案和清产工作计划,交代政策,明确做法,动员资方根据实事求是、公平合理的原则,自填、自估、自报(可由职工和工作队协助)。会后分组讨论,并根据提出的问题进行解答。(5) 由资方对本企业资产进行整理,做好清估准备工作。

二月一日至五日,待清产核资的几项规定公布后,即组织力量,发动群众,全面展开清产核资工作:(1) 抽调有关人员集训,以便协助资方做好清估工作。(2) 全面展开清估工作,清估工作主要由资方负责,公方、职工负协助之责,清估方法采取边清边估的办法,清理一户,上报一户。

二月六日至十日,组织同业互评:(1) 评议小组主要由私方人员根据业别类型组织若干小组,分组包干评议,其中组长人选,由工作委员会指定之。某些专业问题,可由专业小组协助进行。(2) 最后由合营工作委员会审查批准,呈报上级备案。

---

① 1956年1月27日,上海市第三次"公私合营"工作委员会通过。

## 二、关于业务规划

在合营工作中,要求做到合营生产两不误,同时要求做好以下工作:

筹设古旧书店:一月底前成立古旧书店工作小组,一方面研究有关古旧书问题,一方面积极筹设新的古旧书店,争取在二月份开业。

根据全市发行网的统一规定,拟出合营企业的发行网规则。

加强对各销贸店的进销货业务指导,改善服务态度,以达到提高工作质量,扩大销货,增加营业的要求。

初步提出一九五六年的全年业务指标(包括进、销、存货、利润、人员、开支各项目标)。

初步估定合营企业的全部资产,研究新企业的需要资金。

草拟各项业务制度及组织系统。

## 三、关于组织机构及人事安排

(1) 一月卅一日前合营工作委员会进行协商酝酿新机构和发行网。

(2) 二月一日至五日,做好新机构成立的准备工作(包括更换招牌名称、调换图章、发票、单据、报表、办公地点、办公用品等)。

(3) 二月六日至十日做好新机构成立大会的准备工作,二月十日召开成立大会。

(4) 一月卅一日前要求基本上摸清各合营企业的人员基本情况:造具全体人员名册和了解一般情况,了解全体人员的业务擅长和实际工作能力,以及在各工作中的思想表现。

(5) 二月上旬,提出新机构各级干部的初步名单,进行酝酿和协商,最后将酝酿协商的结果和情况汇报上级审批。

(6) 在为做好人事安排前,原企业人员之任职、工薪、待遇、一律暂维现状,企业之经营仍由原企业资方继续负责,职工协助,共同做好企业之经营管理。

(7) 元月卅一日前做好无门市的停业,出版社的多余人员安排计划。

# 附录6：民国时期上海近代石印书业局主、经理出资人情况表

| 名称 | 1917 | | 1930 | | | | 1935 | | | | 1944 | | 1945 |
|---|---|---|---|---|---|---|---|---|---|---|---|---|---|
| | 东主姓氏 | 经理姓氏 | 代表人 | | | | 经理名称 | 年岁 | 籍贯 | 住址 | 局主或董事长 | 主要出资人兼职 | 代表人姓名 |
| | | | 姓名 | 年龄 | 籍贯 | 任职 | | | | | | | |
| 抱经堂书局 | | | | | | | | | | | | | 朱遂翔 |
| 北新书局 | | | 李志云、王荃生 | 42、48 | 江苏江阴、浙江镇海 | 总经理、发行所主任 | 李志云 | 46 | 江阴 | 七浦路宝庆里 | | | 陆勉时 |
| 彪蒙书局 | | 龚颂虞 | | | | | | | | | | | |
| 博古斋 | 柳蓉邨 | 古书 | | | | | | | | | | | |
| 博文印刷公司 | | 周琴舫 | | | | | | | | | | | |
| 才记书栈 | 袁志才 | 袁志才 | | | | | | | | | | | |
| 彩文书局 | 徐子根 | 徐子根 | | | | | | | | | | | |
| 昌明书局 | | 俞季荪 | | | | | | | | | | | |
| 崇文印局 | | | | | | | | | | | | | |
| 传经堂书局 | | | | | | | 朱瑞轩 | 31 | 绍兴 | 本局 | | | |
| 椿荫书庄 | | | | | | | | | | | 殷德鸿[1] | | 殷锐鸿 |
| 萃英书局 | 鲍竹英 | 鲍竹英 | | | | | 鲍庭荣 | 29 | 浙江 | 本局 | | | |
| 存古斋黄济臣 | 黄济臣 | | | | | | | | | | | | |
| 大东书局 | | | 吕子泉、沈骏声 | 50、35 | 崇德、绍兴 | 董事、经理 | 沈骏声 | 39 | 绍兴 | 武定路鸿庆里 | 董事长或店长：[2]常务董事吕子泉[3]、殷子白[4]；经理：总经理蒋石洲[5]、副总经理蒋息岑[6] | 经理：殷子白；副总经理：蒋息岑、黄谷梅[7]、谈嵩涛[8]、谢砚馨[9]、蒋石洲 | |
| 大观书局 | | | | | | | 乔露青 | 47 | 镇江 | 本局 | | | |
| 大声图书局 | 葛琴生 | 葛琴生 | | | | | | | | | | | |

① 二十岁，丹徒人，武定路276弄1号。

② 依照本公司章程，并不设董事长，只设常务董事、执行董事长职务。

③ 六十四岁，海宁人，张家宅路73弄48号，电话38842，驻局无兼职。

④ 五十二岁，杭县人，桂林路275弄26号，电话77810，兼中国实业银行董事，大德昌茶叶公司董事长。

⑤ 四十三岁，武进人，巨鹿路261弄11号。

⑥ 五十四岁，武进人，康定路758弄18号，电话39548，中国联合出版公司常务董事。

⑦ 五十五岁，绍县人，长宝路37弄151号，电话22528，兼中国实业银行董事。

⑧ 五十八岁，吴兴人，正汤路长丰里13号，电话26895，兼辛泰银行秘书。

⑨ 六十二岁，靖江人，康定路三星坊22号，电话62215，华贸公司董事。

续表

| 名称 | 1917 | | 1930 | | | | 1935 | | | | 1944 | | 1945 |
|---|---|---|---|---|---|---|---|---|---|---|---|---|---|
| | 东主姓氏 | 经理姓氏 | 代表人 | | | | 经理名称 | 年岁 | 籍贯 | 住址 | 局主或董事长 | 主要出资人兼职 | 代表人姓名 |
| | | | 姓名 | 年龄 | 籍贯 | 任职 | | | | | | | |
| 大通书局 | | | 魏德培 | 38 | 余姚 | 经理 | 唐礎亭 | 40 | 盐城 | 本社 | | | |
| 大同书局 | | | | | | | 王恭寿 | 21 | 浙江 | 肇周路憩园8号 | | | |
| 大一统书局 | | | 任文彬 | 39 | 丹阳 | 经理 | 任文彬 | 43 | 丹阳 | 本局 | | | |
| 德记书庄 | 裴丽生 | 裴丽生 | | | | | | | | | | | |
| 东方文学社 | | | | | | | 王裕声 | 37 | 绍兴 | 本社 | | | |
| 二酉堂 | 王锡生 | 王锡生 | | | | | | | | | | | |
| 蜚英馆书局 | 李熙记 | 张宝昌 | | | | | | | | | | | |
| 斐章书局 | 王少删 | 周耀庭 | 王少山 | 64 | 江苏南汇 | 经理 | | | | | | | |
| 佛学书局 | | | | | | | 沈彬翰 | 42 | 江苏吴县 | 本局 | 闻兰亭[1] | 闻兰亭、李经纬[2]、黄涌之[3]、唐书麟[4] | 许天生 |
| 共和新书局 | | 吴幼甫 | | | | | | | | | | | |
| 广记书局 | | | | | | | 何广楠 | 46 | 镇江 | 本局 | | | |
| 广益书局 | | 魏炳荣 | 魏炳荣、周菊亭 | 52、53 | 余姚、丹阳 | 总经理、经理 | 周菊亭 | 53 | 镇江 | 本局 | 董事长或店长:魏炳荣[5];经理:刘季康[6] | 董事长或店长:魏炳荣;经理:刘季康、曹永严[7] | 刘季康 |
| 古书流通处 | | 陈立炎 | | | | | | | | | | | |
| 国粹书局 | | 沈继先 | | | | | | | | | | | |
| 国华书局 | | 沈颂华 | | | | | 舒文中 | 43 | 江苏江宁 | 九亩地 | 董事长或店长:舒文中[8] | 董事长或店长:舒文中 | 舒文中 |
| 海左书局 | 陈荣培 | 陈荣培 | | | | | | | | | | | |
| 海左南号 | 陈荣培 | 陈荣培 | | | | | | | | | | | |
| 汉文渊书局 | | | | | | | 林少怀 | 30 | 福建 | 本店 | 林子厚[9] | | 林子厚 |

① 七十五岁,武进人,永嘉路345弄3号,电话71349,兼纱布交易所理事。

② 五十五岁,鄞县人,胶州路317弄27号,兼佛教公墓经理。

③ 六十九岁,南海路茂名别墅5号,电话70890,兼三育中学校长。

④ 二十九岁,南汇人,新大沽路383弄40号,电话33743,国光印书局经理。

⑤ 六十六岁,余姚人,上海七浦路巽阳里8号,电话41284,兼世界书局董事,振源钱庄董事长。

⑥ 五十岁,南京人,河南路141号,兼天华冥票店经理。

⑦ 四十七岁,上海人,上海淮安路233弄23号,和兴文具公司董事。

⑧ 四十五岁,吴兴人,华山路246号,电话31248,兼儿童书局董事。

⑨ 六十八岁,上杭人,福州路438号。

续表

| 名称 | 1917 | | 1930 | | | | 1935 | | | | 1944 | | 1945 |
|---|---|---|---|---|---|---|---|---|---|---|---|---|---|
| | 东主姓氏 | 经理姓氏 | 代表人 | | | | 经理名称 | 年岁 | 籍贯 | 住址 | 局主或董事长 | 主要出资人兼职 | 代表人姓名 |
| | | | 姓名 | 年龄 | 籍贯 | 任职 | | | | | | | |
| 合众图书馆 | | | | | | | 方家龙 | 30 | 无锡 | 本店 | | | 方家龙 |
| 宏大善书局 | | | | | | | | | | | 经理：陈瑞祥[1] | 邰宝虎[2]、方国瑾[3]、陈楚藩[4] | 陈瑞祥 |
| 鸿宝斋书局 | | 乌仁甫 | 乌仁甫 | 53 | 镇海 | 经理 | 乌仁甫 | 57 | 镇海 | 成都路大德里37号 | 丁方定[5] | | 丁方定 |
| 鸿文书局 | | 吴幼甫 | | | | | | | | | 董事长或店长：吴张氏[6]；经理：周楚材[7] | | 補祖明 |
| 鸿文恒记 | 刘恒德堂 | 王籽耘、江秋涵 | | | | | | | | | | | |
| 鸿文堂 | 朱永林 | 朱永林 | | | | | | | | | | | |
| 鸿章书局 | | | 周砚生 | 35 | | 理事 | | | | | | | |
| 华兴书店 | | | | | | | 张永生 | 32 | 川沙 | 本店 | | | |
| 槐荫山房 | 王履之 | 王履之 | | | | | 耿隆祥 | 54 | 扬州 | 本店 | 董事长或店长：耿荣森[8] | | 刘延福 |
| 焕文书局 | 朱锦章 | 朱锦章 | | | | | | | | | | | |
| 会文堂书局 | | 邵时生 | 徐宝鲁 | 37 | 镇海 | 经理 | 徐宝鲁 | 41 | 镇海 | 本局 | 董事长或店长：徐宝鲁[9]、林永明[10]、王秋泉（兼经理）[11] | 林永明 | 王秋泉 |
| 会文堂印刷所 | | 邵时生 | | | | | | | | | | | |
| 汇文书局 | | | | | | | 韦翰西 | 35 | 扬州 | 本局 | | | |
| 简青斋书局 | 毕春宝 | 毕春宝 | | | | | | | | | | | |
| 蒋春记书庄 | 蒋春芳 | 蒋春芳 | | | | | 蒋祥生 | 18 | 丹阳 | 本庄 | | | |

① 五十二岁，硖石人，河南路533号，电话94562。

② 三十四岁，宁波人，大同路239弄52号，电话12090，兼崇信纺织公司董事。

③ 四十四岁，宁波人，南京路153号泰原五金号，电话14289，兼泰原五金号经理。

④ 三十九岁，宁波人，南京路福和烟公司，电话12345，兼福和烟公司职员。

⑤ 四十二岁，宁波人，福州路269号18弄。

⑥ 六十九岁，吴江人，大同路460弄110号，电话32427。

⑦ 六十八岁，吴县人，华山路128号。

⑧ 六十四岁，江都人，甘肃路141弄6号，电话45949。

⑨ 五十一岁，镇海人，长乐路240弄27号。

⑩ 五十三岁，镇海人，长乐路242号，兼辛泰银行副经理。

⑪ 四十五岁，萧山人，铜仁路250弄27号。

续表

| 名称 | 1917 | | 1930 | | | | 1935 | | | | 1944 | | 1945 |
|---|---|---|---|---|---|---|---|---|---|---|---|---|---|
| | 东主姓氏 | 经理姓氏 | 代表人 | | | | 经理名称 | 年岁 | 籍贯 | 住址 | 局主或董事长 | 主要出资人兼职 | 代表人姓名 |
| | | | 姓名 | 年龄 | 籍贯 | 任职 | | | | | | | |
| 交通书局 | | | | | | | 蒋仰辅 | 46 | 如皋 | 本局 | | | |
| 交通图书馆 | | 殷剑花 | | | | | | | | | | | |
| 江东茂记书庄 | | 刘绪祥 | | | | | | | | | 俞肇镛① | | |
| 江左书林 | 谢企之 | 谢企之 | | | | | | | | | | | |
| 校经山房 | 朱养生 | 俞子锡 | 王淡如 | 33 | 浙江余杭 | 经理 | 王淡如 | 36 | 余杭 | 本局 | | | |
| 久敬斋书庄 | 王翼亭 | 王梦兰 | | | | | | | | | | | |
| 久敬斋书局 | 王翼亭 | 王怡安 | | | | | | | | | | | |
| 锦文堂书局 | 李锦文 | 李锦文 | | | | | 李鼎臣 | 21 | 无锡 | 本店 | | | |
| 锦章图书局 | | 徐鸿云 | 徐鸿云 | 51 | 江苏丹徒 | 经理 | 俞益卿 | 52 | 安徽休邑 | 本局 | 董事长或店长：徐筱云②；经理：俞益卿③ | | 徐筱云 |
| 锦章图书局书栈 | | 徐鸿云 | | | | | | | | | | | |
| 开明书店 | | | | | | | 章锡琛 | 46 | 绍兴 | 提篮桥人安里 | 董事长或店长：朱达君④；经理：章锡琛⑤ | 董事长或店长:朱达君；经理：章锡琛 | 索非 |
| 开文书局 | | | | | | | 杭开洪 | 36 | 丹阳 | 本局 | | | |
| 炼石斋书局 | 李东生 | 李东生 | | | | | | | | | | | |
| 刘德记书庄 | | | 刘禄德 | | | | 刘禄德 | 50 | 靖江 | 本庄 | 刘福德⑥ | | 刘禄德 |
| 来青阁书坊 | 杨寿祺 | 杨寿祺 | | | | | 杨寿祺 | 45 | 吴县 | 斜桥庆安里19号 | 杨寿祺⑦ | 董事长或店长:杨寿祺 | 杨寿祺龙文书店 |
| 龙文书店 | | | | | | | 许晚成 | 29 | 金山 | 本店 | | | |
| 民智书局 | | | | | | | 陈树梢 | 47 | 广东 | 本局 | | | |
| 明善书局 | | | | | | | 孙勉之 | 34 | 海宁 | 恺自迩路久安坊1号 | 孙勉之⑧ | | 王余堂 |

① 三十岁，余杭人，广东路305号，90930，兼正兴美术画片社经理。
② 三十一岁，镇江人，南黄陂路318弄4号。
③ 六十三岁，休宁人，南黄陂路362弄2号。
④ 四十八岁，海宁人，证券大楼元康号，91822，兼元康证券号经理。
⑤ 五十六岁，绍兴人，福州路671衖7号，兼中国联合出版公司常务董事。
⑥ 六十六岁，靖江人，海宁路1010号99弄。
⑦ 五十二岁，吴县人，汉口路706号，兼上海特别市书业同业工会理事。
⑧ 四十岁，海盐人，临安路274弄1号。

续表

| 名称 | 1917 | | 1930 | | | | 1935 | | | | 1944 | | 1945 |
|---|---|---|---|---|---|---|---|---|---|---|---|---|---|
| | 东主姓氏 | 经理姓氏 | 代表人 | | | | 经理名称 | 年岁 | 籍贯 | 住址 | 局主或董事长 | 主要出资人兼职 | 代表人姓名 |
| | | | 姓名 | 年龄 | 籍贯 | 任职 | | | | | | | |
| 平民书局 | | 钱宝林 | | | | | 徐浩然 | 33 | 江都 | 本店 | | | |
| 普新端记书局 | 翟端甫 | 吴鹤鸣 | | | | | | | | | | | |
| 启新图书局 | | 张春芳 | 傅相臣 | 40 | 河北东光 | 经理 | | | | | 董事长或店长：傅相臣[1]；经理：傅玉海[2] | | 张春川 |
| 千顷堂书局 | | 陈瀛澜 | 谢和芳 | 40 | 慈溪 | 经理 | 鲍永年[4] | 4 | 镇海 | 本局 | 鲍永年 | 徐鸿经 | |
| 求古斋 | | 周钟麟 | 周钟麟 | 49 | 无锡 | 经理 | | | | | 周钟麟[4] | | 周钟麟 |
| 群学社 | 沈继先 | 沈继先 | 沈继先 | 53 | 杭县 | 经理 | 沈继先 | 57 | 杭县 | 闸北中兴路 | 沈继先[5] | 贾全生[6] | 沈鹤群 |
| 三友书社 | | | | | | | 李曾耀 | 46 | 上海 | 本社 | | | |
| 三益图书文具公司 | | | | | | | 黄敬周 | 39 | 南汇 | 界路本局 | | | |
| 扫叶山房 | | | 马庸生、王松亮 | | | | 马庸生 | 56 | 苏州 | 本店 | 董事长或店长：席念曾[7]；经理：马庸生[8] | | 席念曾 |
| 扫叶山房南号 | 席念曾 | 席少吾 | | | | | | | | | | | |
| 扫叶山房北号 | 席念曾 | 马蓉荪 | | | | | | | | | | | |
| 商业印书馆 | | 程厚卿、张春芳 | | | | | | | | | | | |
| 商务印书馆 | 鲍咸昌 | 高翰卿 | 张叔良、盛同孙 | 43、41 | 江苏江涌、浙江镇海 | 推广科长、发行所所长 | 王云五 | 46 | 广东中山 | 威海卫路 | 董事长或店长：张元济[9]；经理：韦傅清[10] | | 张子宏 |
| 上海书店 | | | | | | | 徐垚钦 | 23 | 武进 | 本店 | 徐尧白[11] | | 孙启裕 |

① 五十九岁，河北人，福州路 269 弄 18 号。
② 三十九岁，河北人，河南路 201 号，电话 92361。
③ 四十二岁，鄞县人，宁波日新街 4 号，宁波汲便书局经理。
④ 六十三岁，无锡人，新闸路 271 弄 12 号，电话 38471。
⑤ 六十七岁，杭县人，合肥路 394 号。
⑥ 六十岁，杭县人，杭州官巷口 59 号，兼杭州廉美烟号经理。
⑦ 五十六岁，松江人，住本店。
⑧ 六十七岁，吴县人，住本店。
⑨ 七十八岁，海盐人，住上海泰山路 1245 弄 24 号，电话 71574。
⑩ 五十四岁，金坛人，住上海新闸路福康里 42 号。
⑪ 三十岁，常州人，福州路 300 号。

续表

| 名称 | 1917 | | 1930 | | | | 1935 | | | | 1944 | | 1945 |
|---|---|---|---|---|---|---|---|---|---|---|---|---|---|
| | 东主姓氏 | 经理姓氏 | 代表人 | | | | 经理名称 | 年岁 | 籍贯 | 住址 | 局主或董事长 | 主要出资人兼职 | 代表人姓名 |
| | | | 姓名 | 年龄 | 籍贯 | 任职 | | | | | | | |
| 尚古山房 | 丁云亭 | 丁云亭 | 丁云亭 | 50 | 无锡 | 经理 | 丁云亭 | 54 | 无锡 | 本店 | 董事长或店长：丁云亭[1]；经理：张学寿[2] | | 张庆寿 |
| 神州国光社 | 邓秋枚 | 邓秋马 | | | | | 程前 | 36 | 广东 | 本社 | 俞巴林[3] | 经理：俞巴林、方正叔[4] | 俞巴林 |
| 沈鹤记书局 | 沈鹤泉 | 沈鹤泉 | 沈鹤泉 | 47 | 上海 | 经理 | 沈鹤泉 | 51 | 上海 | 本局 | 沈鹤泉[5] | | 沈鹤泉 |
| 慎修书社 | | | | | | | 吴修圃 | 51 | 江苏吴县 | 山海关路山海里965号 | | | |
| 石竹山房 | 夏竹斋 | 夏竹斋 | | | | | | | | | | | |
| 世界书局 | | | 沈知方、李春荣 | 49、54 | 绍县、绍县 | 总经理、理事 | 陆高谊 | 36 | 绍兴 | 大连湾路世界书局总公司 | 董事长或店长：吴蕴斋[6]；经理：陆高谊[7] | 董事长或店长：吴蕴斋；经理：陆高谊、陆仲良[8]、林泽达[9]、魏炳荣[10]、陆宝忠 | |
| 时还书局 | | | 郑彝梅 | 50 | 镇海 | 经理 | 郑彝梅 | 54 | 宁波 | 本局 | 郑逸梅[11] | | 郑彝梅 |
| 受古书店 | | | | | | | 翁阆仙 | | 镇江 | 本店 | 董事长或店长：翁阆仙[12]；经理：翁启昭[13] | | 翁阆仙 |
| 泰东书局 | | 赵南公 | | | | | 赵南公 | 60 | 河北 | 本局 | | | |
| 太平洋书店 | | | | | | | 张秉文 | 53 | 湖南 | 本店 | | | |
| 天宝书局 | | 黄百龄 | | | | | | | | | | | |

① 六十四岁，上海人，白河路定兴路10号，电话93549。

② 四十四岁，扬州人，白河路定兴路10号，电话93549。

③ 三十五岁，上海人，北河南路426弄7号，上海新闻检查所专[?]员。

④ 65岁，湖北人，住武昌地方法院，为武昌地方法院院长。

⑤ 六十一岁，上海人，凤阳路124弄7号。

⑥ 五十九岁，镇江人，长乐路666号，兼任金城银行协理兼沪行经理，远东银行董事长，新闻报馆董事长。

⑦ 四十六岁，绍兴人，黄山路153号，兼中国联合出版公司常务董事，佑宝药厂董事长。

⑧ 五十七岁，杭县人，大兴路442号，电话：87041，兼通易信托常务董事。

⑨ 四十五岁，浙江鄞县人，西长兴103弄27号，电话79368 兼华东大学教育学院院长。

⑩ 六十六岁，余姚人，河南路137号，电话90978，兼广益书局董事长。

⑪ 六十四岁，镇海人，凤阳路大通里十六号，电话32797。

⑫ 六十五岁，江都人，扬州探花巷八号。

⑬ 四十八岁，江都人，本埠福州路442号。

续表

| 名称 | 1917 | | 1930 | | | | 1935 | | | | 1944 | | 1945 |
|---|---|---|---|---|---|---|---|---|---|---|---|---|---|
| | 东主姓氏 | 经理姓氏 | 代表人 | | | | 经理名称 | 年岁 | 籍贯 | 住址 | 局主或董事长 | 主要出资人兼职 | 代表人姓名 |
| | | | 姓名 | 年龄 | 籍贯 | 任职 | | | | | | | |
| 天机书局 | 杜洪高 | 杜洪高 | | | | | | | | | | | |
| 天南书局 | | 曹云生 | | | | | 罗子敬 | 60 | 浙江上虞 | 卡德路艾文义路11号 | | | |
| 覃隐庐书社 | | 罗子敬 | | | | | | | | | | | |
| 同文仁记 | | 苏敦葆 | | | | | | | | | | | |
| 同文图书馆 | 钱长美 | 钱长美 | | | | | | | | | | | |
| 文宝书局 | | 张竹堂 | | | | | | | | | | | |
| 文萃书局 | | 鲍竹英 | | | | | 陈光普 | 30 | 天津 | 本局 | | | |
| 文德书局 | | | | | | | | | | | | | |
| 文富楼 | 殷芝山 | 殷芝山 | | | | | | | | | | | |
| 文华书局 | | 魏炳荣 | 易步青 | 58 | 江宁 | 江宁 | 陆费逵 | 49 | 桐乡静安寺路1468号 | | | | 仲继发 |
| 文明书店 | | | | | | | | | | | | | |
| 文明书局新记书局 | | 吕子泉 | 周掬枕 | 37 | 江苏嘉定 | 经理 | | | | | | | |
| 文明印刷所 | | | | | | | 周霭如 | 56 | 无锡 | 本局 | | | |
| 文瑞楼书局 | 浦鑑庭 | 华沁斋 | 周霭如 | 52 | 无锡 | 河南路 | | | | | | | |
| 文盛书局 | 晏少珊 | 李经毓 | | | | | | | | | | | |
| 文盛印书局 | 晏少珊 | 晏少珊 | | | | | | | | | | | |
| 文益书局 | 郭文英 | 郭文英 | | | | | 张孔宜 | 54 | 上海 | 本店 | 张孔宜[1] | | |
| 文元书局 | 张孔宜 | 张孔宜 | | | | | 王知三 | 29 | 无锡 | 本局 | 王知三[2] | | 张孔宜 |
| 惜阴书局 | | | | | | | 成燮春 | 67 | 盐城 | 本局 | | | 王知三 |
| 燮记书局 | 成燮春 | 成燮春 | 成燮春 | 63 | 盐城 | 店主 | 朱锡泉 | 38 | 绍兴 | 慕尔鸣路 | | | |
| 新华书局 | | | 朱锡泉 | 34 | 绍县 | 经理 | 朱耐吾 | 40 | 南京 | 本馆 | | | 朱锡泉 |
| 新民图书馆 | | | 朱耐吾 | 37 | 江宁 | 店主 | 赵仰夫 | 42 | 奉化 | 本店 | | | |
| 新学会社 | | 周世棠 | | | | | 陈邦桢 | 38 | 江阴 | 本店 | | | |
| 新亚书店 | | | | | | | | | | | | | 王念航 |
| 亚东图书馆 | | 汪孟邹 | 汪孟邹 | 54 | 安徽绩溪 | 经理 | 汪孟邹 | 58 | 绩溪 | 本馆 | | | |
| 姚文海书庄 | 姚豫洲 | 姚阳生 | | | | | | | | | | | |

① 六十三岁，川沙人，南市长生街五十八号。

② 三十九岁，无锡人，山东路尚仁里23号。

续表

| 名称 | 1917 |  | 1930 |  |  |  | 1935 |  |  |  | 1944 |  | 1945 |
|---|---|---|---|---|---|---|---|---|---|---|---|---|---|
|  | 东主姓氏 | 经理姓氏 | 代表人 |  |  |  | 经理名称 | 年岁 | 籍贯 | 住址 | 局主或董事长 | 主要出资人兼职 | 代表人姓名 |
|  |  |  | 姓名 | 年龄 | 籍贯 | 任职 |  |  |  |  |  |  |  |
| 翼化堂善书局 | 卫芝山 | 华徵阁 |  |  |  |  | 张竹铭 | 36 | 上海 | 南市艾家弄66号 |  |  |  |
| 益新书社 |  |  | 钱青 | 51 | 吴县 | 经理 | 钱愚新 | 55 | 洞庭山 | 本社 |  |  |  |
| 艺苑真赏社 | 秦清曾 | 秦春曾 |  |  |  |  |  |  |  |  |  |  | 秦清曾、秦延桢 |
| 有正书局 | 狄楚青 | 笪子锐 | 笪子锐 | 36 | 丹徒 | 总务主任 |  |  |  |  |  |  |  |
| 有正书局印刷所 | 狄楚青 | 黄葆祥 |  |  |  |  | 笪子锐 | 40 | 江都 | 威海卫路309号 | 董事长或店长：陆高谊、经理：狄绮君[1] | 陆高谊、方濯清[2]、陆仲良[3] | 笪子锐 |
| 育文书局 | 夏巨川 | 张子文 |  |  |  |  |  |  |  |  |  |  |  |
| 育文印刷所 | 夏巨川 | 夏巨川 |  |  |  |  |  |  |  |  |  |  |  |
| 元昌印书馆 |  |  | 张才良 | 44 | 余姚 | 经理 |  |  |  |  |  |  | 张大椿 |
| 沅记书庄 | 徐幼梅 | 徐幼梅 |  |  |  |  | 夏甫卿 |  | 丹阳 | 本局 | 夏黼卿[4] |  |  |
| 渊明书庄 | 陶林春 | 陶林春 |  |  |  |  |  |  |  |  | 董事长或店长：章兆明[5]、凌清顺[6] |  |  |
| 云记书局 |  |  |  |  |  |  |  |  |  |  |  |  | 夏甫卿 |
| 章福记书局 | 章宸荫 | 章宸荫 | 卢子明 | 40 | 吴县 | 经理 |  |  |  |  |  |  |  |
| 章福记印局 | 章宸荫 | 章宸荫 |  |  |  |  |  |  |  |  |  |  | 周维熙 |
| 朝记书庄 | 荣少甫 | 荣少甫 |  |  |  |  |  |  |  |  |  |  |  |
| 振华书局 | 张春芳 | 张春芳 |  |  |  |  | 朱挹芬 | 56 | 南京 | 本局 |  |  |  |
| 振华图书局 |  | 何根森 |  |  |  |  | 郭少华 | 38 | 嘉兴 | 本店 | 金祝同[7] |  |  |
| 震亚书局 |  | 朱挹芬 |  |  |  |  |  |  |  |  |  |  |  |
| 中国书店 |  |  |  |  |  |  |  |  |  |  |  |  | 金祖同 |

① 四十岁，溧阳人，愚园路246弄51号，电话：23033。

② 六十六岁，南京人，洛阳路四明村110号，兼中国经济研究会秘书。

③ 五十六岁，杭县人，大兴路442号，电话：78041，兼世界书局常务董事。

④ 五十八岁，江苏丹阳人，静安寺路96弄20号。

⑤ 三十三岁，武进人，张家宅路101弄4号，电话：33521，经理。

⑥ 五十八岁，镇江人，张家宅路101弄4号，电话：33521。

⑦ 三十一岁，嘉兴人。

续表

| 名称 | 1917 | | 1930 | | | | 1935 | | | | 1944 | | 1945 |
|---|---|---|---|---|---|---|---|---|---|---|---|---|---|
| | 东主姓氏 | 经理姓氏 | 代表人 | | | | 经理名称 | 年岁 | 籍贯 | 住址 | 局主或董事长 | 主要出资人兼职 | 代表人姓名 |
| | | | 姓名 | 年龄 | 籍贯 | 任职 | | | | | | | |
| 中国图书公司和记发行所 | | 鲁云奇 | | | | | | | | | | | 孙孝芳 |
| 中国图书公司和记印刷所 | | 叶润园 | | | | | | | | | | | |
| 中华书局 | | 俞复 | 陆费逵、陈协恭 | 45、49 | 桐乡、无锡 | 总经理、理事 | 陆费逵 | 49 | 浙江桐乡 | 静安寺路1486号 | 董事长或店长：高欣木[1]；经理：吴叔同[2] | 经理：吴叔同、沈陵范[3] | 沈鼎亨 |
| 中华图书馆 | | 叶九如 | 叶九如 | 57 | 吴县 | 经理 | | | | | | | |
| 中华图书馆印刷所 | | 杨英初 | | | | | | | | | | | |
| 中华新教育社 | | | 沈仲方 | 40 | 绍县 | 经理 | | | | | | | |
| 中西书局 | | | 吾骏云 | 31 | 常熟 | 经理 | 沈馥 | | 绍县 | 本社 | | | 吴霙公 |
| 中原书局 | | | 许介人 | 32 | 江宁 | 经理 | 吴骏公 | 54 | 常熟 | 本局 | 吴虞公[4] | 吴虞公 | |
| 周月记书局 | 周仁德 | 周仁德 | | | | | 许介人 | 36 | 南京 | 本局 | | | |
| 铸记书庄 | 阙念桥 | 阙念桥 | | | | | | | | | | | 石印局 |
| 铸记书局 | | | 赵伯棠 | 55 | 江苏无锡 | 经理 | | | | | | | 阙永生 |
| 著易堂 | 涂筱巢 | 华湘坡 | | | | | | | | | 董事长或店长：阙承生[5]；经理：赵伯棠[6] | | |
| 著易堂印刷所 | 涂筱巢 | 涂筱巢 | | | | | | | | | | | |

① 常务董事，六十七岁，浙江人，住江苏路月村82号，电话21724。

② 三十七岁，江苏人，长乐路662号，电话：71714，兼任中国联合出版公司董事长，长一大铁厂董事。

③ 七十二岁，浙江人，灵宝路38号，兼任永固油漆董事。

④ 五十一岁，江苏常熟人，山东路244号，电话91625，兼正德大药厂协理。

⑤ 二十七岁，苏州人，青岛路56号，电话60527。

⑥ 七十岁，苏州人，大同路大同里13号。

# 附录7：石印书籍章程草约[①]

盖闻各业均有行规，独我业石印书籍除木板之外。行世几及廿年，前时市景概置勿论，若近来则行情参差愈趋下。论其亏耗之由，实无行规所致，虽前曾有议及于此者，而势成弩末，惜未成议。倘不急为整顿，江河日下，伊于何底？为此拟就草约数条敬议。

各宝号诸翁先生台阅教正。如有何款不妥，不妨删改，或有利弊相关，一时不能见到，务乞各抒高见，以期彼此有益矣。鉴定之后，各书允字。然后公举董事逐一汇议，永远遵守。唯望和衷共济，协力同心，实深厚望焉。

一议：本埠各号历年所有书底，无论石印铅板，开明页数开数送交公所，登簿注明。如后来更改，亦须告明公所查校，以杜影射。倘匿而不报，察出议罚。

一议：本埠各号历年所备书底，有石印铅板重复者，报明公所。汇议价目，照开数大小以定价值，各归各印，不得私自贱售。定限于十一月初一日为止，不得再有翻印，违者议罚。

一议：客帮无论远近，除本部外，石印铅板，一概不准兑换，亦不准将货冲帐。即便客帮在申印书，让其带还自售，亦不得寄销代销。以前所拼股份，不妨认其板租，或归并本部同行，如有私相授受，察出将货充入公所。

一、议沪上设局设店，开销浩瀚，全赖造货旺销，么可敷衍。如货色彼此合销，不妨兑换；如不合销，亦照五五归欵。若客帮均归现银，不在此例。

一、议价目议定之后，门庄交易，统归七折，不准减少。如有客帮现办以及各路店家零趸批发，均归六折。其关税水脚等费，贵客自理。本埠同行往来，统归五五折。如经滥营，察出议罚。

一、议各号远处出考价目，分为两等，照价八九折。如某号到某处出考，先行报明公所，将价目折扣议定，方可出考。如不报明及至考上贱售，查处某号，唯某号是问。该友立即辞歇，重重倍罚。

一、凡各货向售现洋而价目亦定实价。现今议加代售，经费照码五折

① 上档：《石印书籍章程草约》，上海市书业同业公会档，S313-1-119。

归还现洋，每逢月底结算。如向右寄售之货，价目再兴公议。其货统归各号代售，不得私售客帮，如违议罚。

一、议各号如有急需应用之款，不得将货色贱售，若真不得过去，将货色抵押公所。石印作四厘，铅印作四厘，按月一分五厘起息，三月为限。如至期不赎，听凭变卖抵本。其货归董事，照市分派各号。如有余利，皆归公所存积。唯抵押时须招保人，出立保单。倘变卖时内，有残缺不全霉烂等情，向保赔偿。

一、凡议成之后，如有新做书籍，须先报明公所，□董事查明有无重复，才准挂号定价。如将售书底改名，察出议罚。

一、议同行大小店家书摊等，概不准刊印淫书致关风化。夫人为万物之灵，岂无一德，何书不可为，甘为此害理犯法之事。如有此项书籍，悉归董事劝惩。

一、凡价目议定之后，公所中汇而成册，刻印木板，订成一本。悉照此本发售，永远遵照，如有新书，另刻新书字样，送交各号，分贴在书目后面，其费统归做书人偿还。

一、议本埠同业与客帮往来，如结帐时倘有暗中减让，或银洋申抬等弊，察出议罚。

一、凡各印局向有书底，亦须先行报明公所。日后印出诸书，皆归各号销售，照定价五折。不准将书底租与客帮印书及自售客帮，有害大局，察出议罚。

一、凡局家接印各号书籍，须有牌号方可接手。如公所未曾挂号而局家接印者，察出将所印之书以及书底一并充公。

一、凡局家代各号印书，不准暗中多印。倘有此等情弊，一经察出，将书充公，重重议罚。

一、议如各号同事，倘有私用客帐，走漏货物，监守自盗等情。辞出后，别号不得再用。须待该友将前事清理，方可收录。

一、议现在愿入同行者，无论石局铅局，店家号家（要常年在此租屋者）均可入行。照派捐款立定之后，再有新号开出，头等捐入公所，洋三百元；二等二百元；三等一百元。改换牌号，照数减半，方可同行往来。倘不入行，货色片纸不准往来。

以上所议条约须各局切实遵守。

如有罚款，起码一百元，重者倍之。

凡同行往来兑货，每日下午在公所兑换，其价目亦照定价划一，不得参差。

凡同行各友每日下午至公所兑货，其清茶水烟皆归公所预备，不取分文。如洗洋烟，各友自备。

凡公所开销，各号每月认捐若干，以分上中下三等，按月公所持条收取，自十一月朔日为始。

光绪二十二年八月日

# 参考书目

## 档案资料

上海档案馆·上海书业同业公会档全档,档案号:S313

上海档案馆·中国征信所调查报告部分档案如下:

上档:1934 年《中国征信所调查报告·鸿宝斋书局》第 6405 号,中国征信所调查报告书档,S320-1-1303。

上档:1932 年《中国征信所调查报告·大同兢记书局》第 535 号,中国征信所调查报告书档,S320-1-903。

上档:1936 年《中国征信所调查报告·燮记书庄》第 11697 号,中国征信所调查报告书档,S320-1-959。

上档:1932 年《中国征信所调查报告·校经山房》第 359 号,中国征信所调查报告书档,S320-1-902。

上档:1936 年《中国征信所调查报告·燮记书庄》第 12697 号,中国征信所调查报告书档,S320-1-959。

上档:1936 年《中国征信所调查报告·章福记书局》第 8485 号,中国征信所调查报告书档,S320-1-943。

上档:1933 年《中国征信所调查报告·会文堂新记书局》第 1214 号,中国征信所调查报告书档,S320-1-959。

## 报刊资料

《申报》
《新闻报》
《点石斋画报》
《飞影阁画报》

## 中文书目

王韬著:《瀛壖杂志》,光绪元年刻本。
王韬著:《蘅华馆诗录》,弢园书局光绪十六年版。
徐润著:《徐愚斋自叙年谱》,民国十六年版。
王闿运著:《湘绮楼日记》,商务印书馆 1930 年版。
贺圣鼐、赖彦于著:《近代印刷术》,商务印书馆 1935 年版。
金毓黻、田余庆等编:《太平天国史料》,中华书局 1959 年版。
杨晖著:《照相制版与平板印刷的原理和实用》,商务印书馆 1959 年初版,1965 年增订。
上海社会科学院历史研究所编,《上海小刀会起义史料汇编》,上海人民出版社 1980 年版。
顾长声著:《传教士与近代中国》,上海人民出版社 1981 年版。
张元济著:《张元济书札》,商务印书馆 1981 年版。
孙宝瑄著:《忘山庐日记》,上海古籍出版社 1983 年版。
阿英撰:《小说三谈》,上海古籍出版社 1985 年版。
梁启超著:《中国近三百年学术史》,中国书店 1985 年版。
费正清主编:《剑桥中国晚清史(1800—1911)》,中国社会科学院历史研究所编译室译,中国社会科学出版社 1985 年版。
王韬著,方行、汤志钧整理:《王韬日记》,中华书局 1987 年版。
吴承明、许涤新编:《中国资本主义发展史》,谷风出版社 1987 年版。
姚公鹤著:《上海闲话》,上海古籍出版社 1989 年版。

张秀民著:《中国印刷史》,上海人民出版社 1989 年版。

《我和商务印书馆——商务印书馆九十五周年(1897—1992)》,商务印书馆 1992 年版。

朱联保编纂,曹予庭校订:《近现代上海出版业印象记》,学林出版社 1993 年版。

《中国印刷史料选辑 · 装订源流和补遗》,中国书籍出版社 1993 年版。

熊月之著:《西学东渐与晚清社会》,上海人民出版社 1994 年版。

顾炳权编:《上海洋场竹枝词》,上海书店出版社 1996 年版。

钟鸣旦等编:《徐家汇藏书楼明清天主教文献》,方济出版社 1996 年版。

《商务印书馆一百年(1897—1997)》,商务印书馆 1998 年版。

张树栋等著:《中华印刷通史》,印刷工业出版社 1999 年版。

陈伯海主编:《上海文化通史》,上海文艺出版社 2001 年版。

张元济著,张人凤整理:《张元济日记》,河北教育出版社 2001 年版。

海关总署办公厅、中国第二历史档案馆编著:《中国旧海关史料:1859—1948》,京华出版社 2001 年版。

张忠民著:《艰难的变迁:近代中国公司制度研究》,上海社会科学院出版社 2002 年版。

中华书局编辑部编:《我与中华书局——中华书局成立九十周年纪念文集》,中华书局 2002 年版。

叶再生著:《中国近现代出版通史》,华文出版社 2002 年版。

彭南生著:《行会制度的近代命运》,人民出版社 2003 年版。

戈公振著:《中国报学史》,上海古籍出版社 2003 年版。

徐蜀、宋安莉编:《中国近代古籍出版发行史料丛刊》,北京图书馆出版社 2003 年版。

张静庐辑注:《中国近现代出版史料》(1—8),世纪出版集团、上海书店出版社 2003 年版。

何凯立著,陈建明、王再兴译:《基督教在华出版事业》,四川大学出版社 2004 年版。

张荫桓著:《张荫桓日记》,上海书店出版社 2004 年版。

宋原放主编,汪家熔辑注之近代部分第三卷:《中国出版史料》,湖北教育出版社 2004 年版。

李帆著:《中国当代石版画》,重庆出版社 2004 年版。

李家驹著:《商务印书馆与近代知识文化的传播》,商务印书馆 2005 年版。

周振鹤编:《晚清营业书目》,上海书店出版社 2005 年版。

陈明远著:《文化人的经济生活》,文汇出版社 2005 年版。

史春风著:《商务印书馆与中国近代文化》,北京大学出版社 2006 年版。

[法]费夫贺、马尔坦著,李鸿志译:《印刷术的诞生》,广西师范大学出版社 2006 年版。

张秀民著,韩琦增补:《中国印刷史》(增订本),浙江古籍出版社 2006 年版。

王学哲、方鹏程著:《商务印书馆百年经营史(1897—2007)》,华中师大出版社 2007 年版。

全汉升著:《中国行会制度史》,百花文艺出版社 2007 年版。

周其厚著:《中华书局与近代文化》,中华书局 2007 年版。

魏文享著:《中间组织——近代工商同业公会研究》,华中师范大学出版社 2007 年版。

未亡人编,邓启明译:《马礼逊回忆录——他的生平与事工》(全集),基督教文艺出版社 2008 年版。

[英]米怜著:《新教在华传教前十年回顾》(中文版),大象出版社 2008 年版。

包天笑著:《钏影楼回忆录》,中国大百科全书出版社 2009 年版。

张仲民著:《出版与文化政治:晚晴的"卫生"书籍研究》,上海书店出版社 2009 年版。

高新伟著:《中国近代公司治理(1872—1949)》,社会科学文献出版社 2009 年版。

中国社会科学研究所、中央档案馆编:《中华人民共和国出版史料》,中国书籍出版社 2009 年版。

汪耀华编著:《上海书业公会史料与研究》,上海交通大学出版社 2010 年版。

汪耀华编著:《上海书业名录(1906—2010)》,上海书店出版社 2011 年版。

刘天振著:《明清江南城市商业出版与文化传播》,中国社会科学出版社 2011 年版。

熊月之著:《西学东渐与晚清社会》(修订版),中国人民大学出版社 2011 版。

元青主编,王建明、王晓霞等著:《中国近代出版史稿》,南开大学出版社 2011 年版。

## 英文书目

Alexander Wylie, *Memorials of Protestant Missionaries to the Chinese*: *Giving a list of their publications*, *and obituary notices of the deceased*, original edition published by Shanghai: American Presbyterian Mission Press, *1867*, reprinted by Taipei: Ch'eng-wen Publishing Company, *1967*.

Christopher. A. Reed, *Gutemberg in Shanghai*: *Chinese Print Capitalism*, *1876—1937*, Vancouver: The University of British Columbia Press ,2004.

Kai-wing Chow, *Publishing*, *Culture*, *and Power in Early Modern China*, California, Stanford: Stanford University Press, 2004.

## 论　文

马学强:《江南席家与扫叶山房》,《史林》2009 年第 6 期。

梁元生:《史学的终结与最后的"中国通"——从现代美国思潮谈到近年来的中近史研究》,《学人》第 5 辑。

潘建国:《晚清上海五彩石印考》,《上海师范大学学报(哲学社会科学版)》2001 年第 1 期。

潘建国:《铅石印刷术与明清通俗小说的近代传播——以上海(1874—1911)为考察中心》,《文学遗产》2006 年第 6 期。

# 后 记

仙佛茫茫两未成，只知独夜不平鸣。

风蓬飘尽悲歌气，泥絮沾来薄幸名。

十有九人堪白眼，百无一用是书生。

莫因诗卷愁成谶，春鸟秋虫自作声。

四年前，我在自己的硕士论文后记中引用了这首清乾隆年间常州诗人黄仲则的《杂感》。那是一段很悲苦的岁月，考博未成，工作未就，一个老大难的苦硕士漂在苏州，在天堂的粉墙黛瓦下面临水照出一个悲怆的背影。当时我就在想，我要不要继续治学？学术对我来说究竟意味着什么？

其实，我并非没有别的选择，我是苏大研会的首脑，苏州戏剧演出、主持舞台上都有一些成绩，如果选择去一个外企，无论是做人事还是做市场，几年下来，说不定可以做到总监的级别，可问题是我喜欢么？

人人的心里都有一把龙泉剑，有的是匣中自鸣，有的却岁月蒙尘。少年时候的梦，你还记得多少？

小的时候，一直在鲁中的一个小县城和沿海大城市青岛来回漂泊，县城人觉得我太“洋气”，青岛人觉得我太“土气”，于是最后成了一个穿着长衫站着喝酒的孔乙己，可是当年我连九文大钱也排不出来。只记得在春日的阳光里，在县城我家的阳台上，望一会儿麦田，心里算算要多久才可以进去捉蚂蚱烤着吃，然后一转身，拣出一本似乎看过次数比较少的《大众电影》、《大众电视》之类的刊物消磨时间。

那些刊物是我爸妈在 20 世纪 80 年代的时候买的，一直尘封在一个木箱子里，被我打开的时候已经是 90 年代了，这算是我研究“古籍”的开始？

那个时候真的没有什么书可以读，所以拿到一本书，我往往就读好多遍，可是想起来，基本上拿到手的没有什么好书，偏文艺的如《千家诗》、《一天一个好童话》，偏成人的如《东方传奇》、《故事会》之类，不过倒是看了一些传统小说，什么《大五义》、《小五义》、《十二寡妇征西》之类的，所以后来我学古文，看明清小说的时候一点障碍都没有，底子都在小时候被打下了。

后来，正式算是定居在青岛了，老台东仲家洼的一个棚户区里，狭窄的小房子竟然有一个小院儿，虽然小得仅容转身，可是在头顶四角的天空里竟然摇曳着隔壁家爬过来的葫芦藤，可惜那里的土质不好，葫芦到长成了丝瓜的样子。屋子里面只有一盏昏黄的炽灯，映得墙面一个圈套一个圈。墙皮多处鼓了起来，手指一戳，便星坠如雨。

可那时候的日子很快乐，早上五点半起床到学校去踢球，踢完球回家自己烧早饭，吃完再去上学。每天晚上的娱乐，就是八点多的时候，在街上走一走，那个时候城市里的霓虹灯还不多，清冷的夜透着一股子劲爽的精神。

可惜当初我只有语文成绩比较牛，好容易爬过了本科线，就去了青岛大学师范学院的中文系里面去做人民教师的后备军了。那个时候我才开始略微接触一点学术，有时候图书馆的特藏库只有我一个人，抄抄书，见到一本线装书就跟过年似的。那个时候我最喜欢先秦的典籍，想用文化人类学的方法对其进行解读。现在知道，没有扎实的古文字功底，这些解读都是“无根之水”。也算是无知者无畏吧。

不过在这所学校里，我依然很快乐，在心语广播站，在源泉剧社，我有了一大群的朋友，多次登台主演我创作的话剧。记得那时候的青师早上是要升国旗、做早操的，我一直都是周一早上值班，五点半的时候到站，开功放，烧水，等女主播过来做节目。中午的时候有午间节目，主要是点点歌什么的，下午就去作专题，当时我做过的有《环球瞭望》和《文海扬帆》。

2003 年考研的时候报的苏州大学古代文学。工欲善其事，必先利其器，为了给考研塑造一个良好的学习环境，我特地把广播站的 217 办公室占下。首先清扫出一大堆的垃圾来，然后铺上桌布，挂上窗帘，让我善于书法的弟弟写了一道“闲谈不得超过三分钟”的横幅挂在桌前。把 217 整成了一副清清雅雅的样子。结果广播站的同人看到这个办公室被我整得太好了，于是三三两两地老往里面跑，最后倒变成了“闲谈不少于三分钟”。临到考试了，我的专业课没有问题，可是英语就老差点劲儿，果然那年的英语线是56分，可我只考了51分，悲夫……所以2003年我的第一次考研失败了。

想毕业后先去找工作，就去了一次人才市场，看着人山人海，忽然间觉得没有逛头，人世茫茫啊。10月3号的时候，我去找住在青岛崂山的宿舍三哥去喝酒。当时找了一个水库，点了份油泼水库鱼、辣蛤蜊、炒蕨菜，还有许多瓶青啤。喝着喝着，聊发少年狂，不能再这样活！于是，10月10号早上起来一睁眼，恩！还有三个月，再去考研！

幸运的是，第二次考研，分数刚刚爬上了线，终于迈进了苏大的门槛儿。可是专业方向则从先秦一路来到元明清。那段日子是诗一样的时光，每天几个酸硕士生在图书馆读的是诗，自己还写酸诗。晚上没有电脑，就在灯光下听着音乐抄古诗，一遍一遍，悲欢转折，很深沉。

本来硕士论文想做常州诗人黄仲则，那是一个骄傲的才子，然而老师却给了我另外一个题目，叫我做"洋场才子"，从那时起我就开始转而关注上海的近代社会。

考博的时候，又是因为英语的问题，我成了一个苏漂，一时间我以为自己就是那个"揽九华，涉匡庐，泛彭蠡，历洞庭。每独游名山，经日不出，值大风雨，或瞑坐崖树下，牧童见者，以为异人。诗益奇肆，见者以为谪仙人复出"的悲愤书生。然而想想，这么多年，都是一步步走过来的，有坎儿怎么办？那就过吧。毕竟是真心喜欢学术，这一辈子几十年，总归要给后世留下什么，钱财乃身外之物，立德立行都太难，立言还有些指望。

幸好第二年终于梦想成真，进入到熊月之老师的门下治上海史。刚进入复旦的时候，实在是对历史学没有太多的了解，以前的文学研究方法，分析诗歌的韵律、格调、体式都用不上了。一时间，不禁有些迷惘。熊老师跟我谈了多次，帮我确定了"上海石印研究"这样一个和中文靠得最近的题目。我也慢慢摸索着开始动手研究，学习历史学爬梳资料的方法，解读档案的角度，以及写作文章的风格。本来，只想做晚清时期的上海石印，但是后来却不得不延后到了1956年，因为研究对象内在逻辑发展就是如此。想想以前还想做先秦文学研究，不禁恍然如梦。

几年间，在外滩上海档案馆的胶卷机上苦读过档案，在香港中文大学的山间小径上与诸贤切磋，更多的时候，是泡在复旦大学图书馆、上海图书馆、苏州大学图书馆的古籍库中追索前人的身影。三年的时间，对于我这样一个史学的门外汉来说实在有些不够，所以和熊老师商量后决定延期一年，好好地写出一篇毕业论文。

如今，论文即将出版，要感谢的人有很多。我的导师熊月之先生，不仅在学术上，在生活上也对我照顾有加。博二的时候上邹振环老师的课，邹老师对我论文的思路方法指导甚多。也感谢参加答辩的姜义华、戴鞍钢、苏智良、易惠莉、马学强等诸位先生。

感谢我的爱人，仇春，在我做一个没钱的苦博士的时候，没有离弃我，嫁给了我。也感谢 2014 年 6 月降生的我的儿子许成蹊，这本书和你对爸爸来说，就是双喜临门。

感谢我的弟弟、外科大夫、青年书法家许静湧为鄙作题写书名。我们俩从小一起长大，感情深厚。负笈求学，一在北大，一在复旦，虽塞北江南，亦两两相望。

感谢在复旦的时光。在这里我发表了四篇核心期刊论文，创作并主演了三部大型话剧、成为复旦著名主持人，组织举办了多场校级演出，在相辉堂的舞台上有那么多的美好的记忆。

感谢上海市教委提供出版经费，也感谢上海应用技术学院马教部李国娟主任，叶明华、邱杰、熊佳妮、周雄才等诸位老师在本书出版过程中的鼎力相助。

最后再许一个小小的心愿吧——希望每一个文科的男博士、女博士都能找到理想的工作。毕竟杜工部“朝扣富儿门，暮随肥马尘，残杯与冷炙，到处潜悲辛”，失去的不仅仅是他自己的脸面，还有学问的尊严。